북한 세금관련 법제의 변화

현대사총서 062

북한 세금관련 법제의 변화

초판 1쇄 발행 2021년 5월 20일

저 자 | 최정욱
발행인 | 윤관백
발행처 | 도서출판 선인

등 록 | 제5-77호(1998.11.4)
주 소 | 서울시 마포구 마포대로 4다길 4 곶마루 B/D 1층
전 화 | 02)718-6252 / 6257 팩 스 | 02)718-6253
E-mail | sunin72@chol.com

정가 39,000원
ISBN 979-11-6068-476-6 93300

· 잘못된 책은 바꿔 드립니다.

현대사총서 062

북한 세금관련 법제의 변화

최정욱

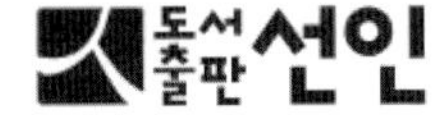

머리말

"북한에도 세금이 있어요?"

북한 조세에 대하여 연구한다고 하면 일반적으로 묻는 첫 번째 질문이다. 북한은 1974년 세금제도의 완전한 폐지를 선언하고 세계에서 유일하게 '세금 없는 나라'라는 입장을 유지하고 있다. 따라서 통상적인 조세제도의 형태가 아닌 사회주의 예산수입법제에 기초한 국가예산수입제도를 가지고 있다.

북한의 현행 국가예산수입제도는 역사적인 배경을 가지고 형성되어 왔다. 이 책은 해방 이후 현재까지 북한 세금관련 법제의 변화, 즉 세금제도의 폐지 및 그 이후 사회주의 예산수입법제의 시기별 변화 과정과 그러한 변화의 의미 및 이유를 분석한 것이다. 특히 「고전적 사회주의 예산수입체계」에서 2002년 이후 「시장 기반 사회주의 예산수입체계」로의 질적 변화에 주목하면서 분석을 진행하였다. 북한 사회주의 예산수입법제의 변화 과정을 분석함에 있어서는 시기별 비교의 기준으로 조세실체법상의 과세요건 개념을 활용하였다. 또한 향후 변화의 방향과 촉진 · 억제 요인을 분석하고 중국 · 베트남의 세제개혁 사례를 통해 북한 예산수입법제 변화와 관련된 시사점을 도출하였다.

북한 정치체제의 특성을 고려할 때 법령이나 규정이 현실에서 제대로 작동되지 않을 가능성도 있지만 북한 당국의 공식적인 입장이나 의도 또는 향후 변화의 방향성은 관련 법령이나 규정에 가장 잘 표현되어 있다. 따라서 이 책에서는 자료 확인이 가능한 범위 내에서 관련 법령, 결정서, 규정 등 북한 문헌의 내용을 기초로 최대한 실증적으로 분석하고자 하였다.

북한은 형태적으로 여전히 사회주의 예산수입체계를 유지하고 있으나 내용적으로는 2002년 이후 「시장 기반 사회주의 예산수입체계」로의 전환이 시작되었고 김정은 시대 이후 「시장 기반 사회주의 예산수입체계」로서의 성격이 더욱 강화되었다. 하지만 현재의 모습을 「시장경제형 조세제도」라고 할 수는 없다. 북한에서 시장화 또는 시장경제 영역이 확대되는 한 세제개혁은 필요하고 또한 불가피할 것이다. 하지만 북한이 세제개혁을 통해 「시장경제형 조세제도」를 도입한다고 하더라도 남한의 조세제도를 북한에 그대로 적용할 수 있을 것이라는 생각은 적절하지 않다. 북한의 세제개혁이 성공적이려면 북한 예산수입체계의 특수성과 현실적인 여건을 이해하고 이에 기초하여 조세제도가 설계되어야 한다. 또한 조세 분야는 법학, 재정학, 회계학, 경제학 나아가 조세정치의 영역까지 다양한 영역이 중첩된다. 따라서 세제개혁은 단순히 법제 변화만으로 가능한 것이 아니다. 세금제도 폐지의 철회라는 정치적 측면, 국영기업 소유제도 개혁 문제, 세제개혁 이후의 재정의 연속성 또는 안정성 문제, 세목별 도입 순서 및 속도, 조세인프라의 확충 등 많은 문제가 동시에 고려되어야 한다. 물론 북한 재정이나 예산수입제도와 관련된 자료가 부족하기 때문에 현 단계에서 단기적으로 진전된 연구가 이루어지기는 쉽지 않을 것으로 보인다.

이 책의 구성을 살펴보면, 제2장, 제3장 및 제4장에서는 김일성 시대, 김정일 시대 그리고 김정은 시대에 이르는 기간 동안 북한 세금관련 법제, 즉 예산수입법제가 시기별로 각각 어떻게 변화하여 왔는지 살펴보았다. 중국의 세제개혁 사례와 함께 중요한 참고자료라고 할 수 있는 베트남의 세제개혁에 대한 연구는 국내에서 거의 이루어지지 않았다. 이와 관련하여 제5장에서는 중국의 세제개혁에 대하여 기존 연구를 중심으로 정리하고 베트남의 세제개혁에 대한 사례연구를 시도하였다. 이러한 논의를 기초로 제6장에서는 종합적인 평가와 함께 개략적인 수준에서 향후 변화에 대하여 전망해보았다. 이 책은 북한 국가예산의 근간을 이루는 사회주의 예산수입체계에 대한 논의를 중심으로 하고 있다. 따라서 외국인투자세제와 남북경협세제 등 대외세법에 대해서는 제4장 제4절에서 개략적으로 소개하는 수준으로 정리하였다.

이 책은 필자의 북한대학원대학교 박사학위논문인 「북한 세금관련 법제의 시기별 변화에 관한 연구」를 수정 · 보완하여 다시 정리한 것이다. 필자는 공인회계사로서 지난 30년간 조세 분야에서 일을 했다. 이러한 경험을 바탕으로 박사과정 입학지원을 위한 연구계획서에서 '남북한 조세체계 통합방안에 관한 연구'를 하겠다고 적었다. 그런데 막상 공부를 시작한 후 북한에는 남한 조세체계와 통합할 수 있는 형태의 조세제도가 없다는 것을 깨닫고 스스로 민망했던 기억이 있다. 결국 북한의 필요에 기초하여 「시장경제형 조세제도」가 도입되는 것이 우선적인 과제라는 생각에서 다시 '북한의 조세제도 도입에 관한 연구'를 하겠다고 마음먹었다. 그런데 북한 예산수입제도의 역사적인 배경, 북한 체제의 특수성, 사회적 · 경제적 배경이나 현재 상황에 대한 충분한 이해 없이 조세제도의 도입을 논하는 것은 무리가 있었다. 이러한 시행착오를 거치면서 해방 이후 현재까지 북한 예산수입제도가 어떻게 형성되어 왔는지 하나씩 자료를 찾아가며 정리하는 작업부터 시작했다. 이러한 과정의 결과물이 필자의 박사논문이다. 논문을 마무리했지만 앞으로 수정 또는 보완이 필요한 부분들이 계속 있을 것으로 생각된다. 필자의 북한에 대한 이해가 충분하지 못하고 북한학에 대한 연구경력이 일천하여 부족한 점이 많기 때문이다. 하지만 북한 조세 연구에 조그마한 디딤돌을 놓는다는 마음으로 일단 현재까지의 연구결과를 정리하여 이 책을 발간하게 되었다. 부족한 부분은 모두 필자의 책임이며 앞으로 지속적인 연구와 검토 과정을 통해 보완해 나가고자 한다.

이 지면을 빌어 논문작성 과정에서 학문적인 지도를 해주신 양문수 지도교수님, 심사과정에서 소중한 조언을 해주신 신종대 교수님과 정승호 교수님, 비법학도인 필자를 북한 법제 연구의 길로 안내해주신 권은민 변호사님과 한명섭 변호사님 그리고 책자 발간을 격려해주신 모든 분들에게 감사드린다.

2021년 5월
최 정 욱

일러두기

1. 이 책은 북한 국영 생산기업소와 관련된 공식적인 사회주의 예산수입제도 중에서 거래수입금과 국가기업리익금, 양자가 통합된 형태인 국가기업리득금을 중심으로 시기별 변화 과정을 정리한 것이다. 따라서 농업 및 봉사(서비스) 부문, 협동단체 등에 대한 논의는 연구범위에서 제외하였다.

2. 사회주의 예산수입은 실질적으로 조세와 유사한 기능을 담당하는 '사실상의 조세(세금)'라고 할 수 있지만 시장경제에 부합하는 형태의 조세(세금)는 아니다. 따라서 이 책에서는 사회주의 예산수입법제와 조세법(또는 조세제도)을 서로 구별되는 개념으로 사용하면서, 양자를 모두 포괄하는 개념으로서 상황에 따라 '세금관련 법제' 또는 '예산수입법제'라는 표현을 혼용하였다.

3. '법제(法制)'는 법률과 제도를 아울러 이르는 말 또는 법률로 정해진 각종의 제도 등을 의미하는데, 북한의 예산수입과 관련된 내용이 법률 형태로 되어 있지 않은 경우를 포괄하기 위하여 법률과 제도를 아우르는 전자의 의미로 사용하였다.

4. 북한 문헌의 필자와 제목, 고유명사, 법령 또는 규정 명칭 등은 가급적 그대로 유지하였으나, 띄어쓰기, 두음법칙 등은 원문의 의미를 해치지 않는 범위 내에서 한글맞춤법에 따라 수정하였다. 다만 부록으로 첨부한 북한 문헌은 원문의 표현을 최대한 유지하였다.

5. 북한 문헌에서 한자로 표시된 번호 표기는 상황에 따라 아라비아 숫자로 변경하였고, '其, 此, 及, 又, 式'은 각각 '그, 이, 및, 또, 씩' 등으로 번역하여 표기하였다.

6. 북한 「국가예산수입법」의 각 조문에는 항 번호가 없으나, 편의상 개별 문장의 순서대로 제1항, 제2항 등으로 항 번호를 붙여서 수정보충 과정의 변화를 분석하였다.

목차

제1장
서 론

제1절

연구의 개요

1. 연구 배경과 목적

모든 나라에 항상 적용가능한 절대적이고 표준적인 조세제도는 존재하지 않는다. 역사적으로 각 시기에 특정 국가가 처한 상황이나 여건에 차이가 있기 때문에 결과적으로 조세제도는 다양한 형태로 나타난다. 현대적인 의미의 자본주의 조세제도도 큰 틀에서 유사한 구조를 가지고 있지만, 국가별로 세법이 동일하지 않고 조세정책이나 조세행정체계도 차이가 있으며 다양한 경로의 변화 과정을 거치면서 형성되어 왔다.

북한은 1972년 수정보충[1)]된 「조선민주주의인민공화국 사회주의헌법」 제33조에서 "국가는 낡은 사회의 유물인 세금제도를 완전히 없앤다."고 규정하여 공식적으로 '세금 없는 나라'를 표방하였다. 이후 1992년 수정보충된 헌법 제25조에 포함하였던 "세금이 없어진 우리 나라에서 끊임없이 늘

1) 북한의 법률용어는 남한과 다소 차이가 있다. 북한에서 '수정'은 개별 법규범이나 법문구를 삭제 또는 변경하는 것을 말하고, '보충'은 새로운 법조문이나 법문구를 첨부하는 것을 말한다. '수정보충'은 수정과 보충이 동시에 또는 별도로 진행되어 본래 법전의 구성내용에 포함되는 것을 의미한다. '개정'은 해당 법규범의 전반적인 내용을 변경하는 것으로서 종래 법전의 편 · 장 · 철 체계를 벗어나 확대 또는 축소하는 것을 말한다. 한명섭, 『통일법제 특강(개정증보판)』 (파주: 한울아카데미, 2019), 109쪽.

어나는 사회의 물질적 부는 전적으로 근로자들의 복리증진에 돌려진다."는 내용을 2019년 8월 최종 수정보충된 헌법 제25조에서도 거의 그대로 유지함으로써 세금제도 폐지 입장을 여전히 고수하고 있다.

급진적 체제전환국들은 시장경제에 적합하지 않은 사회주의 예산수입체계로 인하여 1990년대 초반 모두 재정위기를 겪었고, 사경제 영역으로부터 세수(稅收)를 확보하기 위하여 아무런 사전준비 없이 급하게 조세제도를 만들어야 했다.[2)] 반면 정치적으로 사회주의 체제를 유지하고 있는 점진적 체제전환국인 중국이나 베트남의 경우 세금제도를 폐지하거나 세금이 없다는 입장을 취하고 있지 않으며, 경제개혁과 함께 세제개혁 과정을 통해 「시장경제형 조세제도」[3)]를 갖추어 왔다. 이와 같이 경제적인 측면에서 개혁 · 개방이 진행됨에 따라 이에 조응하는 「시장경제형 조세제도」를 갖추는 것은 불가피할 수 있다. 이러한 관점에서 통상 예산수입제도의 '개혁'은 「시장경제형 조세제도」에 근접한 형태로의 변화를 의미한다고 할 수 있다.

현재 북한의 주요 예산수입은 「국가예산수입법」에 근거한 거래수입금, 국가기업리익금 등과 같은 전통적인 사회주의 경리수입의 형태를 취하고 있다. 이러한 사회주의 경리수입은 실질적으로 조세와 유사한 기능을 담당하고 있다. 하지만 북한의 현행 예산수입체계는 대외세법[4)] 분야를 제외하

2) Scott Gehlbach, *Representation Through Taxation* (New York: Cambridge University Press, 2008), p.50.

3) 본 연구에서는 자본주의 조세제도뿐만 아니라 현존하는 사회주의 국가의 조세제도를 포함하여 시장경제에 부합하는 형태의 조세제도를 「시장경제형 조세제도」로 총칭하고자 한다.

4) "대외세법은 해당 국가와 대외납세자들 사이의 세금징수납부관계를 규제하는 법이며 대내세법은 해당 국가와 국내납세자(대외납세자 이외의 납세자)들 사이의 세금징수납부관계를 규제하는 법"을 의미한다. 대외세법에는 「외국투자기업 및 외국인세금법」, 경제특구 · 개발구 세제 등 대외경제 부문에 대한 세법이 포함된다. 김성호, 「국제세금징수협정의 본질」, 『정치법률연구』, 2015년 제2호, 62쪽; 김성호, 「공화국 대외세법의 공정성」, 『김일성종합대학학보: 력사 · 법률』, 제59권 제3호, 2013, 93~96쪽.

고는 「시장경제형 조세제도」라고 할 수 없다. 중국이나 베트남처럼 북한도 정치적으로 사회주의 체제를 유지하면서 경제적으로 북한 나름의 개혁·개방 과정을 거치는 점진적인 방식을 따를 것으로 보인다. 하지만 정치적인 관점에서 김일성의 유훈이라고 할 수 있는 세금제도 폐지를 철회하고 장기간 주민들에게 선전해왔던 '세금 없는 나라'라는 공식적인 입장을 일시에 전면적으로 변경하기는 어려울 수 있다.[5] 이러한 상황에서 '북한의 예산수입제도가 법제적 측면에서 어떠한 과정을 거쳐 변화되어 왔고 향후 어떠한 방식으로 전환 또는 발전되어야 하는가?'하는 의문이 본 연구의 기본적인 배경이다.

본 연구의 목적은 해방 후부터 현재까지 북한 세금관련 법제의 변화, 즉 세금제도의 폐지 및 그 이후 사회주의 예산수입법제의 시기별 변화 과정을 체계적으로 정리한 후, 그러한 변화의 의미와 이유를 검토하고 향후 변화의 방향 및 촉진·억제요인을 분석하는 것이다. 또한 중국·베트남의 세제개혁 사례를 통해 북한에 대한 시사점을 얻고자 하는 것이다. 구체적으로 본 연구의 세부 목적은 아래 질문에 대한 답을 구하는 것이다.

첫째, 북한의 세금제도 폐지 및 사회주의 예산수입체계로의 전환 과정은 어떻게 진행되었는가?

둘째, 북한의 사회주의 예산수입법제는 시기별로 어떻게 변화되어 왔고, 그러한 변화의 의미와 이유는 무엇인가?

셋째, 중국 및 베트남의 세제개혁 및 「시장경제형 조세제도」 도입은 어떻게 진행되었고, 북한에 대한 시사점은 무엇인가?

넷째, 북한 사회주의 예산수입법제의 향후 예상되는 변화의 방향은 어떠한가? 또한 그러한 변화의 촉진·억제요인은 무엇인가?

---

5) 최정욱, 「북한의 세금제도 폐지와 재도입 가능성에 관한 연구」, 『조세연구』, 제19권 제3집, 2019, 118쪽.

2. 연구 범위와 구성

본 연구는 해방 후 세금제도의 폐지와 함께 진행된 사회주의 예산수입체계로의 전환 과정을 살펴보고(제2장), 국영 생산기업소와 관련된 공식적인[6] 예산수입제도 중에서 북한 전체 예산수입의 70~80%[7] 비중을 차지하는 거래수입금과 국가기업리익금, 양자가 통합된 형태인 국가기업리득금에 대한 과세요건의 시기별 변화 과정을 주요 검토대상으로 한다(제3~4장). 따라서 국영 생산기업소 이외의 농업 및 봉사부문, 협동단체 등에 대한 논의는 본 연구의 범위에서 제외하였다. 검토대상 기간은 해방 후부터 최근 김정은 시대까지의 기간이다.

북한 세금관련 법제, 즉 예산수입법제의 시기별 변화 과정을 살펴본 후, 「시장경제형 조세제도」를 성공적으로 도입한 중국과 베트남의 세제개혁 사례를 검토한다(제5장). 마지막으로 시기별 변화 과정을 총괄적으로 정리하여 종합적으로 평가하고, 향후 변화의 방향을 전망하며 그러한 변화의 촉진요인 및 억제요인을 분석한다(제6장). 본 연구의 구성을 간략히 정리하면 〈그림 1-1〉과 같다.

---

6) 본 연구는 공식적으로 공표된 예산수입법제 및 관련 북한 문헌을 중심으로 분석을 진행하며, 비공식적 또는 비합법적으로 이루어지는 부분은 본 연구의 범위에 포함되지 않는다.

7) 거래수입금과 국가기업리익금 또는 양자가 통합된 형태인 국가기업리득금은 통상 북한 국가예산수입의 70~80%를 차지하였고, 2018년 기준으로는 85.3%까지 증가한 것으로 나타나고 있다. 이석기 외, 『김정은 시대 북한 경제개혁 연구 - '우리식 경제관리방법'을 중심으로』(세종: 산업연구원, 2018), 267쪽.

<그림 1-1> 본 연구의 구성

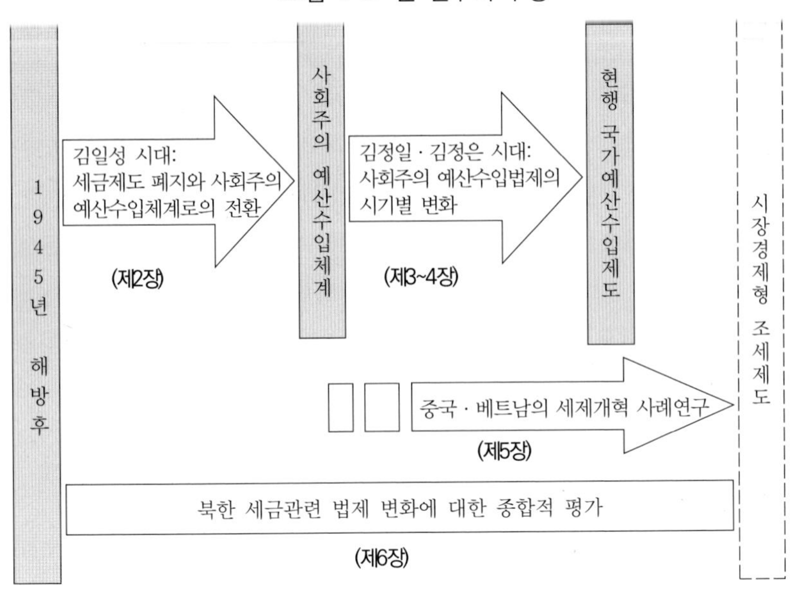

노스(Douglass C. North)에 의하면, 제도는 공식적 제약요인(규칙, 법률, 헌법 등), 비공식적 제약요인(행동규범, 관습, 자율적인 행위규범 등) 그리고 강행적 특성으로 이루어지는 다양한 구성 요소들의 조합(matrix 또는 framework)으로 표현된다.[8] 본 연구에서는 사회주의 예산수입체계로 전환된 이후의 북한 예산수입제도를 과세항목(사회주의 경리수입 항목), 과세요건(납세의무자, 과세대상, 과세표준 및 세율), 납부방법, 추가적인 세원 그리고 가격체계와 분배기준으로 구성되는 제도의 조합(matrix)으로 정의하고, 예산수입관련 법제, 즉 공식적 제약요인을 중심으로 시기별 조합의 변화를 살펴보고자 한다.

공식적 제도의 변화는 그 원인이나 배경이 되는 현상이 발생한 후 상당

8) Douglass C. North, *Institutions and Institutional Change and Economic Performance* (Cambridge: Cambridge University Press, 1990), pp.360~361.

기간의 시간적 지체를 거쳐서 나타난다. 북한은 해방 후 1974년까지 세금제도의 폐지를 추진하면서 동시에 사회주의 예산수입체계로의 전환을 진행했다. 이후 1994년에 처음으로 거래수입금을 중심으로 변화를 시도했다. 1990년대의 정치 · 경제적 상황을 배경으로 2002년의 개혁적 제도 변화가 나타났고, 이러한 개혁적 흐름은 2005년에 이르러서야 「국가예산수입법」이라는 부문법의 형태로 정비된다. 2005년 이후 개혁의 지체 또는 후퇴는 법률적으로는 2007년 및 2011년의 「국가예산수입법」 수정보충[9]으로 나타났다. 2011년 이후 김정은 시대의 새로운 개혁적 흐름은 2012년의 시범적 조치, 2014년 이후 「재정법」, 「기업소법」, 「인민경제계획법」, 「무역법」 등의 수정보충으로 나타났다. 이러한 전체적인 과정을 다음과 같이 시기를 구분하여 검토하고자 한다.

Ⅰ. 김일성 시대:

① 1945~1974년 세금제도 폐지

② 사회주의 예산수입체계로의 전환

Ⅱ. 김정일 시대:

① 1994년 거래수입금 중심의 제도 변화

② 2002년 「7 · 1 경제관리개선조치」와 개혁적 제도 변화

③ 2005년 「국가예산수입법」 제정과 개혁의 후퇴

---

9) 「국가예산수입법」에 대한 2008년 2월 26일의 2차 수정보충은 제42조 제3항에 "외국투자기업의 사회보험료 납부는 따로 정한 기준에 따라 한다."는 내용을 추가한 것 이외에는 특별한 변화가 없었다. 따라서 2011년 3차 수정보충 내용을 2007년 1차 수정보충 후의 내용과 비교하여 분석하고자 한다.

Ⅲ. 김정은 시대:
① 2011년 거래수입금 및 국가기업리익금 체계로의 회귀
② 2012년 이후 개혁적 제도 변화의 재시도

3. 연구 방법

본 연구의 방법은 크게 역사적 접근방법에 기초한 시기별 비교와 법제적 자료를 중심으로 하는 문헌 연구, 그리고 중국·베트남의 세제개혁에 대한 사례연구를 중심으로 이루어진다.

가. 역사적 접근방법

북한은 사회주의적 보편성을 띠고 있으면서 동시에 특수성을 가지고 있는데, 이러한 북한 사회의 모습을 가장 잘 보여주는 것이 북한의 역사적 발전과정이다. 현행 제도는 단절적으로 나타난 것이 아니고 역사적인 맥락 속에서 단계적으로 전개되어 온 것이라는 관점[10]에서, 본 연구는 북한 세금관련 법제, 즉 예산수입법제의 시기별 변화 과정을 역사적 접근방법에 기초하여 분석한다.

북한의 예산수입제도를 제대로 이해하기 위해서는 현행 제도가 어떠한 과정을 거쳐서 형성된 것인지를 살펴볼 필요가 있고, 해방 이후 북한 내에서의 역사적 변천 과정, 나아가 식민지 시기의 조세제도까지 검토할 필요가 있다.[11]

---

10) 심지연, 「북한연구에 대한 역사적 접근」, 경남대학교 북한대학원 엮음, 『북한연구방법론』(파주: 도서출판 한울, 2003), 240~242쪽.

본 연구는 북한 세금관련 법제, 즉 예산수입법제의 역사적 변화 과정을 시기별로 구분하여 체계적으로 정리하는 방식을 취한다. 거래수입금, 국가기업리익금 등과 같은 사회주의 예산수입도 그 실질적인 성격이나 기능은 조세와 유사하다. 따라서 통상적인 조세이론의 개념에 기초하여 비교 · 분석의 틀을 체계화할 수 있다고 판단된다.[12] 따라서 사회주의 예산수입체계로 전환된 이후 시기별 비교가 가능한 기간에 대하여는 비교 · 분석의 기준으로서 조세실체법의 핵심적인 개념인 '과세요건(課稅要件)'을 적용하고자 한다. 일관된 비교 기준의 설정은 시기별 비교의 합리성과 비교가능성을 높일 수 있고 개념상의 혼선을 정리할 수 있다는 점에서 매우 중요하다.

또한 거래수입금은 도매가격을 기준으로 산출하는 것으로서 가격체계와 밀접한 관련이 있고, 국가기업리익금 또는 국가기업리득금은 거래수입금 분배 이후 이윤 · 순소득 또는 소득을 기초로 산출하는 것으로서 소득분배 방식과 직접적으로 관련이 있다. 따라서 거래수입금에 대하여는 생산수단 도매가격 형식을 중심으로 하는 가격체계의 시기별 변화 과정과 직접 연계하여 분석하고, 국가기업리익금 및 국가기업리득금은 분배기준의 시기별 변화에 초점을 두고 접근하고자 한다.

나. 문헌 연구

예산수입제도와 관련하여 법률이나 규정은 해당 국가의 의도나 정책목표 등 공식적인 입장을 반영하고 있고 향후 진행방향을 추론할 수 있는 가

---

11) 양문수, 「북한경제 연구방법론 - 시각, 자료, 분석틀을 중심으로」, 경남대학교 북한대학원 엮음, 『북한연구방법론』(파주: 도서출판 한울, 2003), 214쪽.

12) 최정욱, 「북한 국가예산수입제도의 시기별 변화와 전망 - 국영 생산기업소의 거래수입금과 국가기업리익금을 중심으로」, 『통일문제연구』, 제31권 2호, 2019, 319쪽.

장 명확한 근거라고 할 수 있다. 하지만 북한은 예산수입제도의 기본법에 해당하는 「국가예산수입법」을 불과 16년 전인 2005년에 제정하였기 때문에 예산수입제도의 시기별 변화를 확인할 수 있는 공식적인 법제 자료가 충분하지 않다. 따라서 법제 자료가 부족한 부분은 다양한 북한 문헌을 기초로 변화의 전후 맥락을 추론하는 방식으로 예산수입법제 변화의 의미와 이유를 분석하고자 한다.

세금제도 폐지 및 사회주의 예산수입체계로의 전환 과정에 대해서는 해방 후부터 1974년 세금제도 폐지를 최종 선언한 시점까지 『법령공보』, 『내각공보』, 『조선중앙년감』, 『재정법규집』 등 해방 후 초기 북한 문헌의 내용을 추적하여 실증적으로 검토하고자 한다. 예산수입과 관련하여 북한 당국의 공식적인 입장이 담겨있다고 할 수 있는 「국가예산수입법」이 부문법으로 제정된 2005년 이후의 시기에 대해서는 동법의 수정보충 내용을 기본으로 하면서, 「재정법」, 「기업소법」, 「무역법」 등 관련 법규 자료를 함께 검토하고자 한다. 법규 자료만으로 부족한 부분은 『경제연구』, 『김일성종합대학학보』, 북한 발행 사전 및 기타 문헌의 내용을 기초로 보완하고자 한다.

북한의 법률이나 규정이 실제로 적용되어 작동되고 있는지 확신할 수 없고, 최고위층의 교시 또는 말씀, 노동당의 규약이 헌법과 성문 법률보다 상위에 있는 북한의 법체계[13]를 고려할 때 북한 법률이나 규정에 기초한 검토는 한계가 있을 수 있다.[14] 그러나 2019년 8월 29일 최종 수정보충된 헌법 제18조에서는 "법에 대한 존중과 엄격한 준수집행은 모든 기관, 기업소, 단체와 공민에게 있어서 의무적이다. 국가는 사회주의법률제도를 완비하고 사회주의법무생활을 강화한다."고 명시하여 원칙적으로 법률이 준수되

13) 한명섭, 『통일법제 특강(개정증보판)』, 103쪽.
14) 최정욱, 「북한의 세금제도 폐지와 재도입 가능성에 관한 연구」, 128쪽.

어야 함을 강조하고 있다. 또한 북한은 김정은 집권 이후 2012년 12월 19일 「법제정법」(최고인민회의 상임위원회 정령 제2874호로 채택)을 제정하여 "법제정 사업에서 제도와 질서를 엄격히"(제1조) 하고자 하였다. 이는 법제화를 통하여 경제개혁 정책을 뒷받침하고자 하는 김정은 시대 개혁의 특징의 하나라고 할 수 있다.[15] 실제로 2012년 7월에 헌법과 187개 법률이 수록된 『조선민주주의인민공화국 법전(제2판)』을 발행하였고, 그 후 약 4년만인 2016년에 증보판을 발행하였다. 동 증보판에는 2016년 수정보충된 사회주의헌법을 포함하여 2012년 7월부터 2015년 12월까지 제·개정된 부문법이 수록되어 있다.[16]

조세 관련 법률이 현실에서 작동하는 정도는 체제의 특성, 경제적 상황, 제도 발전의 수준, 사회문화적 배경 등 다양한 요인에 따라 국가 간에 차이가 있을 수 있고, 통상 세수의 일실이나 준조세 성격의 추가부담이 비공식적으로 존재할 수 있다. 또한 법률이나 규정에 대한 법해석의 문제도 있을 수 있다. 북한법의 규정은 상대적으로 문장 표현의 엄밀성이나 정교함이 부족하기 때문에 문리해석에만 의존하기는 어려운 면이 있다. 북한 예산수입관련 법제를 이해하고자 하는 현재의 연구 단계에서는 상황에 따라 전후 맥락을 기초로 유추해석이 필요할 수도 있다. 하지만 이러한 한계에도 불구하고 예산수입제도를 분석함에 있어서 관련 법률이나 규정 등은 해당 국가의 공식적인 입장을 반영하는 것으로서 가장 중요한 부분이라고 할 수 있다. 따라서 이용 가능한 자료가 많지 않은 북한의 예산수입법제를 검토함에 있어서, 관련된 법률이나 규정을 출발점으로 하는 것은 충분히 의미가 있고 가장 현실적이며 효율적인 방법이다.[17]

---

15) 이석기 외, 『김정은 시대 북한 경제개혁 연구』, 302쪽.

16) 한명섭, 『통일법제 특강(개정증보판)』, 104~108쪽. 해당 기간에 총 31개의 법령이 제정되었고, 2012년 9개, 2013년 32개, 2014년 24개, 2015년 41개의 법령이 개정되었다.

다. 사례 연구

중국의 세제개혁에 대하여는 상대적으로 기존 연구가 축적되어 있는 편이다. 따라서 한상국(2003),[18] 유호림(2011)[19] 등 기존 연구를 중심으로 정리하면서 필요에 따라 중국 세무당국의 법규 자료를 검토하는 방식으로 진행하고자 한다.

베트남의 세제개혁에 대해서는 기존 연구가 거의 없는 상황이므로[20] 베트남 재정부(Ministry of Finance of Vietnam), 국세청(General Department of Taxation of Vietnam) 및 법무부(Ministry of Justice of Vietnam)의 법규 자료와 기타 학술 자료 등을 활용하여 정리하고자 한다.

4. 기존 연구

조세는 법학, 재정학, 회계학, 경제학 등 다양한 영역이 중첩되는 분야이다. 따라서 조세나 재정에 대한 연구는 어느 부분에 초점을 두는가에 따라 다양한 양태로 나타날 수 있다. 북한 조세에 대한 연구에는 이러한 조세 분야의 일반적인 특성, 북한 예산수입체계의 특수성 그리고 자료 부족이라

---

17) 최정욱, 「북한의 세금제도 폐지와 재도입 가능성에 관한 연구」, 129쪽.

18) 한상국, 『체제전환기의 중국 조세정책과 북한에의 시사점 - 남북경제통합 관련 조세 · 재정분야 기초연구 Ⅲ』(서울: 한국조세연구원, 2003).

19) 유호림, 「중국의 현대 세제사에 관한 고찰」, 『세무와회계저널』, 제12권 제1호, 2011.

20) 베트남의 전반적인 경제개혁에 대해서는 이한우(2011)와 이재춘(2014)의 연구가 있고, 국유기업 개혁에 대해서는 권율(1997)의 연구가 있다. 이한우, 『베트남 경제개혁의 정치경제』(서울: 서강대학교 출판부, 2011); 이재춘, 『베트남과 북한의 개혁 · 개방』(서울: 경인문화사, 2014); 권율, 『베트남 국유기업개혁의 현황과 과제』(서울: 대외경제정책연구원, 1997).

는 현실적인 제약이 복합적으로 작용하고 있다.

북한의 예산수입관련 법제를 포함하여 예산수입제도의 변화에 대한 기존 연구를 살펴보면, 손희두 · 문성민(2007)은 1990년대 이후 재정제도의 변화에 대하여 간략히 정리하고 재정법제의 내용을 중심으로 검토하였고, 그 후속 연구로서 최 유 · 김지영(2019)의 연구가 있다.[21] 양문수(2010)는 시장화 확대 과정에서의 조세와 시장의 연계형태에 대한 내용을 포함하고 있고, 양문수 외(2012)는 1990년대 중반 이전부터 2011년까지 재정제도 및 소득분배제도의 변화 과정을 검토하였다.[22] 박유현(2013)은 북한의 세금제도 폐지에 대하여 조세정치의 관점에서 분석하였고,[23] 이석기 외(2018), 김기헌(2019), 한기범(2019) 등은 2012년 이후 최근 소득분배방법의 변화, 즉 순소득 기준에서 소득 기준으로의 변화에 대한 검토를 포함하고 있다.[24] 북한의 향후 예산수입제도 개혁 또는 세제개혁에 대한 연구로는 대표적으로 한국조세연구원[25]의 남북경협 및 경제통합 관련 조세 · 재정분야 기초연구 Ⅰ(최준욱 외, 2001), Ⅱ(최준욱 외, 2002) 및 Ⅲ(한상국, 2003)와 한상국(2012) 등이 있다.[26] 한상국(2003, 2012)은 북한의 「시장경제형 조세제도」 도입을 다룬

---

21) 손희두 · 문성민, 『북한의 재정법제에 관한 연구』(서울: 한국법제연구원, 2007); 최유 · 김지영, 『북한의 재정법제에 관한 연구 Ⅱ』(세종: 한국법제연구원, 2019).

22) 양문수, 『북한경제의 시장화: 양태 · 성격 · 메커니즘 · 함의』(파주: 한울아카데미, 2010); 양문수 외, 『2000년대 북한경제 종합평가』(서울: 산업연구원, 2012).

23) 박유현, 「북한의 조세정치와 세금제도의 폐지, 1945-1974」, 북한대학원대학교 박사학위 논문, 2013. 박유현의 연구는 2018년에 같은 제목의 책자로 발간되었다. 박유현, 『북한의 조세정치와 세금제도의 폐지, 1945-1974』(서울: 도서출판 선인, 2018).

24) 이석기 외, 『김정은 시대 북한 경제개혁 연구』; 김기헌, 「북한 화폐경제 변화 연구」, 정영철 편저, 『김정은 시대 북한의 변화』(서울: 도서출판 선인, 2019); 한기범, 『북한의 경제개혁과 관료정치』(서울: 북한연구소, 2019).

25) 현재의 한국조세재정연구원.

26) 최준욱 외, 『체제전환국 조세정책의 분석과 시사점 - 남북경협 및 경제통합 관련 조세 · 재정분야 기초연구 Ⅰ』(서울: 한국조세연구원, 2001); 최준욱 · 이명헌 · 전택승, 『체제전환국의 재정정책 경험과 북한에 대한 시사점 - 남북경협 및 경제통합 관련 조세 ·

것이고, 최준욱 외(2001, 2002)는 체제전환 과정에서의 재정 수입 및 지출 효과에 대한 연구로서 재정에 초점을 둔 연구라고 할 수 있다.

기존 연구 중에서 본 연구와 상대적으로 관련성이 높은 연구로서 내용이 포괄적인 손희두 · 문성민(2007) 및 최 유 · 김지영(2019), 양문수(2010, 2012), 박유현(2013), 한상국(2003, 2012) 및 최준욱 외(2001, 2002)의 연구에 대하여 보다 구체적으로 살펴보면 다음과 같다.

가. 손희두·문성민(2007) 및 최 유·김지영(2019)의 연구

손희두 · 문성민(2007)은 1990년대 이후의 시기를 김일성 사망 이전시기(1990~1994), 고난의 행군 시기(1995~1997), 계획경제체제 재정비 추진기(1998~2001), 그리고 경제관리 개선시기(2002년 이후)로 구분하여 재정관련 제도의 변화를 간략히 정리하고, 현행 「재정법」, 「국가예산수입법」, 외국인 투자관련 법제, 회계법제, 금융법제 등의 주요 내용을 소개하면서 각 법제와 재정의 관계를 검토하였다. 또한 북한이 중국 · 베트남과 같은 점진적 개혁을 채택하는 것은 선택의 여지가 없어 보인다고 설명하면서, 특히 베트남식 개혁 · 개방을 염두에 두고 있는 것 같다는 입장을 제시하고 있다. 이후 최 유 · 김지영(2019)은 손희두 · 문성민(2007)을 기본적인 연구로 하여 재정법제 개별 조문에 대한 이해와 분석에 보다 초점을 두고, 「헌법」, 「인민경제계획법」, 「재정법」, 「국가예산수입법」, 「회계법」, 「기업소법」 및 금융법제의 주요 내용을 검토하였다. 손희두 · 문성민 및 최 유 · 김지영의 연구는 재정과 관련된 북한의 현행 법제를 망라하여 정리하고 있다는 점에서

재정분야 기초연구Ⅱ』(서울: 한국조세연구원, 2002); 한상국, 『체제전환기의 중국 조세정책과 북한에의 시사점 - 남북경제통합 관련 조세 · 재정분야 기초연구Ⅲ』(서울: 한국조세연구원, 2003); 한상국, 『시장경제체제로의 전환에 따른 북한 조세제도 구축방안』, 전북대학교, 2012.

재정 관련 연구의 기초자료로서 의미가 있다.

나. 양문수(2010, 2012)의 연구

양문수(2010)는 시장화 확대 과정에서 시장에 대한 국가의 의존 현상을 보여주는 조세와 시장의 연계형태에 대한 논의를 포함하고 있다. 국가예산수입은 기본적으로 내각경제에 속하고 시장경제 영역에서 발생하는 잉여는 국가예산수입뿐만 아니라 당경제, 군경제 등 특수경제로도 흡수된다는 점을 지적하고 있다. 또한 2002년 「7 · 1 경제관리개선조치」(이하 '7 · 1 조치'라고 함) 이후 다양하고 광범위한 시장경제활동을 포괄하는 시장사용료, 토지사용료(이후 부동산사용료로 확대)를 신설하고, 계획외 생산 · 유통을 포함하는 번수입을 국가기업이득금 및 협동단체이득금의 부과기준으로 삼았으며, 집금소 설치 등 징세행정을 효율화하였는데, 이는 새로운 세원발굴을 통해 시장경제 영역에서 발생한 잉여를 국가가 재정수입으로 흡수할 목적이었다고 설명하고 있다. 이러한 내용은 시장화 확대가 실질적인 세수 및 세원의 확대 과정이라는 관점을 보여주는 것으로서 중요한 의미를 갖는다.

양문수 외(2012)는 2000년대 북한경제를 종합적으로 평가하는 과정에서, 1990년대 중반 이전부터 2011년까지 재정제도 및 소득분배제도의 변화 과정을 검토하고, 시기별 예산수입 · 지출 항목 및 예산납부 기준의 변화, 1990년대 중반 이전 재정계획화 체계에서 1995~ 2001년 신용계획화 체계로의 변화에 대하여 구체적으로 정리하고 있다.

다. 박유현(2013)의 연구

박유현(2013)은 북한의 세금제도 폐지와 관련하여 1945~1974년까지 29년

간의 조세정치를 분석 · 평가하였다. 박유현은 김일성의 사상이론 활동의 탁월성을 증명하여 김정일의 후계자로서의 능력을 과시하기 위한 목적에서 세금제도의 폐지가 활용되었고, '세금 없는 나라'는 북한의 국가정체성을 규정하는 주요 특성의 하나라고 주장하였다. 그리고 향후 과세권을 다시 행사하게 될 경우 세금제도 폐지 이전의 경험이 제공하는 '제도적 기억'에서 납세의식을 끌어와야 할 것이라고 설명하고 있다. 박유현의 연구는 조세문제에 대해 정치적 관점을 제공하였다는 점에서 의의가 있고, 향후 북한이 조세제도를 도입하게 될 경우 재정적 또는 경제적 관점뿐만 아니라 정치적 관점의 필요성을 보여준 중요한 성과라고 판단된다. 특히 향후 조세제도 도입과정에서 '세금 없는 나라'가 국가정체성을 규정하는 특성이고 사회주의 사회에서 세금폐지가 합법칙적이라는 북한의 입장을 어떻게 극복 또는 전환할 것인가 하는 문제는 정치적인 관점이 필요한 부분이다.

라. 한상국(2003, 2012)의 연구

한상국(2003)은 중국의 개혁 · 개방정책 추진과정에서 시행된 조세개혁, 세수구성의 변화 및 조세행정에 대한 내용을 분석하고, 북한이 '점진적으로' 시장경제체제로 전환하면서 조세제도를 도입할 경우에 대한 시사점을 도출하고자 하였다. 중국의 세제개혁 경험을 기초로 점진적인 경제개혁 및 재정 · 조세제도 개혁의 관점에서 논의를 전개한 것으로서 북한에 대하여 의미있는 시사점을 제시하고 있다고 판단된다. 중국을 검토대상으로 선정한 것은 개혁 · 개방 정책 착수시점의 중국과 현재의 북한이 상이한 점이 많지만 동시에 유사한 점도 적지 않으므로 중국의 경험을 참고함으로써 시행착오를 줄일 수 있기 때문이다. 한상국(2012)은 2003년의 연구에서 도출한 시사점을 기초로 내용을 발전시킨 것으로 보인다. 북한의 체제전환에 따른 조세제도 도입과 관련하여 재정개혁이 선행되어야 한다고 설명하면서, 조세제도의 단계적 도입과정에서 체제전환 초기에는 소비세제와 외국인투자세제가 중심이 되어야 하고, 중기에는 법인 및 개인 소득세제가 강화되어야 하며, 마지막으로 남북 제도의 통합 단계에서는 북한의 특수한 상황을 고려하여 남한 세법에 반영하는 노력도 필요하다고 지적하고 있다. 한상국(2003, 2012)의 연구는 북한의 조세제도 도입과 관련하여 고려해야 할 사항들을 포괄적으로 망라하고 있기 때문에 실제 조세설계 또는 조세개혁의 실행단계에서 기본적인 틀을 제공하는 중요한 연구라고 생각된다. 다만 다양한 초기 조건에 대한 검토나 북한과의 비교분석 보다는 상대적으로 중국사례 분석에 비중을 둔 연구라고 판단된다.

마. 최준욱 외(2001, 2002)의 연구

최준욱 외(2001, 2002)는 체제전환 과정에서의 재정수입 효과(조세 · 재정수입 수준, 세수구조의 변화 등), 재정지출 효과(지출구조 및 항목별 지출의 변화), 그에 따른 재정규모 및 재정안정성 문제 등 재정에 초점을 둔 연구로서 예산수입제도나 세제개혁 자체를 대상으로 한 것은 아니다. 따라서 본 연구와 직접적인 관련성이 크지는 않지만 재정 효과에 대한 분석이 세제개혁에 대한 시사점을 줄 수 있다는 점에서 추가적으로 살펴보았다.

최준욱 외(2001)는 舊소련 15개 국가를 포함한 총 34개 체제전환국의 조세정책 경험을 분석하여 북한의 변화 과정에서 조세정책과 관련된 정책적 시사점을 도출하고자 한 연구이다. 체제전환 과정에서 조세정책과 관련하여 가장 기본적인 두 가지 문제로서 조세 · 재정수입 수준의 변화와 세수구조의 변화를 중점적으로 분석하였고, 마지막으로 외국인투자에 대한 조세정책을 검토하였다. 체제전환국의 실제 데이터에 기초하여 체제전환과 재정수입의 관계의 보편성을 도출하고자 한 시도로서 의미가 있다. 체제전환 초기 소득수준이 재정수입에 중요한 영향변수일 수 있음을 실증적으로 보여주었고, 세수구조와 관련하여 체제전환 과정에서 법인세 비중이 줄고 소비세 비중이 증가한다는 점, 은행개혁(거래투명성 증가)이 개인소득세 비중을 증가시키고, 소규모 사유화의 진전이 부가가치세 비중을 증가시킨다는 점 등을 실증적으로 분석하였다. 자료의 한계로 급진적 체제전환 국가 중심으로 분석이 진행되었고 점진적 체제전환 국가에 대한 분석은 보충적인 수준에 그쳤지만, 체제전환과 관련하여 조세·재정수입 및 세수구성 변화의 전반적인 방향을 실증적으로 보여준 것은 중요한 성과라고 하겠다. 다만 최준욱 외(2001)도 지적한 바와 같이 점진적 체제전환을 추진한 경우는 급진적 체제전환을 추진한 경우와 조세정책에서 큰 차이를 보인다는 점[27]에서 그 결과를 활용함에 있어서는 한계가 있다.

마지막으로 최준욱 외(2002)는 체제전환국의 재정정책 경험을 분석하여 북한의 향후 변화 과정에서 재정과 관련된 정책적 시사점을 도출하고자 하였다.

27) 최준욱 외, 『체제전환국 조세정책의 분석과 시사점』, 45쪽.

제2절

이론적 배경

본 연구의 이론적 배경으로서 먼저 근대경제학적 조세론과 이에 대응되는 정치경제학적 조세론 및 북한에서의 조세론을 살펴보고, 사회주의 예산수입체계와 「시장경제형 조세제도」의 차이를 비교해보고자 한다. 마지막으로 사회주의 예산수입법제의 시기별 비교·분석 기준으로서 조세실체법상의 주요 개념인 과세요건에 대하여 논의한다.

1. 근대경제학 및 정치경제학적 조세론

가. 근대경제학적 조세론

근대경제학적 입장에서는 세원(稅源)에 대한 논의, 즉 소득과 재산 또는 자본 중에서 어떤 것이 바람직한 세원인가 하는 문제가 주된 논점이 된다. 이와 관련하여 '원본불가침의 원칙'에 따라 소득이 주요 세원이 되어야 하고 원본에 해당하는 재산이나 자본 자체에 대한 과세는 예외적 또는 임시적이어야 한다는 것이 고전적인 입장이다. 이에 따라 근대경제학적 입장에서 소득과세는 근로소득, 이자, 지대 등 원천에 관계없이 원칙적으로 동일하게 취급한다. 이 부분이 정치경제학적 관점과 크게 다른 부분이다.[28] 또한 근대경제학적 입장에서 조세는 자원의 최적배분, 소득재분배 및 안정적인 경제성장을 목적으로 한다.[29]

(1) 조세의 개념

임승순(2020)에 의하면, 조세[30]는 기능적 · 형태적인 측면에서 "① 국가 또는 지방자치단체가, ② 국민에 대한 각종의 공공서비스를 제공하기 위한 자금을 조달할 목적으로, ③ 특별급부에 대한 반대급부 없이, ④ 법률에 규정된 과세요건에 해당하는 모든 자에 대하여, ⑤ 일반적인 기준에 의하여 부과하는, ⑥ 금전급부"로 정의된다.[31]

남한 헌법재판소에 의한 정의를 살펴보면, 조세는 "국가가 재정수요를 충족시키거나 경제적 · 사회적 특수정책의 실현을 위하여 헌법상 국민의 납세의무에 근거하여 국민에 대하여 아무런 특별한 반대급부 없이 강제적으로 부과 · 징수하는 과징금"[32]을 의미한다. 헌법재판소의 이러한 정의의 연원은 독일의 1919년 「라이히조세기본법」(Reichabgabenordnung)이다. 동법 제1조 제1항은 조세를 "특별한 급부에 대한 반대급부로서가 아니라 공법상의 단체가 수입을 얻을 목적으로 급부의무에 관하여 법률이 정하는 요건에 해당하는 모든 사람에게 과하는 급부의무"[33]라고 규정하고 있다.

---

28) 우명동, 『조세론』(서울: 도서출판 해남, 2007), 40쪽.

29) 우명동, 『조세론』, 186쪽.

30) 국립국어원 표준국어대사전에 따르면 '세금'은 조세와 같은 말로 설명되고 있고, "국가 또는 지방공공단체가 필요한 경비로 사용하기 위하여 국민이나 주민으로부터 강제로 거두어들이는 금전"이라고 정의하고 있다. 국립국어원 표준국어대사전; https://stdict.korean.go.kr/search/searchView.do (검색일: 2018년 5월 9일).

31) 임승순, 『조세법(제20판)』(서울: 박영사, 2020), 4쪽.

32) 헌재 2011.6.30. 2009헌바55; 헌재 1990.9.3. 89헌가95. 이준봉, 『조세법총론(제6판)』(서울: 삼일인포마인, 2020), 41쪽에서 재인용.

요약하면 근대경제학적 조세론에 있어서 조세의 특징적인 측면은, 국가 또는 지방자치단체에 의하여 반대급부 없이 강제적으로 법정 요건에 해당하는 모든 자에 대해 일반적인 기준에 따라 부과하는 금전 지급의무라는 것이다.

(2) 조세원칙

조세원칙[34]은 조세정책의 기초가 되는 조건으로서 시대에 따라 변화하여 왔는데, 대표적으로 아담 스미스(A. Smith)의 4원칙과 독일의 바그너(A.H.G. Wagner)의 4원칙 9개항 등이 있다.[35]

조세법 전체를 지배하는 기본원칙으로는 조세법률주의와 조세공평주의가 있다. 조세법률주의는 법률의 근거 없이 국가는 조세를 부과·징수할 수 없고, 국민은 조세의 납부를 요구받지 아니한다는 원칙을 의미한다. 조세법률주의는 역사적으로 국왕의 절대 권력에 맞서서 개인의 재산권을 보호하고자 했던 투쟁의 결과이다. 그러나 이후 재산권이 절대적인 권리가 아니고 공공의 필요에 따라 제한이 가능하며 법률이 정한 내용과 한계 내에서 보장되는 권리라는 인식이 확립되면서, 납세의무의 성립요건인 과세요건을 법률로 정하여야 한다는 것이 조세법률주의의 기본내용이 되었

---

33) 소순무·윤지현, 『조세소송』(서울: ㈜영화조세통람, 2018), 7쪽.

34) 국립국어원 표준국어대사전에 따르면, '조세원칙'은 '세금을 부과하거나 징수하는 과정에서 존중되어야 하는 원칙'이라고 설명하고 있다. 국립국어원 표준국어대사전; https://stdict.korean.go.kr/search/searchResult.do?pageSize=10&searchKeyword=%EC%A1%B0%EC%84%B8%EC%9B%90%EC%B9%99 (검색일: 2018년 5월 9일).

35) 아담 스미스의 4원칙은 ① 형평성(equality), ② 확실성(certainty), ③ 편리성(convenience in payment) 및 ④ 경제성(economy in collection) 등이고, 바그너의 4원칙(9개항)은 ① 재정정책상의 원칙(과세의 충분성, 과세의 탄력성), ② 국민경제상의 원칙(적합한 세원의 선택, 적합한 조세종류의 선택), ③ 공정의 원칙(과세의 보편성, 과세의 공평), ④ 세무행정상의 원칙(명확성, 편의성, 최소징세비) 등이다. 전동훈·박우성, 『조세경제학』(서울: 무역경영사, 2016), 22~24쪽.

다.[36]

조세를 평가하는 규범적 기준은 조세가 갖춰야 할 기본조건, 즉 조세원칙으로 표현되며, 일반적으로 조세부담의 공평성, 경제적 효율성 및 중립성, 행정적 단순성, 경기변동에의 신축성, 정치적 책임성 등으로 정리된다.[37] 이 중에서 가장 핵심적인 조세원칙으로는 통상 공평성, 중립성(효율성) 그리고 간편성(행정적 단순성)을 들 수 있다.

공평성의 원칙 또는 조세공평주의는 개개의 국민은 각종 조세법률관계에 있어서 평등하게 취급되어야 하고, 또한 조세 부담은 국민들 사이에 담세능력(擔稅能力)에 따라서 공평하게 배분되어야 한다는 원칙이다. 여기서 공평성은 수평적 공평(horizontal equity)과 수직적 공평(vertical equity)으로 구분된다. 수평적 공평은 동일한 담세능력을 가진 납세자는 동일한 납세의무를 부담하여야 한다는 것인데, 여기서 담세능력은 과세표준으로 측정된다. 수직적 공평은 배분적 평등을 의미하며 응능부담(應能負擔)의 원칙, 즉 담세능력이 큰 납세자는 담세능력이 작은 납세자 보다 많은 조세를 부담하여야 한다는 것인데, 세율의 공평성과 관련이 있다.[38]

중립성은 과세의 효율성으로 표현되기도 하는데, 민간부문에서 효율적으로 자원이 배분되고 있다는 전제 하에 그러한 자원배분이 가능한 한 왜곡되지 않도록 하는 조세가 바람직하다는 것이다.[39] 즉 중립성이란 자원배분 상태에 대한 조세의 영향과 관련된 개념이다.

---

36) 임승순, 『조세법(제20판)』, 27~30쪽 내용 요약.

37) 전동훈 · 박우성, 『조세경제학』, 25쪽. 정치적 책임성이란 납세자에게 오해와 의혹을 불러일으키는 제도를 유도해서는 안 된다는 의미이다.

38) 이준봉, 『조세법총론(제6판)』, 254~255쪽.

39) 자원이 조세에 의해 민간부문에서 공공부문으로 강제적으로 이전된다는 것은 민간부문에서 이용가능한 자원이 납세액만큼 소멸되는 것을 의미한다. 전동훈 · 박우성, 『조세경제학』, 29쪽.

간편성(행정적 단순성)은 조세행정의 효율성을 의미한다. 간편성은 조세제도가 가능한 한 간소화되어 납세자가 이해하기 쉽고 동시에 조세회피를 방지할 수 있어야 한다는 것이다. 간소한 조세제도는 징세비용과도 밀접한 관계가 있는데, 징세비용에는 징세를 위한 조세행정비용 뿐만 아니라 납세에 따른 민간부문의 조세협력비용(tax compliance cost)도 포함해야 한다.[40)]

나. 정치경제학적 조세론

정치경제학적 입장에서 조세는 자본주의적 생산관계를 재생산하는 수단으로서 자본주의 사회를 총괄하는 기능을 수행하고 자본주의 사회의 객관적 구조에 따라 조세징수는 필연적인 것이다. 또한 스미스나 바그너의 조세원칙론도 자본주의적 조세부담을 정당화하기 위한 이데올로기에 불과한 것으로 본다. 따라서 정치경제학적 입장에서는 자본주의적 생산관계의 단순재생산을 침해하지 않는 잉여가치 부분만이 과세대상 세원이 될 수 있고 가변자본 부분(임금, 급여)은 노동력의 재생산 비용으로서 과세대상 세원이 될 수 없다.[41)] 간접세의 경우도 원래 비용인 근로대중의 소득이 유통되는 과정에서 과세되는 것으로서 부당한 것이다. 반면 근대경제학에서는 잉여가치 부분과 가변자본 부분을 구분하지 않고 모두 소득 또는 수입으로 보아 과세대상 세원으로 취급한다.[42)]

마르크스(K. Marx)는 간접세의 폐지와 직접세로의 대체를 주장했고 이러한 입장은 레닌(V. Lenin)으로 이어졌는데, 레닌은 사회주의적 금융제도가

---

40) 전동훈 · 박우성, 『조세경제학』, 55~56쪽.

41) 정치경제학적 입장 내에서도 모든 조세가 잉여가치로부터 나오는 것이 아니고, J. O'Cornnor, I. Gough, J.A. Miller 등과 같이 일부 조세는 노동력 가치에 부과된다고 보는 견해도 있다. 우명동, 『조세론』, 201~208쪽.

42) 우명동, 『조세론』, 185~198쪽.

사회주의 조세제도에서 핵심적인 위치에 있다고 보았다.[43] 레닌은 세액산정과 징세업무를 단일 국영은행을 통해 처리함으로써 조세행정의 효율화가 가능하다고 보았다. 즉 국영기업 및 협동조합의 사회주의 경리수입 부분은 해당 기관 계정에서 국가예산으로 이체하는 방식으로 처리할 수 있다는 것이다.[44] 또한 마르크스와 엥겔스(F. Engels)는 「공산당 선언」에서, 가장 앞선 나라에서 취할 수 있는 10가지 조치 중의 하나로 '소득에 대한 고율의 누진세(A heavy progressive or graduated income tax)'를 제시하고 있다.[45]

이러한 마르크스-레닌의 사회주의 조세제도에 대한 생각이 현실에 반영되어 나타난 것이 舊소련의 조세제도라고 할 수 있다. 고전적 사회주의 체제, 즉 舊소련 스탈린 시기(1928~1953) 조세제도의 공통적인 특징은 ① 조세수입 전부를 하나의 세목으로 징수하는 단세제도, ② 지방정부의 과세권을 불인정, ③ 국유산업의 이익을 직접 수취, ④ 국영은행을 통한 징수, ⑤ 인민공채, 강제저축 등 세외수단을 통해 납세부담 조정 등을 들 수 있다. 조세징수와 관련하여 별도의 징세기구가 없고 국영은행이 이러한 역할을 대신한다는 것이 자본주의적 제도와의 가장 큰 차이점이다.[46]

다. 북한에서의 조세론

(1) 세금에 대한 관점

북한의 헌법(적) 문헌에 나타난 세금관련 내용을 요약하면 다음과 같다.

---

43) 박유현, 『북한의 조세정치와 세금제도의 폐지, 1945-1974』, 36~37쪽.

44) Scott Gehlbach, *Representation Through Taxation*, p.21.

45) Karl Marx and Fredrich Engels, *Manifest der Kommunistishen Partei* (1848), 이진우 옮김, 『공산당 선언』(서울: 책세상, 2018), 46~47쪽.

46) 박유현, 『북한의 조세정치와 세금제도의 폐지, 1945-1974』, 51~52쪽 및 82쪽의 내용을 요약한 것이다.

<표 1-1> 북한 헌법(적) 문헌의 세금관련 내용

구 분	관련 조문
조국광복회 10대 강령 (1936)	(제5항) 일본 및 그 주구들의 인민에 대한 채권, 각종 세금, 전매제도를 취소하고 대중생활을 개선하며 민족적 공·농·상업을 장애없이 발전시킬 것.
20개조 정강 (1946)	(제13항) 단일하고도 공정한 세납제를 제정하며 누진적소득세제를 실시할 것.
1948년 헌법	(제29조) 공민은 그 경제적 형편에 따라 조세를 납입하여야 한다.
1972년 헌법	(제33조) 국가는 낡은 사회의 유물인 세금제도를 완전히 없앤다.
1992년 헌법	(제25조) …… 세금이 없어진 우리나라에서 끊임없이 늘어나는 사회의 물질적 부는 전적으로 근로자들의 복리증진에 돌려진다.
1998년 헌법	(제25조) …… 세금이 없어진 우리나라에서 늘어나는 사회의 물질적 부는 전적으로 근로자들의 복리증진에 돌려진다.
2019년 헌법	(제25조) (상동)

자료: 안창남, 「북한세법 연구 - 조세조약과 개성공업지구 세금규정을 중심으로」, 『조세법연구』, 제16권 3호, 2010, 173쪽 〈표 2〉를 일부 수정.

북한은 일제 강점기 항일혁명투쟁기 이후 해방 직후까지는 식민지 시기 세제에 대한 개혁에 초점을 두고 다음과 같은 입장[47]을 취하였다. 첫째, 가렴잡세를 없애고 단일하고 공정한 세금제도를 수립하여야 한다. 둘째, 누진적 소득과세를 실시할 것이다. 셋째, 공민은 그 경제적 형편에 따라 조세를 납입하여야 한다. 넷째, 세금제도는 나라의 번영과 인민자신의 복리를 위한 것이어야 한다. 다섯째, 세금은 제정된 세법에 철저히 의거하여 부과

47) 사회과학원 경제연구소, 『경제사전 2』(평양: 사회과학출판사, 1970), 538쪽 '조세개혁'에 대한 설명; 최룡섭, 「위대한 수령 김일성동지의 현명한 령도밑에 유격구에서 실시된 혁명적이며 인민적인 세금정책」, 『경제연구』, 1996년 제1호, 46~49쪽; 김일성, 「국가재정운영사업을 잘하며 농민은행을 창설할데 대하여」(1946.4.1.), 『김일성저작집 2』(평양: 조선로동당출판사, 1979), 128~135쪽; 김일성, 「국가재정관리를 잘하기 위하여」(1947.2.28.), 『김일성저작집 3』(평양: 조선로동당출판사, 1979), 140~142쪽.

하여야 한다.

이와 같이 해방 직후 정책적으로 세제를 정비하였지만, 북한의 세금에 대한 기본적인 관점[48]은 정치경제학적 조세론에 입각하여 일관되게 유지되어 온 것으로 보인다. 이를 종합적으로 정리해보면 다음과 같다.

첫째, 세금은 개인 또는 집단의 소득을 의무적으로 무상납부시키는 소득의 재분배 형태이다.

둘째, 사회주의하에서의 세금은 착취관계를 표현하지 않으며 자본주의하에서의 세금과는 원칙적으로 다르다.

셋째, 사회주의하에서 세금은 과도기적으로 계급정책수행의 도구로 중요하게 이용된다.

넷째, 세금은 낡은 사회의 유물이며 사회주의 하에서 세금폐지는 합법칙적인 것이다.

다섯째, 사회주의 경리수입은 세금이 아니다.

여섯째, 사회주의 경리수입이 충분히 커질 때까지 임시적 · 보충적으로 세금제도가 필요하지만 그 의의는 극히 적다.

일곱째, 생산관계의 사회주의적 개조가 완성되어 사회주의 경리수입이 체계적으로 커지면 세금폐지가 가능하게 된다.

---

48) 김일성, 「세금제도를 완전히 없앨데 대하여」, 『김일성저작집 29』(평양: 조선로동당출판사, 1985), 156~162쪽; 『경제학 소사전』(평양: 조선로동당출판사, 1960), 223~224쪽. 1958년에 쏘련 국영 정치 도서 출판사가 발행한 ≪경제학 소사전≫을 번역한 것이라고 설명하고 있다.; 『경제사전 2』(1970), 337~338쪽 '세금'에 대한 설명; 사회과학원 주체경제학연구소, 『경제사전 2』(평양: 사회과학출판사, 1985), 195쪽; 사회과학원 사회주의경제관리연구소, 『재정금융사전』(평양: 사회과학출판사, 1995), 955~956쪽 '조세' 항목에서 설명하고 있다.; 정민일, 「현대부르죠아조세론의 반동성」, 『경제연구』, 1996년 제4호, 54~56쪽; 『조선대백과사전 16』(평양: 백과사전출판사, 2000), 8쪽; 『조선말사전(제2판)』(평양: 과학백과사전출판사, 2010), 895쪽.

(2) 자본주의 조세원칙에 대한 관점

김두선(2003)[49]은 자본주의 조세제도가 착취계급이 자기의 통치기구를 유지하고 근로대중을 수탈하기 위한 약탈적이고 반인민적인 착취제도이고, 자본주의 ≪조세원칙≫은 첫째, 자본주의 국가의 재정적 기초를 공고히 할 것을 목적으로 하고 있다는 점, 둘째, 철저히 부르죠아지들의 요구를 대변하고 있다는 점, 셋째, 비과학적이고 부당한 기만적인 내용들로 일관되어 있다는 점에서 반동성을 보여주고 있다고 설명하고 있다. 김두선은 이러한 주장의 배경으로서, 아담 스미스는 자유주의 경제를 표방하면서 정부가 생산의 확대발전에 대한 간섭 또는 영향을 미치지 않아야 한다는 의미에서 조세의 ≪중립≫을 주장했고, 와그너는 국가징세가 자본의 형성과 국민경제발전을 방해하지 말아야 한다는 요구를 반영한 것으로서 ≪보편의 원칙≫과 ≪평등의 원칙≫을 주장했다고 비판했다. 결국 자본주의 ≪조세원칙≫은 착취계급의 재산이나 축적자본에 대해 조세를 부과하지 않는 것이 ≪중립적≫이며 ≪공평원칙≫에 부합된다는 것으로서 전반적으로 반동적, 반인민적, 기만적이라고 주장하고 있다.

오시권(2012)[50]은 자본주의 세무제도가 ≪공정성≫에 대하여 떠들고 있지만 과세소득의 산정, 세금납부방식, 세율적용방식, 과세최저한 등 모든 측면에서 실제에 있어서는 근로인민대중을 수탈하고 독점자본의 자본축적을 조장하는 수단에 지나지 않고 반인민적이고 기만적이라고 주장하고 있다.

민병렬(2013)[51]은 사회주의 재정이 넓은 의미에서 인민경제의 한 구성부분이고 사회주의 재정의 계획적 관리의 우월성은 인민대중의 지향과 요구

49) 김두선, 「자본주의≪조세원칙≫의 반동성」, 『경제연구』, 2003년 제3호, 42~44쪽.

50) 오시권, 「≪공정성≫의 간판밑에 가리워진 자본주의세금 제도의 반인민적이며 기만적인 성격」, 『경제연구』, 2012년 제2호, 63~64쪽.

51) 민병렬, 「사회주의재정의 계획적관리와 그 우월성」, 『경제연구』, 2013년 제1호, 36~37쪽.

대로 생산적 목적을 계획적으로 실현하기 위한 재정관리라는 점에 있다고 설명하고 있다.

김두선(2014)[52]에 의하면, 자본주의 조세제도는 부르죠아지들이 봉건통치자들을 대신하여 정치경제적 지배권을 장악하고 자본주의 재정제도를 수립하는 것과 함께 발생했는데, 부르죠아지들은 부르죠아 국가와 국회를 통하여 조세법을 지속적으로 개악하면서 자신들의 이익을 실현하고 있다고 주장하고 있다. 또한 자본주의 조세제도는 생산수단의 사적소유제도가 철저히 실현된 사회경제제도에 맞는 조세제도인데, 생산수단에 대한 사적소유는 조세가 있게 되는 경제적 기초라고 설명하고 있다.

위에서 살펴본 북한 문헌에 나타나는 자본주의 조세원칙에 대한 관점을 종합적으로 요약해보면 다음과 같다.

첫째, 자본주의 국가의 재정적 기초를 공고히 할 것을 목적으로 하고 있다.

둘째, 철저히 부르죠아지들의 요구를 대변하고 있다.

셋째, 비과학적이고 부당한 기만적인 내용들로 일관되어 있다는 점에서 반동적이다.

넷째, 착취계급의 재산이나 축적자본에 대해 조세를 부과하지 않는 것이 ≪중립적≫이며 ≪공평원칙≫에 부합된다는 것으로서 전반적으로 반동적, 반인민적, 기만적이다.

다섯째, 모든 측면에서 실제에 있어서는 근로인민대중을 수탈하고 독점자본의 자본축적을 조장하는 수단에 지나지 않다.

---

52) 김두선, 「자본주의조세제도의 특징」, 『경제연구』, 2014년 제2호, 62~63쪽.

2. 사회주의 예산수입체계와 「시장경제형 조세제도」

본 연구에서는 자본주의 조세제도뿐만 아니라 중국·베트남과 같이 현존하는 시장사회주의 국가의 조세제도를 포함하여 시장경제에 부합하는 형태의 조세제도를 「시장경제형 조세제도」로 총칭한다.

가. 사회주의 예산수입체계와 「시장경제형 조세제도」 비교

「시장경제형 조세제도」의 특징적 요소를 사회주의 예산수입체계와 비교하여 정리해보면 다음과 같다.

첫째, 「시장경제형 조세제도」는 근대경제학적 조세론에 근거하고 사회주의 예산수입체계는 정치경제학적 조세론에 근거한다. 따라서 「시장경제형 조세제도」에서는 국민소득(잉여가치와 가변자본)이 과세대상 세원을 구성하지만 「고전적 사회주의 예산수입체계」에서는 기본적으로 가변자본(생활비 부분)은 과세대상 세원을 구성하지 않는다.[53]

둘째, 「시장경제형 조세제도」에서는 국가예산(조세)과 기업재정이 명확하게 구분된다. 따라서 조세채무의 성립, 확정, 징수 및 납부, 조세구제 및 제재 등에 대한 국가와 납세자 간의 조세법률관계를 명확하게 규율할 필요가 있다. 그러나 사회주의 예산수입체계에서 국가예산은 재정계획의 일부를 구성하며 중앙집권적 계획에 따라 국가예산을 분배하는 방식이다.[54] 즉 사회주의 예산수입체계에서는 국가예산과 기업재정이 명확하게 구분되지

53) 마르크스도 자본주의에서의 조세는 잉여가치의 일부가 '전화된 형태'라고 보았다. 우명동, 『조세론』, 185~198쪽.

54) 북한 「재정법」 제9조에 의하면 "국가예산은 전반적인 나라살림살이를 규정하는 기본 재정계획이다."라고 명시하고 있다.

않는다.

셋째, 「시장경제형 조세제도」는 법인소득세, 부가가치세, 개인소득세, 재산세 등의 다양한 세목으로 구성되며, 사회주의 예산수입체계는 국가별로 차이가 있지만 사회주의 경리수입(거래세, 이윤세 등), 단세제도[55] 등의 특징을 보인다. 사회주의 경리수입 항목인 거래세(turnover tax)는 판매가격에 부과되는 것으로서 계획당국의 가격결정시 암묵적으로 결정되는 것이고, 이윤세(profit tax)는 이윤배당(상납)과 이윤에 대한 과세가 혼합된 성격으로서 실질적으로는 계획경제의 일부로 작동되는 것이다.[56]

넷째, 「시장경제형 조세제도」에서 조세의 징수는 국세청, 세무서 등 조세전담기관이 담당하며, 사회주의 예산수입체계에서는 국영은행(단일은행)의 '원에 의한 통제'[57]가 적용되고 무현금 계좌이체 방식[58]에 의해 징수·납부가 이루어진다. 하지만 시장화 및 사경제 영역이 확대될 경우, 국영기업소에 적용되는 이러한 단일은행 징세체계로 포괄하기는 어렵다.

다섯째, 「시장경제형 조세제도」에서는 공평성, 중립성(효율성) 등 조세원칙 또는 경제적 목적을 달성하기 위한 정책수단으로서 조세가 활용된다. 그러나 사회주의 예산수입체계에서는 계획에 따른 분배개념으로서 가격조

---

55) 舊소련 레닌 시기(1917~1928) 조세제도는 복수의 세목으로 징수하는 복세제도였으나, 스탈린 시기(1928~1953) 고전적 사회주의 조세제도의 공통적인 특징은 조세수입 전부를 하나의 세목으로 징수하는 단세제도였다. 박유현, 『북한의 조세정치와 세금제도의 폐지, 1945-1974』, 51~52쪽.

56) 최준욱 외, 『체제전환국 조세정책의 분석과 시사점』, 33~35쪽.

57) 사회주의 경제에서 현물계획은 화폐를 매개로 하여 현금계획(예산수입 징수 및 예산자금 공급 등)으로 표시되므로 중앙계획의 집행 여부, 기업소 활동의 타당성 등을 화폐의 흐름을 기초로 점검하고 통제할 수 있는데, 이를 '원에 의한 통제'라고 한다. 김병연, 「체제전환국의 금융개혁 사례 1: 동유럽」, 한국수출입은행 북한·동북아연구센터 편, 『북한의 금융』(서울: 도서출판 오름, 2016), 337쪽.

58) 북한의 경우 「국가경제기관 국영기업소 및 공리단체 상호 간의 계약제도와 결제제도 확립에 관한 결정서」 및 별지 「결제계산서대금수체규정」(북조선인민위원회 결정 제120호, 1948.2.29), 『법령공보』, 1948년 제47호, 1~8쪽에서 처음으로 규정하였다.

절[59] 기능을 할 수는 있으나, 거시경제조절 수단으로서 조세가 활용되지는 못했다.[60]

여섯째, 사회주의 예산수입체계에서 국가예산납부는 국영기업소 계좌에서 국가예산 계좌로의 단순 이체과정이고 국영기업소의 소유권도 국가에 있는 것으로서 별도의 조세불복 개념이 작동하기 어려운 구조라고 할 수 있다. 반면 「시장경제형 조세제도」에서는 납세자와 국가 간에 조세를 둘러싼 분쟁발생 가능성이 크고 조세구제제도가 중요한 부분을 차지한다.

일곱째, 시장경제 또는 사경제가 확대될 경우, 근거과세[61]를 위한 회계 및 회계검증(회계감사) 제도, 단일은행 계좌이체 방식이 아닌 별도의 징수체계, 조세담당 전문조직 등 조세행정체계, 기존 국가관리 계획납부 방식이 아닌 자진신고 납부의식의 제고, 세원의 양성화, 조세 전문인력의 확충, 조세구제제도 등의 조세인프라가 예산수입체계 작동의 핵심적인 부분이 될 수 있다.

여덟째, 사회주의 예산수입체계는 국내적 분배체계를 중심으로 이루어지지만, 「시장경제형 조세제도」는 국제거래에 대한 국제적 과세체계를 포함한다.

상기 논의를 기초로 사회주의 예산수입체계와 「시장경제형 조세제도」를 비교하여 정리하면 다음 〈표 1-2〉와 같다.

---

59) 가격차금 징수나 거래세(turnover tax)를 통해 가격을 조절하고자 하였다. 박유현, 『북한의 조세정치와 세금제도의 폐지, 1945-1974』, 177쪽 및 191쪽.

60) 중국의 경우에도 개혁 · 개방정책 추진 이전에는 조세의 경제조절기능을 인식하지 못했다. 한상국, 『체제전환기의 중국 조세정책과 북한에의 시사점』, 72~73쪽.

61) 남한의 「국세기본법」 제16조(근거과세) 제1항에서는 "납세의무자가 세법에 따라 장부를 갖추어 기록하고 있는 경우에는 해당 국세 과세표준의 조사와 결정은 그 장부와 이에 관계되는 증거자료에 의하여야 한다."고 규정하여 근거과세의 원칙을 명확히 하고 있다.

<표 1-2> 사회주의 예산수입체계와 「시장경제형 조세제도」 비교

구분	사회주의 예산수입체계	「시장경제형 조세제도」
조세이론	정치경제학적 조세론	근대경제학적 조세론
과세대상 세원	잉여가치	국민소득(잉여가치+가변자본)
징수방식	중앙집권적 계획에 따른 국가예산 분배	국가와 납세자 간의 조세법률관계에 기초한 조세의 부과 및 징수
예산과 재정의 관계	국가예산은 재정계획의 일부	국가예산과 기업재정이 명확히 구분됨; 조세분쟁 가능성(조세구제제도 중요)
징수기구	국영은행(단일은행)	세무담당기관(국세청, 세무서 등); 조세인프라 구축이 중요
징수항목	사회주의 경리수입, 단세제도	법인소득세, 개인소득세, 부가가치세, 재산세 등
정책수단	가격조절수단 정도로 활용	경제정책 수단으로 활용
국제거래 관련	국내적 분배체계	국내 및 국제적 과세체계

자료: 관련 내용을 정리하여 저자 작성.

사회주의 예산수입체계와 「시장경제형 조세제도」의 각 범주 내에서 구체적인 형태나 내용은 국가 간에 차이가 있을 수 있다. 이와 관련하여, 본 연구에서는 국정가격과 계획에 기반한 「고전적 사회주의 예산수입체계」와 달리 사회주의 예산수입체계의 형태를 유지하면서 시장거래 또는 시장가격이 예산수입체계에 반영되거나 시장경제 영역이 계획 영역에 편입된 과도기적인 형태의 예산수입체계를 「시장 기반 사회주의 예산수입체계」로 정의하고자 한다.

나. 「시장경제형 조세제도」 도입의 필요성 및 불가피성

사회주의 체제를 유지한 상태에서도 시장경제 영역이 확대될 경우 「시장경제형 조세제도」의 도입이 필요하고 또한 불가피하다. 「시장경제형 조세제도」 도입의 필요성 및 불가피성을 정리해보면 다음과 같다.

첫째, 사적 영역이 확대됨에 따라 기존 공식적인 법제도와 현실의 괴리가 심화되고 비공식적 규범들도 효력이 약화된다. 새로운 시장거래 등을 규율하고 권리와 의무를 규정하는 제도적 장치가 부족할 경우, 힘의 논리가 지배하게 되어 경제주체들은 자신의 경제적 이익을 지키기 위해 권력과 결탁할 수밖에 없고 결과적으로 부정부패가 일상화된다.[62] 따라서 국가와 경제주체 간의 조세법률관계를 규율하는 조세제도가 필요해진다. 예를 들어, 조세제도는 법률이 정하는 요건에 해당하는 모든 자에 대하여 일반적인 기준을 적용하여 국가와 기업 간의 분배방식을 제도화함으로써 조세 부과의 자의성 또는 임의성을 배제한다.

둘째, 국가통제경제 체제 하에서 국영기업은 생산의 수단이면서 동시에 국가예산수입 조달을 위한 조직이다. 국가예산수입을 위한 국영기업의 잉여(surplus)는 계획에 입각하여 투입-산출 가격 및 재투자 과정에 대한 통제를 통해서 창출된다. 하지만 계획이 작동하지 않고 투입-산출 가격이 시장에서 결정되는 시장경제 체제 하에서 정부는 기업으로부터 법률(조세제도)에 기초하여 예산수입을 받아낼 수밖에 없다.[63]

셋째, 정부는 조세제도를 예산수입 확보뿐만 아니라, 조세부과를 통해 재화 및 용역의 생산과 소비에 영향을 미치고 간접적으로 가격을 조정하는 등 경제적·사회적 정책수단으로도 이용하고자 한다.[64]

넷째, 사회주의 시장경제의 확대는 국가통제 하의 사회주의 경리체계 밖의 경제 영역이 확대된다는 것을 의미하므로 조세행정 측면에서 중앙은행

---

62) 윤대규, 「분단 65년 - 북한법의 성격과 기능의 변화」, 『북한법연구』, 제13호, 2011, 284쪽.

63) David O. Dapice, Glenn P. Jenkins, Richard H. Patten, "Taxation for development in Viet Nam," Harvard Institute for International Development, 1992, p.2.

64) David O. Dapice, Glenn P. Jenkins, Richard H. Patten, "Taxation for development in Viet Nam," pp.2~3.

중심의 단일은행 징세체계나 국가의 부과고지 방식만으로 대응하기 어렵다. 또한 기존 사회주의 경리체계에서는 국가예산이 단순히 소득분배 과정의 일부였지만, 시장경제 영역의 확대 및 사실상의 사유화 현상은 과세대상의 다양화를 수반한다. 결국 시장경제에 부합하는 과세대상, 과세방식, 징수체계, 조세인프라 등의 발전을 필요로 한다.

마지막으로 개방이 확대되고 국제화가 추진될 경우, 국제법 및 국제기준에 부합하는 조세제도가 요구된다. 특히 국제거래에 대하여 일반적으로 요구되는 '차별금지 원칙'[65]에 따라, 궁극적으로는 국내 기업 및 개인에게 적용되는 사회주의 예산수입체계와 대외경제부문에 적용되는「시장경제형 조세제도」간의 통합이 필요해진다.

---

65) OECD 모델협약 제24조 제1항에 의하면, "Nationals of a Contracting State shall not be subjected in the other Contracting State to any taxation or any requirement connected therewith, which is other or more burdensome than the taxation and connected requirements to which nationals of that other State in the same circumstances, in particular with respect to residence, are or may be subjected. …… (일방체약국의 국민은 타방체약국에서 특히 거주와 관련하여 동일한 상황에 있는 동 타방국의 국민이 부담하거나 부담할 수 있는 조세 또는 이와 관련된 요건이 다르거나 또는 그보다 더 과중한 조세 또는 이와 관련된 요건을 부담하지 아니한다.……)"고 규정하여 국적에 의한 과세상의 차별을 금지하고 있다. 또한 동 협약 제24조 제5항에 의하면, "Enterprises of an Contracting State, the capital of which is wholly or partly owned or controlled, directly or indirectly, by one or more residents of the other Contracting State, shall not be subjected in the first-mentioned State to any taxation or any requirement connected therewith which is other or more burdensome than the taxation and connected requirements to which other similar enterprises of the first-mentioned State are or may be subjected. (일방체약국 기업의 자본의 일부 또는 전부가 1인 이상의 타방체약국의 거주자에 의하여 직접 또는 간접으로 소유 또는 지배될 경우, 그 기업은 그와 유사한 일방체약국의 기업이 부담하거나 부담할 수 있는 조세 또는 이와 관련된 요건과 다르거나 과중한 조세 또는 이와 관련된 요건을 부담하지 아니한다.)"고 규정하여 외국인투자기업과 순수한 내국기업에 대하여 과세상의 차별을 금지하고 있다. OECD, *Model Tax Convention on Income and on Capital: Condensed Version* (Paris: OECD Publishing, 2017), pp.43~44. UN 모델협약도 유사한 내용을 규정하고 있다.

3. 조세법과 과세요건론

조세법은 크게 조세실체법(조세채무법), 조세절차법(조세행정법), 조세쟁송법(조세구제법), 조세제재법(조세처벌법)으로 구분된다. 이러한 범주 중에서 조세실체법은 "조세채무관계의 당사자, 조세채무의 내용, 조세채무의 성립·승계·소멸 등을 취급하는 부분"으로서 개별세법 규정의 대부분을 차지한다. 특히 조세채무의 내용을 이루는 과세요건론(課稅要件論)의 영역은 다른 법률 분야에서는 취급하지 않는 조세법의 독자적인 영역이다.[66)]

과세요건은 "납세의무의 성립요건, 즉 그 요건이 충족됨으로써 납세의무의 성립이라고 하는 법률효과를 발생시키는 법률요건"[67)]을 의미하며, 통상 납세의무자, 과세대상(과세물건), 과세표준 및 세율을 포함한다. 개별 항목에 대하여 구체적으로 살펴보면 다음과 같다.

첫째, 납세의무자는 납세의무의 주체로서 조세채무를 부담하는 자를 의미한다. 남한 세법에서는 "세법에 따라 조세를 납부할 의무가 있는 자"로 정의하고 있다(「국세기본법」 제2조 제9호). 법률상 납세의무자는 경제적으로 조세를 부담하는 담세자와 대체로 일치하지만 개념적으로 차이가 있다.[68)] 납세자는 본래의 납세의무자 이외에 연대납세의무자, 제2차 납세의무자, 납세보증인 및 원천징수의무자 등을 모두 포함하는 것으로서 납세의무자보다 넓은 개념이다.[69)]

둘째, 과세대상(과세물건)은 과세의 객체로서 과세의 대상이 되는 물건, 행위 또는 사실을 의미하며 크게 소득, 소비, 재산으로 구분된다. 과세물건

---

66) 임승순, 『조세법(제20판)』, 15~16쪽.

67) 임승순, 『조세법(제20판)』, 112쪽.

68) 소비세, 주세 등 간접소비세의 경우, 담세자가 아닌 사업자, 제조자 등이 법률상의 납세의무자가 되어 '조세의 전가'가 발생한다.

69) 임승순, 『조세법(제20판)』, 113쪽.

의 구분에 따라 소득세, 소비세[70] 및 재산세 등으로 분류된다. 이러한 과세대상 중 특정 항목을 법령으로 과세대상에서 제외하는 것을 '물적 과세제외'라고 하며, 그 예로는 비과세소득이나 비과세재산 등이 있다. 소득(income)을 과세대상으로 하는 조세는 경제가치의 유량(流量, flow)에 과세하는 것으로서 소득세, 법인세, 지방소득세 등이 포함된다. 소비(expenditure)를 과세대상으로 하는 조세는 소비지출에 과세하는 것으로서, 부가가치세, 개별소비세, 주세, 관세 등이 포함된다. 재산(property)을 과세대상으로 하는 조세는 경제가치의 저량(貯量, stock)에 과세하는 것으로서 재산 보유단계에서 과세하는 종합부동산세, 재산세, 자동차세, 유통단계에서 과세하는 양도소득세, 상속 및 증여세, 인지세, 취득세, 등록면허세 등이 포함된다.[71]

셋째, 과세표준은 세액을 산출하기 위하여 과세대상(과세물건)을 일정한 가치척도, 즉 금액 · 가액 · 용량 · 건수 등으로 금액화 또는 수량화한 것이다. 과세표준에 세율을 적용하면 세액이 산출된다. 소득세나 법인세의 경우 과세대상은 소득이고 과세표준은 소득금액이다.[72]

넷째, 세율은 과세표준에 대한 세액의 비율이다. 세율은 크게 비례세율(flat rate)과 누진세율(progressive rate)로 구분된다. 비례세율은 과세표준의 크기에 관계없이 일정한 비율이 적용되는 것이고, 누진세율은 과세표준 금액의 증가에 따라 누진적으로 고율이 적용되는 것이다. 누진세율에는 단순누진세율과 과세표준을 다단계로 구분하여 순차적으로 고율을 적용하는 초과누진세율이 있다.[73]

---

70) 소비세는 소비행위 자체를 직접대상으로 할 경우 직접소비세가 되고, 납부된 조세가 가격에 포함되어 소비자에게 전가되는 경우 간접소비세가 된다. 임승순, 『조세법(제20판)』, 11쪽.

71) 임승순, 『조세법(제20판)』, 127~128쪽.

72) 임승순, 『조세법(제20판)』, 129쪽.

73) 임승순, 『조세법(제20판)』, 130쪽.

위에서 살펴본 바와 같이 과세요건은 납세자와 과세권자 간의 조세관련 법률관계를 규율하는 핵심적인 개념이다. 북한은 거래수입금이나 국가기업리익금 등 사회주의 경리수입이 세금에 해당하지 않는다고 주장하고 있다. 하지만 과세요건론의 관점에서 볼 때 실질적으로 북한 당국은 과세권자에 해당하고 북한 기업소들은 납세자에 해당한다.[74] 따라서 과세요건 개념을 적용하여 북한의 국가예산수입제도를 재해석하는 것이 가능하다. 특히 시기별 변화 과정을 추적 · 비교함에 있어서 개념상의 혼동을 피하면서 비교가능성을 높일 수 있는 유용한 도구가 될 수 있다.

사회주의 국가의 예산수입 창출 방식인 사회주의 예산수입체계와 자본주의 조세제도는 그 이론적인 기반이나 역사적인 배경이 다르다. 또한 제도의 기반이 되는 체제가 서로 다르기 때문에 본질적인 성격도 차이가 있을 수 있다. 실제로 사회주의 예산수입체계는 통상적인 자본주의 조세제도와는 상당한 차이가 있다. 하지만 국가의 재정수요에 충당한다는 기능적인 측면, 무상 또는 의무적으로 징수 · 납부하는 절차적 측면, 그리고 국가-납부의무자 관계 등 기본적인 체계는 매우 유사하다. 따라서 사회주의 예산수입을 자본주의 조세와 동일한 것이라고 할 수는 없지만 자본주의 조세이론의 과세요건 개념을 사회주의 예산수입체계에 적용하여 분석하는 것은 가능하다고 판단된다.[75]

본 연구에서 이윤, 소득, 순소득 기준 등으로 표현되는 북한의 분배기준은 과세대상을 의미하며, 국가예산 납부금액의 계산과정에서 납부비율이 직접 적용되는 부분, 예를 들어 판매수입, 번수입, 이윤, 소득, 순소득 등의

74) 사회주의 경리수입도 본질적으로 세금(조세)의 기능과 성격을 가지고 있다는 관점에서, 과세요건, 납세의무자, 과세대상(과세물건), 과세표준, 납세방법, 세율 등 조세법상의 용어를 그대로 사용하고자 한다.

75) 최정욱, 「북한 국가예산수입제도의 시기별 변화와 전망」, 321쪽.

실적은 과세표준에 해당한다. 국가기업리익금 또는 국가기업리득금의 과세대상인 이윤, 소득, 순소득 등은 근대경제학적 조세론의 개념으로 표현하면 모두 '소득'에 해당한다. 하지만 이들을 모두 '소득'이라고 표현하면 생활비(임금) 부분이 과세대상에서 제외되는 경우(순소득 또는 이윤)와 포함되는 경우(소득) 그리고 거래수입금 부분이 과세대상에 제외되는 경우(이윤)와 포함되는 경우(소득 또는 순소득)를 구별하여 표현하기 어렵다.[76] 따라서 본 연구에서는 북한에서 사용하는 용어 그대로 이윤, 소득, 순소득 등으로 표현하고자 한다. 결과적으로 과세대상과 과세표준이 동일한 용어로 표현될 수 있으나, 과세표준은 과세대상을 금액화한 '소득금액'의 성격에 초점을 둔 것으로서 그 실제 의미는 다른 것이라고 하겠다. 이와 같이 북한의 소득분배제도 또는 예산수입체계상의 개념을 근대경제학적 조세론의 개념으로 재해석하는 과정에서 다소 기술적인 어려움이 있는 것도 사실이다. 하지만 연구방법과 관련하여 앞에서 논의한 바와 같이 시기별 비교 · 분석의 기준을 설정하는 것은 필요하고 또한 중요하다.

---

76) 각 개념 간의 관계에 대하여는 〈표 1-5〉와 제1장 제3절 "3. 북한의 분배제도와 주요 개념 검토" 참조.

제3절

기본적인 개념 검토

북한 예산수입제도의 현실적 기반이 되는 북한의 법령체계, 예산수입법제, 가격체계 및 분배제도와 관련된 주요 개념들을 간략히 소개하고자 한다.

1. 북한의 법령체계와 예산수입법제

가. 북한의 법령체계

북한 헌법 제11조는 "조선민주주의인민공화국은 조선로동당의 영도 밑에 모든 활동을 진행한다."라고 규정하여 노동당 규약의 초헌법적 지위를 규정하고 있고, 2010년 개정 전 조선로동당 규약은 그 전문에서 "조선로동당은 오직 위대한 수령 김일성동지의 주체사상, 혁명사상에 의해 지도된다."고 명시하고 있다. 이와 같이 최고위층의 교시나 말씀이 최상위 규범의 위치에 있다고 할 수 있다.

북한 사회의 공식적 규범을 담고 있는 법은 최고인민회의로부터 지방인민위원회까지 각급 국가기관이 제정하는 것으로서, 그 존재형식이나 채택방식에 따라 법령, 정령, 명령, 결정, 지시, 규정 등 다양한 명칭으로 나타난다.[77] 2012년 12월 19일 채택된 「법제정법」에 의하면, 법문건의 효력은 헌법, 부문법, 규정, 세칙의 순서로 높고(제45조~제46조), 제정주체 기준으로는 최고인민회의 및 최고인민회의 상임위원회, 내각, 내각위원회, 성과 도(직할시)인민회의, 해당 인민위원회 순서로 높다(제47조~제50조). 요약하면, 북한의 법령체계는 최고위층의 교시 또는 말씀, 노동당의 규약이 상위에 있고[78] 그 다음으로 헌법, 부문법, 규정, 세칙의 순서로 이루어져 있다. 현행 「법제정법」에 규정된 법문건별 명칭 및 공포방식을 정리하면 〈표 1-3〉과 같다(제16조, 제23조, 제31조, 제38조, 제43조 및 제63조).[79]

이러한 법령체계는 북한 사회주의 체제의 특성을 반영한 것일 뿐이며, 이를 기초로 북한에서 헌법이나 법률이 무의미하다고 보는 것은 지나친 것이다.[80] 실제로 북한 성문법은 북한 당국의 공식적인 입장이나 관점을 가장 명확하게 보여주는 것으로서 제도 분석에 있어서 매우 중요하다.

---

77) 윤대규, 「분단 65년 - 북한법의 성격과 기능의 변화」, 271쪽.

78) 한명섭, 『통일법제 특강(개정증보판)』, 103쪽.

79) 2016년 6월 29일자 수정보충 헌법 제116조 제6호의 내용은 2019년 4월 11일 및 동년 8월 29일 최종 수정보충에 따라 아래와 같이 변경된다. 즉, 국무위원회 위원장 명령이 최고인민회의 법령이나 결정보다 상위의 규범으로 자리매김한 것으로 규정하고 있다. 하지만 2012년 제정된 「법제정법」에는 이러한 내용이 추가적으로 반영되지 않았다.

2016년 6월 29일자 헌법	2019년 8월 29일자 수정보충 헌법
제116조 제6호 "헌법, **최고인민회의 법령, 결정, 조선민주주의인민공화국 국무위원회 위원장 명령**, 국무위원회 결정, 지시, 최고인민회의 상임위원회 정령, 결정, 지시에 어긋나는 국가기관의 결정, 지시를 폐지하며 지방인민회의의 그릇된 결정 집행을 정지시킨다."	제116조 제6호 "헌법, **조선민주주의인민공화국 국무위원회 위원장 명령, 최고인민회의 법령, 결정**, 국무위원회 정령, 결정, 지시, 최고인민회의 상임위원회 정령, 결정, 지시에 어긋나는 국가기관의 결정, 지시를 폐지하며 지방인민회의의 그릇된 결정집행을 정지시킨다."

(강조부분은 저자)

80) 한명섭, 『통일법제 특강(개정증보판)』, 103~104쪽.

<표 1-3> 북한 「법제정법」상 법문건 제정 주체별 명칭 및 공포방식

제정 주체	법문건	공포방식	명칭
최고인민회의	헌법	법령	조선민주주의인민공화국 사회주의헌법
	부문법	법령	조선민주주의인민 공화국 …법
최고인민회의 상임위원회	부문법	정령	조선민주주의인민 공화국 …법
	규정	결정	법시행규정, 규정
내각	규정	결정	
내각위원회, 성	세칙	지시	법시행세칙, 규정시행세칙, 세칙
도(직할시)인민회의와 인민위원회	세칙	결정	

자료: 북한 「법제정법」 규정을 표로 재구성하여 저자 작성.

나. 북한 헌법과 세금 및 국가예산

북한의 1948년 제정 헌법 제29조에서는 "공민은 그 경제 형편에 따라서 조세를 납입하여야 한다."고 규정하여 북한 주민의 납세의무를 명시하였으나, 1972년 12월 27일 최고인민회의 제5기 제1차 회의에서 채택한 사회주의 헌법 제33조에서는 "국가는 낡은 사회의 유물인 세금제도를 완전히 없앤다."고 하여 세금이 없는 나라임을 선언하였다. 이에 따라 1974년 3월 21일 최고인민회의 제5기 제3차 회의에서 최고인민회의 법령으로 다음과 같은 3가지를 결정한다.: ① 낡은 사회의 유물인 세금제도를 완전히 없앤다. ② 조선민주주의인민공화국 정무원은 이 법령을 집행하기 위한 대책을 세울 것이다. ③ 이 법령은 1974년 4월 1일부터 실시한다. 이후 1992년 수정보충된 헌법은 기존 제33조의 규정을 삭제하고 제25조에 "세금이 없어진 우리 나라에서 끊임없이 늘어나는 사회의 물질적 부는 전적으로 근로자들의 복리증진에 돌려진다."고 규정하였고, 이 내용은 2019년 8월 29일 최종 수정보충된 헌법에서도 거의 그대로[81] 유지되고 있다.

북한의 1948년 제정 헌법은 제7장(제95조~제99조)에서 국가예산에 대하여 규정하고 있었으나 1972년 사회주의 헌법에서 삭제되었고, 대신 제32조에 "조선민주주의인민공화국은 인민경제발전계획에 따르는 국가예산을 편성하여 집행한다."는 내용이 포함되었다. 1972년 헌법 제32조의 내용은 1992년 수정보충 헌법 이후 제35조에 규정된 이래 2019년 8월 29일 최종 수정보충된 헌법에서도 그대로 유지되고 있다. 이러한 헌법의 근거에 따라 북한에서 국가예산은 "인민경제계획의 수행을 보장할 목적으로 나라의 중앙집중적 화폐 자산을 형성하며 그를 분배하는 기본 형태"[82]로 설명된다.

다. 북한의 예산수입법제

북한은 해방 이후 일제 잔재와 봉건적 요소를 청산하기 위하여 일제강점기의 법령을 모두 폐지하고 대량으로 법령[83]을 제정하지만 과도기적이고 한시적인 것들이 많았다.[84] 당시에는 인민위원회나 북조선 5도 행정국의

---

81) 1998년 수정보충된 헌법부터는 '끊임없이'라는 문구가 삭제되었다.

82) 장원성, 『사회주의 하에서의 국가예산, 신용 및 화폐류통』(평양: 조선로동당출판사, 1960), 8쪽.

83) '법령'은 남한에서는 법과 시행령을 의미하지만, 북한에서는 최고인민회의가 채택하는 최고의 법문건으로서 입법형식에 따라 '법'과 '…에 대하여'를 포함하고 있고 시기별로 변화되어 왔다. '법'의 채택방법에는 '법령'과 '정령'이 있고, '규정'의 채택방법에는 최고인민회의 상임위원회 또는 내각의 '결정'이 있다. 유욱, 「북한의 법체계와 북한법의 이해방법 – 북한 헌법에 나오는 법령 · 정령 · 결정 등 입법형식을 중심으로」, 『북한법연구』, 제13호, 2011, 25~28쪽 및 67쪽.

84) 김동한, 「남북분단 70년: 북한법의 변화와 전망」, 『북한법연구』, 제17호, 2017, 102쪽.

결정 · 포고 · 지령 · 규칙 및 규정의 형식으로 법령을 발표하였다.[85)]

이후 북한의 예산수입법제로서 가장 중요한 법률은 「재정법」(1995년 제정)과 「국가예산수입법」(2005년 제정)이다. 「재정법」은 국가예산(제2장) 뿐만 아니라 기관 · 기업소 · 단체 재정(제3장)에 대한 내용을 포함하고 있고, 「국가예산수입법」은 예산수입관련 기본법으로서 북한 기업소와 주민을 대상으로 하는 사실상의 '세법'에 해당한다. 국가예산은 중앙예산과 지방예산으로 구성되는데(「재정법」 제11조; 「국가예산수입법」 제3조), 지방예산의 편성과 집행에 대하여는 「지방예산법」(2012년 제정)이 별도로 제정되어 있다.

「국가예산수입법」에 규정된 예산수입 항목과 관련된 개별 법률 또는 규정으로는, 관세에 대한 「세관법」(1983년 제정), 외국투자기업 및 외국인에 대한 세금과 관련된 「외국투자기업 및 외국인세금법」(1993년 제정)이 있고, 「개성공업지구 세금규정」, 「금강산국제관광특구 세금규정」, 「라선경제무역지대 세금규정」, 「경제개발구 세금규정」 등 경제특구 · 개발구 관련 세금규정, 그 외에 부동산사용료와 관련된 「부동산관리법」(2009년 제정) 등이 있다. 국제거래에 대하여는 북한과 거래상대국 간에 체결된 이중과세방지협정(조세협약)이 있다.

「재정법」 제9조(국가예산편성기관의 임무)에 의하면, "국가예산은 전반적인 나라살림살이를 규정하는 기본재정계획"이고, "내각과 지방정권기관은 국가예산을 인민경제계획과 맞물리고 수입원천과 자금수요를 타산하여 나라살림살이에 필요한 자금을 원만히 보장할 수 있게 편성하여야 한다."고 규정하고 있다. 따라서 국가예산은 기본적으로 「인민경제계획법」(1999년 제정)상의 계획체계를 기반으로 하고 있기 때문에 그 구속을 받는다.[86)] 또한 국영기업소 체제 하에서 국가예산과 기업소 재정이 별개일 수 없기 때문에

---

85) 한명섭, 『통일법제 특강(개정증보판)』, 93쪽.

86) 최 유 · 김지영, 『북한의 재정법제에 관한 연구Ⅱ』(세종: 한국법제연구원, 2019), 68쪽.

「기업소법」(2010년 제정), 「무역법」(1997년 제정) 등과도 직접적인 관련이 있다.

이외에 소세인프라에 해당하는 회계와 관련하여 「회계법」(2003년 제정) 및 「회계검증법」(2008년 제정)이 있고, 국가예산수입금에 대한 중앙은행의 국고대리업무와 관련된 「중앙은행법」(2004년 제정), 「상업은행법」(2006년 제정) 등도 광의의 예산수입법제에 해당한다고 할 수 있다.

2. 북한의 공업생산물 가격체계[87]

북한의 가격체계는 기본적으로 국가에 의해 상품가격이 계획적으로 제정되는 국가제정 가격체계인데, 2002년 7·1 조치와 함께 한도가격 제도[88]가 도입되었고 김정은 시대에는 「기업소법」의 수정보충에 따라 주문계약이 허용되고 기업소지표가 도입됨으로써 시장가격[89]의 적용이 확대되었다. 아래에서는 국가제정 가격체계의 주요 개념들을 살펴보고자 한다.

---

87) 최정욱, 「북한 국가예산수입제도의 시기별 변화와 전망」, 322~328쪽의 내용을 수정·보완.

88) 한도가격 제도에 대한 구체적인 내용은 제3장 제3절 1. 라. "(2) 가격현실화 및 한도가격 제도 도입" 참조.

89) 가격은 "원가를 보상하고 확대재생산을 실현할 수 있게 하면서도 수요와 공급관계를 고려하여 시장보다 낮게 정하는 것을 원칙으로 한다." 국가가격위원회 지시, 「경애하는 김정은 동지께서 공장, 기업소들에 가격제정권한을 줄데 대하여 주신 지시를 철저히 관철할데 대하여」(주체 102(2013)년 7월). 한기범, 『북한의 경제개혁과 관료정치』, 260쪽에서 재인용. 이와 같이 북한에서 공장·기업소에 대한 시장가격 적용은 실제 시장가격보다 낮게 해당기관에 등록하고 적용하는 방식으로서 완전한 가격자유화를 의미하지는 않는다. 따라서 본 연구에서 북한의 공장·기업소에 적용하는 '시장가격'은 이러한 관리통제 하의 시장가격을 의미한다.

가. 생산수단 및 소비품의 도매가격

도매가격은 생산수단 또는 소비품을 국가 기관이나 기업소 간에 거래할 때 적용하는 가격이다.

> 국영기업소에서 생산한 생산수단을 다른 국가 기관, 기업소에 공급할 때에는 **생산수단 도매가격**이 적용되며 국영기업소에서 생산한 소비품을 상품유통기관이나 다른 기업소에 넘길 때에는 **소비품 도매가격**이 적용된다.[90] (강조부분은 저자)

생산수단 도매가격은 기업소도매가격과 산업도매가격으로 구분된다. 기업소도매가격은 원가와 이윤으로 구성되고, 산업도매가격은 여기에 거래수입금을 더한 금액이다.

> 생산수단의 기업소도매가격은 생산수단 생산 분야에서 창조된 사회순소득 가운데서 **국가의 수중에 들어가는 몫을 직접 가격의 구성요소에 포함시키지 않고** 그것을 소비재 생산부문에 넘겨 국가수중에 집중하는 가격이며 생산수단의 산업도매가격은 생산수단 생산부문에서 창조된 사회순소득가운데서 **국가에 들어가는 몫을 직접 가격의 구성요소에 포함시켜** 집중하는 가격이다.[91] (강조부분은 저자)

상기 『재정금융사전』 내용에서 '국가의 수중에 들어가는 몫' 및 '국가에 들어가는 몫'은 중앙집중적순소득인 거래수입금을 의미한다. 생산수단의 도매가격이 기업소도매가격 형식일 경우에는 거래수입금이 가격의 구성

90) 『재정금융사전』(1995), 373쪽.
91) 『재정금융사전』(1995), 691쪽.

요소에서 제외되고 산업도매가격 형식일 경우에는 가격의 구성요소가 된다는 것으로서, 생산수단 도매가격의 형식에 따라 거래수입금의 성격과 부과대상이 달라진다. 기업소도매가격은 원가와 이윤으로 구성되며 산업도매가격은 여기에 거래수입금이 더해진 형태이다.

북한에서 생산수단 도매가격의 형식은 시기별로 변화가 있었다.[92] 1947년에 생산수단 가격을 제정할 때는 산업도매가격 형식을 적용하였지만 전쟁 후 기업소도매가격 형식으로 전환하였다가,[93] 1994년에 다시 산업도매가격 형식으로 전환하였다.[94] 시기별 생산수단 도매가격의 형식을 요약하면 〈표 1-4〉와 같다.

<표 1-4> 생산수단 도매가격 형식의 시기별 변화

구분	1947~전쟁	전쟁 후~1994	1994~2002	2002~2011	2011 이후
도매가격	산업도매가격	기업소도매가격	산업도매가격	산업도매가격	기업소도매가격
구성	원가+ 사회순소득	원가+이윤	원가+이윤+ 거래수입금	원가+ 사회순소득	원가+이윤

자료: 오선희, 「거래수입금의 제정 및 적용에서 제기되는 몇가지 문제」, 『경제연구』, 1994년 제3호, 36~38쪽 및 사회과학원 사회주의경제관리연구소, 『재정금융사전』(평양: 사회과학출판사, 1995), 691쪽 등을 기초로 저자 작성.

92) 생산수단에 대한 도매가격의 역사적 변화 과정에 대하여는 『재정금융사전』(1995)의 '산업도매가격' 항목에 정리되어 있다.

93) 기업소도매가격은 기업소인도가격이라고도 부르며 "국영기업소 호상 간에 실현되는 생산수단과 생산협동조합에 판매되는 기본적인 생산수단에 대하여 적용"되고, 산업도매가격은 "국영기업소 및 협동공업이 소매상업기관에 판매하는 모든 종류의 소비품에 대하여 적용"하는데, 생산수단 중에서는 예외적으로 수요에 비하여 공급량이 제한되어 있는 원목(통나무)과 전력에 대해서만 보충적 가격형태로서 산업도매가격을 적용하였다. 안광즙, 『공업재정』(평양: 교육도서출판사, 1957), 54~56쪽.

94) 오선희, 「거래수입금의 제정 및 적용에서 제기되는 몇가지 문제」, 『경제연구』, 1994년 제3호, 36~38쪽; 『재정금융사전』(1995), 691쪽.

소비품 도매가격은 생산수단 도매가격의 형식에 따라 그 구성내용이 달라질 수 있다. 생산수단 도매가격이 기업소도매가격 형식일 경우 거래수입금은 가격의 구성요소가 아니고, 소비품 도매가격은 「상업부가금을 던 소매가격-거래수입금」이 된다.[95] 즉 소비재 생산기업소의 거래수입금은 상업부가금을 던 소매가격에서 소비품 도매가격을 차감한 금액이다. 반대로 산업도매가격 형식일 경우, 생산수단 생산기업소의 거래수입금은 가격의 구성요소로서 소비재생산 원가에 포함되며 소비품 도매가격은 소비재 생산기업소의 거래수입금을 포함하므로 결과적으로 「상업부가금을 던 소매가격」과 같아진다.[96] 즉 소비재 생산기업소의 거래수입금은 이러한 소비품 도매가격(유일도매가격)과 기업소가격(원가+이윤)[97]의 차액으로 계산된다. 이와 관련하여 오선희(1994)는 아래와 같이 설명하고 있다.

> 이 가격제도에서는 생산물 유통이 원가와 이윤으로 구성된 도매가격이 아니라 원가와 이윤, 거래수입금으로 구성된 도매가격에 의하여 진행되게 되며 원가와 이윤으로 구성된 기업소가격이 적용되게 된다. 이 가격제도에서는 **거래수입금을 상업부가금을 던 소매가격과 도매가격과의 차액에 의해서가 아니라 유일도매가격과 기업소가격과의 차액으로 계산**하게 되어야 한다.[98] (강조부분은 저자)

생산수단 도매가격의 형식과 거래수입금의 관계에 대한 구체적인 논의

95) 사회과학원 주체경제학연구소, 『경제사전 1』(평양: 사회과학출판사, 1985), 68쪽.

96) 『재정금융사전』(1995), 34쪽 및 373쪽. 도매가격의 구성요소를 설명함에 있어서, 생산수단 도매가격과 소비품 도매가격을 구분하고 있지 않고 모두 원가, 이윤 및 거래수입금으로 구성되는 것으로 설명하고 있다.

97) '기업소가격'은 '원가+이윤'을 의미하여 내용적으로는 기업소도매가격과 동일하다. 산업도매가격 형식을 적용할 경우, 기업소도매가격을 도매가격이라고 표현할 수 없으므로 이를 구분하여 기업소가격으로 표현한 것으로 보인다.

98) 오선희, 「거래수입금의 제정 및 적용에서 제기되는 몇가지 문제」, 37쪽.

는 제3장 제2절 "2. 1994년 거래수입금 체계의 변화"에서 상술하고자 한다.

나. 유통기관의 부가금 - 자재공급부가금 및 상업부가금

부가금에는 자재를 유통하는 자재상사의 자재공급부가금과 제품을 유통하는 상업기업소의 상업부가금이 있다. 자재공급부가금은 가격구성요소는 아니지만 도매가격 밖에서 그에 첨가되어 보상되고,[99] 상업부가금은 소매가격을 구성한다.[100]

다. 소비품의 소매가격

소비품의 소매가격은 원가, 이윤, 거래수입금, 상업부가금으로 구성되며,[101] 거래수입금이 폐지되었던 시기에는 원가, 사회순소득, 상업부가금으로 구성된다.

라. 재화순환 과정 및 가격체계

국가제정 가격체계 하의 국영 생산기업소에서 생산수단과 소비품이 생산되어 유통기관을 통해 소비자에게 공급되는 재화순환 과정 및 가격체계를 요약하여 도식화하면 〈그림 1-2〉와 같다.

---

99) 최준택, 『사회주의기업소재정(2판)』(평양: 김일성종합대학출판사, 1988), 107쪽.
100) 김용기 · 전복빈, 『가격제정과 적용』(평양: 공업출판사, 1981), 16쪽.
101) 『재정금융사전』(1995), 735쪽.

<그림 1-2> 북한의 재화순환 및 가격체계 (국정가격)

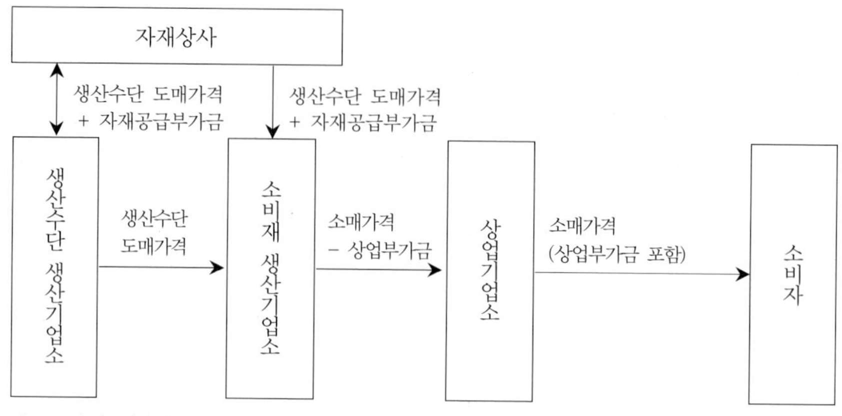

자료: 관련 내용을 기초로 저자 작성.

마. 북한의 가격체계와 판매수입의 경제적 내용

국영 생산기업소의 공업생산물을 중심으로 기본적인 국가제정 가격의 형태[102]를 살펴보면, 가격은 원가, 사회순소득 및 부가금으로 구성되는데 사회순소득은 기업소순소득(이윤)과 중앙집중적순소득(거래수입금)으로 구성된다.

생산물의 판매수입, 즉 실현수입은 "인도된 생산물 및 제공된 경제적 우스루가[103]의 대가로서 공급자 기업소에 수납된 화폐자금의 금액"을 말하고, 생산물의 실현이란 "공급자가 수요자에게 생산물을 인도하는 것을 의미하며 이와 같은 인도에 대하여 수요자는 제정되어 있는 가격으로써

102) 북한 「가격법」 제2조에 의하면, "국가가격은 유일가격이며 계획가격"인데 기본적인 형태로는 도매가격, 소매가격, 수매가격, 봉사요금 등이 있다. 「가격법」은 1997년에 채택되었고 1999년에 두 차례 수정보충된 이후 변화가 없었다.

103) '우스루가(usluga)'는 러시아어로서 '서비스' 또는 '용역'을 의미한다.

생산물의 대가를 지불"한다.[104] 이러한 국가제정 가격체계와 판매수입의 경제적 내용을 도식화하면 〈표 1-5〉와 같다.

<표 1-5> 국영 생산기업소 가격체계와 판매수입의 경제적 내용

<table>
<tr><th colspan="2">과거 노동</th><th colspan="4">산노동 (소득)</th></tr>
<tr><td colspan="2">이전된 가치
(소모된 생산수단)</td><td>자기를 위한
생산물가치</td><td colspan="3">새로 창조된 가치
(사회를 위한 생산물 가치)</td></tr>
<tr><td colspan="2">C</td><td>V</td><td colspan="3">m (사회순소득)</td></tr>
<tr><td colspan="3">원가</td><td colspan="2">기업소순소득(이윤)</td><td>중앙집중적
순소득</td></tr>
<tr><td>①
자재비</td><td>②
감가상각금</td><td>③
생활비</td><td>④
국가기업리익금</td><td>⑤
자체충당금</td><td>⑥
거래수입금</td></tr>
<tr><td colspan="5">생산수단 생산기업소: 기업소도매가격 (=원가+이윤)</td><td></td></tr>
<tr><td colspan="6">생산수단 생산기업소: 산업도매가격 (=원가+이윤+거래수입금 또는 원가+사회순소득)</td></tr>
<tr><td colspan="6">소비재 생산기업소: 소매가격에서 상업부가금을 던 가격
(=원가+이윤+거래수입금 또는 원가+사회순소득)</td></tr>
<tr><td colspan="6">생산기업소 판매수입 (가격 총액)</td></tr>
</table>

자료: 최준택, 『사회주의기업소재정(2판)』(평양: 김일성종합대학출판사, 1988), 100쪽의 내용을 수정·보완함.

상기 〈표 1-5〉의 소득, 사회순소득 및 원가를 구성하는 개별 항목에 대해서는 아래 3.항에서 별도로 살펴보고자 한다.

104) 안광즙, 『공업재정』, 49쪽.

3. 북한의 분배제도와 주요 개념 검토

가. 소득분배와 국가예산

북한에서 사회주의 경리수입은 국영 기업소·기관·단체가 조성한 소득을 분배하여 국가예산에 동원하는 형태로서, 국가예산도 결국 '분배' 과정의 일부이다.[105] 경제적으로 가장 큰 범주의 분배대상은 국민소득이다. 국민소득은 산노동이 창출한 것으로서 '자기를 위한 생산물 가치'와 '사회를 위한 생산물 가치'의 합이며 기업소가 창출한 소득의 총합계라고 할 수 있다. 기업소 단위의 소득은 크게 국가예산, 기업소 자체충당금 및 생활비로 분배된다.

국가예산은 크게 거래수입금과 국가기업리익금으로 구성된다.[106] 거래수입금은 가격에 일정한 비율로 고정되어 국가예산에 바치게 되는 사회순소득 부분[107]으로서 가격체계와 직접적으로 연계[108]되어 있으며, 중앙집중적순소득으로서 국민소득의 제1차적 분배과정을 통해 예산에 동원된다. 국가기업리익금은 거래수입금이 중앙집중적순소득으로서 1차 분배된 후 순소득의 나머지 부분에 대한 분배와 관련이 있다. 즉 국가기업리익금은 이윤·순소득 기준 또는 소득 기준과 같은 분배기준과 직접적인 관련이 있다.

---

105) 국가예산은 "인민경제계획의 수행을 보장할 목적으로 나라의 중앙집중적 화폐 자산을 형성하며 그를 분배하는 기본 형태"이다. 장원성, 『사회주의 하에서의 국가예산, 신용 및 화폐류통』, 8쪽.

106) 2002~2011년 기간에는 거래수입금과 국가기업리익금이 국가기업리득금으로 통합된다.

107) 사회과학원 경제연구소, 『경제사전 1』(평양: 사회과학출판사, 1970), 35쪽; 사회과학원 주체경제학연구소, 『경제사전 1』(평양: 사회과학출판사, 1985), 68쪽; 사회과학원 사회주의경제관리연구소, 『재정금융사전』(평양: 사회과학출판사, 1995), 34쪽; 『조선말대사전 1(증보판)』(평양: 사회과학출판사, 2017), 215쪽.

108) 정광영, 「거래수입금에 대한 과학적리해에서 제기되는 몇가지 문제」, 『김일성종합대학학보: 철학·경제학』, 제57권 제3호, 2011, 97쪽.

분배기준을 과세요건론의 관점에서 보면, 이윤·순소득 및 소득은 예산수입의 원천으로서 과세대상에 해당한다. 이윤·순소득 기준은 계획에 따라 생활비를 별도 분배하고, 사회순소득에서 거래수입금을 예산에 우선적으로 동원한 후 기업소순소득(이윤)을 국가기업리익금과 자체충당금으로 분배하는 방식을 의미한다. 소득 기준은 소득에서 거래수입금을 예산에 동원한 후 남는 부분(기업소순소득+생활비)을 국가기업리익금, 자체충당금 및 생활비로 분배하는 방식을 의미한다.[109)]

나. 소득의 구성 및 분배

소득은 "산노동의 지출에 의하여 조성되어 일정한 사회집단, 개별적 사람에게 새로 획득되는 생산물 부분 또는 그 가치"로서, 노동에 의한 분배몫인 노동자들의 생활비는 근로자들의 개인소득으로, 사회를 위한 노동으로 조성되는 소득은 사회의 순소득으로 분배된다.[110)] 즉 소득은 사회순소득과 생활비(개인소득)로 분배된다.

사회주의 경리체계하에서 소득의 의미나 계산구조는 시기별로 변화가 없었다. 그러나 김정일 시대 이후 경제개혁이 진행되면서 판매수입(가격총액)에 국정가격 이외에 시장가격이 반영됨으로써 분배대상 소득과 그 구성

---

109) 거래수입금과 국가기업리익금이 국가기업리득금으로 통합된 2002~2011년 기간의 경우, 소득(번수입) 기준 분배는 소득을 국가기업리득금, 자체충당금, 생활비로 분배하는 방식이고, 순소득 기준 분배는 생활비를 별도 분배하고 사회순소득을 국가기업리득금과 자체충당금으로 분배하는 방식을 의미한다.

110) "자본주의하에서 임금은 노동계급의 소득으로서 노동력의 가격으로, 이윤은 자본가계급의 소득으로서 잉여가치의 전환된 형태로 된다면 사회주의 하에서는 노동자들의 생활비가 노동에 의한 분배몫으로서 근로자들의 개인소득으로, 사회를 위한 노동으로 조성되는 소득은 사회의 순소득으로 된다." 사회과학원 경제연구소, 『경제사전 2』(1985), 77쪽.

항목인 사회순소득, 생활비 등의 실질적인 내용은 변화하여 왔다.

특히 김정은 시대에 들어와서는 2014~2015년「기업소법」수정보충에 따라 계획경제 밖에서 음성적으로 적용되었던 시장가격이 주문계약 및 기업소지표의 형식으로 계획 영역 안으로 편입되었다. 따라서 거래수입금과 국가기업리익금 계산에 사용되는 판매수입에 시장가격이 반영되고 있다고 할 수 있다.[111]

(1) 사회순소득

총생산물의 가치가 불변자본 C(소모된 생산수단으로부터 이전된 부분), 가변자본 V(자기를 위한 생산물의 가치)와 잉여가치 m(사회를 위한 생산물의 가치, 새로 창조된 가치)으로 구성된다고 할 때, 사회순소득은 "잉여생산물의 가치를 대표하는 부분"이며 "국가의 중앙집권적순소득[112]과 기업소순소득으로 구분"된다.[113] 북한 문헌에서 '순소득'은 일반적으로 사회순소득을 의미한다.[114]

(2) 생활비, 상금 및 장려금

생활비[115]는 "사회주의국가가 노동자, 사무원들에게 노동과정에서 소모한 육체적 및 정신적 힘을 보상하고 생활을 보장하기 위하여 사회총생산물

---

111) 이석기 외,『김정은 시대 북한 경제개혁 연구』, 265~266쪽.

112) 북한 문헌에서는 '중앙집중적순소득'과 '중앙집권적순소득'이라는 표현이 혼용되고 있다. 본 연구에서도 인용되는 북한 문헌에 따라 두 가지 표현을 혼용하고자 한다.

113)『경제사전 1』(1985), 678쪽.

114)『경제사전 2』(1985) 및『조선대백과사전 15』(평양: 백과사전출판사, 2000)에서 '순소득'은 '사회순소득' 항목을 찾도록 하고 있다.

115) 북한은 자본주의적 노동보수제와 사회주의적 노동보수제를 구별하고 사회주의적 노동보수제에서는 '임금'을 '생활비'로 표현하고 있다. 현두륜,「북한 근로자의 임금에 관한 법적 연구」,『북한법연구』, 제23호, 2020, 259쪽.

의 일부를 그들이 지출한 노동의 양과 질에 따라 분배하는 몫"을 의미하며 "장려금, 상금, 가급금과 함께 노동보수 지불의 기본 형태"이다.[116)]

생활비는 생활비자금과 구별되는 개념이다. "생활비는 기업소가 개별적 종업원들에게 그의 작업과제의 질, 양적 수행정도에 따라 계산하여주는 노동보수 형태이며, 생활비자금은 국가가 기업소집단에게 국가계획을 수행한 정도에 따라 분배하여주는 노동보수자금의 한 형태"인데 "생활비자금의 크기는 생산물판매수입금의 크기에 따라 달라진다."[117)]

생활비자금은 "기본생활비와 추가생활비, 가급금과 기타 생활비로 구성"되는데, 기본생활비와 추가생활비는 "생산계획실행에 상응하여 지불되는 생활비로서 가변비의 성격"을 갖는 반면, 가급금과 기타 생활비는 "생산계획에 상응하지 않는 생활비로서 불변비의 성격"을 갖는다. 또한 "공업기업소의 생활비자금은 국민소득의 1차 분배에 의하여 기업소단위에서 형성되고 이용된다."[118)]

김정일 시대에 들어서서는 2002년 7 · 1 조치에 따라 상품가격과 생활비의 현실화 조치가 이루어졌다. 종전의 산업 · 직종 · 기능별 '유일생활비등급제'(670여개)를 변경하여 대체적인 기준만을 정해주고 개별 공장 · 기업소

---

116) 『경제사전 2』(1985), 189쪽; 『재정금융사전』(1995), 832쪽.

117) 『재정금융사전』(1995), 836쪽. 생활비자금이 계획에 따라 분배된다고 하여도 계획분배 규모 자체가 판매수입계획의 수행 정도에 따라 달라질 수 있다는 것이다. 과거 기업소의 실적은 계획달성에 초점이 있었으나, 김정일 · 김정은 시대를 거치면서 시장경제 활동의 확대에 의한 판매수입 증대로 그 초점이 변화되어 왔다고 할 수 있다.

118) 기본생활비는 "노동부류, 직종, 기능등급에 따라 국가가 규정한 기준에 의하여 지불되는 생활비의 기본형태로서 여기에는 노동의 양과 질에 상응하는 도급생활비와 정액생활비가 포함"되며, 추가생활비는 "보충적으로 더 지불되는 생활비의 추가적 형태"이다. 가급금은 "기본생활비만으로서는 유일적으로 해결할 수 없는 특수한 조건 즉 근속연한, 기술자격, 노동조건, 명예칭호 등에 따라 기본생활비에 보충하여 지불하는 생활비의 한 형태"이다. 기타 생활비는 "공업기업소의 생산경영활동에 직접 참가하지 않았으나 사회적으로 유익한 의의를 가지는 노동 즉 국가동원, 회의, 강습 기간에 대하여 지불되는 생활비의 한 형태"이다. 최준택, 『사회주의기업소재정(2판)』, 67~68쪽.

의 생활비 조정 권한을 확대하여 업무의 난이도에 따라 차등을 둘 수 있도록 하였다.[119)]

김정은 시대에는 2014년 「기업소법」 제48조 수정보충 과정에서 노동보수자금을 소득에서 분배하는 것을 기본으로 하면서 경영수입과 소득 규모에 연계하여 분배규모를 끌어올려야 한다는 내용이 추가되었다. 이는 생활비가 별도로 분배되지만[120)] 경영성과가 반영되는 방식임을 시사하는 것이다. 또한 2014~2015년 「기업소법」 제39조 수정보충에 따라 기업소지표가 도입되어 시장경제 활동이 계획 영역에 편입됨으로써, 노동보수자금의 분배규모에 영향을 줄 수 있는 경영수입과 소득에 대한 시장가격의 반영이 더욱 확대되었다. 따라서 과거 국정가격 기준의 명목상의 생활비가 아니라 실질적인 생활 보장이 가능한 수준이 되었을 수 있다.[121)] 이와 관련하여 생활비와 시장가격의 연동 필요성에 대한 논의도 있었는데, 봉향미(2017)는 소비품 가격의 변화가 생활비 수준과 균형을 이루어야 한다고 설명하고 있다.[122)]

노동보수에는 생활비 이외에 상금과 장려금이 있다. 상금은 "기관, 기업소들이 국가로부터 받은 생산계획을 비롯한 경제지표를 넘쳐 수행하고 국가에 더 많은 이익을 준 집단 또는 개별적 일군들에게 주는 사회주의적 노동보수의 추가적 형태"인데, 가장 중요한 부분은 '초과이윤에 따라 주는 상금'이다.[123)] 상금기금은 추가적 분배로서 "물질적 자극을 실현하는 공간의

---

119) 한기범, 『북한의 경제개혁과 관료정치』, 90~91쪽.

120) 2011년에 최종 수정보충된 「국가예산수입법」상의 분배기준은 생활비가 별도 분배되는 '이윤' 기준이다.

121) 이석기 외, 『김정은 시대 북한 경제개혁 연구』, 263~267쪽.

122) 봉향미, 「생활비와 가격의 균형을 보장하는 것은 로동자, 사무원들의 생활을 안정향상시키기 위한 중요담보」, 『경제연구』, 2017년 제1호, 35쪽.

123) 상금에는 국가예산자금을 원천으로 하여주는 상금, 기업소의 초과이윤을 원천으로 하여 주는 상금, 수출품첨가금을 원천으로 하여 주는 상금 등이 있다. 『재정금융사전』

하나이며 기업소이윤의 분배형태의 하나"[124]이다. 장려금은 "국가계획과제 또는 기술경제적 기준을 넘쳐 수행한 근로자들에게 생활비 외에 더 주는 추가적인 사회주의 노동보수의 한 형태"[125]이다.

상금기금이 "기업소 전반의 사업성과에 대한 종합적인 물질적 평가를 실현하는 노동보수형태"라면, 장려금은 "기업소 사업전반의 질과 함께 주로 개별적 측면과 분야의 사업을 장려하기 위한 추가적 노동보수와 물질적 평가형태"로서 "원가저하에 의하여 이루어진 사회순소득"을 원천으로 한다.[126]

최근 렴병호(2019)는 노동보수에 포함되는 상금과 장려금은 초과이윤을 원천으로 하므로 경영수입 및 자체충당금 규모와 연동되는데 이러한 상금 및 장려금을 이용한 근로자 동기부여가 중요하다고 지적하고 있다.[127]

하지만 북한에서 소득분배의 기본원칙은 여전히 '사회주의분배원칙'이다. 사회주의분배원칙이란 "노동의 양과 질에 따라 분배하는 것인데 쉽게 말하면 번 것만큼 분배하여주는 것"[128]이다. 노동보수에 대해 「기업소법」 舊법 제44조 및 현행 제48조는 "사회주의분배원칙의 요구에 맞게 사회주의적 노동보수제를 정확히 실시하여야 한다."고 규정하여 사회주의분배원칙을 고수하고 있다.

(1995), 693쪽.

124) 최준택, 『사회주의기업소재정(2판)』, 77쪽.

125) 『재정금융사전』(1995), 896쪽.

126) 최준택, 『사회주의기업소재정(2판)』, 82쪽.

127) 렴병호, 「현시기 경제관리를 합리화하기 위한 경제적공간의 리용」, 『경제연구』, 2019년 제2호, 16~18쪽.

128) 『조선말대사전 2(증보판)』(평양: 사회과학출판사, 2017), 1139쪽; 김일성, 「사회주의적 농촌경리의 정확한 운영을 위하여」(1960), 『김일성전집 제25권』(평양: 조선로동당출판사, 1999), 111쪽.

다. 사회순소득의 구성 및 분배

사회순소득은 국가의 중앙집권적순소득(거래수입금)과 기업소순소득(이윤)으로 구분된다.

(1) 중앙집권적순소득

김일성 시대의 중앙집권적순소득은 "거래수입금의 형태로 국가예산에 동원"[129]되었는데, 거래수입금은 "상품 품종별 및 규격별, 등급별로 차별적으로 규정"[130]되었다.

1994년 이전 김정일 시대 초반까지 거래수입금은 원칙적으로 소비재에만 부과되어 "소비품이 실현되는 차제로 일정한 비율로 가격에 고정"되어 국가예산에 동원되었으나[131] 1994년부터는 생산수단에도 부과되었다.[132]

2002년부터는 거래수입금과 국가기업리익금이 통합되어 국가기업리득금 체계로 변경됨에 따라 중앙집권적순소득이 거래수입금뿐만 아니라 국가기업리익금을 포함하는 것으로 확대되었다.[133] 이후 2011년 이후 김정은 시대에 들어서서 다시 거래수입금과 국가기업리익금 체계로 회귀하여 중앙집권적순소득은 2002년 이전과 마찬가지로 거래수입금의 형태로 국가예산에 동원된다.

---

129) 『경제사전 1』(1985), 678쪽.

130) 『백과사전 2』(평양 백과사전출판사, 1975).

131) 『경제사전 1』(1985), 68쪽.

132) 『재정금융사전』(1995), 34쪽; 오선희, 「거래수입금의 제정 및 적용에서 제기되는 몇가지 문제」, 36~38쪽.

133) 김영수, 「국가기업리득금과 그 합리적동원에서 제기되는 몇가지 문제」, 『경제연구』, 2004년 제1호, 24쪽.

(2) 기업소순소득(이윤)

기업소순소득은 "사회주의 근로자들이 창조한 사회순소득가운데서 중앙집중적순소득을 덜고 해당 기업소에 남는 순소득 부분"으로서 '기업소이윤'이라고도 한다. 기업소순소득은 계획적으로 분배되며 "국가예산에 납부되는 자금과 자체로 남겨 쓰는 자금"으로 구분된다.[134] 즉 기업소순소득(이윤)은 국가기업리익금과 기업소 자체충당금으로 분배된다.

김일성 시대에는 "그 기본부분이 국가기업리익금의 형태로 국가예산에 동원"[135]되었으나, 김정일 시대인 2002년에는 거래수입금과 국가기업리익금이 통합되어 국가기업리득금 체계로 변경됨에 따라 기업소순소득의 기본부분도 중앙집권적순소득의 형태로 국가예산에 동원되었다.[136]

김정은 시대에 들어서서 2011년 이후에는 다시 거래수입금과 국가기업리익금 체계로 회귀하여 기업소순소득의 기본부분은 2002년 이전과 마찬가지로 국가기업리익금의 형태로 국가예산에 동원된다.

라. 기업소순소득의 구성 및 분배

(1) 국가기업리익금

舊소련의 사회주의 조세제도에 기원을 두고 1947년 처음 도입된 리익공제금은 1960년 국가기업리익금으로 명칭이 변경되었다. 리익공제금은 거래세(거래수입금) 다음으로 중요한 항목이며 "이윤 중 …… 기업소의 처분하에 남는 부분과 계획이윤 총액 간의 차액으로서 재정계획에 의하여 규

134) 『경제사전 1』(1985), 305쪽.
135) 『경제사전 1』(1985), 678쪽.
136) 김영수, 「국가기업리득금과 그 합리적동원에서 제기되는 몇가지 문제」, 24쪽.

정"[137]되는 것이다.

국가기업리익금은 사회순소득의 한 부분으로서[138] "사회주의 국영 기업소, 기관들에서 조성된 이윤을 분배하여 국가예산에 동원하는 형태"[139]이다. 즉 국가기업리익금은 사회순소득 중에서 기업소순소득(이윤)을 직접적인 분배대상으로 한다는 것이 특징이다.

국가기업리익금은 2002년에 거래수입금과 통합되어 국가기업리득금 체계로 변경되었다가, 2011년 「국가예산수입법」 수정보충에 따라 김정은 시대에는 다시 국가기업리익금으로 전환되었다. 김정은 시대의 국가기업리익금은 2002년 이전과 형태적으로는 차이가 없다. 그러나 시장경제 활동이 기업소지표의 형태로 계획 영역으로 편입되어 「시장 기반 사회주의 예산수입체계」로서의 성격이 강화되었기 때문에 2002년 이전의 국정가격과 계획에 기반한 체계와는 질적으로 차이가 있다.

(2) 기업소 자체충당금

기업소순소득(이윤) 중 국가예산에 동원되고 남은 부분은 기업소 자체충당금으로서 "기업소기금, 상금기금 그리고 탁아소, 유치원, 공장고등전문학교, 공장대학, 기능공학교의 경비, 정양소경비, 주택유지비, 특전기금 등 기업소 자체수요에 분배 이용된다."[140]

---

137) 『경제학 소사전』(평양: 조선로동당출판사, 1960), 109쪽.
138) 『경제사전 1』(1970), 191쪽.
139) 『재정금융사전』(1995), 130쪽.
140) 『경제사전 1』(1985), 678쪽.

마. 국가기업리익금과 국가기업리득금

국가기업리익금은 기업소순소득(이윤)을 직접적인 분배대상으로 하여 국가예산에 동원되는 형태이고, 국가기업리득금은 거래수입금을 포함하는 소득 또는 사회순소득을 분배대상으로 하여 국가예산에 동원되는 형태로서 2002~2011년 기간에만 적용되었다.

국가기업리득금은 국가기업리익금과 마찬가지로 생산기업소뿐만 아니라 상업, 유통, 봉사 등 비생산기업소를 부과단위에 포함하며, 거래수입금과 마찬가지로 중앙집중적 납부대상이다. 하지만 국가기업리득금은 국가기업리익금과 거래수입금이 통합된 형태이고 계획외 판매수입을 포함하는 번수입을 기초로 계산한다는 점에서 차이가 있다.[141]

국가기업리득금은 "사회주의 국영 기업소, 기관에서 조성된 **소득**의 일부를 국가수중에 동원하는 국가예산수입 형태"[142](강조부분은 저자)로 정의된다. 하지만 2007년 「국가예산수입법」에서는 순소득을 분배대상으로 하는 것으로 변경되었고, 이에 따라 2010년 발행된 『광명백과사전』에서는 "사회주의 국영 기업소, 기관에 조성된 **사회순소득**의 일부를 분배하여 국가수중에 동원하는 예산수입형태"[143](강조부분은 저자)로 표현되었다.

바. 원가

사회주의 사회에서 생산물의 원가란 "생산에 소모된 생산수단과 기본노

141) 김영수, 「국가기업리득금과 그 합리적동원에서 제기되는 몇가지 문제」, 24~26쪽.

142) 『조선말대사전 1(증보판)』(평양: 사회과학출판사, 2017), 587쪽. 2017년에 발행되었지만 2002년 도입될 당시의 국가기업리득금을 기준으로 설명한 것으로 보인다.

143) 『광명백과사전 5(경제)』(평양: 백과사전출판사, 2010), 261쪽.

동보수부분을 화폐로 표현한 것"이며 "원료와 기본자재비, 보조자재비, 연료비, 동력비, 생활비, 감가상각비, 기타 화폐적 지출"로 구분된다.[144)]

생산물의 원가는 가격의 기초로서 노동대상(원료, 자재, 연료 등)의 지출과 고정재산(건물, 기계, 설비 등)의 상환비, 종업원들에게 지불하는 생활비 및 기업소와 직장의 일반비와 관리비, 제품 판매를 위한 포장비 등을 포함하며, 생산물을 생산하고 판매하는데 지출된 모든 비용을 화폐적으로 표현한 것이다.[145)]

(1) 자재비

자재는 "공업적 가공을 받은 후에 계속 다른 생산과정에서 노동대상으로 이용되는 생산물"을 의미하며, "자연적으로 주어진 부원들 예를 들어 땅속의 광물, 산에서 자라는 나무 등은 노동대상으로는 되지만 자재는 아니다."[146)] 자재는 "단한번의 생산순환에서 자기의 가치(가치형태)를 모두 새로 생산되는 생산물에 이전"[147)]시킨다.

(2) 생활비

생활비는 원가를 구성하면서 동시에 소득 중 근로자들의 노동에 의한 분배 몫이다. 생활비에 대하여는 상기 나. 소득의 구성 및 분배 "(2) 생활비, 상금 및 장려금"에서 구체적으로 논의한 바 있다.

---

144) 최준택, 『사회주의기업소재정(2판)』, 85~90쪽.

145) 김용기 · 전복빈, 『가격제정과 적용』, 11쪽.

146) 자재는 일반적으로 사람들의 노동이 가해진 노동대상을 의미하지만, 자재공급, 자재상사라고 할 때에는 유통과정에 있는 기계설비와 공구, 부속품 등 노동수단까지도 포괄하므로 생산수단 일반을 의미한다. 『백과전서 4』(과학 · 백과출판사, 평양종합인쇄공장, 1983), 185쪽.

147) 최준택, 『사회주의기업소재정(2판)』, 16쪽.

(3) 감가상각비(감가상각금)

고정재산은 "생산과정에 점차 마멸되어 자기의 가치형태를 새로 생산되는 생산물에 이전시킨다. 이전된 마멸액은 생산물의 원가에 포함되어 판매에 따라 화폐로 보상된 다음 감가상각금으로 적립된다. 감가상각금은 대보수와 시초가격 보상을 위한 갱신기본투자에 이용하기 위하여 국가예산에 납부한다."[148] 이 과정에서 "화폐형태로 실현되는 고정재산의 마멸보상을 감가상각이라고 하고 그 자금을 감가상각금이라고 하며 그 축적된 몫을 감가상각기금이라고 한다."[149] 「국가예산수입법」 제34조에서는 '감가상각금'을 "고정재산의 가치를 마멸된 정도에 따라 생산물원가에 포함시켜 회수하는 자금"으로 정의하고 있다. '감가상각비'는 생산물의 원가에 포함되어 있는 고정재산의 마멸액으로서 원가를 구성하는 항목이다.

감가상각금의 국가예산납부와 관련하여, "국가가 공장, 기업소들에서 적립된 감가상각금 전액을 예산수입의 한 형태로 집중시켰다가 그것을 중앙집중적으로 지출하는 방식"은 "사회주의경제관리가 집단주의적 관리이고 모든 공장, 기업소들의 경영활동과 발전전망에 대하여 국가가 책임지려는 입장"에 기초한 것이다.[150]

그런데 2002년 3월 27일 북한 최고인민회의 제10기 제5차 회의에서 문일봉 재정상은 2002년 예산 규모를 발표하면서 다음과 같이 설명하였다.

> 새로운 경제관리방법의 요구에 맞게 **지금까지 국가예산수입으로 받아들이던 고정재산감가상각금을 기업소에 남겨놓고** 생산확대기금으로 쓰도록 하고서도

148) 최준택, 『사회주의기업소재정(2판)』, 16쪽.

149) 『재정금융사전』(1995), 29쪽.

150) 림광남, 「고정재산재생산의 자금원천보장에서 나서는 몇가지 방법론적문제」, 『경제연구』, 2003년 제4호, 23쪽.

지난해에 비해 수입은 102.5%로 늘어나며 지출도 102.3%로 늘어나게 됩니다.[151] (강조부분은 저자)

이러한 내용에 비추어볼 때, 2002년 7·1 조치를 앞두고 2002년 예산을 수립하면서 감가상각금에 대한 국가예산납부를 폐지하였던 것으로 보인다.[152] 이와 관련하여, 림광남(2003)은 "국영기업소들이 경영상 상대적 독자성을 가지고 경영활동을 책임적으로 해나가며 고정재산의 단순재생산을 원만히 진행하도록 하기 위하여서는 감가상각금을 기업소의 관리 하에 남겨두고 이용하도록 하는 것이 합리적"[153]이라고 설명하고 있다.

하지만 2005년 제정된 「국가예산수입법」 제34조 및 제35조에서는, 자체자금으로 마련한 생산적 고정재산은 감가상각금 납부대상에서 제외하였으나 국가투자에 의하여 마련된 생산적 고정재산에 대하여는 감가상각금을 납부하여야 한다고 규정하였다.

이후 김정은 시대에 들어와서 2014년 사회주의기업책임관리제의 실시에 따라 국가투자에 의해 마련된 생산적 고정재산을 포함하여 모든 감가상각금을 국가에 납부하지 않고 기업소 내부에 유보하는 방식으로 변경한 것으로 추정된다.[154] 이와 관련하여 정광영(2014)은 다음과 같이 설명하고 있다.

> …… **감가상각금을 자체로 적립하고 이용하여 설비갱신을 자체로 하도록 한 국가적조치**의 정당성을 정확히 알고 설비갱신사업을 책임적으로 창발적으로 하여야 한다. …… 감가상각금은 기업체의 책임성과 창발성을 높일데 대한 요구로부터 **국가에 납부하는 것이 아니라 생산물의 원가에 포함시켜 기업소에 적**

151) 손희두·문성민, 『북한 재정법제에 관한 연구』, 52쪽에서 재인용.

152) 손희두·문성민, 『북한 재정법제에 관한 연구』, 52쪽; 최진욱·임강택, 『북한 최고인민회의 제10기 제5차 회의 결과분석』(서울: 통일연구원, 2002), 10쪽.

153) 림광남, 「고정재산재생산의 자금원천보장에서 나서는 몇가지 방법론적문제」, 24쪽.

154) 김기헌, 「북한 화폐경제 변화 연구」, 55쪽.

립하고 기본건설과 대보수, 기술혁신에 이용된다.[155] (강조부분은 저자)

한편 생산적 고정재산 대보수자금[156]의 원천과 관련하여 허철환(2015)은 다음과 같이 설명하고 있다.

> **국가투자에 의한 생산적 고정재산에 대한 대보수는 기업소가 적립한 감가상각금으로** 대보수주기에 따라 진행하며 유지보수는 주로 기업소이윤에 의하여 진행된다.[157] (강조부분은 저자)

이러한 설명은 국가투자에 의한 생산적 고정재산에 대한 대보수는 기업소가 국가예산에 납부하지 않고 자체 적립한 감가상각금을 원천으로 한다는 것으로 해석된다. 이는 생산적 고정재산의 대보수자금은 감가상각금을 원천으로 하여 국가예산으로부터 보장된다는 『재정금융사전』(1995)의 설명[158]과는 분명히 차이가 있다. 하지만 국가투자에 의하여 마련된 생산적 고정재산에 대한 감가상각금을 국가예산에 납부하도록 하고 있는 「국가예산수입법」 관련 규정은 2005년 제정 이후 현재까지 변경된 바가 없다. 다만

155) 정광영, 「자금리용에서 기업체들의 책임성과 창발성을 높이는데서 나서는 중요문제」, 『김일성종합대학학보: 철학 · 경제학』, 제60권 제4호, 2014, 55~57쪽.

156) '고정자산대보수'는 "그 성능과 능력, 수명을 완전히 원상태로 회복하거나 늘이는 보수형태"로서 "일반적으로 대보수를 통해 해당 고정재산이 단순재생산된다." '대보수자금'은 "고정재산을 새로 조성하는데 지출되는 기본건설자금과는 달리 이미 조성된 고정재산의 능력을 원상태로 복구하거나 개조하기 위해 쓰는 자금"을 의미한다. 『재정금융사전』(1995), 81쪽 및 396쪽.

157) 허철환, 「고정재산에 대한 재정관리의 중요한 내용」, 『김일성종합대학학보: 철학 · 경제학』, 제61권 제1호, 2015, 81쪽.

158) "생산적 고정재산에 대한 대보수는 기본적으로 **감가상각금을 원천으로 하여 국가예산으로부터** 대보수공급절차에 따라 보수자금이 보장되지만 유지보수는 주로 기업소이윤에서 분배되는 자금에 의하여 진행된다."(강조부분은 저자). 『재정금융사전』(1995), 81~82쪽.

第35조 3호에서 "이밖에 감가상각금을 바치지 않기로 한 고정재산"은 예산납부 대상에서 제외할 수 있기 때문에 「국가예산수입법」을 변경하지 않고 별도의 하위 규정이나 지침으로 납부대상에서 제외했을 수 있다.

제2장

김일성 시대 세금관련 법제의 변화

제1절

서설

북한은 세계에서 유일하게 공식적으로 세금제도의 폐지를 선언한 나라다. 북한에서 세금제도 폐지는 1930년대 항일혁명투쟁시기 유격구에서 처음으로 제시되었다.[1] 실제 세금제도 폐지 공약은 1960년 5월 舊소련의 흐루쇼프가 먼저 발의했는데 김일성이 같은 해 8월 3개월의 시차를 두고 폐지 일정을 제시하면서 추진한 것이다.[2] 하지만 소련은 세금제도의 폐지에 이르지 못했고 북한은 실제로 1974년 공약을 실행하였다. 점진적인 체제전환국인 중국이나 베트남도 세금제도의 폐지를 선언한 적은 없다. 이와 같이 사회주의권 내에서도 예산수입제도를 확립함에 있어서 그 출발선에 차이가 있었다.

세금제도 폐지의 논리적 기초는 사회주의적 합법칙성이다. 사회주의 제도 하에서는 사회주의적 국영경리와 협동경리가 국가의 경제적 기초가 되고 세금제도는 일정 기간 보충적인 자금원천일 뿐이며 생산관계의 사회주

1) 최룡섭, 「위대한 수령 김일성동지의 현명한 령도밑에 유격구에서 실시된 혁명적이며 인민적인 세금정책」, 『경제연구』, 1996년 제1호, 46~49쪽.

2) 박유현, 『북한의 조세정치와 세금제도의 폐지, 1945-1974』(서울: 도서출판 선인, 2018), 15쪽.

의적 개조가 완성되면 낡은 사회의 유물인 세금제도를 완전히 없애는 것은 합법칙적인 것이라는 주장이다.[3] 이러한 사회주의적 합법칙성에 따라 1958년 생산관계의 사회주의적 개조가 완성되어 사회주의 경리수입만으로 재정수요의 충당이 가능해졌기 때문에 1974년에 이르러 세금제도의 완전한 폐지를 선언할 수 있게 되었다는 것이다.

세금제도 폐지는 김정일의 후계체제 구축과도 관련이 있고 기본적으로 정치적인 과정이었다고 할 수 있다. 하지만 이것이 가능했던 경제적인 배경은 당시 경제성장에 대한 자신감과 마지막까지 남아 있었던 주민소득세의 세수비중이 2% 미만으로 축소되어 폐지의 영향이 미미했다는 점을 들 수 있다. 즉 세금제도 폐지 자체는 정치적인 성격이 강했지만 그것을 현실적으로 가능하게 했던 것은 경제적인 여건이었다고 할 수 있다.

본 장에서는 북한이 해방 후 세금제도를 폐지하면서 동시에 사회주의 예산수입체계로의 전환을 추진했던 중첩적인 과정을 살펴보고자 한다.

3) 김일성, 「세금제도를 완전히 없앨데 대하여」, 『김일성저작집 29』(평양: 조선로동당출판사, 1985), 156~162쪽.

제2절

1945~1974년 세금제도의 폐지

1. 세금제도 개혁 및 폐지의 과정

가. 식민지 시기 조세체계

식민지 시기 조선총독부의 재정수입은 철도업, 전매업, 체신업 등의 관업수입(官業收入)이 큰 비중을 차지했는데 초기에는 20% 수준이었으나 후반에는 50%를 상회하였고, 조세수입은 초기 20% 수준에서 제1차 세계대전 즈음 30% 수준까지 증가했다가 이후 점차 감소하여 18~19% 정도에 머물렀다. 조세의 세목은 관세, 지세(地稅), 주세, 소득세의 합이 1930년대 중반까지 약 85~90%에 달했다. 초기에는 전통적인 지세와 개항기에 시작된 관세가 대부분이었고 중기에는 지세, 관세, 소비세(주세)가 대부분을 차지했으며 말기에는 소득세 비중이 커지면서 소득세와 소비세(주세)가 중심이 되었다. 관업수입과 조세 이외의 재정수입으로는 조선총독부가 발행한 공채 매각대금과 일본정부 일반회계로부터의 이전수입인 보충금 등이 있었다.[4)]

식민지 시기 조선총독부의 공식적인 조세제도는 일본 정부의 체계와 매

4) 한국조세연구원, 『한국세제사 1-연대별』(서울: 한국조세연구원, 2012), 143~146쪽.

우 유사했다.[5] 반면 1930년대 항일유격구에서는 이와 다른 세금정책이 제시되었다. 당시 유격구에서 제시된 세금정책의 큰 틀은, 궁극적으로 세금이 없는 나라를 추구한다는 전제 하에 반제반봉건 민주주의혁명 단계에서의 기본적인 요구로서 봉건적 가렴잡세와 고율의 소작제를 없애고 '단일하고도 공정한 세납제'로서 농업현물세(농민 대상)와 누진소득세(수공업자 및 개인기업가 대상)를 실시한다는 것으로 요약된다.[6]

나. 해방 직후 북한의 세제개혁[7]

(1) 1945~1946년 세금제도의 정비

해방 후 북한의 조세제도는 일제 식민지 및 소련의 조세제도와 함께 항일 유격구에서의 세금정책의 특성을 복합적으로 반영하고 있다. 북한은

---

5) 박유현, 『북한의 조세정치와 세금제도의 폐지, 1945-1974』, 61~63쪽.

6) "경애하는 수령 김일성동지께서는 1930년대 조국광복회10대강령과 해방후 인민정권의 ≪20개조정강≫에서 일제와 그 주구들이 강요한 각종 세금을 철폐하고 새로운 세금제도를 세울데 대한 혁명적인 원칙을 제시하시였다. 경애하는 수령 김일성동지께서는 ≪20개조정강≫에서 인민정권의 조세강령에 대하여 다음과 같이 교시하시였다.≪…… 단일하고도 공정한 세납제를 제정하며 루진적소득세제를 실시할 것.≫" 사회과학원 경제연구소, 『경제사전 2』(평양: 사회과학출판사, 1970), 538쪽; "위대한 수령님께서는 우리 나라를 세금이 없는 나라로 만들기 위하여 일찌기 항일혁명투쟁시기에 ≪조국광복회10대강령≫에서 혁명적이며 인민적인 조세강령을 제시하시고 유격구들에서 그 실현의 빛나는 모범을 창조하시였다. ……반제반봉건민주주의혁명단계에서 소작료와 세금제도 일반을 다 없애는 것이 아니라 봉건적인 가렵잡세와 고률의 소작제를 없앨데 대한 초보적인 요구만을 제기한것이였다. ……유격구에 세워진 인민혁명정부는 자기 정강에 밝힌대로 ≪가렴잡세를 페지하고 통일루진세제를 실시한다.≫는 내용으로 된 반제반봉건민주주의혁명단계에서 실시할 조세정책을 세웠다. ……이와 같이 유격구에서는 인민혁명정부의 정강에 따라 농민들에게는 농업현물세를 적용하였으며 수공업자들과 개인기업가들에게는 통일루진세를 적용하였다." 최룡섭, 「위대한 수령 김일성동지의 현명한 령도밑에 유격구에서 실시된 혁명적이며 인민적인 세금정책」, 46~49쪽.

7) 최정욱, 「북한의 세금제도 폐지와 재도입 가능성에 관한 연구」, 『조세연구』, 제19권 제3집, 2019, 119~122쪽.

1945년 11월 「북조선 재정국」을 설립하고 세제의 간소화와 인민 부담의 경감을 목표로 「북조선 재정국 포고 제2호」(1945.12.14)를 통해 임시적인 조치를 단행하였다. 이러한 조치를 통해 식민지 시기 국세 32종목, 도세 13종목 그리고 시면세 13종목으로 합계 58종목이던 세금을 국세 9종목, 도세 및 시면세 12종목으로 통합하여 합계 21종목으로 대폭 간소화하였다.[8)]

이후 1946년 3월 5일 실시한 토지개혁을 통해 농민들의 담세능력을 제고하여 농민들에 대한 세금제도 변화의 계기를 마련하고, 1946년 3월 23일자로 「20개조 정강」을 발표하여 "단일하고도 공정한 세납제를 제정하고 누진적 소득세제를 실시"한다는 세금제도의 큰 틀을 마련하였다.

1946년 4월 1일자 북조선림시인민위원회 결정 제8호 「1946년 제2기(4월-6월) 세금징수에 관한 건」[9)]을 통해 개인수익세(소득세)와 영업세의 징수방법을 변경하였다. 즉 종래는 연 2기 내지 3기에 걸쳐 징수하던 것을 급료생활자에 대한 개인수익세는 그 급료원천에서 월별로 부과징수하게 하며 기타 수익세 및 영업세는 4기에 걸쳐 부과징수하는 방식으로 변경하였다. 이와 같이 소득세제에 대하여는 세출과 세입의 시간적 차이를 조절하고자 징수방법을 변경하는 정도에 그쳤던 것으로 보인다.[10)]

토지개혁 이후 농업부문에 대한 세제개편이 우선적으로 추진되었고, 1946년 6월 27일자로 북조선림시인민위원회 결정 제28호 「농업현물세에 관한 결정서」[11)]를 발표하였다. 동 결정서에 의하면 농업현물세는 "노동자 및 사무원에 대한 식량의 공급 및 예비식량을 확보"할 것을 기본목적으로 하

---

8) 리장춘, 「북조선세금제도개혁해설」, 『인민』, 1947년 제2권 제3호, 국사편찬위원회 엮음, 『북한관계사료집 13』(과천: 국사편찬위원회, 1992), 426쪽.

9) 북조선림시인민위원회, 『법령공보』, 1946년 증간 1호, 14~16쪽.

10) 리장춘, 「북조선세금제도개혁해설」, 428쪽.

11) 북조선림시인민위원회, 『법령공보』, 1947년 증간 2호, 6~7쪽.

였고, 「20개조 정강」의 지침대로 농민들에 대한 직접세의 단일화를 추진한 것으로 보인다.

또한 세무서를 착취적 억압도구로 보아 1946년 8월 2일자 북조선림시인민위원회 결정 제56호 「세무서 폐쇄에 관한 결정서」[12]에 의거 1946년 8월 10일부로 세무서를 폐쇄하였다. 동 결정서에 의하면 각도인민위원회 도재정부 세무과를 확충하고, 각군인민위원회 재정과를 설치하며 각시인민위원회 재정과를 확충 · 강화하여 세무서의 징세업무를 이관하도록 하였고, 면의 재정계는 종전과 같이 세무행정을 수행하도록 하였다.

1946년 8월 10일자로 북조선림시인민위원회 결정 제58호 「산업 교통 운수 체신 은행의 국유화에 관한 법령」[13]을 발표하여 중앙집권적 사회주의 경리수입 체계 형성의 기반을 마련하였다. 이어서 1946년 10월 5일 「물품세법」[14]을 제정하는데 동 법은 1947년 2월 27일 「거래세법」 제정으로 폐지되고, 이후 거래세는 사회주의 경리수입의 한 축이라고 할 수 있는 거래수입금으로 변경된다.

(2) 1947년 전면적인 세제개혁

1947년 2월 17일 북조선인민위원회 대회를 통해 「북조선림시인민위원회」가 정식으로 「북조선인민위원회」로 전환되어 법령 제정의 최고기관으로 자리매김하게 된다. 북조선인민위원회는 1947년 2월 27일 북조선인민위원회 법령 제2호로 「북조선세금제도개혁에 관한 결정서」[15](이하 "1947년 세제개혁

---

12) 북조선림시인민위원회, 『법령공보』, 1947년 증간 3호, 8~9쪽.
13) 북조선림시인민위원회, 『법령공보』, 1947년 증간 3호, 14쪽.
14) 국사편찬위원회 엮음, 『북한관계사료집 33』(과천: 국사편찬위원회, 2000), 263~ 265쪽.
15) 북조선인민위원회, 『법령공보』, 1947년 제21호, 3~10쪽.

결정서"라고 함)를 공포한다. 동 세제개혁결정서에 의한 1947년 세제개혁은 해방 이후 가장 전면적인 세제의 변화였다.

1947년 세제개혁결정서 서문에서는 "1945년도 이전에는 국세, 도세 및 시면세를 합하여 58종목의 고율의 세금이 있었으며 그중에 심한 것은 소득세와 호별세 및 그 부가세를 합하여 최고로 소득액의 86%에까지 달하였던" 일본제국주의의 세금제도를 개혁하고 "민주주의적 세금제도를 수립할 것을 목적으로" 한다고 선언하고 있다. 이러한 세제개혁을 통하여 기존 세금 관련 법령 중 1947년 세제개혁결정서에 저촉되는 것은 모두 폐지되었고, 국세로서 소득세법, 거래세법, 등록세법, 수입인지법, 도세(특별시세)로서 가옥세법, 차량세법, 부동산취득세법, 음식세법, 마권세법, 인민학교세법, 그리고 시면세로서 대지세법, 시장세법, 도축세법, 시면유지세법 등 총 14개 법령이 1947년 2월 27일자로 별도 제정 · 공포되었다.[16] 또한 1947년 세제개혁결정서에 새롭게 도입된 리익공제수입과 관련하여, 이후 1947년 5월 2일자 북조선인민위원회위원장 김일성 비준(제15호) 재정국 명령 제2호로 「리익공제금 징수규칙」[17]이 제정되었다. 따라서 북한 조세체계의 역사적 변화 과정을 살펴봄에 있어서 기존 규정이 유지된 농업현물세, 상속세 및 관세와 함께 1947년 세제개혁의 내용을 출발점으로 하는 것이 효율적이다.

1947년 세제개혁결정서의 주요 내용을 살펴보면, 먼저 북조선에 거주하는 인민들과 북조선에서 사업하는 단체들은 각자 수입과 능력에 의하여 세금을 부담할 의무를 갖는다고 규정하면서 각 세목에 대한 핵심적인 사항만

16) 1947년 세제개혁을 통하여 국세로서 소득세, 거래세, 상속세, 등록세, 관세, 농업현물세의 6종목, 도세로서 가옥세, 차량세, 부동산취득세, 음식세, 마권세, 인민학교유지세의 6종목, 시면세로서 대지세, 시장세, 도축세, 시면유지세의 4종목 등 총합계 16종목으로 정리되었다. 『조선중앙년감(1950)』(평양: 조선중앙통신사, 1950), 301쪽.

17) 북조선인민위원회, 『법령공보』, 1947년 제31호, 5쪽.

원론적인 수준에서 명시하고(제1조), 위에서 살펴본 바와 같이 별도로 제출된 14개의 법령을 승인하였다(제2조). 제1조에서 규정한 세목과 세율은 북조선인민위원회의 결정이 아니면 변경할 수 없고(제3조), 탈세나 체납에 대하여는 각각 법령의 규정에 따라 인민재판으로 처벌한다고 규정하고 있다(제4조). 또한 기간 경과 후 납부하는 경우 기간 경과 후 매일 당 1%의 연체료를 미납세금에 첨가하여 징수하고(제5조), 각급 재정기관에서 인민들로부터 세금부과조정에 대한 이의 또는 과오납에 관한 신립(申立)[18]을 접수한 때는 5일 이내에 이를 해결하여야 한다고 규정하고 있다(제6조). 북조선검찰소장은 본 법령 및 본 법령에 의거한 세에 관한 법령이 시행되는 형편을 항상 검열할 것이라고 규정하고 있고(제7조), 마지막으로 본 세제개혁결정서의 실시와 동시에 이미 발표한 세금관련 법령 중 이에 저촉되는 법령은 폐지한다고 적시하고 있다(제8조).

(3) 1948~1949년 세제개혁

1947년 2월 27일 세제개혁 과정에서 제정 · 공포되었던 법령 중 상당수가 1948~1949년 사이에 다시 전면 개정되거나 폐지되었다.

1947년 세제개혁 당시 별도의 법령제정 없이「리익공제금 징수규칙」을 적용하여 징수하던 리익공제금과 관련하여,「국가경제기관의 리익공제금 납부에 관한 규정」(내각결정 제204호, 1949.12.29)[19]이 추가적으로 승인되어 시행되었다. 또한 1947년 세제개혁 당시 새로 관세법을 제정할 때까지 종래의 세율 및 규정을 적용하도록 하였던 관세에 대해서는 내각결정 제49호

---

18) 신립(申立): "개인이 국가나 공공단체에 어떤 사항을 청구하기 위하여 의사 표시를 함. 또는 그런 일." 네이버 국어사전; https://ko.dict.naver.com (검색일: 2019년 7월 11일).
19) 재정성기관지 편집부 엮음,『재정법규집』(평양: 재정성출판사, 1950), 198~200쪽.

「수출입세에 관한 규정」[20]을 1948년 10월 26일자로 채택하면서 수출세율 및 수입세율을 별표로 규정하여 보완하였고, 내각수상 김일성 비준 재정성 규칙 제3호 「수출입세에 관한 규정 세칙」[21]을 1949년 8월 3일자로 채택하여 세부사항을 규정하였다.[22]

그리고 1947년 세제개혁 이후 가장 큰 폭의 변화로서 1949년 12월 29일 최고인민회의 상임위원회 정령 채택에 의해 거래세와 지방세(가옥세, 차량세, 부동산취득세, 대지세)가 전면적으로 개정되었고, 지방자치세의 제정과 함께 인민학교세와 시면유지세가 폐지되었다.[23] 구체적인 세금 항목의 폐지 과정에 대해서는 아래에서 살펴보도록 하겠다.

다. 각종 세법의 순차적 폐지[24]

해방 후 1947년 2월 27일의 전면적인 세제개혁과 함께 제정 · 공포되었던 세법들은 이후 세제개편 과정에서 대부분 순차적으로 폐지되었다.

---

20) 조선민주주의인민공화국, 『내각공보』, 1949년 제1호, 125~136쪽.

21) 『재정법규집』, 149~161쪽.

22) 이후 1983년 10월 14일 최고인민회의 상설회의 결정 제7호로 「세관법」이 채택됨으로써 통관 및 관세제도를 통합적으로 규정하고 이를 따르고 있다. 「세관법」 제41조에 의하면 "관세의 계산은 해당 물자의 가격과 국경을 통과하는 당시의 관세율에 따라 한다."고 규정하고 있고, 동법 제42조에서는 "관세부과대상과 관세율은 비상설관세심의위원회에서 심의결정"하며 "관세부과대상과 관세율을 공포하는 사업은 내각이 한다."고 규정하고 있다. 또한 경제특구와 관련하여 「라선경제무역지대법」, 「개성공업지구법」 및 「금강산국제관광특구법」은 하위 규정으로서 각각 별도의 세관규정을 두고 있다.

23) 『재정법규집』, 200~228쪽.

24) 최정욱, 「북한의 세금제도 폐지와 재도입 가능성에 관한 연구」, 122~127쪽.

(1) 마권세, 음식세, 등록세, 시장세, 도축세, 인민학교세 및 시면유지세의 폐지

1948년 2월 29일자 북조선인민위원회 법령 제36호「북조선세금제도개혁에 관한 결정서 및 각종세법 개폐에 관한 결정서」[25]에 따라 마권세가 1947년 12월 31일자로 가장 먼저 폐지되었고 1948년 2월 29일자로 음식세가 폐지되었다. 등록세는「소송료 및 공증료에 관한 규정」[26]을 승인한 1949년 8월 18일자 내각결정 제120호에 의해 폐지되었고,[27] 시장세와 도축세는「공용시설사용료에 관한 규정」[28]을 승인한 1949년 12월 28일자 내각결정 제203호에 의해 폐지되었다. 인민학교세[29]와 시면유지세는 1949년 12월 29일자로 최고인민회의 상임위원회 정령「지방자치세에 관하여」[30]에 따라 지방자치세로 대체되면서 폐지되었다.[31]

(2) 가옥세, 대지세, 차량세, 상속세 및 부동산취득세의 폐지

「조국해방전쟁시기에 있어서 인민생활 안정을 위한 제대책에 관한 결정서」(내각결정 제197호, 1951.1.13)[32] 제1조 제8항에서 "전시 하에 인민들의 부

---

25) 북조선인민위원회,『법령공보』, 1948년 제48호, 3쪽.

26)『재정법규집』, 193~195쪽.

27)『조선중앙년감(1951~1952)』(평양: 조선중앙통신사, 1952), 365쪽에 등록세에 대한 언급이 여전히 나타난다. 하지만,「소송료 및 공증료에 관한 규정」을 승인한 내각결정에서 등록세가 폐지되었음을 명시하고 있다는 점에서『조선중앙년감』이 이를 정확히 반영하지 못하였을 가능성이 높다.

28)『재정법규집』, 195~198쪽.

29) 1950년부터 의무교육제가 실시되면서 교육비를 국가가 부담하게 되므로 인민학교세를 폐지한 것으로 설명하고 있다. 윤형식,「거래세 및 지방세 개정에 대하여」,『재정금융』(재정성기관지), 1950년 제1호, 12쪽.

30)『재정법규집』, 217~218쪽.

31)『조선중앙년감(1951~1952)』, 365쪽.

32) 조선민주주의인민공화국,『내각공보』, 1951년 제1호, 6~8쪽.

담을 경감하기 위하여 가옥세, 대지세 및 차량세의 징수를 임시 중지할 것" 이라고 규정함에 따라 1951년 1월부터 해당 세금을 면제하게 되었다. 또한 『조선중앙년감(1956)』은 가옥세, 대지세 및 차량세에 대하여 "1951년 1월부터 현재까지 면제되고 있다."고 확인하고 있다.[33) 『조선중앙년감(1957)』 및 『조선중앙년감(1958)』은 당시 조세체계 및 주민들이 납부하는 세금이 소득세 및 농업현물세와 지방자치세로 되어 있다고[34) 설명함으로써 가옥세, 대지세 및 차량세 등 지방세 항목들이 이미 조세체계 구성에서 제외되었음을 보여주고 있다. 따라서 가옥세, 대지세 및 차량세는 1956년에 실질적으로 폐지된 것으로 추정된다.

상속세는 1947년 세제개혁결정서에 따라 1947년 1월 1일부터 징수가 유예되었다가 최고인민회의 상임위원회 정령 「상속세에 관하여」(1950.3.30)[35) 가 채택되어 1950년 4월 1일부터 적용되었다. 이후 1956년 6월 23일 최고인민회의 상임위원회 정령으로 상속세와 부동산취득세가 함께 폐지[36) 되었다.

(3) 인지수입의 재분류

수입인지법은 1947년 세제개혁결정서에서 국세법 항목으로 분류되었다. 1949년 9월 20일 「조선민주주의인민공화국의 예산권한에 관한 규정」(내각결정 제137호)[37) 에서는 중앙예산의 국세 항목에 '인지수입'을 포함하고 있지만 이후 북한 문헌에서 별개의 세금 항목으로 취급하지 않았다. 즉 인지수입은 국고에 귀속되는 수입이지만 별개의 세금 항목으로 분류하지는 않은

33) 『조선중앙년감(1956)』(평양: 국제생활사, 1956), 119쪽.
34) 『조선중앙년감(1957)』(평양: 조선중앙통신사, 1957), 99쪽; 『조선중앙년감(1958)』(평양: 조선중앙통신사, 1958), 131쪽.
35) 박유현, 『북한의 조세정치와 세금제도의 폐지, 1945-1974』, 711~714쪽.
36) 『조선중앙년감(1957)』, 99쪽.
37) 조선민주주의인민공화국, 『내각공보』 1949년 10월 제2호, 416~422쪽.

것으로 보인다. 실제로 수입인지법은 등록세, 벌금, 과료, 소송비용, 비송사건의 비용, 형사추징금, 수수료 등을 수입인지로 납부하는 것[38]과 관련된 행정처리 절차를 규정한 법령으로서 그 성격상 별개의 세법으로 보기는 어렵고[39] 세금제도 폐지와 관계없이 세금 항목에서 제외된 상태로 유지되었을 것으로 추정된다.

(4) 1964~1966년 농업현물세의 폐지

김일성은 1960년 8월 15일 경축대회 보고[40]에서 처음으로 '세금제도 폐지'를 언급했다. 그 후 농업현물세와 관련하여 김일성은 1964년 2월 「우리나라 사회주의 농촌 문제에 관한 테제」에서 1964~1966년에 걸친 농업현물세의 단계적 폐지 일정을 제시하였다.[41] 이러한 일정은 1964년 3월 26일

---

38) 「「제수수료에 관한 규정」 승인에 관한 결정서」(내각결정 제129호, 1949.8.23) 제4조는 "국고에 소속되는 일체 수수료는 수입인지로서 징수하여야 한다."고 규정하고 있고, 「소송료 및 공증료에 관한 규정」(내각결정 120호, 1949.8.18) 제11조는 "소송료 및 공증료의 납부는 수입인지를 관계서류에 첨부하는 방법으로 한다."고 규정하고 있다. 『재정법규집』, 176~195쪽.

39) 과세문서와 세액을 구체적으로 규정한 남한의 인지세법과는 차이가 있다. 북한은 「소송료 및 공증료에 관한 규정」(내각결정 제120호, 1949.8.18), 「제수수료에 관한 규정」(내각결정 제129호, 1949.8.23) 등에서 구체적인 금액을 규정하고 있다. 『재정법규집』, 176~195쪽.

40) "……당과 정부는 생산의 급속한 장성에 기초하여 앞으로 **수년 내에 농민들의 농업 현물세와 노동자, 사무원들의 소득세를 완전히 폐지할 것을 예견**하고 있습니다. 이것은 근로자들의 실질 수입을 대폭적으로 증가시킬 뿐만 아니라 그들을 모든 세금 부담에서 완전히 해방하는 실로 거대한 정치 경제적 의의를 가지는 시책으로 될 것입니다. 이러한 시책은 인민생활의 향상을 자기 활동의 최고 법칙으로 삼고 있는 사회주의 국가만이 실시할 수 있으며 생산 수단이 사회화되고 생산이 근로자들의 복리 향상에 복무하고 있는 사회주의 제도 하에서만 실현될 수 있는 것입니다."(강조부분은 저자) 「조선 인민의 민족적 명절 8·15 해방 15주년 경축 대회에서 한 김일성 동지의 보고」, 『로동신문』(1960년 8월 15일 2면).

41) 김일성, 「우리나라 사회주의 농촌 문제에 관한 테제」(1964.2.25), 『김일성 저작선집 4』(평양: 조선로동당출판사, 1968), 72쪽.

「협동농장들의 경제토대를 강화하며 농민들의 생활을 향상시킬 데 대한 법령」[42]에서 다시 확인되었고, 이에 근거하여 동년 11월 26일 내각결정 제61호 「일부 협동농장들의 농업현물세를 면제할 데 대하여」[43]를 채택하면서 단계적인 폐지가 진행되었다. 이후 1966년 4월 27~29일 소집된 최고인민회의 제3기 제5차 회의에서 "조선노동당 제4차 대회의 결정과 「우리나라 사회주의 농촌 문제에 관한 테제」의 정신에서 출발"하여 1966년 4월 29일 최고인민회의 법령 「농업 현물세제를 완전히 폐지할데 대하여」를 채택함으로써 "1946년부터 실시하여 오던 농업현물세제를 완전히 폐지한다."고 선언하였다.[44]

(5) 1974년 소득세와 지방자치세의 폐지

1974년 3월 21일 최고인민회의 제5기 제3차 회의에서 최고인민회의 법령 「세금제도를 완전히 없앨데 대하여」[45]를 채택하여 1974년 4월 1일자로 소득세(주민소득세 및 협동단체소득세)와 지방자치세가 최종 폐지됨으로써 사회주의 경리수입과 관세를 제외하고 모든 세금이 폐지되었다. 이러한 세금제도 폐지의 과정을 요약하면 〈표 2-1〉과 같다.

---

42) 『조선중앙년감(1965)』(평양: 조선중앙통신사, 1965), 57~59쪽; 국토통일원 조사연구실 엮음, 『북한최고인민회의자료집(제Ⅱ집)』(서울: 국토통일원, 1988), 1292~ 1295쪽.

43) 정경모 · 최달곤 공편, 『북한법령집 제3권』(서울: 대륙연구소, 1990), 151~152쪽.

44) 김일성, 「농업 현물세제를 완전히 폐지할데 대하여」, 『로동신문』(1966.4.30. 1면); 정경모 · 최달곤 공편, 『북한법령집 제3권』, 116~117쪽.

45) 김일성, 「세금제도를 완전히 없앨데 대하여」, 『김일성 저작집 29』(평양: 조선로동당출판사, 1985), 156~162쪽.

<표 2-1> 북한의 세제개혁 및 세금제도 폐지 과정

구분	세목	1947년 세제개혁	개정 및 폐지 과정	1974. 4.1 기준
국세	소득세	북조선인민위원회 법령 제3호	최고인민회의 상임위원회 정령(1949.8.1)으로 전면 개정; 최고인민회의 제5기 제3차 회의에서 최고인민회의 법령 「세금제도를 완전히 없앨데 대하여」(1974.3.21) 채택으로 1974.4.1.자로 폐지	폐지
	농업현물세	북조선림시인민위원회 결정 제28호 「농업현물세에 관한 결정서」(1946.6.27) 적용	1964년부터 단계적 폐지; 최고인민회의 법령 「농업현물세제를 완전히 폐지할데 대하여」(1966.4.29)채택으로 최종 폐지	폐지
	등록세	북조선인민위원회 법령 제4호	내각결정 제120호 「소송료 및 공증료에 관한 규정」승인(1949.8.18)과 함께 폐지	폐지
	인지수입	북조선인민위원회 법령 제6호 (수입인지법)	(세금 항목으로 분류하지 않음)	제외
	상속세	(1947.1.1.이후 징수 유예)	최고인민회의 상임위원회 정령 「상속세에 관하여」(1950.3.30) 시행 후 최고인민회의 상임위원회 정령(1956.6.23)으로 폐지	폐지
	거래세	북조선인민위원회 법령 제5호	최고인민회의 상임위원회 정령(1949.12.29)으로 전면 개정(1947법령 대체); 1960년 거래수입금으로 명칭 변경	거래수입금
	관세	(종래 세율 및 규정 적용)	내각결정 제49호 「수출입세에 관한 규정」(1948.10.26)으로 보완	관세
	리익공제수입	북조선인민위원회위원장 김일성비준(제15호) 재정국명령제2호(1947.5.2) 「리익공제금 징수규칙」 적용	내각결정 제204호 (1949.12.29) 「국가 경제기관의 리익공제금 납부에 관한 규정」 추가 채택; 1960년 국가기업리익금으로 명칭 변경	국가기업리익금

〈표 2-1〉 계속,

구부	세목	1947년 세제개혁	개정 및 폐지 과정	1974. 4.1 기준
도세 (특별시세 포함)	가옥세	북조선인민위원회 법령 제7호	최고인민회의 상임위원회 정령(1949.12.29)으로 전면 개정(1947 법령 대체); 1951.1부터 면제후 1956년 폐지 추정	폐지 (추정)
	차량세	북조선인민위원회 법령 제8호	최고인민회의 상임위원회 정령(1949.12.29)으로 전면 개정(1947 법령 대체); 1951.1부터 면제후 1956년 폐지 추정	폐지 (추정)
	부동산 취득세	북조선인민위원회 법령 제9호	최고인민회의 상임위원회 정령(1949.12.29)으로 전면 개정(1947 법령 대체); 최고인민회의 상임위원회정령(1956.6.23)으로 폐지	폐지
	음식세	북조선인민위원회 법령 제10호	북조선인민위원회 법령 제36호「북조선세금제도개혁에 대한 결정서 및 각종세법 개폐에 관한 결정서」(1948.2.29)에 의해 1948.2.29자 폐지	폐지
	마권세	북조선인민위원회 법령 제11호	북조선인민위원회 법령 제36호「북조선세금제도개혁에 대한 결정서 및 각종세법 개폐에 관한 결정서」(1948.2.29)에 의해 1947.12.31자 폐지	폐지
	인민학교세	북조선인민위원회 법령 제12호	최고인민회의 상임위원회 정령(1949.12.29)으로 폐지 및 지방자치세 대체입법	폐지
	지방자치세	-	최고인민회의 상임위원회 정령(1949.12.29)으로 제정; 최고인민회의 제5기 제3차 회의(1974.3.21)에서 최고인민회의 법령「세금제도를 완전히 없앨데 대하여」 채택으로 1974.4.1자로 폐지	폐지
시면세	대지세	북조선인민위원회 법령 제13호	최고인민회의 상임위원회 정령(1949.12.29)으로 전면 개정(1947 법령 대체); 1951.1부터 면제후 1956년 폐지 추정	폐지 (추정)
	시장세	북조선인민위원회 법령 제14호	내각결정 제203호「공용시설사용료에 관한 규정」승인(1949.12.28)과 함께 폐지	폐지
	도축세	북조선인민위원회 법령 제15호	내각결정 제203호「공용시설사용료에 관한 규정」승인(1949.12.28)과 함께 폐지	폐지
	시면유지세	북조선인민위원회 법령 제16호	최고인민회의 상임위원회 정령(1949.12.29)으로 폐지 및 지방자치세 대체입법	폐지

자료: 최정욱, 「북한의 세금제도 폐지와 재도입 가능성에 관한 연구」, 『조세연구』, 제19권 제3집, 2019, 126~127쪽 〈표 1〉 수정 · 보완.

2. 세금폐지 항목의 변화

거래세는 거래수입금으로, 리익공제수입은 국가기업리익금으로 변경되어 사회주의 경리수입 형태로 유지되었다. 그리고 수입수출품에 대하여 부과하는 관세는 세금제도 폐지 대상으로 논의된 바 없었다. 아래에서는 1947년 세제개혁 이후 세금 항목은 폐지되었으나 실질적으로 다른 형태로 전환되어 유지되거나 변화가 있었던 부분을 중심으로 살펴보고자 한다.[46]

가. 사용료 방식으로의 전환 (1) - 공용시설사용료

공용시설사용료와 관련된 북한 문헌의 설명은 다음과 같다.

> 공용시설 사용료에 관한 규정은 지방세법 중에서 시장세와 도축세를 폐지한데 따르는 **과세대상을 시장사용료와 도살장사용료에 적당히 조절한 점**과 공설시장 사용료에 균형상 모순이 있던 점을 시정하여 등급과 시설정도에 따라 **각각 적당한 사용료의 기준으로 제정한 것**이다.[47] (강조부분은 저자)

(1) 시장세와 시장사용료

시장세[48] 및 시장사용료는 조선 후기 장시(場市)[49]의 확산에 따라 부과

---

46) '인지수입'은 별도의 폐지 과정 없이 세금 항목에서 '제외'된 것으로서 추가적으로 논의하지 않았다.

47) 윤형식, 「거래세 및 지방세 개정에 대하여」, 『재정금융』(재정성기관지), 1950년 제1호, 14쪽.

48) 구한말 국가와의 시장과의 관계에서 시장세 징수문제는 가장 첨예한 사안 중에 하나였고, 식민지배 초기단계인 1909년 공포된 「지방비법」(地方費法)에 따라 장시가 개시될 때마다 장시구역 안에서 이루어지는 모든 거래에 대하여 매매액의 1%를 세무행정 보조역에 해당하는 시장관리인이 징수하도록 하였다. 시장세는 외관상 근대적 조세제도로 보였지만 징수권의 독점과 증세 과정에서 조세저항을 야기했다. 이후 조선총독부는

하기 시작했던 장세(場稅) 또는 장시세(場市稅)에서 그 연원을 찾을 수 있다.[50] 읍, 면은 장시의 경영자로서 시장세와 함께 시장사용료를 징수하여 시장 운영에 필요한 기본 경비로 사용했는데, 시장사용료도 세금으로 인식하는 경향이 있었다.[51] 시장사용료는 매대의 사용과 관련된 것으로서 일반적으로 '장세'[52] 또는 '매대세'라고 알려진 부분이다. 이와 같이 시장세와 시장사용료는 역사적으로 오래전부터 존재했던 것이고 서로 구분되는 개념이었다.

1947년 2월 27일자로 제정된 북조선인민위원회 법령 제14호「시장세법」(1947.2.27)[53]은 시장에서 영업을 하는 자로서 영업등록이 없는 자를 대상으로 매일 판매금액의 3%를 시장관리자가 징수하여 시면인민위원회에 납부하도록 하였다. 이러한「시장세법」상의 시장세에 시장사용료도 포함된 것인지는 명확하지 않다.[54]

「시장세법」은 1949년 12월 28일자 내각결정 제203호「공용시설사용료에 관한 규정」이 채택되면서 폐지되었다.「공용시설사용료에 관한 규정」제

1914년「시장규칙」을 공포하여 장시 경영체계를 정비하고「지방비부과금규칙」을 통해 민간 중심의 시장세 관리방식을 폐지하고 지방행정기구가 직접 시장세를 관장하도록 했다. 시장세는 대략 판매총액의 1%였기 때문에 백일세(百一稅)라고도 했고 시장별로 납부해야할 시장세 총액이 대체로 사전에 정해져 있었다. 허영란,「일제 시기 장시 변동과 지역주민」, 서울대학교 박사학위논문, 2005, 23쪽 및 36~37쪽의 내용을 요약함.

49) 장시(場市): 조선시대에 보통 5일 마다 열리던 사설 시장. 보부상이라는 행상이 있어서 농산물, 수공업제품, 수산물, 약재 따위를 유통시켰다. 네이버 국어사전; https://ko.dict.naver.com/#/entry/koko/d565cf1875ea4be8a57e5d7de58c1970 (검색일: 2020년 1월 4일).

50) 한국조세연구원,『한국세제사 1 - 연대별』(서울: 한국조세연구원, 2012), 90쪽.

51) 허영란,「일제 시기 장시 변동과 지역주민」, 159~160쪽.

52) 실제로 납부하는 시민 입장에서는 시장세와 시장사용료가 모두 세금으로 인식되어 왔기 때문에 시장사용료도 '장세'라고 통칭된 것으로 보인다.

53) 북조선인민위원회,『법령공보』, 1947년 제22호, 23~24쪽.

54) 1947년「시장세법」상의 시장세에 시장사용료가 포함된 것인지 명확하지 않으나, 전통적으로 시장세는 1% 수준이었는데 3%를 징수했다는 점에서 시장사용료를 포함한 것일 수도 있다.

1조 제1호 및 제2호는 공설시장과 가축시장을 공용시설로 명시하고 있다. 즉 시장세법의 폐지로 시장세는 1949년에 공식적으로 폐지되었지만, 시장사용료에 적당히 조절하여 공용시설사용료의 형태로 전환되어 유지되었다.

(2) 도축세의 변화

1947년 2월 27일자 세제개혁결정서 제1조 제3항 제3호에 의하면, 도축세는 도축이 있을 경우 별표 세율에 따라 부과하는 것으로 규정하고 있다. 1947년 세제개혁결정서와 함께 동 일자에 이러한 내용을 규정한 북조선인민위원회 법령 제15호「도축세법」(1947.2.27)[55]이 제정되어 1947년 4월 1일부터 실시되었다(부칙 제5조). 「도축세법」은 1949년 12월 28일자 내각결정 제203호「공용시설사용료에 관한 규정」이 채택되면서 폐지되었다.

「공용시설사용료에 관한 규정」 제1조 제3호는 도살장을 공용시설로 명시하고 있다. 즉 도축세법의 폐지로 도축세는 폐지되었지만 공용시설사용료의 형태로 전환되어 유지되었다는 것이다. 실제로「도축세법」상 각 1두에 대하여 소 300원, 말 등 200원, 도야지 100원, 양 50원의 세율이 적용되었는데,「공용시설사용료에 관한 규정」 제2조 3호에 의한 도살장사용료는 각 1두에 대하여 소 400원, 말 등 350원, 돼지 200원, 양 100원, 기타 50원으로 규정하여 사실상 부과금액을 인상하여 유지하였다.

이와 같이 도살장사용료는 세금제도 폐지 이후에 새롭게 전환되거나 신설된 항목이 아니라 도축세를 사용료 형태로 전환시킨 것뿐이다. 이러한 1949년의 규정 또는 이에 준하는 규정이 지속적으로 유지되었을 가능성이 높다고 판단된다.

55) 북조선인민위원회,『법령공보』, 1947년 제22호, 24쪽.

나. 사용료 방식으로의 전환 (2) - 국유건물·대지 사용료

(1) 1947년 「대지세법」의 제정과 폐지

1947년 2월 27일자 세제개혁결정서 제1조 제3항 제1호에 의하면, 대지세는 “농지와 농민의 주택지 및 임야를 제외한 토지로써 건물 기타 공작물의 부지로 사용되고 있는 토지(현재 지목여하를 불문)에 대하여 부과하되 세율은 별표 제6호 임대가격에 대하여 연 백분지 12로 하고 매년 6월에 이를 징수” 하는데 “국가소유토지에 대하여는 이를 부과하지 않는다.”고 규정하고 있다. 세제개혁결정서와 함께 동 일자에 이러한 내용을 규정한 북조선인민위원회 법령 제13호 「대지세법」(1947.2.27)[56]이 제정되어 1947년 1월 1일부터 소급 실시되었다(부칙 제12조). 「대지세법」은 1949년 12월 29일자 최고인민회의 상임위원회 정령[57]으로 전면 개정되었다가 한국전쟁이 진행 중이던 1951년 1월부터 면제된 후 1956년경 폐지된 것으로 추정된다.

1948년 북한 헌법 제5조와 제6조에서는 토지에 대한 개인소유제를 인정하였으나, 1972년 사회주의 헌법 제18조에서는 “조선민주주의인민공화국에서 생산수단은 국가 및 협동단체의 소유”라고 규정하여 이를 폐지하였다. 결과적으로 주택 부지 및 농지도 국유 혹은 협동단체 소유로 전환되었다.[58] 따라서 국가소유 이외의 토지에 대하여 적용하던 대지세는 1972년 이후로는 헌법상으로도 유지 근거가 사라졌다.

---

56) 북조선인민위원회, 『법령공보』, 1947년 제22호, 23쪽.

57) 『재정법규집』, 224~226쪽.

58) 문흥안, 「북한 살림집법 관련 법제를 통해 본 북한 부동산 시장의 변화」, 『북한법연구』, 제18호, 2018, 115~118쪽.

(2) 1947년 「가옥세법」의 제정과 폐지

1947년 2월 27일자 세제개혁결정서 제1조 제2항 제1호에 의하면, 가옥세는 "국가 소유(도시면 소유를 포함함)를 제외한 일체 주택, 점포, 창고, 공장 등 건물에 대하여 과세하되 과세표준 1단위(1개)당 연 8원으로 하고 매년 분하여 징수"한다고 규정하고 있다. 1947년 세제개혁결정서와 함께 동 일자에 이러한 내용을 규정한 북조선인민위원회 법령 제7호 「가옥세법」(1947. 2.27)[59]이 제정되어 1947년 4월 1일부터 시행되었다(부칙 제21조). 「가옥세법」은 1949년 12월 29일자 최고인민회의 상임위원회 정령[60]으로 전면 개정되었다가 한국전쟁이 진행 중이던 1951년 1월부터 면제된 후 1956년경 폐지된 것으로 추정된다.

북한에서 개인주택의 소유권은 「20개조 정강」(1946.3.23) 제6조[61]에서 처음으로 명문화하였고, 1948년 북한 헌법 제8조[62]에서 개인소유주택의 소유와 상속을 인정하고 있었다. 그러나 1972년 사회주의 「헌법」 제22조[63]에서는 개인소유와 관련하여 주택에 대한 내용을 삭제하면서, 동법 제26조[64]에

---

59) 북조선인민위원회, 『법령공보』 1947년 제22호, 18~20쪽.

60) 『재정법규집』, 218~222쪽.

61) 「20개조 정강」 제6조: "인격 주택의 신성불가침을 주장하며 공민들의 재산과 개인의 소유물을 법적으로 보장할 것." 백두연구소 엮음, 『주체사상의 형성과정 I』(서울: 도서출판 백두, 1988), 28쪽.

62) 1948년 헌법 제8조: "법령에 규정한 토지, 축력, 농구, 기타 생산수단, 중소산업기업소, 중소상업기관, 원료, 제조품, **주택과 그 부속시설**, 가정용품, 수입, 저금에 대한 개인소유는 법적으로 보호한다. **개인소유에 대한 상속권은 법적으로 보장한다.** 개인경리의 창발력을 장려한다."(강조부분은 저자)

63) 1972년 사회주의 헌법 제22조: "개인소유는 근로자들의 개인적 소비를 위한 소유이다. 근로자들의 개인소유는 노동에 의한 사회주의분배와 국가 및 사회의 추가적 혜택으로 이루어진다. 협동농장원들의 터밭 경리를 비롯한 주민의 개인부업경리에서 나오는 생산물도 개인소유에 속한다. 국가는 근로자들의 개인소유를 법적으로 보호하며 그에 대한 상속권을 보장한다."

64) 1972년 사회주의 헌법 제26조: "국가는 도시와 농촌의 차이, 로동계급과 농민의 계급적 차이를 없애기 위하여 군의 역할을 높이며 농촌에 대한 지도와 방조를 강화한다. 국가

서 농민들을 위한 농촌문화주택을 국가부담으로 건설하여 준다는 규정을 두었다. 북한에서 살림집 제공은 근로자들의 안정된 생활을 위한 노동법적 차원의 문제[65]라는 인식하에 이후 북한 「로동법」(1978.4.18) 제69조에 "국가는 근로자들에게 쓸모 있고 문화적인 살림집과 합숙을 보장한다. 국가는 농촌문화주택을 국가부담으로 건설하여 협동농장원들이 그것을 무상으로 이용하도록 한다."고 규정하였다. 이러한 북한 헌법의 개정과정과 북한 노동법 등의 규정에 따라 국가소유살림집 또는 협동단체소유살림집이 중심이 되고 있고, 개인소유주택은 1972년 사회주의 헌법 시행 이전에 존재하였던 극소수의 살림집만 남았다.[66]

(3) 1950년 「국유건물 및 대지관리에 관한 규정」에 의한 사용료 부과

북한은 1946년 3월 5일 토지개혁과 1946년 8월 10일 북조선림시인민위원회의 「산업 철도 운송 통신 은행 등의 국유화에 관한 법령」(이하 "중요산업국유화법령"이라고 함)[67] 그리고 1947년 「대지세법」 및 「가옥세법」에 따라 토지 및 건물에 대한 기본적인 관리체계를 정비한 후, 1950년 3월 25일 내각결정 제71호로 「국유건물 및 대지관리에 관한 규정」[68]을 채택한다.

국가소유 이외의 토지 및 건물에 적용되었던 대지세와 가옥세는 국유화의 진행에 따라 점차 중요성이 축소되었고, 이에 따라 국유건물 및 대지를 중심으로 하는 사용료 부과체계를 마련하기 위하여 「국유건물 및 대지관리에 관한 규정」을 채택한 것으로 보인다. 동 규정을 채택한 후 1951년 1월

는 협동농장의 생산시설과 **농촌문화주택을 국가부담으로 건설하여 준다.**"(강조부분은 저자)

65) 리기섭, 『조선민주주의인민공화국 법률제도(로동법제도)』(평양: 사회과학출판사, 1994), 220쪽 및 226~228쪽.

66) 문흥안, 「북한 살림집법 관련 법제를 통해 본 북한 부동산 시장의 변화」, 115~118쪽.

67) 북조선림시인민위원회, 『법령공보』, 1947년 증간 3호, 14쪽.

68) 정경모 · 최달곤 편, 『북한법령집 제2권』(서울: 대륙연구소, 1990), 92~95쪽.

부터 대지세 및 가옥세가 면제되었고 1956년에 최종적으로 폐지된 것으로 추정된다.

「국유건물 및 대지관리에 관한 규정」은 국유건물 및 대지를 유지 관리함을 목적으로 하며(제1조), 여기서 국유건물이라 함은 일체 국가소유건물을 의미하는데, 국유화된 산업, 농림 · 교통 · 운수 · 체신기관 등 국가독립채산 경제기관에 소속되어 있는 일체 건물 및 시설물, 군대 등에서 사용하는 병사 및 군용시설물, 중앙은행 등의 건물 및 시설물, 각급 학교의 교사, 병원 등은 제외된다(제3조). 대지는 도시 및 농촌의 일체 국유대지와 기타 내각이 결정하는 대지를 의미하는데, 국유건물에 해당하는 건물 · 시설물들의 대지는 제외된다(제4조). 상기 제3조 및 제4조에 따라 제외되는 국유건물 및 대지를 제외하고 국유건물 및 대지 사용자는 특별한 규정이 있는 경우를 제외하고 별지 사용료표에 의거하여 해당 사용료를 소관 인민위원회에 납부하도록 규정하고 있다(제8조). 이러한 사용료 방식의 부과체계는 1974년 세금제도 폐지 이후에도 지속적으로 유지되었을 것으로 판단된다.

다. 등록세 및 인지수입의 변화 - 수수료 등

북조선인민위원회 법령 제4호 「등록세법」(1947.2.27)[69]은 「소송료 및 공증료에 관한 규정」을 승인한 1949년 8월 18일자 내각결정 제120호에 의해 명시적으로 폐지되었다. 「등록세법」상의 일부 내용이 「소송료 및 공증료에 관한 규정」과 1949년 8월 23일자 내각결정 129호로 채택된 「제수수료에 관한 규정」에 부분적으로 포함되어 있음을 확인할 수 있다.[70]

예를 들어, 「등록세법」 제3조 제1항 부동산에 관한 등기에서는 제1호 "상

69) 북조선인민위원회, 『법령공보』, 1947년 제22호, 5~9쪽.
70) 『재정법규집』, 176~195쪽.

속에 인한 소유권의 취득," 제2호 "증여, 유증 기타 무상에 인한 소유권 취득" 및 제3호 "전 각호 이외의 원인에 의한 소유권 취득"에 대하여 각각 부동산 가격의 5/1000, 50/1000, 40/1000의 등록세 세율을 적용하는 것으로 규정하고 있다. 이러한 내용은 「소송료 및 공증료에 관한 규정」 제6조 법률행위의 공증에 대한 공증료 규정으로 전환되어 제2호 "증여, 유증, 상속 및 기타 무상으로 부동산 소유권을 양도하는 법률행위에 대하여는 그 목적물 가격의 5%", 제1호 "부동산 매매계약에 대하여는 그 매매가격의 4%"의 공증료를 적용한다는 내용으로 포함되었다. 또한 「등록세법」 제3조 제3항 선적에 관한 등록에 대한 등록세는 「제수수료에 관한 규정」 별표 제10호의 선박등록에 관한 수수료로 전환되어 그대로 포함되었다. 「등록세법」이 폐지되었지만 등기나 등록 등의 법률행위는 행정통제 목적으로도 중요한 부분으로서 그대로 유지되었을 가능성이 크고, 그에 대한 등록세 과세는 상당 부분 공증료 또는 수수료의 형태로 전환되어 존치되었을 가능성이 매우 높다.[71)]

앞서 살펴본 바와 같이 「수입인지법」은 1947년 세제개혁결정서에서는 국세법 항목으로 분류되었고, 1949년 9월 20일자 내각결정 제137호 「조선민주주의인민공화국의 예산권한에 관한 규정」[72)]에서도 '인지수입'을 중앙예산의 국세 항목으로 분류했지만, 이후 북한 문헌에서 별개의 세법 또는 세금 항목으로 취급하지 않았다. 이와 같이 「수입인지법」은 1949년 8월에 채택한 「제수수료에 관한 규정」과 「소송료 및 공증료에 관한 규정」에 따라 수입인지로 납부하는 항목에 대한 행정처리 절차를 규정한 법령이라고 보는 것이 합리적이다.

---

71) 이러한 공증료나 수수료는 2005년 제정된 「국가예산수입법」 제55조에 기타수입금의 하나인 '국가수수료' 항목에 포함되는 것으로 보이고, 동법 제57조에서는 "해당 기관은 업무를 수행하는 과정에 받은 국가수수료를 10일안으로 국가예산에 납부하여야 한다."고 규정하고 있다.

72) 조선민주주의인민공화국, 『내각공보』, 1949년 10월 제2호, 416~422쪽.

제3절

사회주의 예산수입체계로의 전환

1. 해방 후 사회주의 예산수입관련 법제 정비

해방 후 북한은 재정관리 조직을 먼저 정비했다. 1946년 2월 8일에 중앙정권기관으로서의 북조선림시인민위원회가 결성되었고 이후 모든 지방의 각급 인민위원회 재정부서 및 공장기업소 재정관리부서를 조직하여 중앙에서 지방인민위원회의 재정기관, 공장기업소 재정부서에 이르는 통일적인 재정체계를 수립하였다.[73] 그리고 1948년 9월 8일 제정된 헌법 제29조는 "공민은 그 경제적 형편에 따라서 조세를 납입하여야 한다."고 규정하고 있고, 제7장 「국가예산」 5개 조문에 국가예산의 근본목적, 편성 및 승인, 유일국가예산, 재정통제 등에 대한 내용을 담고 있었다.

그러나 1972년 사회주의 헌법은 국가예산에 대한 별도의 장을 두지 않았고, 제33조에서 "국가는 낡은 사회의 유물인 세금제도를 완전히 없앤다."고 선언하면서, 제31조에서 "조선민주주의인민공화국의 인민경제는 계획경제이다."라고 명시하고 제32조에서 "조선민주주의인민공화국은 인민경제발

73) 김덕윤, 『재정사업경험』(평양: 사회과학출판사, 1988), 11쪽 및 35쪽. 1948년 9월 조선민주주의인민공화국의 창건과 함께 북조선인민위원회의 재정국은 조선민주주의인민공화국 재정성으로 변경된다.

전계획에 따르는 국가예산을 편성하여 집행한다."고 규정하였다. 따라서 사회주의 예산수입체계에 대한 헌법상의 근거는 세금제도 폐지를 공식화하고 계획경제에 입각한 국가예산의 편성과 집행을 규정한 1972년 사회주의 헌법에서 처음 등장했다고 할 수 있다.

해방 후 국가예산에 대한 공식적인 법제는 세법과 사회주의 예산수입체계 관련 초기적 규정들이 공존하는 상태였다. 세금제도 폐지와 관련하여 개별 세법이 폐지되어온 과정은 앞서 제2절에서 살펴본 바 있다. 본 절에서는 사회주의 예산수입체계로의 전환과 관련하여 해방 후 사회주의 예산수입관련 법제 정비 과정에 대하여 살펴보고자 한다.

가. 1946년 8월 10일
- 세무서 폐쇄와 중요산업국유화 법령 채택

레닌은 세액산정과 징세업무를 단일 국영은행을 통해 처리함으로써 조세행정의 효율화가 가능하다고 보았다. 즉 국영기업 및 협동조합의 사회주의 경리수입 부분은 해당 기관 계정에서 국가예산으로 이체하는 방식[74]으로 처리할 수 있다는 것이다. 조세징수와 관련하여 별도의 징세기구가 없고 국영은행이 이러한 역할을 대신한다는 것이 자본주의적 제도와의 가장 큰 차이점이다.[75]

레닌이 국영은행의 역할을 강조했던 바와 같이, 북한도 1946년 8월 2일자 북조선림시인민위원회 결정 제56호「세무서 폐쇄에 관한 결정서」[76]에 따라 1946년 8월 10일자로 세무서를 착취적 억압도구로 보아 폐쇄하였고[77]

---

74) Scott Gehlbach, *Representation Through Taxation* (New York: Cambridge University Press, 2008), p.21.

75) 박유현,『북한의 조세정치와 세금제도의 폐지, 1945-1974』, 51~52쪽 및 82쪽.

76) 북조선림시인민위원회,『법령공보』, 1947년 증간 3호, 8~9쪽.

지방정권기관과 은행이 징세업무를 주로 담당했다.

「세무서 폐쇄에 관한 결정서」에 따라 1946년 8월 10일자로 세무서를 폐쇄하면서, 같은 날 중요산업국유화 법령을 채택하였다. 이와 같이 세무서 폐쇄와 함께 중요산업국유화 법령을 채택함으로써 은행이 국유화되어 징수체계의 사회주의적 개편 및 사회주의적 재정체계 확립을 위한 기반이 마련되었다.[78]

나. 1946년 8월 12일 - 「북조선회계규정」

세무서를 폐쇄하고 중요산업국유화 법령을 채택한 이틀 후인 1946년 8월 12일자로 북조선림시인민위원회 결정 제60호 「북조선회계규정」[79]을 채택하였다. 동 규정은 북조선 각급인민위원회(각각 그 소속기관을 포함) 및 국영(도 · 시 · 면영 포함) 사업체들의 회계에 대한 규정으로서(제1조), 회계단위는 「각급인민위원회 일반회계」와 「각급인민위원회 사업체특별회계」로 규정되었다(제2조). 동 규정은 회계단위별 예산(제2장), 예산집행 관련 경리(제3장), 결산(제4장), 검사(제5장) 등 총 5개 장 30개 조문으로 구성되어 있다. 각급인민위원회 회계는 단식부기의 행정청 회계식으로, 국영사업체 회계는 복식부기의 영업 회계식으로 한다고 규정하고 있다(제3조).

회계단위별로 예산을 편성하되 총계예산으로 하도록 규정하였고(제7조), 북조선림시인민위원회 일반회계 및 사업체특별회계 예산은 재정국장이 편성하여 북조선림시인민위원회에 부의하도록 하였으며(제8조), 도 이하 각급

---

77) 김광운, 『북조선실록』 제4권(서울: 코리아 데이터 프로젝트, 2018), 357~358쪽.
78) 장원성, 『사회주의 하에서의 국가예산, 신용 및 화폐유통』(평양: 조선로동당출판사, 1960), 7쪽.
79) 북조선림시인민위원회, 『법령공보』, 1947년 증간 3호, 14~16쪽.

인민위원회는 일반회계 및 사업체특별회계 예산을 편성하여 각 상급인민위원회의 인가를 받도록 하였다(제9조). 이러한 회계규정의 채택은 국가예산과 국영기업소 재정을 통합하여 관리할 수 있는 체계를 만들기 위한 기초 작업이라고 할 수 있다.

다. 1946년 10월 29일 - 「북조선중앙은행규정」

1946년 10월 29일자 북조선림시인민위원회 결정 제103호 「북조선중앙은행에 관한 결정서」 및 별지 「북조선중앙은행규정」[80]에 의해 북조선중앙은행이 조직되었다.

> 【결정서 - 제1조】 1946년 1월 15일에 **소련군사령부에서 조직한 북조선중앙은행**을 소련정부의 결정에 의하여 소련군사령부로부터 1946년 10월 16일부 대차대조표에 의하여 그 일체 채권채무를 조선인민의 소유로 이관한 것을 인정하며 양대표가 작성한 인계서를 승인한다. (강조부분은 저자)

> 【규정 - 제1조】 당은행은 북조선림시인민위원회가 1946년 8월 10일에 발포한 일본인 및 민족반역자의 소유이든 산업, 철도, 운수, 체신, 은행등의 **국유화 법령에 의하야 조직**하고 북조선중앙은행이라 칭한다. (강조부분은 저자)

상기 결정서와 규정에서 명시하고 있는 바와 같이, 북한 중앙은행은 은행을 국유화하고 소련이 조직한 중앙은행의 채권채무를 인계받음으로써 조직되었다.

상기 1946년 규정은 1948년 5월 4일자 북조선인민위원회 결정 제135호

---

80) 북조선림시인민위원회, 『법령공보』, 1946년 제4호 3~5쪽.

「북조선중앙은행규정」[81]에 의하여 대체되어 폐지된다. 이 과정에서 중앙은행의 업무와 관련하여, 1946년 규정에 없었던 북조선중앙은행권 발행과 관련된 내용이 1948년 규정에 포함되었다. 또한 1946년 규정 제18조에서는 "당 은행은 국가공공단체, 회사, 조합 및 개인의 금전대차관계에 있어서 무현금 결제방법을 취할 수 있는 신용제도를 적극 발전시킬 것이다."라는 내용이 있었고, 1948년 규정 제17조 제3항에서는 "상품매매, 기타 거래에 관한 무현금 결제제도의 수립과 그를 발전시키는 사업"을 중앙은행의 업무로 규정하였다. 그리고 이익금의 처리와 관련하여 1946년 규정에서는 "연도말 결산기에는 1년간을 통산한 이익금 중 20%를 손실보전금으로 적립한다."(제22조)고 규정하고 있었으나, 1948년 규정에서는 매년도 이익금 중에서 "소정 리익공제금을 제외하고 잔여금을" 자본금 증가 80%, 제준비금 20%로 처리하도록 규정(제18조)하여 중앙은행의 리익공제금에 대한 내용이 포함되었다. 이는 1947년 2월 27일자 「북조선세금제도개혁에 관한 결정서」에 리익공제수입이 처음으로 포함되고 동년 5월 2일 「리익공제금 징수규칙」이 발표된 후, 이러한 내용이 1948년 규정에 반영된 것이라고 할 수 있다.

라. 1947년 2월 27일 - 전면적 세제개혁과 리익공제수입 도입

1947년 2월 18일자로 「북조선인민회의에 관한 규정」[82]이 채택되어 동 규정 제11조에 의거 북조선인민위원회가 조직된 후, 1947년 2월 27일자로 공포한 제1호 법령이 「1947년 북조선종합예산에 관한 결정서」[83]이고, 이어서

---

81) 『재정법규집』, 377~379쪽.

82) 북조선인민위원회, 『법령공보』, 1947년 제20호, 5~6쪽.

83) 북조선인민위원회, 『법령공보』, 1947년 제21호, 1~3쪽. 이후 연도별로 최고인민회의 법령으로 「1949년도 조선민주주의인민공화국 국가종합예산에 관한 법령」(1949.4.23), 「1950년도 조선민주주의인민공화국 국가종합예산에 관한 법령」(1950.3.1) 등이 공

같은 날짜에 법령 제2호로 「북조선세금제도개혁에 관한 결정서」가 발표되었다. 예산수입관련 항목에 대한 정비가 그만큼 시급했다는 의미일 것이다.

사회주의 예산수입체계로의 전환과 관련하여 1947년 세제개혁결정서의 중요성은 리익공제수입 항목이 처음으로 도입되었다는 점이다. 1947년 세제개혁결정서에서는 리익공제수입이 국세의 한 항목으로 표현되었다. 1947년의 전면적인 세금제도 개혁 이후 순차적인 세금항목의 폐지와 함께 예산수입체계의 사회주의적 개편이 본격적으로 추진된다(세금제도 폐지에 대해서는 제2장 제2절 참조).

마. 1948년 2월 29일 - 무현금 결제제도 및 계약제도

사회주의 경리는 은행이 중심적인 역할을 하는 무현금 결제제도와 계약제도를 근간으로 작동된다.[84] 앞서 살펴본 바와 같이, 1946년 10월 29일자 「북조선중앙은행규정」 제18조에서는 "금전대차관계에 있어서 무현금 결제방법을 취할 수 있는 신용제도를 적극 발전"시키는 것을 중앙은행의 업무로 명시한 바 있다. 당시 규정에서의 금전대차관계는 금전거래뿐만 아니라 상품거래까지 염두에 둔 것이라고 보는 것이 합리적이다.[85]

이후 1947년 4월 1일자 북조선인민위원회 위원장 지시 제18호 「재정 경리의 은행집중제 강화에 관한 건」[86]을 통하여, "각급 인민위원회 및 그 소속기관, 국영기업소, 공리단체는 은행의 지급구좌를 1947년 4월 말일까지 1구좌로 통일"(제1조)하고, "북조선 중앙은행 및 북조선 농업은행은 각 그 거

포되었다. 『조선중앙년감(1950)』, 『조선중앙년감(1951-1952)』.

84) 박유현, 『북한의 조세정치와 세금제도의 폐지, 1945-1974』, 249쪽.

85) 이후 1948년 「북조선중앙은행규정」 제17조 제3항에서는 "상품매매, 기타 거래에 관한 무현금 결제제도"로 명확하게 표현된다.

86) 『재정법규집』, 365~366쪽.

래하는 각 국영기업소의 거래상태를 상시 파악"(제4조)하도록 하였다.

보다 구체적으로 1947년 12월 18일자 북재기 제1185호 「은행 업무분야 및 예금구좌 통일에 관한 건」[87]에서는 제1항에서 다음과 같이 각 기관들의 거래은행을 지정하였다.

> 1. 재정기관, 국영기업소 및 소비조합들은 **중앙은행을 거래은행으로 한다**. 단 중앙은행이 없는 지방에서는 농민은행을 거래은행으로 한다.
> 2. 농림 수산업 기관들은 농민은행을 거래은행으로 한다. 단 국영 수산기업소 및 목재기업소는 중앙은행을 거래은행으로 할 것이다.
> 3. 전 각호 이외의 기관 또는 단체들은 그 거래은행을 자유로 한다.

(강조부분은 저자)

이렇게 거래은행을 지정한 후, 제2항에서는 다음과 같이 예금구좌를 통일하도록 하였다.

> 1. 각 기관들의 예금구좌는 전1항에 의하여 각 그 **거래은행에 통일하되 1기관 1구좌로 한다**. 단 수구좌를 설치하려고 할 시에는 그 사유를 정리하여 재정국에게 승인을 얻은 후가 아니면 이를 실시할 수 없으며 은행은 이를 접수하지 못한다.
> 2. 예금구좌 명칭은 기관명으로 하고 그 운영은 그 기관 책임자 및 경리책임자 명의로 한다.
> 3. 각급 인민위원회의 예금구좌 설치는 좌에 의할 것이다.(저자: 이하 생략)

(강조부분은 저자)

이와 같이 각 기관별 예금구좌를 지정 거래은행의 1구좌로 통일한 후, 1948년 2월 29일자로 북조선인민위원회 결정 제120호로 「국가경제기관 국영기업소 및 공리단체 상호 간의 계약제도와 결제제도 확립에 관한 결정서」

87) 『재정법규집』, 370~371쪽.

및 별지 「결제계산서대금수체규정」[88]을 채택하였다. 동 결정서 전문의 내용은 다음과 같다.

> **인민경제계획에 편입된 국가경제기관 국영기업소 공리단체들의 계획과업**을 구체화하며 적확히 하고 **계획과업수행에 있어서의 상호연관적 통제를 가능케하며** 계획규율과 계획수행의 책임을 강화함으로써 인민경제계획의 균형적 수행을 일층 성과적으로 보장하고 독립채산제를 확립하여 인민경제적 축적을 계획적으로 강화 확보할 목적으로 다음과 같이 결정한다.[89] (강조부분은 저자)

그리고 동 결정서 제1조에서는 "국가경제기관 국영기업소 및 공영단체들은 상호 간 또는 그들과 민간기업소 및 개인 간의 상품판매 및 작업급부를 계약제도에 의거하여 실행하여야 한다."고 규정하고 있다. 이렇게 경제거래에 대한 계약제도를 규정한 후, 이에 따른 대금결제는 동 결정서 제6조에 의거 별지로 승인한 「결제계산서대금수체규정」에 따라 은행을 중심으로 정산하는 무현금 결제방식을 도입하였다.[90] 각 기관별 예금구좌를 지정거래은행의 1구좌로 통일한 무현금 결제방식은 사회주의 예산수입체계의 특징인 단일은행 징세체계의 행정적 기반을 마련한 것이라고 할 수 있다.

---

88) 북조선인민위원회, 『법령공보』, 1948년 제47호, 1~8쪽.

89) 북조선인민위원회, 『법령공보』, 1948년 제47호, 1쪽.

90) 이러한 무현금결제 및 계약제도는 전시에 1951년 3월 23일부터 일시적으로 중단되었으나, 조선민주주의인민공화국 내각지시 제764호 「무현금 결제제도 및 계약제도 강화에 대하여」(1951.8.10)에 따라 1951년 8월 15일부터 다시 정상화하도록 하였다. 조선민주주의인민공화국, 『내각공보』, 1951년 제11호, 251쪽.

바. 1948년 10월 12일 - 국영기업소 재정운영 및 조절

1948년 10월 12일자 내각결정 제24호「국영기업소 재정운영 및 조절에 관한 결정서」[91]는 국영기업소의 재정운영과 조절과 관련된 기본원칙들을 규정하고 있다. 동 결정서 제1항에서는 "각 국영기업소는 매 계획년도마다 사업계획에 수응(隨應)하는 재정계획을 매 4반기별로 수립하고 이에 의거하여 일체 생산 및 재정활동을 전개하여야 한다."고 규정하고 있고, 이러한 재정계획은 최종적으로 재정상의 승인을 받도록 하였다(제2항). 생산계획 달성에 소요되는 유동재산보유기준액 및 유동기금액은 재정성에서 사정하고(제3항), 유동기금조정은 반드시 국고를 통하도록 하였으며(제4항), 생산총원가에 포함된 감가상각비는 특정예금으로 적립하고 재정성 규정에 의하여 사용하도록 하였다(제15항).

국가예산 납부와 관련하여 동 결정서 제17항 및 제18항에서는 계획이윤의 90%를 국고에 납부하고 잔여분은 자체 내에 유보하여 유동기금으로 보충하도록 하였고, 원가저하로 실현한 초과이윤은 지배인기금으로 50%를 적립하고(상금적립 30%, 후생문화시설자금 20%), 잔여분 50%는 국고에 납부하도록 하였다. 이후 1949년 5월 7일자 내각지시 제106호「「국영기업소 재정운영 및 조절에 관한 결정서」 실시에 관하여」[92]에 추가적인 세부사항을 규정하여 실시하였다.[93] 이러한「국영기업소 재정운영 및 조절에 관한 결정

---

91) 조선민주주의인민공화국,『내각공보』, 1948년 제1호, 13~16쪽.

92) 조선민주주의인민공화국,『내각공보』, 1949년 제6호, 223~227쪽.

93) 한국전쟁 당시에는 1951년 2월 17일자 내각지시 제618호「국영기업소들의 재정운영에 관하여」를 발표하여 전재를 입은 기업소들을 정리하고 생산사업을 복구하는 과정에서 제기되는 재정문제를 정비하고자 하였다. 이에 따라 전재기업소로서 파괴가 심하여 생산활동이 정지된 기업소와 전재피해가 없는 기업소 또는 일부 전재를 입었으나 생산을 계속 하는 기업소를 구분하고 각각 재정적인 조치를 지시했다. 조선민주주의인민공화국,『내각공보』, 1951년 제1호, 12~14쪽.

서」(1948.10.12) 및 「「국영기업소 재정운영 및 조절에 관한 결정서」 실시에 관하여」(1949.5.7)는 이후 1952년 3월 13일자 내각결정 제41호 및 동 별지 「산업 상업 및 기타 부문의 국영기업소 기관들의 독립채산제, 재정계획 및 국가예산과의 호상관계에 관한 규정」으로 대체되면서 폐지된다.

상기 「국영기업소 재정운영 및 조절에 관한 결정서」 제15항에 규정된 감가상각비 적립과 관련하여, 1948년 12월 23일자 내각수상 김일성 비준 재정성 규칙 제5호 「국영기업소의 고정재산 감가상각금 적립 및 사용에 관한 규정」[94]이 채택되었다. 동 규정 제2조에 의하면 "국영기업소는 매년 일정한 비율에 의하여 의무적으로 고정재산에 대한 감가상각을 하여야" 하는데, 감가상각금 국고납부 및 자체적립 비율은 부문별로 국고납부 60~70%, 자체적립 30~40%로 규정되었다(제4조 및 별표). 동 제5조에서는 매월 말까지 감가상각비를 해당 거래은행의 "감가상각 예금구좌에 적립하는 동시에 국고 국영기업 감가상각금 구좌에 납부"하여야 한다고 규정하고, 동 제6조에서 이렇게 예입 또는 국고납부를 하지 않을 때는 "거래은행은 해당 기업소 일반 예금구좌에서 감가상각 적립금 및 국고납부금에 환치할 수 있다."고 규정하고 있다.

사. 1949년 1월 17일 - 경비지출 통제

1949년 1월 17일자로 내각결정 제1호 「「각급행정기관 국영기업소 및 소비조합들의 경비절약에 관한 결정서」(북조선인민위원회 결정 제104호, 1948.1.16) 집행상황에 관한 결정서」 및 별지 제1 「국가경제기관 국영기업소 협동단체 및 행정기관의 경리책임자의 권리와 의무에 관한 규정」,[95] 동 별지

94) 조선민주주의인민공화국, 『내각공보』, 1948년 제4호, 128~135쪽; 『재정법규집』, 240~249쪽.

제2「각급행정기관 국영기업소 및 소비조합들의 경비최고한도에 관한 규정」[96]이 공표되었다.

상기 별지 제1 규정은 각 기관의 업무담당 조직체계 및 법령 준수책임을 명확히 하고 있는데, 각 기관의 경리책임자는 해당기관책임자에게 종속하여 국가의 모든 법령, 내각지시 및 직속 상급기관과 해당기관책임자의 지시에 의하여 경리사업을 하여야 한다고 규정하고 있다. 또한 상기 별지 제2 규정은 경리책임자가 지켜야 할 경비최고한도액을 급료, 여비, 청사(수리)비, 교통운반비, 비품비, 식사비, 피복비, 도서비, 교재품비, 의료소모품비, 공영비 및 건설공사비, 회의비, 잡비 등 개별 비용항목별로 구체적으로 규정하고 있다.[97] 이러한 경비 최고한도액은 리익공제금을 계산함에 있어서 과세표준이 되는 계획이윤의 계산과 직접적으로 관련이 있다고 할 수 있다.

아. 1949년 9월 20일 - 국가의 예산권한 규정

1949년 6월 7일자 제기자 제1211호 각상내각 직속국장 앞「각 기업소의 리익공제금 및 거래세 납부에 관하여」의 내용은 다음과 같다.

> 각 국영기업소가 국고에 납부하는 리익공제금 및 거래세를 제때에 납부하지 않고 많은 미납액을 보유하고 있는 관계로 국고에서 방출하는 건설자금 기타 자금조건에 지장을 초래하고 있으므로 …… **은행을 통하여 각 국영기업소의 거래세 및 리익공제금 미납상황을 매월 보고케하고** 그 미납 정형에 따라서는 **국가에서 각 기업소에 대한 기본건설자금 방출을 제한 또는 조절하는 방도를**

95) 조선민주주의인민공화국,『내각공보』, 1949년 제1호, 2~3쪽.
96) 조선민주주의인민공화국,『내각공보』, 1949년 제1호, 3~14쪽.
97) 이러한 비용한도는 국가납부금 산정 대상이 되는 이윤계산에 적용되는 것이므로, 결국 자본주의 법인소득세제에서 손금산입 한도를 설정한 것과 유사한 효과를 갖는 것으로 판단된다.

취하기로 하였사오니 양지하시고 귀성(국) 산하 각 기업소에 대하여 리익공제금 및 거래세를 제때 납부하도록 지급 조치하여 주심을 바랍니다.[98] (강조부분은 저자)

당시 거래세와 리익공제금 징수가 원활치 않았음을 보여주는 내용으로서, 중앙은행을 통해 재정통제를 하고자 한다는 것이다. 이와 관련하여 1949년 9월 20일자 내각결정 제137호「조선민주주의인민공화국의 예산권한에 관한 결정서」 및 동 별지「조선민주주의인민공화국의 예산권한에 관한 규정」[99]은 각 기관과 국가예산의 연계에 대하여 다음과 같이 규정하고 있다.

(제4조) 독립채산제를 실시하는 각 국가경제기관 및 독립회계를 가진 각 국가기관은 각기 수입 지출 예산에 의하여 그 재정을 운영하되 거래세, 리익공제금 등을 국가예산에 납부하거나 또는 고정기금 유동기금 사업비 보조비 등을 국가예산으로부터 교부 또는 보급 받음으로써 국가예산에 긴밀히 결부되며 그의 조정을 받는다.

동 규정 제5장(예산집행 및 결산) 제42조에 의하면, "재정성은 그 예산을 경리하기 위하여 중앙은행에 중앙예산구좌를 설치하며 각급인민위원회는 각 그 예산을 경리하기 위하여 그 소재지 중앙은행에 지방예산구좌(도예산구좌, 시예산구좌, 구역예산구좌, 군예산구좌, 면예산구좌)를 설치한다. 중앙은행이 없는 경우에는 농민은행에 예산구좌를 설치한다."고 규정하고, 동 제43조에서 "예산 집행에 의한 일체 수입은 이를 각 그 소관 예산구좌에 불입하며 일체 지출은 각 그 예산구좌를 통하여 집행한다."고 규정하고 있다. 즉 은행의 국유화를 통해 예산의 수입과 지출을 모두 단일은행(중앙은행, 농민은

98)『재정법규집』, 287~288쪽.

99)『재정법규집』, 44~50쪽.

행)의 예산구좌를 통해 집행함으로써 단일은행 징세 및 '원에 의한 통제' 체계가 확립되었다.[100]

동 규정 제2장(국가예산의 세입 세출) 제6조에서는 중앙예산에 속하는 세입종목을 다음과 같이 규정하고 있다.

> 1. 국세: 소득세, 상속세, 농업현물세, 관세, **거래세**, 인지수입
> 2. 중앙정부가 직할하는 각경제기관이 납부하는 **리익공제수입**
> 3. 가격차금수입
> 4. 벌금, 몰수금품수입
> 5. 내각에서 지정하는 국유재산수입
> 6. 중앙예산에 속하는 각기관에서 징수하는 세외수입

(강조부분은 저자)

동 규정 제7조에서는 지방예산의 세입종목으로 지방세(가옥세, 차량세, 부동산취득세, 인민학교유지세, 시면유지세, 대지세, 시장세, 도축세), 각급인민위원회가 직할하는 각경제기관이 납부하는 리익공제수입, 국유재산수입, 세외수입 등을 규정하고 있다.

1947년 2월 27일 「북조선세금제도개혁에 관한 결정서」 제1조에서는 거래세 뿐만 아니라 리익공제수입도 국세의 한 항목으로 포함하고 있었다. 상기 규정에서 거래세는 여전히 국세(조세)의 한 항목으로 규정되어 있지만, 리익공제수입은 국세 및 지방세 항목이 아닌 별개의 범주로 구분되어 열거되었다.[101]

---

100) "사회주의 국가 예산은 사회주의 경제를 발전시키며 인민들의 사회 문화적 복리를 확대 발전시키기 위하여 기업소 기타 기관들에 대하여 ≪원에 의한 통제≫를 실시하는 것이다. 즉 그것은 예산에 대한 납부의 범위를 설정하고 그의 집행 정형을 검열하며 기업소들의 경제 활동을 분석하여 국가 재산의 보유와 그 지출의 정확성을 보장하도록 하는 것이다." 장원성, 『사회주의 하에서의 국가예산, 신용 및 화폐류통』, 12쪽.

자. 1952년 3월 13일 - 국영기업소 재정과 국가예산의 관계

1952년 3월 13일자로 내각결정 제41호 및 동 별지 「산업 상업 및 기타 부문의 국영기업소 기관들의 독립채산제, 재정계획 및 국가예산과의 호상관계에 관한 규정」[102]이 채택되어 1952년 1월 1일부터 소급 실시되었다(제66조). 동 규정은 다음과 같이 총 11개 장 67개 조문으로 구성되어 있다.

> 제1장 독립채산제 (제1조~제3조)
> 제2장 재정계획에 관한 일반적 규정 (제4조~제7조)
> 제3장 생산비지출, 제품판매수입(우스루-가 제공에 의한 수입을 포함) 및 이윤계획 (제8조~제13조)
> 제4장 자체유동자금 보유계획 및 그 보충 원천 (제14조~제19조)
> 제5장 기본건설 자금의 원천별 자금 공급범위의 결정 (제20조~제22조)
> 제6장 대보수자금 공급범위의 결정 (제23조~제24조)
> 제7장 지배인 기금 (제25조~제30조)
> 제8장 국영기업소의 국가예산과의 호상관계 (제31조~제47조)
> 제9장 수입지출 바란스(재정계획)의 작성, 심의, 승인, 제출절차 및 그 기간 (제48조~제56조)
> 제10장 회계결산 바란스의 작성 제출 및 그 승인절차 (제57조~제65조)
> 제11장 실시절차 (제66조~제67조)

101) 박유현(2018)에 의하면, 북한이 연도별 예산과 관련하여 거래세를 일관되게 조세수입과 분리하고 있다고 설명하고 있으나, 초기 결정서나 규정에서는 거래세를 조세의 범주에 포함하고 있었다. 박유현, 『북한의 조세정치와 세금제도의 폐지, 1945-1974』, 189쪽.

102) 정경모 · 최달곤 공편, 『북한법령집 제2권』, 21~35쪽.

동 규정 제1장(독립채산제) 제2조에서 명시하고 있는 독립채산제의 기본 원칙은 다음과 같다.

> 1. 국영기업소의 생산, 유통, 개발, 기타 활동을 위한 고정재산 및 유동재산에 필요한 자금은 국가에서 이를 부여한다.
> 2. 국영기업소는 고정재산 및 유동재산의 보관관리 및 그 합리적 이용 또한 그의 재산의 앞으로의 증가를 위하여 국가 앞에 책임을 진다.
> 3. 국영기업소는 그의 재산을 일정한 범위에서 처리할 수 있는 권한을 가진다.
> 4. 국영기업소는 그의 경제재정 활동에 있어서 보다 좋은 결과를 얻기 위하여 창발성과 관심을 강화한다.
> 5. 국영기업소는 결산을 포함한 회계를 집행할 권한을 가진다.

동 규정 제8장(국영기업소의 국가예산과의 호상관계) 제33조에서는 국영기업소의 국가예산 납부항목을 아래 4가지로 규정하고 있다.

> 1. **거래세**
> 2. **리익공제금**
> 3. 잉여유동자금 납부
> 4. 계획연도에 있어서 기본건설 및 대보수의 리밋트가 결정되지 않은 국영기업소의 감가상각금 납부

(강조부분은 저자)

「산업 상업 및 기타 부문의 국영기업소 기관들의 독립채산제, 재정계획 및 국가예산과의 호상관계에 관한 규정」은 예산수입과 관련된 개별적 규정들을 대체하면서[103] 국영기업소 재정과 국가예산의 관계에 대하여 포괄

103) 1952년 3월 13일자 내각결정 제41호 「산업 상업 및 기타 부문의 국영기업소 기관들의

적으로 정리한 것으로서 이후 사회주의 예산수입체계의 기본적인 틀을 담고 있는 핵심적인 규정이다. 앞서 1949년 9월 20일자 내각결정 제137호 별지 「조선민주주의인민공화국의 예산권한에 관한 규정」에서는 다른 조세항목(국세 및 지방세)들과 함께 거래세가 국세의 한 항목으로 표현되었고, 리익공제수입은 별도로 구분되어 열거되어 있었다. 하지만 「산업 상업 및 기타 부문의 국영기업소 기관들의 독립채산제, 재정계획 및 국가예산과의 호상관계에 관한 규정」에서는 여타 다른 조세에 대한 내용은 없다. 이는 동 규정이 국영기업소 및 기관에 대한 것이고, 동 규정이 채택된 1952년 3월 13일 당시 등록세와 거의 대부분의 지방세가 이미 폐지 또는 면제된 상태로서[104] 세금제도의 폐지가 상당 부분 진행된 시기였다는 점과도 관련이

독립채산제, 재정계획 및 국가예산과의 호상관계에 관한 규정 승인에 관하여」에 의하면, 별지의 규정 실시에 따라 다음의 내각 결정 · 지시 및 재정성 규칙들은 효력을 상실한다고 명시하고 있다.

(1) 「국영기업소 재정운영 및 조절에 관한 결정서」(1948년 10월 12일 내각 결정 제24호)

(2) 「「국영기업소 재정운영 및 조절에 관한 결정서」 실시에 관하여」(1949년 5월 7일 내각 지시 제106호)

(3) 「국가경제기관의 리익공제금 국고납부에 관한 규정」(1949년 12월 29일자 내각 결정 제204호)

(4) 「국가경제기관의 리익공제금 국고납부에 관한 시행세칙(1950년 3월 18일자 재정성 규칙 제5호)

(5) 「생활필수품 증산에 관한 결정서」(1950년 3월 21일 내각 결정 제67호) 중 본 결정에 의한 규정과 관계되는 부문

(6) 「생활필수품에 의한 리익금 처분 규정」(1950년 6월 22일 재정성 규칙 제2호)

(7) 「각도 · 평양시 · 도영기업소 재정운영 및 조절에 관한 규정」(1950년 8월 2일 내각 지시 제549호)

(8) 「림산사업소 강화 발전대책에 관한 결정서」(1950년 6월 18일 내각 결정 제74호)중 작업소지배인 기금적립 및 지출에 관한 규정

(9) 「도급임금제, 상금제 및 식량 특별배급제에 관한 결정서」(1948년 6월 8일 북조선인민위원회 결정 제147호)중 본 결정에 의한 규정과 관계되는 부분

104) 가옥세, 차량세, 대지세는 1951년부터 면제되었다가 1956년에 모두 폐지된 것으로 추정되고, 부동산취득세 및 상속세는 1956년에 폐지되었다.

있어 보인다.

국가예산 항목과 관련하여, 동 규정은 이윤배분을 통해 납부되는 리익공제금에 대하여는 구체적인 규정을 두고 있으나 거래세에 대하여는 세부규정을 포함하고 있지 않다. 이는 거래세가 리익공제금과 달리 별도의 「거래세법」에 의해 규율되고 있기 때문인 것으로 보인다. 동 규정상의 리익공제금에 대한 구체적인 내용은 아래 3.항 리익공제금 관련 부분에서 추가적으로 살펴보도록 하겠다.

2. 거래수입금 관련 법제 정비

가. 1947년 2월 27일 - 「거래세법」 제정

1941년 11월 29일자 「조선물품세령」[105]은 해방 후 잠시 유지되었다가 1946년 10월 5일자로 제정 · 공포된 「물품세법」으로 재편된다. 새로 공포된 「물품세법」[106]은 전체 12개 조문과 부칙으로 구성되어 있는데, 종래 지방세(도세)였던 물품세를 국세로 변경하고 품목별 세율을 대부분 생산자판매가격의 20%로 통일하여 동년 10월 10일부터 시행되었다.

「거래세법」[107]은 1947년 2월 27일 북조선인민위원회 법령 제5호로 제정 · 공포되었다. 부칙에 의하면, 본법의 시행일은 1947년 3월 15일이며 국영기업소 및 소비조합에 대하여는 1947년 1월 1일부터 적용한다(부칙 제90조). 또한 본법의 시행과 함께 1946년 10월 5일자 북조선림시인민위원회 결

105) 『로동신문』, 1946년 10월 8일자.

106) 국사편찬위원회 엮음, 『북한관계사료집 33』(과천: 국사편찬위원회, 2000), 263~267쪽.

107) 북조선인민위원회, 『법령공보』, 1947년 제22호, 9~18쪽.

정 제96호 「물품세법」은 1947년 3월 14일한 이를 폐지한다고 규정하고 있다(부칙 제91조). 결과적으로 「물품세법」은 1947년 2월 27일 세제개혁 및 「거래세법」의 제정 · 공포에 따라 불과 5개월 만에 폐지되었다.

「거래세법」은 총 11개장 89개 조문 및 부칙 2개 조문으로 구성되어 있다. 거래세는 크게 물품거래세와 특별거래세로 구분되는데, 물품거래세에는 광공림산물세(제2장), 수산물세(제3장), 주세(제4장) 및 청량음료세(제5장)가 있고, 특별거래세에는 전기와사세(제6장), 철도운수거래세(제7장), 극장거래세(제8장), 국영상업거래세(제9장), 소비조합거래세(제10장)가 있다(제1조).

국영기업소의 물품거래세 또는 특별거래세의 징수절차에 대하여는 별도로 채택된 「국영거래세 징수규칙」[108]이 적용되었다. 당시 국영거래세는 아직 사회주의 경리수입 체계로 완전히 전환된 상태가 아닌 조세의 형태로서 징수절차 이외의 규정은 여전히 「거래세법」이 적용되었다고 할 수 있다.

나. 1947년 5월 2일 - 「국영거래세 징수규칙」

「거래세법」 제6조에서는 "국영기업소에서 납부하는 물품거래세 또는 특별거래세의 징수절차에 관하여는 북조선인민위원회 재정국장이 따로 규정할 수 있다"고 규정하고 있다. 이러한 「거래세법」 규정의 위임을 받아 1947년 5월 2일자 북조선인민위원회위원장 김일성 비준(제16호) 재정국명령 제3호 「국영거래세 징수규칙」(1947.5.2)[109]이 발표되어 1947년 5월 1일부터 소급 적용되었다.

「국영거래세 징수규칙」은 총 10개 조문으로 구성되어 있으며 "거래세법

---

108) 거래세법 제6조 규정에 따라 북조선인민위원회위원장 김일성 비준(제16호) 재정국명령 제3호로서 「국영거래세 징수규칙」이 발표되었다.

109) 북조선인민위원회위원, 『법령공보』 1947년 제31호, 5~6쪽.

제6조의 규정에 의한 국영기업소의 거래세는 본 징수규칙에 의하여 징수한다."고 규정하여 위임관계를 명확히 하고 있다(제1조).

동 규칙에 의하면 "본 규칙에 있어서 기업소라 함은 거래세법에 의하여 과세를 받는 국영기관을 총칭한다."고 규정하고 있다(제2조). 또한 "다음의 국영기관은 「거래세법」 소정의 납세의무자로 한다."고 규정하고 해당 국영기관[110]을 열거하고 있다(제3조). 제4조~제10조에서는 거래세의 구체적인 징수 및 납부절차를 규정하고 있다. 상기 규칙은 1947년 8월 29일자 재정국 명령 제7호 「국영거래세 징수규칙」으로 개정[111]되었는데 주요 변경사항은 〈표 2-2〉와 같다.

종전에는 기업소책임자의 신고에 기초하여 시군인민위원회위원장이 납세고지서를 기업소에 발행하는 것으로만 규정되어 있었으나, 개정 후에는 기업소책임자가 거래신고서와 납부서를 첨부하여 중앙은행에 납부하는 것을 원칙으로 하고 납부하지 않거나 신고가 부당할 때만 시군인민위원회위원장이 결정하여 부과고지하는 방식, 즉 기업소의 신고납부를 원칙으로 하고 예외적으로 부과고지하는 방식으로 변경된 것으로 보인다. 1947년 5월 2일자 「리익공제금 징수규칙」은 이미 이러한 방식을 적용하고 있었고, 상기 개정내용은 리익공제금과 동일한 방식으로 일치시킨 것으로 보인다.

---

110) 「국영거래세 징수규칙」 제3조에 규정된 국영거래세 납세의무자에 해당하는 국영기관은 다음과 같다.

1. 목재기업에 있어서는 목재기업소 본소 및 지소
2. 석탄채굴사업에 있어서는 석탄관리국
3. 수산기업에 있어서는 수산기업소 본소 및 지소
4. 전기사업에 있어서는 전기처 중앙전업부, 배전부 및 배전부지부
5. 철도운수사업에 있어서는 교통국 경리부 및 전기처 중앙전업부
6. 전 각호 이외에 있어서는 공장, 백화점, 상업물자관리소 및 기타 기업

111) 정경모 · 최달곤 공편, 『북한법령집 제2권』, 170~171쪽.

<표 2-2> 「국영거래세 징수규칙」 개정 전후 비교

1947년 5월 2일	1947년 8월 29일 개정
제6조 매월 거래세액은 국영기업소 판매금액 또는 수입액에 대하여 거래세율을 기초로 산정한다.	제6조 기업소책임자는 매월분 거래세를 익월 5일까지 **거래세신고서를 제3양식의 납부서에 첨부하여 중앙은행 본점, 지점 또는 대리점에 납부**하여야 한다.
-	제6조의 2 중앙은행본점, 지점 또는 대리점이 전조에 의하여 거래세를 영수한 때는 거래세신고서를 영수통지서에 첨부하여 지체없이 소관 시군인민위원회에 송부하여야 한다.
-	제6조의 3 기업소책임자가 제6조에 의하여 **거래세를 납부치 않거나 또는 그 신고가 부당하다고 인정할 때**는 시군인민위원회위원장은 거래세를 그 조정에 의하여 결정할 수 있다.
시군인민위원회위원장이 거래세법에 의하여 국영기업소의 거래세액을 결정한 때에는 제2호 양식의 **납세고지서를 기업소책임자에게 발행**하여야 한다.	제6조의 4 **시군인민위원회위원장이** 전조에 의하여 국영기업소의 거래세액을 결정한 때에는 제2호 양식의 **납세고지서를 기업소책임자에게 발행**하여야 한다.

(강조부분은 저자)

「국영거래세 징수규칙」 제7조 및 제8조에 의하면(개정 전후가 동일함), 기업소책임자가 거래세를 소정기일까지 납부하지 않을 경우 시군인민위원회위원장은 환치납부통고서를 기업소 거래은행 지배인에게 발행하여야 하고, 거래은행 지배인은 소정 거래세액을 기업소 예금에서 환치납부하여야 한다고 규정하고 있다.

다. 1947 및 1949년 「거래세법」 개정

국영기업소의 거래세에 대한 징수절차는 「국영거래세 징수규칙」이 적용되지만, 징수절차 이외의 「거래세법」 규정은 여전히 국영기업소에도 적용되었다.

1947년 8월 27일자 북조선인민위원회 법령 제25호 「북조선세금제도개혁에 관한 결정서 및 거래세법중 개정에 관한 결정서」(1947.8.27)[112]에 의해 '철도운수거래세'를 '운수거래세'로, '철도운수업'을 '운수업'으로 수정하는 등 일부 문구가 조정되었고, 광공림산물세에 대한 세율이 조정되었다. 또한 "납세의무자는 과세표준액(판매가격 또는 요금수입액, 운임수입액, 입장료) 중에서 각각 해당하는 거래세를 납부하여야 한다."는 내용을 신설(제4조의 2)하여 판매가격에 거래세가 부가되는 것이 아니라 판매금액의 일부를 거래세로 납부하여야 함을 명확히 하였다.

이러한 내용은 기존 1947년 제정 「거래세법」을 전면 대체한 1949년 12월 29일자 최고인민회의 상임위원회 정령 「거래세 개정에 관하여」[113]에서도 거래세가 "판매가격 및 사업수입 중에는 거래세가 포함된 것으로 인정한다."(제5조)고 규정하여 그대로 유지되었다.

1949년 개정에서는 거래세를 상품거래세(제2조)와 비상품거래세(제3조 및 제4조)로 구분하고 일부 세율을 조정하였다. 다시 상품거래세는 광공림산물세, 수산물세, 주세 및 수매세의 4종류로 구분되고, 비상품거래세는 전기와사세, 운수거래세, 기타사업거래세의 3종류로 구분하였다. 기존 청량음료세는 폐지되어 광공림산물세에 편입되었고 극장거래세는 기타 사업거래세에 통합되었으며, 기타 사업거래세는 극장사업 외에는 국가기관에 한하

---

112) 북조선인민위원회, 『법령공보』, 1947년 제33호, 1~10쪽.
113) 『재정법규집』, 200~217쪽.

여 부과되는 것으로 개정됨으로써(제33조) 소비조합 및 개인상업에 대하여는 소득세만 과세되고 「거래세법」은 적용되지 않게 되었다.[114]

또한 1947년 제정 「거래세법」 제9장(국영상업거래세)과 제10장(소비조합거래세)이 삭제되었다. 이에 대한 북한 문헌의 설명은 다음과 같다.

> 개정되기 전의 거래세법은 생산부문에서 생산 또는 제조한 물품이 유통부문에 인도될 때와 유통부문에서 소비자에게 판매될 때에 각각 물품거래세와 국영사업 또는 소비조합 거래세를 부과함으로써 동일한 물품에 대하여 이중의 거래세가 부과되었던 것이다. 그런데 금번에 개정된 거래세법에는 **거래세는 한 물품에 대하여 한번만 부과한다는 원칙 밑에서 종래에 유통부문에서 부과하던 상업거래세를 폐지하고 생산부문에서 생산 또는 제조한 물품이 판매될 때에 상품거래세를 부과하도록 제정**하였으며 광공림산물세의 세율을 적당히 조절하였다.[115] (강조부분은 저자)

즉 거래세의 이중부과 문제를 개선하기 위해서 유통단계에서의 거래세 부과를 폐지하고 생산단계에서만 부과하는 '거래세 부과의 1회성 원칙'을 정립한 것이다.

라. 1955년 민영거래세 폐지와 1957년 사회주의적 개편

1955년 12월 22일자 최고인민위회 상임위원회 법령 「주민소득세에 관한 법령」[116]에 의하면, "본 법령실시와 함께 생산기업가와 수공업자는 「거래세 개정에 관하여」(1949년 12월 29일부 조선민주주의인민공화국 최고인민회의 상

114) 윤형식, 「거래세 및 지방세 개정에 대하여」, 『재정금융』(재정성기관지), 1950년 제1호, 11쪽.

115) 윤형식, 「거래세 및 지방세 개정에 대하여」, 10쪽.

116) 정경모 · 최달곤 공편, 『북한법령집 제2권』, 137~144쪽.

임위원회 정령)의 적용을 받지 않는다."고 규정하고 있다. 앞서 살펴본 바와 같이 「거래세 개정에 관하여」는 1947년 제정 「거래세법」을 전면 대체한 것으로서, 생산기업가와 수공업자에 대한 거래세 적용을 배제한다는 의미라고 할 수 있다. 상기 주민소득세법 개정의 의미에 대한 당시 북한 문헌의 해설 내용을 인용하면 다음과 같다.

> 종전에 실시하던 **민영거래세를 폐지하고** 한 가지 세종 소득세만 존속하도록 되어 있다. 즉 새 주민소득세법의 실시와 함께 거래세는 개인업자들로부터는 일체 징수하지 않게 되었다. 이렇게 함으로써 과세의 복잡성을 제거하는 동시에 거래세의 개인적 과세 대상인 생산자들의 과세부담을 더 현저히 경감시켜 중소기업가, 수공업자들의 생산활동을 더욱 더 방조하여 주며 상인들로 하여금 OO하여 더 많이 생산 방향으로 나아갈 수 있도록 장려적 의의를 OO하게 되었다. 현재까지 광업, 공업, 임산업과 수산업에 종사하는 생산 기업가들과 수공업자들이 그들의 판매수입 가운데서 평균 12% 정도의 거래세를 납부하고 상인들이 그를 전혀 납부하지 않았다면 **새 세법에는 생산기업가들과 수공업자들의 이 거래세 부담을 전액 면제하도록 되어 있다.**[117] (강조부분은 저자)

국영기업소 이외의 생산기업가와 수공업자들로부터 징수하던 거래세인 민영거래세를 폐지하였다는 것으로서 사회주의적 체계로의 개편에 한걸음 더 다가선 것이다.

이후 1956년 8월 11일자 내각결정 제77호로 도매가격, 전력요금 및 각종 화물수송운임을 개정하고 그에 기초한 새로운 도매가격 체계가 1957년 4월 1일부터 실시되었는데, 이러한 가격체계를 기초로 1957년 3월 17일자 내각결정 제27호에 따라 1957년 4월 1일부터 새로운 거래세가 실시되었다.[118]

---

117) 방동명, 「새로 개정된 주민 소득세법이 가지는 의의」, 『경제건설』, 1956년 1월, 48쪽.

이로써 거래세에 대한 사회주의적 개편이 마무리되었고, 주요 내용을 정리하면 다음과 같다.

첫째, 1949년 개정 이후의 거래세까지는 판매가격, 운임수입, 사업수입 등에 세율을 적용하여 과세하는 방식으로서 물품세의 성격이 강하게 남아 있었다. 그러나 1957년 개편을 통해 통상적인 거래세율이 아닌 '차액' 또는 '백분율' 등의 표현으로 제시되는 소련형 거래세에 가장 근접한 형식으로 변경되었다.[119] 이는 세금(간접세)이 아닌 순소득 배분에 의한 국가예산 납부의 형태를 취하기 위한 것이다.

둘째, 생산수단에 대한 거래세 징수가 폐지되었다. "공업적 및 건설적 수요를 위하여 국가 및 협동단체, 기업소 호상 간에서 생산수단, 즉 기계설비 및 기타 노동도구와 공업적 재가공에 돌려지는 원자재, 연료, 건설재료 등을 판매한 때의 판매거래"는 거래세 과세거래에서 제외되었다.[120] 이로서 소비재 생산부문 중심의 거래세 부과를 원칙으로 하는 형태가 정립되었다고 할 수 있다.

셋째, 거래세를 보완하는 방법으로서 유통부문 기업소로부터 판매가격을 일반 시장가격 수준으로 조정하기 위하여 부과되던 가격차금[121]이 폐지되었다. 『조선중앙년감(1958)』에 정리되어 있는 개정 내용은 다음과 같다.

> "제품의 도매가격 및 요금 개정 실시에 의해 종래에 실시되어 오던 **가격차금 제도가 폐지되고 가격차금으로 국가예산에 납부되던 부분이 거래세에 통합**되었다. 이리하여 **거래세는 생산단위에서 납부하게끔 단일화**되었으며 제품별 수익성 수준에 기초하여 차액 또는 율을 제정하여 납부하게 함으로써 생산의

118) 안광즙, 『공업재정』(평양: 교육도서출판사, 1957), 57쪽 및 65쪽.
119) 박유현, 『북한의 조세정치와 세금제도의 폐지, 1945-1974』, 194~195쪽 및 284~285쪽.
120) 안광즙, 『공업재정』, 63~64쪽.
121) 박유현, 『북한의 조세정치와 세금제도의 폐지, 1945-1974』, 293~294쪽.

증대, 수익성의 제고를 위한 투쟁을 강화하게 되었으며 결과 독립채산제를 더욱 강화하게 되었다."[122] (강조부분은 저자)

1957년 4월 「거래세법」 개정을 통해 유통부문에 대하여 가격조절 목적으로 부과하던 가격차금이 거래세로 통합되고, 생산수단에 대한 거래세 부과가 폐지되어 온전히 소비재 생산부문에서만 거래세를 납부하는 방식의 사회주의 예산수입체계로 개편되었다고 할 수 있다.[123]

당시 북한 문헌에 의하면, 거래세는 생산물의 실적원가에 관계없이 단위제품 가격에 미리 설정된 금액대로 징수하는 것으로서, 거래액(실현액)에 기초하여 액수(크기)가 결정되고 조세적 방법, 즉 고정된 비율로 징수되기 때문에 거래세라고 불렀을 뿐 그 본질은 세금이 아니라고 설명하고 있다.[124]

3. 리익공제금 관련 법제 정비

리익공제금은 舊소련의 사회주의 조세제도에 기원을 둔 것으로서 국영기업소 이윤의 일부를 국가예산으로 동원하는 형태이다. 리익공제금은 자본주의적 관점에서 본다면 주주인 국가에 대한 배당과 국가예산수입인 법인세의 성격이 혼합된 것이라고 할 수 있다.

---

122) 『조선중앙년감(1958)』, 130쪽. 국영상점과 일반상점의 판매가격 간의 차액을 가격차금으로 징수하던 방식에서, 이를 거래세에 통합하여 조정하는 방식으로 변경하였다는 것이다.

123) 리상언, 「≪인민경제계획화(XII)≫: 우리 나라에서의 재정 계획화」, 『경제건설』, 1958년 12월, 43~50쪽.

124) 안광즙, 『공업재정』, 61쪽.

가. 1947년 2월 27일 - 「북조선세금제도개혁에 관한 결정서」

리익공제금의 사전적 의미는 "국가 예산에 편입하는 사회주의 국영기업소의 순소득(이윤)의 일부분"으로서 "독립채산제 국영기업소 및 경제기관들이 국가에 납입하며 사회주의 국가의 재정 부원을 형성하는데 있어서 거래세 다음 가는 가장 중요한 항목"이며, "이윤 중 …… 기업소의 처분 하에 남는 부분과 계획이윤 총액 간의 차액으로서 재정계획에 의하여 규정"되는 것이다.[125)]

북한의 리익공제금은 1946년 8월 10일 중요산업국유화 조치를 기반으로 하여 도입된다. 북한에서 리익공제금이 처음으로 등장하는 것은 1947년 2월 27일자 북조선인민위원회 법령 제2호 「북조선세금제도개혁에 관한 결정서」라고 할 수 있다. 그 내용은 다음과 같다.

「북조선세금제도개혁에 관한 결정서」 제1조 제1항 (국세)

7. 리익공제수입

각 국영기업소는 각각 그 이익금 중으로부터 좌의 비율에 의하여 산출한 금액을 공제하여 국고에 납부할 것이다.

가. 국영기업소는 그 이익금의 평균 30% 이상[126)]을 매월 국고에 납부할 것이다. 기업소별 비율은 재정국장이 이를 결정한다.

나. 중앙은행은 그 이익금의 50%를, 농민은행은 25%를 매년 2회 결산 때마다 국고에 납부할 것이다.

---

125) 『경제학 소사전』(평양: 조선로동당출판사, 1960), 109쪽.

126) '이익금의 30% 이상'은 소련이 1930년 9월 처음 부과했던 계획이윤의 81% 수준과 비교하면 상당히 낮은 수준으로 출발한 것이다. 박유현, 『북한의 조세정치와 세금제도의 폐지, 1945-1974』, 181쪽.

국영기업소가 아닌 사업단체(법인 포함)에 대해서는 같은 날 북조선인민위원회 법령 제3호로 제정된 「소득세법」(1947.2.27)[127]이 적용되었다. 사업소득에 대한 세율은 연소득 기준 사업소득금액 6,000원 이하부터 10,000,000원 초과까지 19단계의 소득계급구분에 대하여 12~63%의 누진율이 적용되었고(제21조) 기준세율은 26%였다.[128]

나. 1947년 5월 2일 - 「리익공제금 징수규칙」

1947년 세제개혁 과정에서 거래세와 달리 리익공제수입에 대하여는 별도의 법령이 제정·공포되지 않았다. 리익공제금에 대하여는 1947년 5월 2일자 북조선인민위원회위원장 김일성 비준(제15호) 재정국명령 제2호「리익공제금 징수규칙」[129]에 규정되어 있는데, 동 규칙은 총 15개 조문으로 구성되어 있다. 동 규칙 제1조에서는 "북조선인민위원회 법령 제2호 제1조에 규정한 리익공제금은 본 징수규칙에 의하여 징수한다."고 규정하고 있다(제1조). 1947년 세제개혁결정서 제1조에서는 국세의 일종으로서 리익공제수입을 포함하고 있으나, 리장춘(1947)의 「북조선세금제도개혁해설」에서는 리익공제수입을 포함하지 않고 6종의 국세로 정리되었다고 설명하고 있다.[130] 이는 당시 리익공제수입의 성격에 대하여 통일적으로 정리되지 못하였음을 반영하는 것이다.

「리익공제금 징수규칙」에 의하면, "본 규칙에 있어서 기업소라 함은 공장, 광산, 석탄관리국, 목촌기업소, 축산기업소, 수산기업소, 기타 국영기업

127) 북조선인민위원회, 『법령공보』, 1947년 제22호, 1~5쪽.
128) 리장춘, 「북조선세금제도개혁해설」, 435쪽.
129) 북조선인민위원회, 『법령공보』, 1947년 제31호, 5쪽.
130) 리장춘, 「북조선세금제도개혁해설」, 432쪽. 하지만 거래세에 대하여는 "영업세적 성질을 가진 소비세"라고 명확히 설명하고 있다. 같은 글 438쪽.

소를 칭한다. 그러나 전기처, 통운처, 국영상사기관은 제외한다."고 규정하고 있다(제2조). 리익공제금은 기업소이익예정금액에 대하여 매월 징수하며(제3조), 기업소이익예정금액은 판매금액 또는 수입금액의 10%로 추정하고(제4조), 리익공제금은 이익예정금액의 30%의 비율로 매월분을 익월 15일까지 납부(제5조)해야 하는 것으로 규정하고 있다.

제6조~제15조에서는 리익공제금의 구체적인 징수 및 납부절차를 규정하고 있다. 기업소책임자는 매월분 판매금액 또는 수입금액에 대한 리익공제금계산서를 시군인민위원회위원장에게 제출하여야 하고(제6조), 이를 제출하지 않거나 그 내용이 부당하다고 인정할 때는 시군인민위원회위원장이 조사·결정할 수 있으며(제7조), 이 경우 납입고지서를 기업소책임자에게 발행하여야 한다(제11조). 기업소책임자가 소정기일까지 리익공제금을 납부하지 않을 때는 환치납부통고서를 기업소 거래은행지배인에게 발행하여야 하고(제12조), 이를 받은 은행지배인은 기업소예금에서 환치납부하여야 한다(제13조). 부칙에 의하면, 동 규칙은 1947년 1월 1일 이후의 기업소의 판매 또는 수입에 소급하여 적용하며, 1947년 1월부터 4월까지의 리익공제금은 5월 15일까지 납부하도록 규정하고 있다.

다. 1949년 12월 29일 - 「국가 경제기관의 리익공제금 납부에 관한 규정」 및 동 「시행세칙」

1949년 12월 29일자 내각결정 제204호 「국가 경제기관의 리익공제금 납부에 관한 규정」[131]이 추가적으로 승인되어[132] 1950년 1월 1일부터 시행되

131) 『재정법규집』, 198~200쪽.

132) 1949년 12월 29일자 규정 제12조에서 "본 결정 실시와 동시에 「국영 생산기관 국영 상업기관 국영 운수기관 및 소비조합들의 거래세 리익금 및 기타 국고 납부금 확보에

었다. 동 규정의 시행절차와 관련하여 1950년 3월 18일자 조선민주주의인민공화국 내각수상 김일성 비준 재정성규칙 제5호 「국가경제기관의 리익공제금 국고납부에 관한 시행세칙」[133]이 채택된다(이하 본 항에서 「1949 규정」, 「1950 시행세칙」이라 한다).

「1949 규정」 제2조에서는 계획이윤의 비율을 규정하고 있다. 이를 요약하면 다음과 같다.

<표 2-3> 리익공제금 계산대상 계획이윤의 비율

국가 경제기관 구분	계획이윤 비율
1. 국영농장	계획원가의 25%
2. 국영기업소	(1) 생산업: 국정계획원가의 10% (2) 수리가공업: 수입금액의 10% (3) 전기와사업: 수입금액의 10% (4) 운수업 및 이에 부대되는 사업: 수입금액의 10%
3. 수도사업소	수입금액의 5%
4. 국영 상업기관	상품 수매원가의 5%, 다만, 양곡 및 저류는 수매원가의 3% 전매품은 수매원가의 1% 노동자 사무원용 배급품에는 계획이윤을 계상하지 않음.
5. 국가 수매기관	상품 수매원가의 5% 다만, 양곡 및 저류(諸類)는 수매원가의 10% 고공품 및 원피류(原皮類)는 수매원가의 3%
6. 전 각호 이외의 사업 (극장사업 제외)	수입금액의 5%

자료: 『재정법규집』(평양: 재정성기관지 편집부, 1950), 198~199쪽 내용을 표로 재구성함.

관한 결정서」(1948년 5월 4일 북조선인민위원회 법령 제37호)는 이를 폐지한다."고 명시하고 있는데, 폐지된 1948년 5월 4일자 결정서의 내용은 원문을 확인할 수 없었다.

133) 조선민주주의인민공화국, 『내각공보』, 1950년 상, 246~249쪽.

「1949 규정」상의 국가경제기관은 상기 제2조 각호의 국영사업기관 또는 국가은행, 국가전매기관, 국가무역기관 및 기타 국가사업기관을 총칭한다(「1950 시행세칙」 제2조). 「1949 규정」 제3조 및 제4조에서는 국고에 납부할 리익금 공제비율을 다음과 같이 규정하고 있다.

〈제3조〉

1. 계획이윤의 90% (다만 산업성 산하 국영기업소 및 노동성 산하 운수사업에 있어서는 80%)
2. 초과이윤의 50%
3. 국가 은행: 결산 이익금의 50%
4. 국가 상업기관의 소정부과비 초과로 인한 잉여금의 100%
5. 전 각호 이외의 부산물 수입, 잡수입, 기타 부대수입 등으로 인한 잉여금의 90%

〈제4조〉

국가 전매기관 및 국가 무역기관: 재정성 별도 규정에 따라 이익금 전액

「1949 규정」 제5조에 의하면, 상기 제3조 1호 계획이윤의 90% 부분은 매월별 판매 계획요금 수납계획에 의해 그달 25일까지 납부하여야 하고, 미달액은 다음달에 납부하여야 하며 초과액은 다음달 납부할 금액에서 조절한다. 또한 상기 제3조 2호 초과이윤에 대한 분기결산 납부는 2개월 내에 납부하여야 한다(「1949 규정」 제6조).

앞서 살펴본 바와 같이 1947년 세제개혁결정서에서는 이익금 공제비율을 '평균 30% 이상'으로 규정했었다. 하지만 북한 문헌[134]에 의하면 「1949

134) **"종래에는 산업성 산하와 교통성 산하의 국영기업소 및 운수사업기관에서 리익공제금은 90%를 국고에 납부하여 왔으나** 금번 개정된 규정에는 80%만을 국고에 납부하도록 제정되었으며 국가수매기관에 있어서 보상물자와 수매물품에 각각 리익공제금의 부과를 폐지하고 수매물안에만 부과하도록 제정하였으며 국가무역기관에는 리익공제금을 폐지하고 별도로 규정할 것이 제정되었으며 국가상업기관의 소정부과비 초과로 인한 잉여

규정」 이전에 이미 90% 수준으로 공제비율을 급격하게 인상시킨 것으로 보인다. 「1949 규정」에 따라 농민은행에 대한 리익공제금 제도는 폐지되었다.

「1949 규정」 제9조에 의하면 국가 경제기관의 리익공제금은 리익공제금 납부계산서를 납부서에 첨부하여 거래은행에 납부하여야 하고, 거래은행은 소정기일내에 납부하지 않는 국가 경제기관에 대해서는 그 예금에서 환치납부하여야 한다. 다만, 임금을 제외한 예금잔액이 리익공제금 해당액에 미달할 경우 그 잔액만 환치납부하고, 부족액은 그 후 수입 중 임금을 제외하고 우선하여 환치납부한다(「1950 시행세칙」 제10조).

라. 1952년 3월 13일 - 「산업, 상업 및 기타 부문의 국영기업소, 기관들의 독립채산제, 재정계획 및 국가예산과의 호상관계에 관한 규정」

1952년 3월 13일자 내각결정 제41호 별지로 채택된 「산업, 상업 및 기타 부문의 국영기업소, 기관들의 독립채산제, 재정계획 및 국가예산과의 호상관계에 관한 규정」[135](이하 본 항에서 「1952 규정」이라고 함)에 따라, 앞서 살펴본 1949년 12월 29일자 내각결정 제204호 및 별지 「국가경제기관의 리익공제금 납부에 관한 규정」, 1950년 3월 18일자 조선민주주의인민공화국 내각수상 김일성 비준 재정성규칙 제5호 「국가경제기관의 리익공제금 국고납부에 관한 시행세칙」은 폐지되었다. 그러나 1947년 5월 2일자 「리익공제금 징수규칙」은 폐지되지 않았고, 징수절차와 관련하여 여전히 유효한 것으로 보인다.

금은 100%를 국고에 납부할 것이 제정되었으며 **농민은행에 한하여는 리익공제금제도를 폐지**한 것이다."(강조부분은 저자). 윤형식, 「거래세 및 지방세 개정에 대하여」, 14쪽.

135) 정경모 · 최달곤 공편, 『북한법령집 제2권』, 21~35쪽.

「1952 규정」 제35조~제41조는 리익공제금에 대하여 구체적으로 규정하고 있다. 그 내용을 간략히 요약하여 정리하면 다음과 같다.

- 제35조: 리익공제금은 총이윤과 그 이윤으로써 충당되는 지출과의 차액으로써 **수입지출 바란스(재정계획)에 계상하여 재정성에서 결정**한다.
- 제36조: 각성 및 내각직속국은 재정성에서 결정한 리익공제금 범위 내에서 각 그 산하 기업소별 리익공제금을 배분전달하며 그 사본을 재정성에 제출한다.
- 제37조: 리익공제액은 매분기별로 설정한다. 계획에 예견된 분기공제액에 대하여 분기 첫달에 30%, 둘째 및 셋째달에 각각 35%를 공제하되, **매월분을 2회에 구분하여 15일과 25일에 각각 동일한 금액을 납부**한다.
- 제38조: 매월말, 매분기말 및 연말결산 바란스에 기초하여 실제이윤에 관한 재계산을 실시한다. 실현된 실제이윤과 국가예산 납부한 전불 이윤을 대조하고 미납이윤 공제 또는 이윤과납액을 결정하여 조절한다.
- 제39조: 이윤재계산은 매월분은 분기초부터 누계로써 매분기분은 연초부터 누계로써 실시한다. 즉 월결산은 각 분기초부터 누계로 하고, 분기결산은 연초부터 누계로 한다는 것이다.
- 제40조: 실제이윤에 대한 월별 재계산을 실시함에 있어서 계획에 의한 분기별 증수율을 적용한다. 즉 분기계획을 월별 재계산에 반영한다는 의미로 보인다.
- 제41조: 기업소 초과이윤은 매분기마다 지배인 기금 적립을 제한 잔액의 75%를 납부하고 나머지 25%는 연말까지 기업의 관리에 남겨두고 연말 결산심의 후 국가예산에 회수된다.

(강조부분은 저자)

「1952 규정」의 채택에 따라 1949년 규정과 1950년 시행세칙에서 규정되었던 계획이윤이나 이익금 공제비율은 효력을 상실했기 때문에, 1947년 2월 27일 세제개혁결정서 제1조 제1항 7호와 동년 5월 2일자 「리익공제금 징수규칙」에 규정되어 있는 내용과 「1952 규정」의 내용이 리익공제금 부과의 기준이 되었다고 할 수 있다. 기업소이익예정금액은 판매금액 또는 징수금액의 10%로 추정하고 리익공제금은 수입지출 바란스(재정계획)에 계상하여 재정성에서 결정[136]한다는 정도로 요약할 수 있다. 또한 1949년 규정에서는 매월 25일 1회 납부였으나, 상기 「1952 규정」 제37조에 의하면 매월 15일 및 25일 2회 납부하는 것으로 변경되었다. 또한 월별, 분기별, 연간 결산방법에 대하여 누계방식을 규정하여 보다 정교화 한 것으로 보인다. 이후 1957년 10월 1일자로 독립채산제를 강화하는 방향으로 리익공제금 납부제도에 대한 개편이 있었다는 기록이 있다.[137]

한편, 감가상각금 적립 및 잉여유동재산 국가납부와 관련하여 「1952 규정」 제42조에서는 "국가예산에 회수하기로 예정된 국영기업소의 감가상각금은 매분기분을 분기경과 후 10일 이내에 납부한다."고 규정하고 있고, 제43조에서는 "국영기업소의 잉여유동재산의 국가예산에 대한 납부는 매 개별적 기업소들의 재정상태를 고려하여 해당 성 또는 내각 직속국과의 합의 밑에서 재정성에서 정하는 바에 의한다."고 규정하고 있다. 「1952 규정」 채택에 따라 앞서 살펴본 「국영기업소 재정운영 및 조절에 관한 결정서」(1948.10.12) 및 「「국영기업소 재정운영 및 조절에 관한 결정서」 실시에 관하여」(1949.5.7)에 규정된 내용은 효력을 상실했기 때문에 동 결정서에 따라 규정되었던 감가상각금의 적립 및 국가납부, 잉여유동재산의 국가예산 납부에 대한 내용도 「1952 규정」에 따라 추가적으로 변경되었을 것으로 보인다.

---

136) 리익공제금 도입 초기의 규정인 1947년 세제개혁결정서와 「리익공제금 징수규칙」에서는 공제비율을 '평균 30% 이상'으로 규정하였다. 하지만, 재정성이 결정하는 과정에서 1949년 「국가 경제기관의 리익공제금 납부에 관한 규정」 또는 그 이전부터 적용해온 90% 수준의 공제비율을 다시 급격하게 낮추었을 가능성은 높지 않아 보인다.

137) 『조선중앙년감(1958)』, 130쪽.

4. 사회주의 예산수입체계의 완성

가. 1958년 생산관계의 사회주의적 개조 완성

한국전쟁 기간 중에는 대부분의 공업시설이 폭격에 의해 파괴되어 실질적으로 사회주의 경리수입을 확보하기 어려웠을 것으로 추정되고, 전쟁 기간 중의 군용 식량 확보라는 현실적 필요에 따라 농업현물세의 부과에 집중했다.[138]

전쟁이 끝난 후 북한은 생산협동조합(수공업자와 개인기업가 대상) 및 판매협동조합(개인상인 대상)을 조직하고 1958년 8월 사회주의적 농업협동화를 완료함으로써[139] 전반적인 생산관계의 사회주의적 개편을 마무리 하였다. 따라서 1958년 이후에는 개인 상공업자들과 개인 농민들이 납부하던 세금은 없어졌고, 사회주의 경리수입 항목으로서 거래세와 리익공제금 그리고 세금 항목으로서 농업현물세, 근로자들과 개조된 협동조합원들이 납부하는 주민소득세 및 지방자치세만 남았다.[140] 관세는 대외거래와 관련된 것으로서 별도로 취급한 것으로 보인다. 이로써 생산관계의 사회주의적 개조와 함께 전반적인 사회주의 예산수입체계의 기본 틀이 마련되었다.

나. 1960년 거래수입금 및 국가기업리익금으로 명칭 변경

거래세와 리익공제수입 등 사회주의 경리수입 항목은 1960년 즈음에 명칭이 변경되었다. 최고인민회의 제2기 제5차 회의(1959.2.19~2.21)의 1959년

138) 박유현, 『북한의 조세정치와 세금제도의 폐지, 1945-1974』, 297쪽.
139) 김일성, 「우리나라에서의 사회주의적 농업협동화의 승리와 농촌경리의 앞으로의 발전에 대하여」(1959.1.5), 『김일성전집 제23권』(평양: 조선로동당출판사, 1998), 21쪽.
140) 『조선중앙년감(1959)』(평양: 조선중앙통신사, 1959), 209~210쪽.

국가예산에 대한 재정상 송봉욱 대의원의 발표자료에는 '거래세 수입'과 '리익공제금 수입'이라는 용어가 나온다.[141] 그러나 제2기 제7차 회의(1960.2.25.~2.27)의 1960년 국가예산수입에 대한 발표자료에서 처음으로 '거래수입금'과 '국가기업리익금'이라는 용어가 등장한다.[142] 또한 1959년 11월 발행된 『조선중앙년감(1959)』에는 거래세와 리익공제금이라는 표현이 나타나고[143] 1960년 12월 발행된 『조선중앙년감(1960)』부터 거래수입금과 국가기업리익금이라는 용어가 등장한다.[144] 따라서 공식적으로 최고인민회의 제2기 제7차 회의가 있었던 1960년 초에 이러한 명칭 변경이 있었던 것으로 보인다. 이는 거래세와 리익공제금이 세금이 아니고 사회주의 경리수입임을 보다 명확하게 표현하고자 한 것으로 추정된다.

이로써 생산수단의 국유화를 통해 국영기업소에서 조성되는 국가기업리익금과 거래수입금, 농업협동조합에서 조성되는 현물세, 그리고 생산협동조합을 기반으로 하는 거래수입금과 소득세가 북한 조세체계의 중심으로 자리 잡게 되었다.[145] 이후 농업현물세, 소득세 및 지방자치세가 순차적으로 폐지됨으로서 1974년 4월 사회주의 예산수입체계로의 전환이 마무리되었다.

---

141) 송봉욱, 「조선민주주의인민공화국 1957년 국가 예산 집행에 대한 결산과 1959년 국가 예산에 관한 보고」(제2기 제5차 회의), 국토통일원 조사연구실 엮음, 『북한최고인민회의 자료집(제Ⅱ집)』, 1988, 347쪽.

142) 송봉욱, 「조선민주주의인민공화국 1958년 국가 예산 집행에 대한 결산과 1960년 국가 예산에 관한 보고」(제2기 제7차 회의), 국토통일원 조사연구실 엮음, 『북한최고인민회의 자료집(제Ⅱ집)』, 1988, 557쪽.

143) 『조선중앙년감(1959)』, 208~209쪽.

144) 『조선중앙년감(1960)』, 229~230쪽.

145) 홍만기, 『사회주의 하에서의 재생산』(평양: 조선로동당출판사, 1960), 32~36쪽.

다. 1970년대 이후 거래수입금과 국가기업리익금 부과체계

사회주의 예산수입체계로의 전환이 마무리된 후 1970년대 이후 거래수입금과 국가기업리익금의 부과체계는 1994년 거래수입금에 대한 변화와 2002년 국가기업리득금 체계로의 전환 시점까지 큰 변화 없이 유지되었다. 김일성 시대 사회주의 예산수입체계가 특별한 변화 없이 유지되었다는 것은 1970년에 발행된『경제사전 1』, 1975년에 발행된『백과사전 2』, 1985년에 발행된『경제사전 1』그리고 1995년에 발행된『재정금융사전』등을 통해서 확인할 수 있다.

(1) 거래수입금

1970년에 발행된『경제사전 1』은 거래수입금을 다음과 같이 설명한다.

> **생산물가격에 일정한 비율로 미리 고정되여** 있으며 생산물이 실현됨에 따라 국가예산에 바치게 되는 사회순소득부분. **거래수입금은 소매가격에서 상업부가금을 던 것과 도매가격의 차이로써 표현된다.** 우리나라에서는 거래수입금을 **주로 소비재 가격에 포함**시키고 있으며 일부 경우에는 생산수단의 가격에도 포함시킨다. …… 거래수입금은 사회주의 기업소, 기관들에서 조성된 사회순소득분배의 한 형태이며 **국민소득의 제1차적 분배형태**에 속한다. …… 거래수입금은 다음과 같은 절차로 수납된다. 1) 같은 제품의 판매거래에 대하여서는 실현과정에서 거치는 환절수에는 관계없이 단 한번만 부과한다. 이것을 **거래수입금 부과의 1회성 원칙**이라고 한다. 2) 기업소, 기관들이 자체로 생산한 제품을 **외부에 실현하여 그 대금을 받는 즉시에 바친다.** 3) 자기의 완비된 부기계산체계와 결제구좌를 가지고 있는 기업소, 기관들이 납부자로 되며 이들은 거래수입금을 자체로 계산하며 제정된 기간에 국가예산에 바친다. …… 거래수입금은 봉사 기관, 기업소들이 수행한 작업 또는 봉사요금에 대하여서도 부과된다.[146] (강조부분은 저자)

거래수입금은 사회순소득 부분으로서 주로 소비재를 대상으로 부과하고 소비재 가격에 일정한 비율로 고정되어 있으며 소매가격에서 상업부가금을 던 금액과 도매가격의 차이로 계산되어 제1차적 분배형태로 국가예산에 동원되는 부분이다. 판매로 실현될 때 바로 납부하고, 생산에서 판매에 이르는 여러 단계에서 1회만 부과되며, 봉사료에도 부과된다.

1975년에 발행된 『백과사전 2』은 거래수입금을 다음과 같이 설명한다.

> 거래수입금부과비율은 단위제품가격에 포함되어 있는 거래수입금의 크기. …… 거래수입금은 상품품종별 및 규격별, 등급별로 차별적으로 규정되여 있다. 이것은 모든 공장, 기업소들에서 인민경제계획을 지표별로, 품종별로 완수 및 넘쳐 완수하도록 자극하는 동시에 이에 따르는 수익성도 정확히 보장할 수 있게 한다. 현행 **거래수입금부과비율은 상업부가금을 공제한 소매가격에서 기업소도매가격을 던 차액을 기업소도매가격으로 나누고 100을 곱하는 방법으로 계산**된다. 그러나 제품의 종류가 많지 않거나 납부율을 여러 개로 구분할 필요가 없는 제품에 대한 거래수입금부과비율은 산업도매가격에서 기업소도매가격을 던 차액이 기업소도매가격에서 차지하는 비율로 계산된다.[147] (강조부분은 저자)

마지막으로 1985년에 발행된 『경제사전 1』은 거래수입금을 다음과 같이 설명하고 있다.[148]

> **소비품이 실현되는 차제로 일정한 비율로 가격에 고정되여** 국가예산에 바치게 되는 사회순소득의 한 부분. …… 거래수입금은 **소매가격에서 상업부가금과 도매가격을 던 차액**으로 이루어진다. 거래수입금은 소비품의 가격에 들어있

146) 사회과학원 경제연구소, 『경제사전 1』(평양: 사회과학출판사, 1970), 35~36쪽.
147) 『백과사전 2』(평양: 백과사전출판사, 1975).
148) 사회과학원 주체경제학연구소, 『경제사전 1』(평양: 사회과학출판사, 1985), 68~69쪽.

는 사회순소득가운데서 리윤(기업소순소득)을 제외하고 중앙집중적순소득 부분을 국가에 동원하는 형태이다. …… 거래수입금은 사회주의 기관, 기업소들에서 조성된 사회순소득분배의 한 형태이며 **국민소득의 제1차적 분배 형태**에 속한다. 우리 나라에서 **거래수입금은 원칙상 소비품의 가격에만 부과**된다. 그것은 생산수단이 상품적형태를 띠고 있는 사정과 관련되며 중요하게는 거래수입금을 통하여 사회순소득을 국가예산에 끌어들이는 단위를 축소하고 그 수납업무를 간소화하기 위한 실천적 요구와 관련되여 있다. 거래수입금에는 소비재생산부문에서 창조된 순소득과 생산수단생산부문에서 창조되여 소비재생산부문에 이전되여 넘어온 사회순소득이 포함되여 있다. 생산수단이라고 하더라도 그것을 상품으로 실현할 때에는 거래수입금을 붙인다. 산업도매가격이 적용되는 제품에 대해서도 거래수입금을 붙인다. 거래수입금은 같은 제품의 판매거래에 대하여서는 실현과정에서 거치는 매듭수에 관계없이 단 한번만 부과한다. 이것을 **거래수입금 부과의 1회성 원칙**이라고 한다. 거래수입금의 납부자는 거래수입금이 부과되는 생산물을 생산하여 판매하는 국영기업소와 생산협동조합들이다. 거래수입금은 단위제품가격에 일정한 크기로 포함되여있다. 이 크기를 거래수입금부과규모라고 하며 판매가격에 대한 그 백분율을 부과율이라고 한다. …… 거래수입금부과율은 가격의 종류에 따라 다음과 같이 규정된다.

- 거래수입금 부과율 = (상업부가금을 던 소매가격-도매가격)/도매가격 x 100
- 거래수입금 부과율 = (산업도매가격-도매가격)/도매가격 x 100

(강조부분은 저자)

이상에서 살펴본 바와 같이, 1970년대 세금제도 폐지 이후의 거래수입금 부과체계는 최초로 제도변화가 시도되었던 1994년까지 특별한 변화 없이 유지되어온 것으로 보인다.

(2) 국가기업리익금

1970년에 발행된 『경제사전 1』은 국가기업리익금을 다음과 같이 설명한다.

> 국가의 중앙집중적순소득으로 전화하는 국영기업소들에서 조성된 사회순소득의 한 부분. ……국가기업리익금은 **계획에 의하여 납부되고** 월, 분기, 연간 **실적이윤에 의하여 재계산, 조절**된다.[149] (강조부분은 저자)

국가기업리익금은 계획납부 후에 결산기에 실적이윤을 기초로 재계산하여 납부한다. 이는 경상납부와 확정납부 체계를 의미하는 것으로 보인다. 1995년에 발행된 『재정금융사전』은 국가기업리익금을 다음과 같이 설명하고 있다.[150]

> 사회주의국영 기업소, 기관들에서 조성된 이윤을 분배하여 국가예산에 동원하는 형태. 지난 시기 리익공제금이라고도 하였다. …… 독립채산제 원칙에 따라 운영되는 국영기업소들에서 생산 및 판매 활동의 결과 이루어진 기업소이윤의 일부는 기업소자체수요에 충당되고 나머지부분은 국가기업리익금과 지방유지금의 형태로 국가예산에 동원된다.
>
> - 경상납부하는 국가기업리익금 = 판매수입 x 국가기업리익금납부비율
> - 국가기업리익금 확정납부액 = 국가기업리익금계획 + {초과리윤 - (경영손실보상금+기업소기금+상금기금) - 초과리윤에서 바치는 지방유지금}

이러한 체계는 2002년 국가기업리득금 체계로 전환될 때까지 별다른 변화 없이 유지된 것으로 보인다.

---

149) 『경제사전 1』(1970), 191쪽.

150) 사회과학원 사회주의경제관리연구소, 『재정금융사전』(평양: 사회과학출판사, 1995), 130쪽.

5. 사회주의 예산수입체계로의 전환 과정 및 법규 요약

1946년 세무서 폐쇄 및 중요산업국유화, 회계규정 및 중앙은행규정 채택 등 사회주의적 예산수입체계로의 전환을 위한 기반 정비가 먼저 추진되었다. 「북조선중앙은행규정」에서 무현금 결제방식에 대한 방향성을 제시한 후, 1947년 이후 「재정 경리의 은행집중제 강화에 관한 건」(1947.4.1) 및 「은행 업무분야 및 예금구좌 통일에 관한 건」(1947.12.18)을 통해 각 기관별 거래은행 지정 및 1구좌 원칙을 확립하고, 1948년에 이르러 「국가경제기관 국영기업소 및 공리단체 상호 간의 계약제도와 결제제도 확립에 관한 결정서」 및 별지 「결제계산서대금수체규정」(1948.2.29)을 통해 무현금 결제방식을 확립하여 단일은행 징세체계의 행정적 기반을 마련하였다.

국영기업소 재정운영에 대해서는 1948년 「국영기업소 재정운영 및 조절에 관한 결정서」(1948.10.12) 및 「「국영기업소 재정운영 및 조절에 관한 결정서」 실시에 관하여」(1949.5.7)가 채택되어 적용되었으나, 이후 1952년 「산업 상업 및 기타 부문의 국영기업소 기관들의 독립채산제, 재정계획 및 국가예산과의 호상관계에 관한 규정」(1952.3.13)으로 대체되어 폐지되었다. 1952년 규정은 국영기업소 재정과 국가예산의 관계에 대하여 포괄적으로 정리한 것으로서 사회주의 예산수입체계의 기본적인 틀을 담고 있는 핵심적인 규정이다. 또한 1949년의 「조선민주주의인민공화국의 예산권한에 관한 결정서」 및 동 별지 「조선민주주의인민공화국의 예산권한에 관한 규정」(1949.9.20)을 통해 예산의 수입과 지출을 모두 단일은행(중앙은행, 농민은행)의 예산구좌를 통해 집행하도록 함으로써 단일은행 징세 및 '원에 의한 통제' 체계를 확립하였다.

개별 사회주의 경리수입 항목을 중심으로 보면, 1947년 「거래세법」이 제정된 후 「국영거래세 징수규칙」(1947.5.2)과 「국영거래세 징수규칙」 개정

(1947.8.29)이 있었다. 1949년 말 「거래세 개정에 관하여」(1949.12.29)을 통해 유통단계에서의 거래세 부과를 폐지하고 생산단계에서만 부과하는 '거래세 부과의 1회성 원칙'이 정립되었고, 1955년 「주민소득세에 관한 법령」(1955.12.22)을 통해 민영거래세가 폐지되었다. 1957년 4월 개편을 통해 유통부문에 대하여 가격조절 목적으로 부과하던 가격차금이 거래세로 통합되고, 생산수단에 대한 거래세 부과가 폐지되어 온전히 소비재 생산부문에 대해서만 거래세를 부과하는 방식으로 개편되었다. 마지막으로 1960년 거래수입금으로 명칭이 변경된 후 1994년까지 유지되었다.

리익공제금은 「북조선세금제도개혁에 관한 결정서」(1947.2.27)에서 처음 도입되었고, 「리익공제금 징수규칙」(1947.5.2)이 채택되어 적용되었다. 1949년 「국가경제기관의 리익공제금 납부에 관한 규정」(1949.12.29), 1950년 「국가경제기관의 리익공제금 국고납부에 관한 시행세칙」(1950.3.18)이 채택되어 적용되다가, 1952년 「산업, 상업 및 기타 부문의 국영기업소, 기관들의 독립채산제, 재정계획 및 국가예산과의 호상관계에 관한 규정」(1952.3.13)이 채택되면서 1949년 규정 및 1950년 시행세칙은 폐지되었다. 이후 1958년 생산관계의 사회주의적 개조가 완성되고, 1960년에 국가기업리익금으로 명칭이 변경된 후 2002년 국가기업리득금에 통합될 때까지 큰 변화 없이 유지되었다. 이러한 사회주의 예산수입체계로의 전환 과정을 주요 관련 법규를 중심으로 정리하면 〈표 2-4〉와 같다.

<표 2-4> 사회주의 예산수입체계로의 전환 관련 법규

일시	사회주의 예산수입체계로의 전환 관련 법규 등
1946.08.02	북조선림시인민위원회 결정 제56호「세무서 폐쇄에 관한 결정서」(8.10 폐쇄)
1946.08.10	북조선림시인민위원회 결정 제58호「산업 교통 운수 체신 은행의 국유화에 관한 법령」
1946.08.12	북조선림시인민위원회 결정 제60호「북조선회계규정」
1946.10.29	북조선림시인민위원회 결정 제103호「북조선중앙은행에 관한 결정서」 및 별지「북조선중앙은행규정」
1947.02.27	북조선인민위원회 법령 제2호「북조선세금제도개혁에 관한 결정서」(리익공제수입 도입), 북조선인민위원회 법령 제5호「거래세법」
1947.04.01	북조선인민위원회 위원장 지시 제18호「재정 경리의 은행집중제 강화에 관한 건」
1947.05.02	북조선인민위원회위원장 김일성비준(제15호) 재정국명령 제2호「리익공제금 징수규칙」, 북조선인민위원회위원장 김일성비준(제16호) 재정국명령 제3호「국영거래세 징수규칙」(1947. 8.29 재정국명령 제7호 개정「국영거래세 징수규칙」으로 대체)
1947.12.18	북재기 제1185호「은행 업무분야 및 예금구좌 통일에 관한 건」
1948.02.29	북조선인민위원회 결정 제120호「국가경제기관 국영기업소 및 공리단체 상호 간의 계약제도와 결제제도 확립에 관한 결정서」 및 별지「결제계산서 대금수체규정」
1948.05.04	북조선인민위원회 결정 제135호「북조선중앙은행규정」(1946.10.29 규정 대체), 북조선인민위원회 법령 제37호「국영 생산기관 국영 상업기관 국영 운수기관 및 소비조합들의 거래세 리익금 및 기타 국고 납부금 확보에 관한 결정서」
1948.10.12	내각결정 제24호「국영기업소 재정운영 및 조절에 관한 결정서」
1948.12.23	내각수상 김일성 비준 재정성규칙 제5호「국영기업소의 고정재산 감가상각금 적립 및 사용에 관한 규정」
1949.01.17	내각결정 제1호「「각급행정기관 국영기업소 및 소비조합들의 경비절약에 관한 결정서」(북조선인민위원회 결정 제104호, 1948.1.16) 집행상황에 관한 결정서」 및 별지 제1「국가경제기관 국영기업소 협동단체 및 행정기관의 경리책임자의 권리와 의무에 관한 규정」, 동 별지 제2「각급행정기관 국영기업소 및 소비조합들의 경비최고한도에 관한 규정」

〈표 2-4〉 계속,

일시	사회주의 예산수입체계로의 전환 관련 법규 등
1949.05.07	내각지시 제106호「「국영기업소 재정운영 및 조절에 관한 결정서」 실시에 관하여」
1949.06.07	제기자 제1211호 각상내각 직속국장 앞「각 기업소의 리익공제금 및 거래세 납부에 관하여」
1949.09.20	내각결정 제137호「조선민주주의인민공화국의 예산권한에 관한 결정서」 및 동 별지「조선민주주의인민공화국의 예산권한에 관한 규정」
1949.12.29	내각결정 제204호「국가 경제기관의 리익공제금 납부에 관한 규정」, 최고인민회의 상임위원회 정령「거래세 개정에 관하여」(거래세 부과 1회성의 원칙 정립)
1950.03.18	내각수상 김일성 비준 재정성규칙 제5호「국가경제기관의 리익공제금 국고납부에 관한 시행세칙」
1952.03.13	내각결정 제41호 및 동 별지「산업 상업 및 기타 부문의 국영기업소 기관들의 독립채산제, 재정계획 및 국가예산과의 호상관계에 관한 규정」(사회주의 예산수입체계의 포괄적 · 핵심적 규정)
1955.12.22	최고인민위회 상임위원회 법령「주민소득세에 관한 법령」(민영거래세 폐지)
1956.08.11	내각결정 제77호 새로운 도매가격 체계 (1957.4.1부터 실시)
1957.03.17	내각결정 제27호 (1957.4.1부터 거래세 사회주의적 개편)
1958. 8월	생산관계의 사회주의적 개편을 마무리
1960년	거래수입금 및 국가기업리익금으로 명칭 변경
1960.08.15	김일성 8.15 경축대회 보고에서 '세금제도 폐지' 언급

자료: 관련 법규를 토대로 저자 작성.

제4절

소결

김일성 시대 세금관련 법제의 변화 과정은 기존 세금제도의 폐지와 사회주의 예산수입체계로의 전환이라는 중첩적인 과정으로 요약할 수 있다.

북한은 해방 후 지속적으로 세금제도의 폐지를 추진하였고 1974년에 완전한 세금제도의 폐지를 선언하였다. 기존 거래세와 기업소득세는 사회주의 예산수입체계로의 전환 과정을 통해 사회주의 경리수입인 거래수입금과 국가기업리익금으로 전환되었고, 개인에 대한 소득세, 농업현물세, 상속세 및 대부분의 지방세는 폐지되었다. 따라서 최소한 개인에 대한 세금은 폐지하였다고 인정할 수 있다. 하지만 사회주의 경리수입도 사실상 다른 형태의 세금제도라고 본다면 완전한 폐지라고 할 수는 없다. 또한 북한은 1947년 세제개혁 이후 순차적으로 폐지하였던 세금 항목 중 일부를 사용료 또는 수수료 방식으로 전환하여 유지하거나 일부 변화를 시도하였다. 시장사용료와 도축세는 공용시설사용료로 전환되어 유지된 것으로 보이고, 대지세와 가옥세는 개인소유 부분이 점차 축소되면서 국유건물 및 대지에 대한 사용료로 전환된 것으로 보인다. 마지막으로 등록세는 상당 부분 인지수입 형태로 부과하는 공증료 또는 수수료의 형태로 전환되어 존치되었을 가능성이 높아 보인다.

사회주의 예산수입체계로의 전환은 생산관계의 사회주의적 개조가 완성되어 감에 따라 사적소유 부분이 점차 줄어들고 국유화된 부분으로 대체되어 가는 과정이 예산수입법제 측면에 반영된 것이다. 1947년에 전면적인 세금제도 개혁과 함께 14개 조세법령을 공포하였고, 1948년 제정 헌법 제29조에서는 "공민은 그 경제적 형편에 따라서 조세를 납입하여야 한다."고 규정하였다. 동시에 1946년에 세무서 폐쇄 및 중요산업국유화를 추진하였고, 1952년에는 국영기업소 재정과 국가예산의 관계를 포괄적으로 정리하여 사회주의 예산수입체계의 기본적인 틀을 마련하였다. 1958년 8월에 생산관계의 사회주의적 개조를 마무리한 후 1960년에 기존 거래세와 리익공제금의 명칭도 거래수입금과 국가기업리익금으로 변경하였다.

이와 같이 사적소유 기반의 경제활동에 대한 세제 정비와 함께 사회주의 예산수입체계로의 전환을 동시에 준비하고 진행하였다. 이 과정에서 국유화된 부분이 확대되면서 순차적으로 사적소유 기반의 세제를 폐지할 수 있었고 1974년 최종적으로 세금제도의 완전한 폐지를 선언하면서 국유화된 부분을 중심으로 하는 사회주의 예산수입체계가 확립되었다.

이렇게 확립된 거래수입금과 국가기업리익금 중심의 사회주의 예산수입체계는 김정일 시대 초기까지 큰 변화 없이 유지되었다. 1984년 「합영법」 제정 후 1985년에 「합영회사소득세법」 및 「외국인소득세법」 등 대외경제부문에 대한 세제 정비가 있었다는 것을 제외하고는 사회주의 예산수입체계에 대하여 특별한 변화는 없었다.

제3장

김정일 시대

사회주의 예산수입법제의 변화

제1절

서설

김일성이 사망한 1994년은 경제적으로 '고난의 행군' 초입으로서 계획경제시스템이 사실상 붕괴된 어려운 시기였다. 국가의 입장에서는 예산수입 확보에 혈안이 될 수밖에 없었지만 체제유지에 위협이 될 수 있는 개혁적인 정책을 시도하기는 어려웠던 시기라고 할 수 있다. 배급체계가 붕괴되어 농민시장이 암시장으로 변모하였고, 1987~1993년까지의 제3차 경제발전 7개년 계획기간이 성과 없이 마무리됨에 따라[1] 1993년 농업, 경공업 및 무역 제일주의로 경제정책을 전환했다.[2] 또한 1989년 이후 사회주의권의 붕괴에 따라 제품시장 및 원료공급지를 상실함으로써 대외경제부문이 시련기를 맞이했고 1980년대 이후 지속된 경제적 침체가 더욱 악화되었다. 이러한 상황에서 예산수입의 증가도 답보상태에 있었기 때문에 제도적 변화를 모색할 필요가 있었고, 1994년에 거래수입금을 중심으로 예산수입제도에 대한 변화가 시도되었다.

---

1) 양문수, 『북한경제의 구조-경제개발과 침체의 메카니즘』(서울: 서울대학교출판문화원, 2001), 30쪽.

2) 1993년 12월 당중앙위원회 제6기 제21차 전원회의에서 '혁명적 경제전략'을 채택하였는데, 이는 1994~1996년을 완충기로 설정하고 농업제일주의, 경공업제일주의, 무역제일주의 등 3대 제일주의 방침을 관철하고 4대 선행부문(석탄, 전력, 철도운수 및 금속)을 계속 발전시킨다는 것이다. 박후건, 『북한 경제의 재구성』(서울: 도서출판 선인, 2015), 136~138쪽.

북한은 1990~1998년까지 9년 연속 마이너스 성장(실질성장률 기준 GDP 30% 감소)을 기록할 정도로 1990년대에 심각한 경제침체를 겪었다.[3] 1995~1996년에는 대수해를 겪었고, 계획경제시스템의 사실상의 붕괴, 생산의 후퇴, 예산수입의 감소 등 경제적 어려움이 2002년 7 · 1 조치라는 개혁적 흐름의 배경이라고 할 수 있다. 2000년대 초에 농업 및 건설업 중심의 제한적인 회복이 있었으나 제조업 부문의 회복은 지체되었고[4] 전반적으로 1990년대 경제위기 이전 수준까지도 회복되지 못한 상태였다. 1990~2001년까지의 GDP 성장률 및 예산수입의 추이를 보면 다음 〈표 3-1〉과 같다.

<표 3-1> 북한의 GDP 성장률 및 예산수입 추이 (1990~2001년)

구분/연도	90	91	92	93	94	95	96	97	98	99	00	01
실질경제 성장률 (%)	-4.3	-4.4	-7.1	-4.5	-2.1	-4.4	-3.4	-6.5	-0.9	6.1	0.4	3.8
예산수입 (억원)	357	372	395	406	416	243	203	197	198	198	209	216

자료: 『로동신문』, 한국은행. 양문수 외, 『2000년대 북한경제 종합평가』(서울: 산업연구원, 2012), 78쪽 〈표 2-1-1〉 및 161쪽 〈표 2-3-2〉에서 발췌하여 재구성함.

위 표에서 볼 수 있는 바와 같이, 예산수입 규모는 1990년대 초 증가추세를 보이다가 1995년부터 급격하게 감소한다. 이러한 예산수입의 감소는 2002년 이후 예산수입제도 개편의 직접적인 배경이라고 할 수 있다. 1994년 거래수입금 체계의 개편은 예산수입의 조기 확보에는 도움이 되었을 수 있으나 생산성장이 뒷받침되지 않는 상태에서 예산수입의 절대 규모에는 긍정적인 영향을 미치지 못했던 것으로 보인다. 이러한 상황에서 추가적인

3) 양문수 외, 『2000년대 북한경제 종합평가』(서울: 산업연구원, 2012), 77~79쪽.
4) 양문수 외, 『2000년대 북한경제 종합평가』, 415~417쪽.

제도 변화를 고려할 필요가 있었을 것이다.

2002년 이후 계획제계에 대한 부문석 수성을 시노한 개혁을 통해 생산 및 예산수입의 증대를 촉진시키는 경제적 성과가 있었다. 특히 가격현실화 조치와 계획외 수입을 포함하는 번수입 지표, 한도가격 제도 도입 등은 국가기업리득금의 과세표준을 현격하게 증가시키는 요인이 되었고 예산수입의 증가에 긍정적인 효과가 있었다. 이러한 과정에서 2005년 7월 6일 최고인민회의 상임위원회 정령 제1183호로 「국가예산수입법」이 채택되어 비로소 국가예산수입의 개별 항목들이 포괄적인 부문법의 형태로 정리되었다.

2002년 7·1 조치는 당시 내각 주도 하에 추진되었다. 하지만 2005년 이후 당의 반발에 따라[5] 2007년 박봉주 내각총리가 교체되고 2008년 김정일의 비사회주의 단속 지시와 개혁 후퇴로 이어졌다.[6] 경제사업에서 내각의 중앙집권적, 통일적 지도를 보장해야 한다고 김정일이 강조한 바 있다[7]는 점을 근거로 당의 내각 통제력 약화 및 내각의 강화로 볼 수 있다는 주장[8]도 있지만, 2005년 이후 개혁의 후퇴는 내각 주도의 경제개혁에 대한 당의 반발을 김정일이 일정 부분 수용한 것으로 보인다. 구체적으로 2005년 10월에는 식량전매제 및 식량거래금지가 있었고, 2006년에는 시장 개장시간, 시장거래 품목 및 연령에 대한 제한이 있었으며, 2007년부터는 대대적인 시장단속과 함께 시장화에 대한 억제정책이 두드러지게 나타났다. 2005년 이후 개혁 후퇴의 흐름은 동년 7월에 제정된 「국가예산수입법」에는 반영되

5) 양문수 외, 『2000년대 북한경제 종합평가』, 440쪽.

6) 한기범, 「북한 정책결정과정의 조직행태와 관료정치: 경제개혁 확대 및 후퇴를 중심으로 (2000~2009)」, 경남대학교 박사학위논문, 2009, 218쪽.

7) 김정일, 「올해를 강성대국 건설의 위대한 전환의 해로 빛내이자」(1999.1.1.), 『김정일선집 제14권』(평양: 조선로동당출판사, 2000), 461쪽.

8) 김일한, 「조선로동당 제7차 대회는 무엇을 평가하고 어떤 미래를 약속했을까」, 『김정은시대 조선로동당 – 제7차 당대회와 북한 정치·경제』(서울: 도서출판 선인, 2018), 32쪽.

지 않았다. 이러한 개혁 후퇴의 흐름이 법제 변화로 반영되기까지는 시간적인 지체가 있었고 이후 2007년의 「국가예산수입법」 수정보충 과정에 반영되었다고 할 수 있다.

정치적으로는 1992년 헌법을 수정보충하여 국가의 이념적 기초를 마르크스-레닌주의에서 주체사상으로 대체하고 김정일의 후계체제를 강화하면서, 제한적으로 경제개방정책[9]을 수용하게 된다. 또한 2002년 북한의 핵개발 의혹이 제기된 후, 2003년 핵무기확산방지조약(NPT) 탈퇴 성명, 2006년의 대포동 2호 미사일 발사 및 1차 핵실험 등으로 대외관계는 더욱 악화되었다. 1998년 이후 김대중 대통령의 대북포용정책에 따른 남북경제협력은, 2004년 개성공업지구 가동 시작 및 2007년 2차 남북정상회담으로 이어졌지만 2008년 이명박 정부가 들어서면서 다시 위축되기 시작했다.

본 장[10]에서는 조세실체법의 핵심개념인 과세요건을 비교 기준으로 하여 거래수입금과 국가기업리익금을 중심으로 김정일 시대 북한 사회주의 예산수입법제의 변화 과정을 살펴보고자 한다.

---

9) 1984년에 「합영법」을 제정한 이후 1990년대에 들어와서 「외국인투자법」(1992), 「합작법」(1992), 「외국인기업법」(1992), 「자유무역지대법」(1993; 1999년에「라선경제무역지대법」으로 명칭 변경) 등을 제정하여 외국인투자 관련 법제를 재정비하였다. 세제 측면에서도 대외세법의 기본법이라고 할 수 있는 「외국투자기업 및 외국인세금법」(1993)을 제정하였다.

10) 본 장은 ≪최정욱, 「북한 국가예산수입제도의 시기별 변화와 전망 - 국영 생산기업소의 거래수입금과 국가기업리익금을 중심으로」, 『통일문제연구』, 제31권 2호, 2019≫ 내용 중 김정일 시대 국가예산수입제도에 대한 과세요건 분석을 확대하여 심층 분석한 것이다.

제2절

1994년 거래수입금의 변화와 「재정법」 제정 등

거래수입금은 가격에 일정한 비율로 고정되어 국가예산에 바치게 되는 사회순소득 부분[11]으로서 가격체계와 직접적으로 연계[12]되어 있으며, 중앙집중적순소득으로서 국민소득의 제1차적 분배과정을 통해 예산에 동원된다.

본 절에서는 1994년 거래수입금의 변화 과정을 생산수단 도매가격 형식의 변화와 연계하면서 정리하고, 주요 예산수입관련 법제로서 1995년에 제정된 「재정법」과 1999년에 제정된 「인민경제계획법」에 대하여 간략히 검토하고자 한다.

---

11) 사회과학원 경제연구소, 『경제사전 1』(평양: 사회과학출판사, 1970), 35쪽; 사회과학원 주체경제학연구소, 『경제사전 1』(평양: 사회과학출판사, 1985), 68쪽; 사회과학원 사회주의경제관리연구소, 『재정금융사전』(평양: 사회과학출판사, 1995), 34쪽; 『조선말대사전 1(증보판)』(평양: 사회과학출판사, 2017), 215쪽.

12) 정광영, 「거래수입금에 대한 과학적리해에서 제기되는 몇가지 문제」, 『김일성종합대학학보: 철학 · 경제학』, 제57권 제3호, 2011, 97쪽.

1. 1994년 이전의 거래수입금 체계

가. 생산수단 도매가격: 기업소도매가격 형식

해방 후 1947년에는 생산수단 도매가격을 산업도매가격 형식으로 제정하였으나 전쟁 후 원가와 이윤으로 구성되는 기업소도매가격 형식으로 전환하여 1994년까지 유지하였다. 따라서 1994년까지 생산수단 생산기업소는 거래수입금이 포함되지 않은 기업소도매가격에 해당하는 금액으로 소비재 생산기업소에 생산수단을 공급하였다.

나. 납세의무자: 소비재 생산기업소

1994년 이전까지 거래수입금은 원칙적으로 소비재에 대하여만 집중 부과해왔기 때문에 납세의무자는 소비재 생산기업소라고 할 수 있다. 소비재 생산기업소는 거래수입금이 포함되지 않은 기업소도매가격을 기준으로 생산수단을 공급받아서 소비재를 생산·판매한 후 거래수입금을 국가에 납부하였다.

다. 과세대상

거래수입금은 식민지 시기의 물품세를 개편한 거래세에 기원을 두고 있다. 1947년 거래세법 제정 이후 1957년 4월 사회주의 경리수입 체계로 개편되었고, 1960년에 거래수입금으로 명칭이 변경되었다.

> 거래수입금은 소비상품의 실현에 따라 국가예산에 납부되지만 자본주의 사회에서의 소비세와는 근본적으로 다르다. 거래수입금은 상품가치의 구성부분인 사회순소득의 일부로서 상품가치의 크기 안에 있다. 따라서 거래수입금은 상품가치의 크기를 넘어서 가격을 높이는 요인으로는 되지 않는다. **거래수입금의 크기에 의하여 가격수준이 결정되는 것이 아니라 가격수준의 크기에 의하여 거래수입금의 규모가 결정된다.** 바로 여기에 사회주의사회에서 거래수입금이 세금이 아닌 근거가 있으며 자본주의사회에서 거래세를 포함한 각종 소비세와 구별되는 차이가 있다. ……또한 **거래수입금은 가격조절과 수익성 조절공간으로도 이용된다.**[13] (강조부분은 저자)

위 인용문의 내용은 거래수입금이 상품 가치의 크기를 넘어서 가격을 높이는 요인이 되지 않고 가격의 범위 내에서 결정되기 때문에 소비세가 아니라는 주장이다. 하지만 위 인용문에서도 언급하고 있는 바와 같이 품목에 따라서는 거래수입금이 가격의 범위 내에서 결정되는 것이 아니라 가격을 조절하는 공간으로도 이용된다.

기업소도매가격 형식에서 거래수입금은 가격의 구성요소가 아니고[14] '예수금(豫受金)'[15] 성격으로서 회계학적 관점에서는 해당 기업소의 판매수입을 구성할 수 없다. 기업소가 판매금액의 일부로 받아서 보유하고 있지만 소유권[16]이 없고 국가에 납부해야 하는 금액이고, 납세의무자는 소비재 생산기업소지만 조세의 전가를 통해 최종소비자가 담세자가 되는 간접

---

13) 최준택, 『사회주의기업소재정(2판)』(평양: 김일성종합대학출판사, 1988), 119쪽.

14) 『재정금융사전』(1995), 691쪽.

15) 가격체계 내에서 거래수입금의 경제적 내용은 기업소도매가격 형식일 경우에도 사회순소득에 해당한다. 그러나 회계학적인 관점에서는 '예수금' 성격이고 해당 기업소의 부채로서 소득을 구성할 수 없다. 사업자가 재화를 판매하고 판매수입(공급가액)과 함께 지급받은 부채성격의 '부가가치세 예수금'을 신고납부 과정을 통해 국가에 납부하는 경우와 유사하다.

16) 자본주의적 '소유'라기보다는 회계단위로서의 기업소에 대한 '귀속' 정도로 생각할 수 있다.

소비세의 성격을 띤다. 따라서 이 시기에 소비재 생산기업소가 납부한 거래수입금은 판매행위(소비행위)[17]를 과세대상으로 하는 소비세의 성격을 띤다.

라. 과세표준

기업소도매가격 형식에서 부과율(세율)이 소비품 도매가격에 대한 비율로 표현된다는 점에서, 과세표준은 소비품 판매수입, 즉「소비품 도매가격 x 판매수량」으로 표현된다. 소비품 도매가격은 소매가격에서 상업부가금과 거래수입금을 던 차액이다.[18]

마. 세율

거래수입금 부과율(세율)은 아래와 같이 소비품 도매가격에 대한 비율로 표현된다.[19]

---

17) 소비세는 '소비행위' 자체를 직접대상으로 할 경우 직접소비세, 납부된 조세가 소비자에게 전가될 경우 간접소비세가 된다. 임승순, 『조세법(제20판)』(서울: 박영사, 2020), 11쪽; 간접소비세는 납세의무자의 '판매행위'에 부과하는 형식을 취한다. 즉 재화의 공급행위(판매행위)가 직접적인 과세대상이 되며, 조세의 전가과정을 통해 담세자인 소비자의 '소비행위'에 간접적으로 과세된다. 우명동, 『조세론』(서울: 도서출판 해남, 2007), 336쪽.

18) 『경제사전 1』(1985), 68쪽.

19) 『경제사전 1』(1985), 69쪽; 제품의 종류가 많지 않거나 납부율을 여러 개로 구분할 필요가 없는 제품의 경우 예외적으로 다음과 같은 부과율을 적용한다. 거래수입금 부과율 = {(산업도매가격-도매가격)/도매가격} x 100. 『백과사전 2』(평양: 백과사전출판사, 1975), 22쪽. 예외적으로 산업도매가격이 적용되는 경우로서, 여기서 도매가격은 기업소가격(원가+이윤)을 의미하는 것으로 보인다.

• 거래수입금 부과율 = {(상업부가금을 던 소매가격－도매가격)/도매가격} x 100

여기서 「상업부가금을 던 소매가격-도매가격」은 거래수입금을 의미한다. 즉 거래수입금 부과율은 소비품 도매가격에 대한 거래수입금의 비율로 표현된다.

바. 납부방법

거래수입금은 판매실현과 동시에 중앙집중적으로 국가예산에 동원된다. 최준택(1988)은 경상납부와 확정납부 절차에 대하여 아래와 같이 설명하고 있다.

> 거래수입금은 판매거래가 이루어질 때마다 매일 거래 건별로 계산하여 납부한다. 거래수입금 **납부의무는 제품을 수요자에게 발송하는 것과 함께 생기고 판매수입금이 입금되는 것과 함께 납부의무가 수행되게 하는 원칙**에서 납부절차가 규정된다. …… 품종등급구성이 복잡하여 그 계산이 어려울 경우에는 재정기관과의 합의 밑에 월평균거래수입금율에 의하여 작성할 수 있다. …… 기업소들에서는 **매월, 분기별로 거래수입금납부에 대한 결산을 진행**한다. 결산에서는 제품의 판매실적에 상응한 거래수입금 조성액을 이미 납부한 금액과 대비하여 더 바쳤거나 덜 바친 금액을 확정한 다음 정해진 날자 안으로 더 바치거나 반환하여야 한다.[20] (강조부분은 저자)

20) 최준택, 『사회주의기업소재정(2판)』, 124쪽 및 138쪽. 확정납부액과 이미 납부한 경상납부액을 비교하여 추가납부 또는 반환액을 결정하는 방식이 적용된다. 국가기업리익금의 경우에도 동일하다.

(1) 경상납부

경상납부는 거래가 일어나면서 즉시 납부하는 것을 의미한다.[21] 거래수입금은 매일의 실적에 기초하여 납부하는 것으로서 그 특성상 실적에 기초한 경상납부가 기본적인 납부방식이다. 원칙적으로 거래수입금 납부규모는 일반적으로 아래와 같이 "제품단위당 거래수입금을 계산하고 판매량에 상응한 납부액을 계산하는 방법"[22](차액방법)으로 규정된다.

- 거래수입금 = (상업부가금을 던 소매가격-도매가격) x 판매량

다만 품종구성이 복잡할 경우 아래와 같은 평균거래수입금율을 적용하는 방식(비율방법)으로 계산할 수 있다.

- 거래수입금 = 판매수입실적 x 평균거래수입금율
  여기서, 평균거래수입금율 = (거래수입금계획/판매수입계획) x 100

(2) 확정납부

거래수입금의 확정납부는 매일의 판매실적에 따라 납부한 경상납부에 대한 결산기 정산 과정이며, 아래와 같이 「과세표준 x 세율」 형식으로 표현할 수 있다.[23]

---

21) '경상계산'을 경영활동과정에서 거래가 일어나면 즉시에 진행하는 계산이라고 설명하는 것에 비추어 볼 때, '경상납부'도 거래 즉시 납부하는 방식을 의미하는 것으로 해석된다. 『경제연구』 2011년 제3호 「상식」 부분 참조. 남한에서도 법인세 '중간예납(中間豫納)'이나 부가가치세 '예정신고납부(豫定申告納付)'와 같이 사업연도 또는 과세기간 중간에 납부하는 방식이 있다.

22) 최준택, 『사회주의기업소재정(2판)』, 123쪽.

23) 『경제사전 1』(1985), 69쪽.

- 거래수입금 = (소비품 도매가격 x 판매량) x 거래수입금 부과율

  여기서,

  거래수입금 부과율 = {(상업부가금을 던 소매가격−도매가격)/도매가격} x 100

2. 1994년 거래수입금 체계의 변화

1994년에 거래수입금을 중심으로 제도적 변화가 시도되었다. 거래수입금의 부과단위에 생산수단 생산기업소를 포함하였고 생산수단 도매가격의 형식을 기업소도매가격에서 산업도매가격으로 변경하였다. 하지만 이러한 변화는 「고전적 사회주의 예산수입체계」 내에서 국정가격 및 계획을 기반으로 하는 것으로서 '시장'이 예산수입체계에 반영될 여지는 없었다. 국가기업리익금에 대해서는 별다른 변화가 없었다.

가. 생산수단 도매가격: 산업도매가격 형식으로 변경

북한은 1994년 생산수단 도매가격의 형식을 기업소도매가격(=원가+이윤)에서 산업도매가격(=원가+이윤+거래수입금)으로 변경하면서 가격의 구성요소가 아니었던 거래수입금을 가격의 일부로 편입시킨다.[24] 이러한 생산수단 도매가격 형식의 변화는 거래수입금의 성격과 과세대상이 과거 1994년 이전과 다를 수 있음을 의미하는 것이다.

---

24) 오선희, 「거래수입금의 제정 및 적용에서 제기되는 몇가지 문제」 『경제연구』, 1994년 제3호, 36~38쪽; 『재정금융사전』(1995), 691쪽. 생산기업소에서의 가격은 도매가격을 의미하고, 가격의 구성요소는 이러한 도매가격의 일부라는 의미라고 할 수 있다. 즉 거래수입금은 최종 소비품 소매가격에는 항상 포함되어 있는 것이고, 도매가격에는 생산수단 도매가격 형식에 따라 포함되거나(산업도매가격) 포함되지 않을 수 있다(기업소도매가격).

생산수단 생산기업소를 납세의무자에 포함시키면서 기업소도매가격 형식을 유지한다면 생산수단 생산기업소가 납부한 거래수입금이 가격체계 밖에 있는 형태가 된다. 따라서 이를 가격체계 내에 포함시켜서 소비재 생산기업소에 전가하는 과정이 필요하다. 결국 생산수단 생산기업소를 납세의무자에 포함시키는 것과 산업도매가격 형식으로의 변경은 불가분의 관계에 있다고 판단된다.

나. 납세의무자: 소비재 및 생산수단 생산기업소

거래수입금은 소비재에 집중적으로 부과되던 것으로서 원칙적으로 소비재 생산기업소만 납세의무자에 해당하였으나, 1994년을 기점으로 생산수단 생산기업소도 납세의무자에 포함되어 생산수단과 소비재를 포괄하는 생산물 일반에 대하여 부과되었다.[25)]

이 경우 소비재 생산기업소의 원가에는 생산수단 도매가격(산업도매가격)에 포함되어 넘어온 거래수입금이 포함되어 있기 때문에 소비품 도매가격의 원가 구성은 달라진다. 또한 소비품 도매가격은 소비재 생산기업소의 거래수입금을 포함하는 개념으로서 상업부가금을 던 소매가격과 일치한다(제1장 제3절 2. "가. 생산수단 및 소비품의 도매가격" 참조). 이러한 생산수단 도매가격 형식의 변화에 따른 거래수입금 부과체계의 변화를 도식화하여 정리해보면 〈그림 3-1〉과 같다.

---

25) 오선희, 「거래수입금의 제정 및 적용에서 제기되는 몇가지 문제」, 36~38쪽; 『재정금융사전』(1995), 34~35쪽.

<그림 3-1> 생산수단 도매가격 형식과 거래수입금의 관계

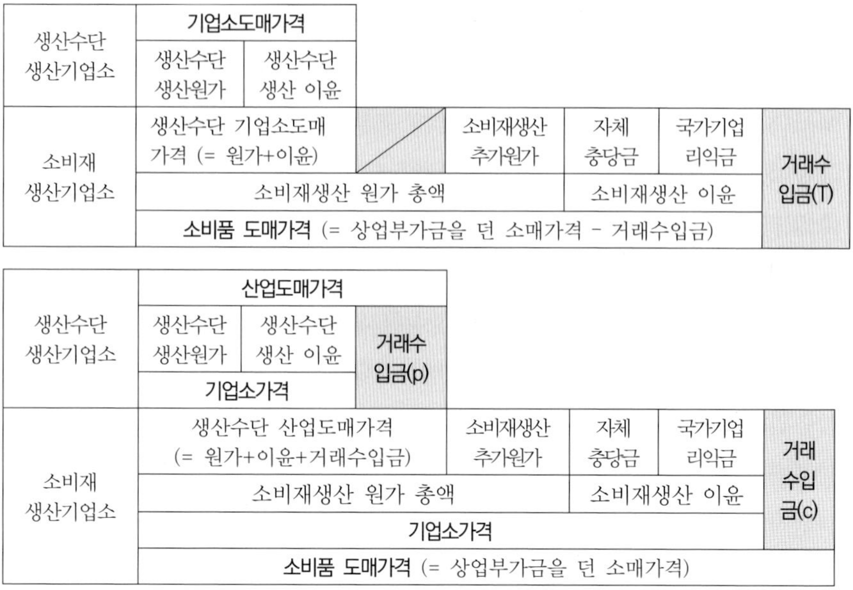

<table>
<tr><td rowspan="2">생산수단
생산기업소</td><td colspan="2">기업소도매가격</td></tr>
<tr><td>생산수단
생산원가</td><td>생산수단
생산 이윤</td></tr>
<tr><td rowspan="3">소비재
생산기업소</td><td colspan="2">생산수단 기업소도매
가격 (= 원가+이윤)</td><td></td><td>소비재생산
추가원가</td><td>자체
충당금</td><td>국가기업
리익금</td><td rowspan="3">거래수
입금(T)</td></tr>
<tr><td colspan="4">소비재생산 원가 총액</td><td colspan="2">소비재생산 이윤</td></tr>
<tr><td colspan="6">소비품 도매가격 (= 상업부가금을 던 소매가격 - 거래수입금)</td></tr>
</table>

<table>
<tr><td rowspan="3">생산수단
생산기업소</td><td colspan="3">산업도매가격</td></tr>
<tr><td>생산수단
생산원가</td><td>생산수단
생산 이윤</td><td rowspan="2">거래수
입금(p)</td></tr>
<tr><td colspan="2">기업소가격</td></tr>
<tr><td rowspan="4">소비재
생산기업소</td><td colspan="3">생산수단 산업도매가격
(= 원가+이윤+거래수입금)</td><td>소비재생산
추가원가</td><td>자체
충당금</td><td>국가기업
리익금</td><td rowspan="3">거래
수입
금(c)</td></tr>
<tr><td colspan="4">소비재생산 원가 총액</td><td colspan="2">소비재생산 이윤</td></tr>
<tr><td colspan="6">기업소가격</td></tr>
<tr><td colspan="7">소비품 도매가격 (= 상업부가금을 던 소매가격)</td></tr>
</table>

자료: 관련 내용을 기초로 저자 작성.

오선희(1994)는 생산수단에 거래수입금을 부과하여도 사회전체적으로 거래수입금의 총량은 변하지 않는다고 설명하고 있다.

> 거래수입금을 소비품에만 집중 부과하는 경우에는 소비품의 가치 안에서 자기 가치보다 낮은 가격의 생산수단을 이용한 것으로 원가가 낮아진 것만큼 사회순소득이 커질 것이며 반대로 생산수단과 소비재에 다 부과하는 경우에는 높은 가격의 생산수단을 이용한 것으로 하여 **소비품의 가치 안에서 원가가 높아지는 것만큼 사회순소득이 줄어드는 것**이지 결코 소비품의 가격이 가치보다 높아지는 것은 아니다. 때문에 어느 경우에나 **사회전체적으로는 거래수입금의 총량이 변하지 않게 된다.**[26] (강조부분은 저자)

26) 오선희, 「거래수입금의 제정 및 적용에서 제기되는 몇가지 문제」, 37쪽.

상기 내용은 '거래수입금 부과의 1회성 원칙'[27]이 적용되기 때문에 결과적으로 거래수입금 총액은 동일하다는 주장이다. 즉 상기 〈그림 3-1〉에서 거래수입금 (p + c) = T 라는 것이다. 하지만 생산수단과 소비재 생산단계에서 창조되는 사회순소득이 엄밀하게 구분되어 각각 상응하는 거래수입금이 정확하게 부과되지 않는 한 '누적효과'가 발생되어 (p + c) 〉 T 가 될 수 있다.[28] 현실적으로 생산수단과 소비재 생산단계에서 각각 납부하는 거래수입금에 누적효과가 발생하는 것을 완전히 배제하기는 어려울 것이다.

이러한 부작용에도 불구하고 생산수단까지 부과대상에 포함시킨 것은 '고난의 행군' 초입이었던 1994년의 경제상황과 관련이 있어 보인다. 즉 예산수입을 조기에 확보하기 위하여 소비재 생산 이전 단계인 생산수단 생산단계에서 거래수입금을 예산으로 동원하고자 한 것으로 판단된다.

생산수단 생산단계에서 거래수입금을 부과한 것이 처음은 아니다. 해방 후 초기에는 생산수단 거래에 대해서도 거래세를 부과하였으나 1957년 사회주의적 개편 과정에서 생산수단에 대한 거래세가 폐지된 것으로서,[29] 1994년에 다시 생산수단 생산기업소를 부과단위에 포함시킨 것이다.

---

27) 동일한 제품에 대하여 판매과정에서의 환절수에 관계없이 거래수입금을 단 한번만 부과한다는 원칙. 『재정 및 은행학』(평양: 고등교육출판사, 1976), 115쪽; 『경제사전 1』(1970), 36쪽; 『경제사전 1』(1985), 68~69쪽; 오선희(1994); 『조선말대사전 1』(2017), 215쪽 등 참조.

28) 생산수단 생산단계에서 부과된 거래수입금이 포함된 산업도매가격은 소비재 생산기업소의 원가를 구성한다. 누적효과가 발생하지 않으려면 소비재 생산단계에서 추가 창출된 사회순소득만을 엄밀하게 계산하여 거래수입금을 부과해야 한다. 하지만 거래수입금을 통한 가격제정 및 조정 과정에서 북한 당국의 재량에 따라 거래수입금이 누적적으로 추가 부과될 가능성을 배제할 수 없다.

29) 안광즙, 『공업재정』(평양: 교육도서출판사, 1957), 63~64쪽.

다. 과세대상

〈그림 3-1〉을 보면, 기업소도매가격 형식일 경우 거래수입금은 가격의 구성요소에서 제외되어 있으나, 산업도매가격 형식일 경우 생산수단 및 소비재 생산기업소의 도매가격을 구성한다.

거래수입금이 가격의 구성요소에서 제외되는 기업소도매가격 형식의 경우, 거래수입금은 예수금 성격으로서 기업소에 귀속되지 않고 판매행위(소비행위)를 과세대상으로 하는 간접소비세에 해당한다고 할 수 있다. 그러나 산업도매가격 형식의 경우 거래수입금이 가격의 일부를 구성하면서 회계학적 관점에서 해당 기업소의 판매수입을 구성한다.

따라서 1994년 이후 거래수입금은 산업도매가격 형식으로 변경되어 판매수입을 구성한다는 점에서, 원가가 반영되지 않은 상태지만 기업소에 귀속되는 사회순소득을 과세대상으로 하는 소득세의 성격도 띤다고 할 수 있다. 결과적으로 판매수입에 세율을 적용한다는 점에서 소비세의 외관을 가지고 있지만, 실질적으로 사회순소득을 과세대상으로 하는 소득세 성격이 혼재된 이중적이고 모호한 상태로 변화했다고 할 수 있다.[30] 소득세 성격이 추가된 거래수입금 부과는 2002년 이후 모든 기업소를 대상으로 하는 전면적인 소득과세(국가기업리득금)로 전환하는 과정의 중간단계일 수 있다.

---

30) 거래수입금과 국가기업리익금은 사회순소득의 분배형태로서 경제학적인 관점에서는 양자 간에 차이가 없고, 실무적인 필요에 의해 구분한 것일 뿐이다. 박유현, 『북한의 조세정치와 세금제도의 폐지, 1945-1974』(서울: 도서출판 선인, 2018), 175쪽.

라. 과세표준 및 세율[31]

거래수입금은 가격에 일정한 비율로 고정되어 있는 것으로서, 가격을 기준으로 과세표준이 결정된다.

1994년 이후 생산수단 생산기업소의 경우, 거래수입금 과세표준에 해당하는 판매수입금은 「생산수단 산업도매가격 x 판매수량」으로 표현되고, 거래수입금 부과율(세율)은 다음과 같이 생산수단 산업도매가격에 대한 비율로 표현된다.

- 거래수입금 부과율 = {(산업도매가격 – 기업소가격)/산업도매가격} x 100

소비재 생산기업소의 경우, 1994년 이후에도 1994년 이전과 마찬가지로 거래수입금 과세표준에 해당하는 판매수입금은 「소비품 도매가격 x 판매수량」으로 표현되고, 거래수입금 부과율(세율)은 다음과 같이 소비품 도매가격에 대한 비율로 표현된다.

- 거래수입금 부과율 = {(소비품 도매가격 – 기업소가격)/소비품 도매가격} x 100

마. 납부방법

앞서 살펴본 바와 같이, 거래수입금의 납부방법은 판매수입이 이루어질 때마다 실적에 기초하여 경상납부를 하고 결산기말에 정산하여 확정납부하는 방식으로 이루어진다.

---

31) 『재정금융사전』(1995), 35쪽.

(1) 경상납부[32]

① 생산수단 생산기업소의 경상납부

경상납부의 납부금액 계산에는 차액방법과 비율방법이 적용된다. 차액방법은 산업도매가격에 의한 생산물판매수입에서 기업소가격[33]에 해당하는 수입을 차감하여 계산하는 방법이다.

- 거래수입금 = (산업도매가격 - 기업소가격) x 판매량

품종이 많을 경우에는 제품판매수입금에 평균거래수입금율을 적용하여 계산하는 비율방법을 적용할 수 있다.

- 거래수입금 = 판매수입금 x 평균거래수입금율
  여기서, 평균거래수입금율 = (거래수입금계획/판매수입금계획) x 100

납부방법은 제품을 발송할 때 대금결제문건과 함께 거래수입금납부계산서를 거래은행에 제출하여 제품대금을 받을 때마다 즉시 납부한다.

② 소비재 생산기업소의 경상납부

소비재 생산기업소의 거래수입금 경상납부 금액은 소비품 도매가격에 거래수입금이 포함되어 있는 구조이므로 아래와 같이 계산된다.

- 거래수입금 = (소비품 도매가격 - 기업소가격) x 판매량

---

32) 『재정금융사전』(1995), 35쪽; 오선희, 「거래수입금의 제정 및 적용에서 제기되는 몇가지 문제」, 38쪽.

33) '기업소가격'은 '원가+이윤'을 의미하여 내용적으로는 기업소도매가격과 동일하다.

〈품종구성이 복잡할 경우〉

- 거래수입금 = 판매수입실적 x 평균거래수입금율
  여기서, 평균거래수입금율 = (거래수입금계획/판매수입계획) x 100

(2) 확정납부[34]

① 생산수단 생산기업소의 확정납부

- 거래수입금 = (산업도매가격 x 판매수량) x 거래수입금 부과율
  여기서,
  거래수입금 부과율 = {(산업도매가격 - 기업소가격)/산업도매가격} x 100

② 소비재 생산기업소의 확정납부

거래수입금의 확정납부는 매일의 판매실적에 따라 납부한 경상납부에 대한 정산 과정이며, 아래와 같이 「과세표준 x 세율」 형식으로 표현할 수 있다.

- 거래수입금 = (소비품 도매가격 x 판매량) x 거래수입금 부과율
  여기서,
  거래수입금 부과율 = {(소비품 도매가격 - 기업소가격)/소비품 도매가격} x 100

소비품 도매가격은 소비재 생산기업소의 거래수입금을 포함하고 있고 상업부가금을 던 소매가격과 동일하다.

34) 『재정금융사전』(1995), 35쪽.

3. 1995년 「재정법」 및 1999년 「인민경제계획법」 제정

가. 「재정법」 제정

북한은 1995년 8월 30일 최고인민회의 상설회의 결정 제61호로 「재정법」을 채택하였다. 「재정법」은 "재정의 기능과 역할을 높여 나라살림살이에 필요한 화폐자금을 계획적으로 마련하고 통일적으로 분배, 이용하는 데 이바지"하는 것을 사명으로 한다(제1조). 동법 제9조에서는 "국가예산은 전반적인 나라살림살이를 규정하는 기본재정계획"이라고 명시하여 국가예산이 계획체계 내의 재정계획을 통하여 이루어지는 것임을 명확히 하고 있다.

「재정법」 제2장은 국가예산에 대하여 규정하고 있고, 국가예산의 편성, 국가예산수입과 지출, 중앙예산과 지방예산 등과 관련된 내용을 규정하고 있다.[35] 동법 제36조에서는 "기관, 기업소, 단체는 국가예산에 바치고 남은 이윤을 쓸 수 있다. 인민경제계획을 지표별로 실행하고 초과이윤을 냈을 경우에는 자체기금과 상금기금을 더 세우고 쓸 수 있다."고 규정하여 국가예산의 우선적 납부의무를 규정하고 있다.[36]

나. 「인민경제계획법」 제정

1999년 4월 9일 최고인민회의 법령 제2호로 「인민경제계획법」을 채택하

35) 북한에서 재정은 국가예산과 기업소 등의 재정을 모두 포함하는 개념이다. 따라서 「재정법」은 제2장에서 국가예산을, 그리고 제3장에서 기관, 기업소, 단체의 재정을 규정하고 있다.

36) 2015년 최종 수정보충된 「재정법」 제36조에서는 "기관, 기업소, 단체가 경영활동과정에서 이루어진 순소득 또는 소득에서 국가납부몫을 국가예산에 먼저 바치고 나머지를 자체충당금, 장려금, 상금기금 같은 경영활동에 필요한 자금으로 쓸 수 있다."로 규정하여 일부 문구가 수정되었지만 국가예산의 우선적 납부의무는 변함이 없다.

였다. 「인민경제계획법」의 제정은 '고난의 행군' 시기를 거치면서 붕괴된 계획경제시스템을 정비하기 위한 조치인 것으로 보인다.

「인민경제계획법」은 "인민경제계획의 작성, 비준과 시달, 실행과 그 총화에서 제도와 질서를 엄격히 세워 인민경제를 계획적으로 발전시키는데 이바지"(제1조)하는 것을 목적으로 한다. 국가예산은 이러한 "인민경제계획의 수행을 보장할 목적으로 나라의 중앙집중적 화폐 자산을 형성하며 그를 분배하는 기본 형태"[37]로서 인민경제계획의 일부를 구성한다. 따라서 「인민경제계획법」의 제정은 예산수입관련 법제의 근간인 계획체계를 정비한 것이라고 볼 수 있다.

---

37) 장원성, 『사회주의 하에서의 국가예산, 신용 및 화폐류통』(평양: 조선로동당출판사, 1960), 8쪽.

제3절

2002년 7 · 1 조치와 개혁적 제도 변화

2002년 7 · 1 조치는 2001년 10월 김정일이 당과 내각의 경제일군에게 「강성대국건설의 요구에 맞게 사회주의경제관리를 개선강화할데 대하여」라는 지시문건을 하달함으로써 본격적으로 추진되었다. 2002년 7 · 1 조치의 주요 내용을 요약하면 다음과 같다.: ① 상품가격 및 생활비의 현실화, ② 식량 및 생필품 저가 배급제 폐지, ③ 전략지표 이외의 국가지표 수립 권한을 하부 단위로 이관, ④ 기업의 자율성과 책임의 확대 및 번수입에 의한 평가, ⑤ 협동농장의 분조단위 축소 및 개인경작지 확대, ⑥ 농민시장을 종합시장으로 확대 개편 등. 이러한 과정에서 예산수입 부문에서는 거래수입금의 폐지와 국가기업리득금 체계로의 전환이 이루어졌다.[38]

38) 양문수 외, 『2000년대 북한경제 종합평가』, 139~143쪽; 한기범, 『북한 경제개혁과 관료정치』(서울: 북한연구소, 2019), 90~92쪽.

1. 2002년 7·1 조치와 국가기업리득금 체계

가. 거래수입금의 폐지와 국가기업리득금 체계로의 전환

(1) 거래수입금의 폐지

1957년 4월「거래세법」개정을 통해 유통부문에 대하여 가격조절 목적으로 부과하던 가격차금이 거래세로 통합되고 생산수단에 대한 거래세 부과가 폐지되어, 온전히 소비재 생산부문에서만 거래세를 납부하는 방식의 사회주의 예산수입체계로 개편되었다.[39] 이러한 거래세는 1960년에 거래수입금으로 명칭이 변경되었다.

이러한 역사적 배경을 가지고 있는 거래수입금은 "가격체계를 통하여 국가수중에 중앙집중적으로 동원되는 사회순소득 부분으로서 가격의 중요구성요소를 이루며 그와 밀접한 연관"[40]을 갖는다는 점에서 사회주의 예산수입체계에서 핵심적인 위치에 있다. 거래수입금의 규모는 "제품의 품종에 따라 차이 있게 고정시키는 방법으로 설정"되고 "제품단위당 거래수입금의 절대액 또는 일정한 부과비율"로 규정된다.[41] 즉 거래수입금은 국가가 제품품목별로 계획가격을 제정하여 적용하고 조절함에 있어서 핵심적인 위치에 있다.

이러한 거래수입금을 폐지하고 국가기업리득금 체계로 전환한 것은 포괄적인 성격의 번수입 지표와의 정합성을 고려한 것으로 보인다. 또한 1994년에 이미 생산수단 생산기업소까지 거래수입금의 부과단위에 포함시

---

39) 리상언,「≪인민경제계획화(XII)≫: 우리 나라에서의 재정 계획화」,『경제건설』, 1958년 제12월, 43~50쪽.

40) 정광영,「거래수입금에 대한 과학적리해에서 제기되는 몇가지 문제」, 97쪽.

41) 김용기 · 전복빈,『가격제정과 적용』(평양: 공업출판사, 1981), 15쪽.

킴으로써 모든 생산기업소에 대하여 일률적으로 국가기업리득금을 부과할 수 있는 구조가 마련되어 있었다고 할 수 있다.

(2) 국가기업리득금의 개념

2002년 7 · 1 조치와 함께 거래수입금과 국가기업리익금이 통합되어 국가기업리득금 체계로 변경된다. 국가기업리득금은 "사회주의 국영기업소, 기관에서 조성된 소득의 일부를 국가수중에 동원하는 국가예산수입 형태"[42]로 정의된다.

해방 후 거래세(거래수입금)와 이익공제금(국가기업리익금) 체계가 장기간 유지되어 왔다는 점에서 거래수입금의 폐지와 국가기업리득금 체계로의 전환은 상당히 파격적인 것이다. 하지만 북한 문헌에서 국가기업리득금에 대한 논의는 많지 않다.

김영수(2004)에 의하면, 국가기업리득금은 기존 생산기업소의 사회순소득 뿐만 아니라 상업, 유통, 봉사 등 비생산기업소를 부과단위에 포함하여 이들 비생산기업소의 순수입도 예산수입의 원천으로 포괄하고, 번수입을 기초로 계획외 판매수입도 과세대상에 포함하여 납부금액을 계산한다. 또한 국가기업리득금은 거래수입금과 마찬가지로 중앙집중적 납부대상이다.[43]

---

42) 『조선말대사전 1(증보판)』(평양: 사회과학출판사, 2017), 587쪽. 『광명백과사전 5(경제)』(평양: 백과사전출판사, 2010), 261쪽에서는 "사회주의국영기업소, 기관에 조성된 **사회순소득**의 일부를 분배하여 국가수중에 동원하는 예산수입형태"(강조부분은 저자)로 정의하고 있는데, 이는 2007년 이후 '순소득' 분배기준으로 전환된 것을 반영한 것으로 보인다.

43) 김영수, 「국가기업리득금과 그 합리적동원에서 제기되는 몇가지 문제」, 『경제연구』, 2004년 제1호, 24~26쪽.

(3) 중앙집중적 납부체계의 전면화

기존 국가기업리익금은 전체 사회순소득에서 거래수입금(중앙집중적순소득)과 기업소순소득(이윤)으로 1차적 분배가 이루어진 후에 이윤의 일부를 2차 분배과정을 통하여 국가예산에 동원하는 국민소득의 재분배형태라고 할 수 있다.

> 독립채산제원칙에 따라 운영되는 국영기업소들에서 생산 및 판매활동의 결과 이루어진 **기업소 이윤의 일부**를 기업소자체수요에 충당되고 나머지 부분은 국가기업리익금과 지방유지금의 형태로 국가예산에 동원한다.[44] (강조부분은 저자)

반면에 국가기업리득금은 거래수입금 및 국가기업리익금이 통합되어 전체가 1차 분배과정에서 중앙집중적으로 동원되는 방식이다.

> …… **중앙집중적으로 국가예산에 동원되는가 아니면 기업소순소득의 일부를 분배하여 국가예산에 동원되는가** 하는데 따라 국가기업리득금과 국가기업리익금이 구별되는 특징이 있다.[45] (강조부분은 저자)

1994년 이전에 소비재 생산기업소의 거래수입금에만 국한되었던 중앙집중적 납부체계를 1994년에 생산수단 생산기업소의 거래수입금까지 확대하였고, 2002년 7·1 조치를 통하여 국가기업리익금 부분까지 포괄하여 전체 사회주의 경리수입 부분이 중앙집중적 납부체계로 전환되었다. 이는 예산동원의 측면뿐만 아니라, 시장경리 활동을 공식적으로 인정하면서 경영통

---

44) 『재정금융사전』(1995), 130쪽.

45) 김영수, 「국가기업리득금과 그 합리적동원에서 제기되는 몇가지 문제」, 24쪽.

제 및 재정통제의 필요성이 커졌기 때문에 이를 강화하고자 한 것으로 판단된다.

나. 납세의무자

국가기업리익금은 "사회주의국영 기업소, 기관들에서 조성된 이윤을 분배하여 국가예산에 동원하는 형태"[46]로서, 그 납세의무자는 아래 내용에서 확인되는 바와 같이 독립채산제 국영기업소로서 생산기업소와 비생산기업소를 포함한다. 하지만 거래수입금의 납세의무자는 비생산기업소를 포함하지 않는다. 국가기업리득금은 거래수입금과 달리 생산기업소 뿐만 아니라 상업, 유통, 봉사 등 비생산기업소를 부과단위에 포함시켰다.

> …… 거래수입금은 소비품 생산기업소에서 조성되는 순소득의 일부를 국가예산에 동원하는 기능을 수행하지만 **국가기업리익금**은 생산 영역의 독립채산제 기업소는 물론 **비생산분야의 독립채산제 기관, 기업소들에서 조성되는 이윤도 분배하여 예산에 동원**하는 기능을 수행한다.[47] (강조부분은 저자)

> **국가기업리득금**은 근로자들이 국가와 사회를 위한 노동에 의하여 조성된 순소득뿐만아니라 **상업, 유통, 봉사를 비롯한 여러 가지 경영활동과정에서 이루어진 순수입도 다 포함하고 있으므로 그 포괄범위가 대단히 크다.** 바로 여기에 국가기업리득금이 거래수입금과 구별되는 특징이 있다.[48] (강조부분은 저자)

46) 『재정금융사전』(1995), 130쪽.

47) 정광영, 「국가기업리익금에 대한 과학적 해명에서 나서는 중요문제」, 『경제연구』, 2011년 제4호, 31쪽.

48) 김영수, 「국가기업리득금과 그 합리적동원에서 제기되는 몇가지 문제」, 24쪽.

즉 국가기업리익금과 마찬가지로 국가기업리득금의 납세의무자는 생산기업소 및 비생산기업소를 포괄하는 모든 독립채산제 국영기업소라고 할 수 있다.

다. 과세대상: 분배기준의 변화

북한에서 사회주의 경리수입은 국영 기업소 · 기관 · 단체가 조성한 소득을 분배하여 국가예산에 동원하는 형태로서, 국가예산도 결국 '분배'과정의 일부이다.[49] 따라서 과세대상은 국가예산수입의 분배대상을 의미하며 분배기준과 직접적인 관련이 있다.

분배기준으로 언급되는 번수입은 그 구성요소로 볼 때 "사회순소득에 생활비를 합한 것"이고 "기업소 범위에서는 순생산액으로 나타나며 전사회적 범위에서는 국민소득으로 표현"된다.[50] 또한 번수입은 "독립채산제기업소 총판매수입에서 주로 생산수단의 보상부분을 공제한 나머지 부분"으로서 생활비 부분을 포함한 '소득'개념이다.[51] 번수입은 산노동이 체화된 부분으

---

49) 국가예산은 "인민경제계획의 수행을 보장할 목적으로 나라의 중앙집중적 화폐 자산을 형성하며 그를 분배하는 기본 형태"이다. 장원성, 『사회주의 하에서의 국가예산, 신용 및 화폐류통』, 4쪽.

50) 장성은, 「공장, 기업소에서 번수입의 본질과 그 분배에서 나서는 원칙적 요구」, 『경제연구』, 2002년 제4호, 39쪽.

51) 김영수, 「국가기업리득금과 그 합리적동원에서 제기되는 몇가지 문제」, 24~26쪽. 김영수(2004)는 같은 글 내에서 번수입에 대하여 아래와 같이 '순소득' 개념으로 설명함으로써 일견 모순되는 내용을 담고 있다. 하지만 예산수입의 분배대상이 되는 전체 모수는 생활비를 포함하는 번수입(소득)임은 명확하다.

"국가기업리득금의 원천은 **순소득**과 순수입인데, 이것을 예산에 동원함에 있어서는 기업소의 **번수입을 대상으로** 하여 계산되고 분배된다. …… 독립채산제기업소들에서 조성된 번수입은 생산경영활동과정에서 이루어진 수입이다. 이러한 수입에는 생산물의 생산결과에 조성된 순소득부분과 국민소득의 재분배 결과에 이루어진 순수입으로 이루어진다."(강조부분은 저자)

로서 "국가예산납부금, 기업소자체충당금, 종업원들의 노동에 의한 분배자금으로 분배"[52]된다.

비생산기업소의 국가기업리득금 부과대상인 '순수입'은 비생산기업소의 이윤에 해당한다.[53] 하지만 순수입은 국민소득의 재분배 결과로 이루어진 것으로서 기본원천은 소득이다.

요약하면, 국가기업리익금은 "사회주의국영 기업소, 기관들에서 조성된 이윤을 분배하여 국가예산에 동원하는 형태"[54]로서, 그 과세대상은 '이윤'으로 표현된다. 그러나 2002년 7·1 조치에 의하여 국가기업리득금으로 통합되면서 과세대상이 '소득'으로 변경되었다고 할 수 있다.

라. 과세표준: 번수입과 가격현실화

(1) 번수입

국가기업리득금 확정납부는 "번수입 실적에 국가기업리득금 확정납부율을 곱하는 방법으로 계산"되고, 경상납부의 경우 번수입이 확정되지 않은 상태에서 "판매수입이 이루어지는데 따라 일정 비율로 경상납부하는 방법을 이용"한다.[55] 따라서 국가기업리득금의 확정납부 과세표준은 번수입이고 경상납부 과세표준은 판매수입이다.

상업, 유통, 봉사 등 비생산 부문에서 조성되는 순수입은 "물질생산부문

---

52) 『재정금융사전』(1995), 538쪽. 1995년 발행 『재정금융사전』에 포함된 것에서 알 수 있듯이 번수입은 2002년 7·1 조치 당시 최초로 고안된 개념은 아니다.

53) 상업기업소는 판매수입에서 유통원가(상품구입대금)를 공제한 나머지 부가금수입을 독립채산제기업소의 수입으로 보며 여기에서 유통비를 보상한 나머지를 이윤(순수입)으로 분배한다. 최준택, 『사회주의기업소재정(2판)』, 275쪽.

54) 『재정금융사전』(1995), 130쪽.

55) 김영수, 「국가기업리득금과 그 합리적동원에서 제기되는 몇가지 문제」, 26쪽.

에서 창조된 순소득의 일부가 사회적 재생산과정에 비생산부문으로 넘어온 것이거나 개인소득의 일부를 재분배하여 이루어진 수입"[56]인데, 이러한 비생산기업소의 경우 순수입이 과세표준이 된다.

국가기업리득금 계산 목적상 적용되는 번수입에는 "인민경제계획과 재정계획에 따라 경영활동을 진행하는 과정에 이루어지는 판매수입은 물론 계획외 경영활동 과정에 이루어지는 판매수입도 포함시키는 것"으로서 "누계적으로 계산된 판매수입실적에서 생활비를 넣지 않은 원가와 재산보험료[57]를 빼는 방법으로 계산"한다.[58] 번수입은 "노동의 양과 질에 따라 분배하는 것인데 쉽게 말하면 번 것만큼 분배하여주는 것"[59]이라는 사회주의분배원칙에 기초한 실적평가 또는 성과배분 개념이라고 할 수 있다.

요약하면, 국가기업리득금의 확정납부 과세표준은 번수입 실적이고 비생산부문의 경우 순수입이 과세표준이 된다. 과거 국가기업리익금 과세표준과의 핵심적인 차이는 생활비 부분과 계획외 판매수입이 포함된다는 것이다.

(2) 가격현실화 및 한도가격 제도 도입

2002년 7·1 조치 이후 경제개혁 과정에서 시장화에 대한 대응으로 가격과 생활비(임금)의 대폭 인상을 통한 가격현실화 조치, 종합시장에서의 한

56) 김영수, 「국가기업리득금과 그 합리적동원에서 제기되는 몇가지 문제」, 25쪽.
57) "사회주의 하에서는 재산보험사업이 국가에 독점되어"있다. 『경제사전 2』(1970), 595쪽 및 『경제사전 2』(1985), 462쪽; 재산보험은 "이윤을 얻는 것을 목적으로 하는 것이 아니라 국가와 인민의 재산이 자연재해와 뜻밖의 사고로 발생된 손해를 재정적으로 보상"하고자 "국가 기관, 기업소, 협동단체 재산들에 대하여서는 모두 의무보험으로 규정"하고 있다. 『재정금융사전』(1995), 1069쪽; 번수입을 계산함에 있어서 재산보험료를 차감하는 것은 이미 국가독점의 보험기관에 납부한 것이기 때문인 것으로 보인다.
58) 김영수, 「국가기업리득금과 그 합리적동원에서 제기되는 몇가지 문제」, 24~26쪽.
59) 『조선말대사전 2(증보판)』(평양: 사회과학출판사, 2017), 1139쪽; 김일성, 「사회주의적 농촌경리의 정확한 운영을 위하여」(1960), 『김일성전집 제25권』(평양: 조선로동당출판사, 1999), 111쪽.

도가격 제도 도입, 사회주의물자교류시장 설치 등 기존 국가제정 가격체계에 대한 변화가 시도되었다.

2002년 7 · 1 조치에 따른 가격 및 생활비(임금) 현실화 상황을 간략히 살펴보면, 쌀 공급가격(판매가격)은 550배, 공업제품 가격은 평균 25배, 노동자 기본임금은 평균 18배 인상되었는데, 재화 및 서비스별 인상률이 동일하지 않았기 때문에 상대가격 체계가 재편된 것이라고 할 수 있다.[60] 몇 가지 항목의 인상 내용을 살펴보면 아래 표와 같다.

<표 3-2> 2002년 7·1 조치에 따른 가격 및 임금 인상 주요 내용

구분	품목/계층	단위	인상 전(A)	인상 후(B)	인상폭(B/A, 배)
가격	쌀	kg	0.08	44	550
	옥수수	kg	0.06	20	330
	돼지고기	kg	7	170	24
	세수비누	개	2	20	10
	버스 · 지하철요금	회	0.1	2	20
	전기료	kWh	0.035	2.1	60
	주택사용료		한 채당 월 5~10원	평당 월 7~15원	
임금	일반노동자		110	2,000	18
	중노동자		240~300	6,000	20~25

자료: 언론보도 종합. 전병유 외, 「북한의 노동시장과 인센티브 구조 개선방향」, 『북한의 시장 · 기업 개혁과 노동인센티브제도』(서울: 한국노동연구원, 2004), 136쪽 〈표 6-2〉 재인용 (단위: 북한원).

2003년 3월 종합시장을 개설하면서 적용한 한도가격은 쌀 · 기름을 비롯한 중요지표 상품을 대상으로 국내 수요공급과 국제시장가격을 기초로 설

---

60) 양문수 외, 『2000년대 북한경제 종합평가』, 481쪽.

정한 가격으로서 10일에 한 번씩 약 5~10% 범위 내에서 적절한 가격으로 조정하였는데, 한도가격은 국정가격과 시장가격 사이의 가격 차이를 완충하는 역할을 하였다.[61] 이와 관련하여 「시장관리운영규정(잠정)」(2003.5.5) 제12조에서는 "시장에서 상품은 판매자와 구매자 사이에 합의하여 팔고 사며 중요지표의 상품들은 한도가격을 정하고 그 범위 안에서 팔고 사야 한다. 한도가격은 국제시장가격과 환율시세를 고려하여 시장에서 가격조절의 기초로 되고 있는 쌀, 먹는 기름, 사탕가루, 맛내기 등 중요지표에 대하여서만 해당 시, 군 인민위원회가 책임지고 자체 실정에 맞게 수시로 정한다."[62]고 규정하고 있다. 또한 한도가격 제도의 구체적인 운영과 관련하여, 2004년 8월 12일자 「시장관리운영규정세칙」(2003.5.12. 최초 하달)은 다음과 같이 규정하고 있다.[63]

「시장관리운영규정세칙」 (2004.8.12)

제13조. 시장에서는 가격제정기관이 정해주는 중요지표들에 대하여 제정된 한도가격 범위에서만 팔아야 한다.

1. 시장 한도가격은 시, 군(구역) 인민위원회 상업부서와 시장관리소가 안을 제기하는데 따라 가격부서에서 검토하고 비상설가격제정위원회의 승인을 받아 시세에 맞게 정하여야 한다.
2. 시장 한도가격은 국가가격제정국에서 정해주는 시장한도가격에 준하여 10%까지 범위에서 시, 군들의 실정에 맞게 높이거나 낮추어 제정하며 시

61) 김일한, 「북한의 가격개혁과 시장가격 결정요인 분석」, 동국대학교 박사학위논문, 2011, 133쪽.

62) 한국개발연구원 북한경제팀, 『KDI 북한경제리뷰』, 2004년 12월호, 30~32쪽; 임수호, 『계획과 시장의 공존』(서울: 삼성경제연구소, 2008), 279~283쪽.

63) 한기범, 『북한의 경제개혁과 관료정치』, 121쪽 〈표 3-3〉.

장가격변동에 따라 신축성있게 조절하여 시장가격을 안정시켜야 한다.
3. 한도가격은 시장입구를 비롯한 편리한 장소에 정상적으로 공시하여야 한다.
4. 시장에서 물건을 파는 사람들은 시, 군 인민위원회 상업부서와 가격부서가 합의하여 정해주는 중요지표들에 한하여 가격표를 써 붙이고 팔아야 한다.
제43조 2. 시장관리소는 시장판매원들이 한도가격을 어기고 물건을 비싸게 팔며 상품가격을 지나치게 올렸을 때에는 사용료를 2배 이상 받거나 엄중할 때는 물건을 회수하며 위반행위가 여러 차례 반복될 때는 시장 판매 권한을 박탈한다.

한도가격 제도 도입에 따른 북한의 가격형태와 가격관리체계를 비교하여 요약하면 다음과 같다.

<표 3-3> 북한의 가격형태와 가격관리체계

가격형태	가격 최종결정권	가격동향	제정원리	계획화 정도
국정가격	국가가격제정국	고정가격	원가	계획가격
한도가격	관할 인민위원회	변동가격	원가+수요 · 공급	행정지도가격
시장가격	시장	자유가격	수요 · 공급	합의 · 경쟁가격

자료: 김일한, 「북한의 가격개혁과 시장가격 결정요인 분석」, 동국대학교 박사학위논문, 2011, 133쪽 〈표 V-1〉.

2004년 8월 평양통일거리시장에서 적용된 한도가격 대상 상품 종류는 쌀, 옥수수, 대두유, 조미료 등 26개 품목 정도였는데, 이러한 한도가격 적용 대상에서 제외되는 일반 생필품의 가격은 판매자와 구매자 간에 시장에서 자유로운 합의가격으로 결정되었다.[64] 평양통일거리시장은 '본보기시장'으로서 약 1,500개의 매대 중 공장 · 기업소 직판매대는 80개(5%) 정도였다.[65]

64) 김일한, 「북한의 가격개혁과 시장가격 결정요인 분석」, 134쪽.

(3) 과세표준 및 예산수입 증가 효과

과세표준 금액은 적용되는 가격의 영향을 직접적으로 받는다. 물량 측면에서 계획지표 및 계획외 물량(Q)을 포함하고 이에 대하여 동시에 현실화된 가격 및 한도가격(P)이 적용된다면 과세표준 금액(=PxQ)은 현격하게 증가할 수 있다. 가격현실화 조치에 따라 전기료나 주택사용료와 같이 국가예산수입 자체가 증가하는 경우도 있다.

가격현실화 조치와 한도가격 적용은 개별 기업소의 판매수입에 직접적으로 영향을 미침으로써 과세표준 금액에 직접 반영되었다. 현실화된 가격 및 한도가격이 계획지표에 적용될 경우 과세표준 규모는 확정적으로 증가한다. 하지만 계획외 물량은 해당 기업소의 자발적 신고납부가 요구되는 부분이기 때문에 과세표준에 대한 기여도는 제한적일 수 있다. 아래 탈북자의 설명처럼 계획외 수입 부분에 대한 과세표준의 양성화는 간단한 문제가 아니다.

> (탈북자 M씨) **100프로는 신고 안 해요.** 말 그대로 계획경제이다 보니까 계획을 받아요. 너희는 올 해 얼마를 벌어서 입금 시키라는 계획을 받거든요. 그런데 컴퓨터도 없고 관리감독 할 수 있는 시스템이 부족하다 보니까 모든 거래를 통제하고 그러진 못해요. **내가 계획을 잡으면 계획에 잡은 거에 한해서 입금만 시켜주면 되거든요. 계좌이체로 모든 게 진행되는 게 아니고 현금으로 유통이 되기 때문에 그런 부분을 확인할 수는 없어요.** 그러다보니까 물론 정부에서는 너희들이 시장을 통해서 번 수입에 대해서 정부에 납부시키라고 하고는 있지만 그건 기업장의 소관이에요. 계획 받은 것만큼 국가납부를 할 거냐. 아니면 나는 좀 칭찬 받기 위해서 좀 더 시킬 거냐. 이건 기업장이 자기가 알아서 결심할 문제거든요.[66] (강조부분은 저자)

---

65) 한기범, 『북한의 경제개혁과 관료정치』, 118쪽.

66) 황수민, 「김정은 시대 북한 금융개혁 연구」, 북한대학원대학교 석사학위논문, 2019,

북한은 2002년과 2003년에는 예산총액을 공개하지 않았지만 2005년 최고인민회의 재정 보고에서 2004년도 편성예산을 3,512억 6,600만 원으로 처음 공개했다.[67] 2002년 전후의 예산수입 규모의 변화를 살펴보면 〈표 3-4〉와 같다.

<표 3-4> 2002년 전후 예산수입 규모의 변화

연도	예산수입계획	예산수입실적	계획수행률	실적증가율
1998	201.9(주)	197.9	98.0%	0.4%
1999	203.8	198.1	97.2%	0.1%
2000	204.6(주)	209.3	102.3%	5.7%
2001	215.7	216.4	100.3%	3.4%
2002	221.7	222.8	100.5%	3.0%
2003	3,293.6(주)	3,323.2	100.9%	1,391.3%
2004	3,512.7	3,375.5	96.1%	1.6%
2005	3,885.2	3,916.2	100.8%	16.0%
2006	4,194.3	4,089.4	97.5%	4.4%
2007	4,330.7	4,339.4	100.2%	6.1%
2008	4,512.9	4,586.7	101.6%	5.7%
2009	4,747.6	4,907.8	103.4%	7.0%
2010	5,046.7	5,288.0	104.8%	7.7%
2011	5,685.0	5,743.0	101.0%	8.6%

注: 박형중 · 최진욱, 『북한 최고인민회의 제11기 제3차 회의 결과 분석』(서울: 통일연구원, 2005), 16쪽 〈표 4〉「북한의 재정규모」에서는 1998, 2000 및 2003년 연도순으로 각각 202.1, 204.1, 3,234.5억원으로서 미세한 차이가 있음.

자료: 임명선 외, 『북한통계 분류체계 정립 및 시계열 구축 분야 발굴』(서울: 한국통계진흥원, 2012), 310쪽 〈표 V-1〉「예산수입 계획과 실적」(최고인민회의 연도별 예결산 보고 자료) 내용을 수정 · 보완(단위: 북한 억원, %).

103쪽에서 재인용.

67) 박형중 · 최진욱, 『북한 최고인민회의 제11기 제3차 회의 결과 분석』(서울: 통일연구원, 2005), 13쪽.

상기 〈표 3-4〉에 의하면, 2003년 예산수입 계획 및 실적은 2002년과 비교할 때 약 15배 증가한 것이다. 이는 번수입 지표를 통해서 계획지표 및 계획외 물량을 포함하고 동시에 현실화된 가격 및 한도가격이 적용된 결과라고 판단된다. 이와 같이 2003년 이후 명목 예산수입 계획 및 실적은 획기적으로 증가했다. 예산수입 실적이 북한원을 기준으로 하는 명목수입으로서 환율상승을 반영하면 실질수입은 큰 차이가 아닐 수 있다. 또한 일부 숫자가 추정치로서 정확하지 않을 수 있으나 2003년 이후 예산수입 실적의 급격한 증가와 그 이후 연도별 추이는 명확하게 확인된다. 이러한 예산수입 실적의 증가는 계획외 수입 효과보다는 가격현실화 및 한도가격 적용으로 인한 명목수입 증가 효과가 훨씬 중요하게 작용했을 것으로 보인다. 북한 당국 입장에서 과세표준 규모가 증가하여 직접적으로 예산수입에 긍정적인 효과가 있는 정책의 경우 체제유지에 위협이 되지 않는 범위 내에서는 추세적 또는 비가역적으로 유지하고자 할 가능성이 높다. 생산의 성장이 명확히 나타나지 않은 상황에서[68] 명목 예산수입의 지속적 증가는 번수입 기준에 따른 계획외 수입 포함, 가격현실화 및 한도가격 적용이 지속적으로 유지되었음을 보여주는 것이다.

마. 세율

납부비율(세율)에는 불변적 성격의 고정납부 비율과 가변적 성격의 재정계획에 의한 납부비율이 있다. "고정납부 비율에 따라 기업소가 바치는 국가기업리득금은 정한 기일 안에 이루어진 판매수입 또는 번수입 실적에 정

68) 1998년에 저점을 찍고 2005년까지 성장을 하다가 2006년 이후 등락을 반복하고 있다. 2000년대 후반부터 하강하고 있다는 주장도 있다. 양문수, 『2000년대 북한경제 종합평가』, 79쪽.

해진 납부비율을 곱하여 계산된 금액을 바치고 월, 분기 재정회계결산에 의하여 확정납부하는 것"이고, "재정계획에 의한 납부율 적용에서는 판매수입실적이 있을 때마다 국가기업리득금을 계산하여 납부하고 월, 분기 재정결산을 하여 기업소적으로 번수입을 확정하고 그에 따라 확정납부하는 것"이다.[69]

바. 납부방법

(1) 종전 국가기업리익금의 납부방법

국가예산수입제도에 대한 1994년의 변화는 주로 거래수입금과 관련이 있고 국가기업리익금에 대해서는 특별한 변화가 없었다. 2002년 이전까지 국가기업리익금의 경상납부 및 확정납부 금액 계산방식[70]을 요약하면 다음과 같다.

- 경상납부 금액 = 판매수입 x 국가기업리익금 경상납부율
- 확정납부 금액 = 국가기업리익금계획액 + {초과이윤 − (경영손실보상금+ 기업소기금+상금기금) − 초과이윤에서 바치는 지방유지금}

여기서 국가기업리익금 경상납부율은 분기단위로 분기 전에 결정된다. 국가기업리익금계획액은 계획비율에 따른 납부액을 의미하며 다음과 같이 계산된다.

- 국가기업리익금계획액 = 실적이윤 x (국가기업리익금계획/계획이윤)

69) 김영수, 「국가기업리득금과 그 합리적동원에서 제기되는 몇가지 문제」, 26쪽.
70) 『재정금융사전』(1995); 최준택, 『사회주의기업소재정(2판)』, 135~138쪽.

경상납부의 경우 판매수입을 과세표준으로 하여 납부비율(세율)을 적용하여 계산하는 방식이 적용된다.[71] 확정납부의 경우 실적이윤을 과세표준으로 하여 계획비율(세율)을 적용한 계획납부금액을 먼저 계산하고, 초과이윤의 일부를 추가로 가산하여 납부하는 방식이다.

(2) 국가기업리득금의 납부방법

거래수입금과 국가기업리익금에 대하여 적용된 경상납부 방법은 아래와 같이 국가기업리득금에 대하여도 지속적으로 유지되었다.

> 국가기업리득금의 경상납부는 번수입이 확정되지 않은 월 도중에 매일 번수입이 이루어지는데 따라 예산에 바치는 일상적인 조건적 납부형태이다. …… 고정납부비율에 따라 기업소가 바치는 국가기업리득금은 정한 기일 안에 이루어진 판매수입 또는 번수입 실적에 정해진 납부비율을 곱하여 계산된 금액을 바치고 월, 분기재정회계결산에 의하여 확정납부하는 것이 좋으며 재정계획에 의한 납부율 적용에서는 판매수입실적이 있을 때마다 국가기업리득금을 계산하여 납부하고 월, 분기재정결산을 하여 기업소적으로 번수입을 확정하고 그에 따라 확정납부하는 것이 합리적이다.[72]

번수입이 확정되지 않은 상태에서 판매수입 또는 번수입 금액에 고정납부비율(불변) 또는 계획납부비율(가변)을 적용하여 경상납부하고, 월 · 분기

---

71) 회계학적 관점에서 예수금 성격의 거래수입금은 판매수입에 포함될 수 없으나, 북한에서 판매수입은 통상 판매를 통해서 수령하는 총액을 의미하는 것으로 보인다(〈표 1-5〉 국영 생산기업소 가격체계와 판매수입의 경제적 내용 참조). 즉 판매수입에서 거래수입금 해당 분을 납부하고 원가를 차감한 후 남는 기업소순소득에서 국가기업리익금을 납부하게 된다. 그리고 소득과세 성격인 국가기업리익금에 대한 경상납부 금액을 소득이 아닌 판매수입을 기준으로 계산하고 있는데, 이는 현실적으로 판매수입이 발생할 때마다 원가정보를 반영하여 소득 금액을 계산하는 것이 어렵기 때문일 것이다.

72) 김영수, 「국가기업리득금과 그 합리적동원에서 제기되는 몇가지 문제」, 26쪽.

재정결산에 의해 기업소 전체 번수입을 확정한 후 확정납부하는 방식을 적용한다.[73)]

과거 거래수입금의 경우 확정납부 시에 별도의 원가정보가 불필요했지만 종전에도 국가기업리익금의 확정납부금액 산정과정에는 원가정보가 필요했다. 하지만 국가기업리익금 산정시 필요한 원가정보와 국가기업리득금 산정 목적의 원가정보가 실질적으로 달라지는 것은 아니기 때문에 징세행정상 국가의 부담이 커졌다고 보기는 어렵다. 다만 납세의무자의 자발적 신고를 필요로 하는 계획외 활동 부분에 대해서는 일정 부분 국가의 행정적 부담이 커진 측면도 있다.

2. 추가적인 세원의 발굴

2002년 7·1 조치에 따른 번수입 기준이나 새로운 세원의 발굴은 시장경제 활동에서 발생하는 잉여를 국가예산에 흡수하고자 하는 의도를 가지고 있는 것[74)]으로서 과세대상의 확대로 볼 수 있다. 이와 관련하여 2002년 당시 추가적인 부과항목으로 도입된 것으로는 국가납부금(개인수입금)과 시장사용료 그리고 토지사용료가 있다.

---

73) 남한에서는 법인세에 대한 중간예납(中間豫納) 제도가 있다. 계산방법은 12개월의 사업연도 중 전반기 6개월에 대하여 별도로 가결산을 하여 세액을 계산하거나 전년도 납부세액의 1/2을 납부하는 방식을 적용한다. 반면에 북한의 경상납부는 소득과세임에도 불구하고 판매수입(번수입) 금액에 별도의 원가정보를 반영하지 않고 납부비율을 적용하는 방식을 적용하고 있고, 일정 기간에 대한 납부가 아니라 통상 판매수입이 있을 때마다 납부한다는 점에서 차이가 있다.

74) 양문수, 『북한경제의 시장화 - 양태 · 성격 · 메카니즘 · 함의』(파주: 한울아카데미, 2010), 38~40쪽.

가. 국가납부금 (개인수입금)

북한은 국가가격제정국이 설정한 한도가격 범위 내에서 거래를 하도록 하고 2003년 5월 5일자 내각결정 27호로 하달된 「시장관리운영규정(잠정)」[75]에 따른 상업성의 「시장관리운영규정세칙」(2003.5.12) 및 재정성의 「시장관리소재정관리세칙」(2003.5.17 채택, 2004.6.1. 개정)을 기초로 시장사용료와 국가납부금(개인수입금)을 징수하였다.[76]

시장경리 활동에 대한 추가적인 국가납부금의 부과는 헌법 제24조를 기반으로 한다. 북한은 1998년 수정보충된 헌법 제24조에서 개인적인 상업 활동의 범위를 기존의 '개인부업경리'에 더하여 '합법적인 경리활동'으로 확대함으로써 시장경리 활동에 의한 수입을 과세대상에 편입시킬 수 있는 헌법적 기반을 만들었다. '합법적 경리활동'에 대한 개인수입금은 2005년 「국가예산수입법」 제62조에 공식적으로 반영되었다. 개인수입금의 과세대상은 개인의 시장경리 활동 수입금(소득)이라고 할 수 있다.

그런데 2003년 「시장관리운영규정(잠정)」과 2005년 「국가예산수입법」 규정은 납부항목의 명칭과 징수경로 등에서 차이가 있다. 「시장관리운영규정(잠정)」은 매월 해당 기업소, 단체 및 개인이 재정기관에 직접 신고 납부하는 '국가납부금'으로 규정하였는데, 「국가예산수입법」에서는 '개인수입금'으로 표현하면서 공민(개인)이 기관, 기업소, 단체를 경유하여 납부하는 것으로 규정하고 있다. 「시장관리운영규정(잠정)」과 「국가예산수입법」의 규정에 대한 비교 · 분석은 제4절 1. 나. 항의 〈표 3-5〉에서 추가적으로 논의하였다.

---

75) 한국개발연구원 북한경제팀, 『KDI 북한경제리뷰』, 2004년 12월호, 30~32쪽; 임수호, 『계획과 시장의 공존』(서울: 삼성경제연구소, 2008), 279~283쪽.

76) 한기범, 『북한의 경제개혁과 관료정치』, 112~114쪽.

나. 시장사용료

시장사용료는 새롭게 발굴한 것이 아니라 1949년 「공용시설사용료에 관한 규정」 또는 이를 대체한 관련 규정에 따라 부과되어 온 것을[77] 정비한 것일 수 있다. 그리고 2003년 채택된 「시장관리운영규정(잠정)」 제13조[78]에서는 징수의무자를 시장관리소로 규정하고 있고 2005년 제정된 「국가예산수입법」에서도 시장사용료를 별도로 규정하고 있지 않다. 또한 아래 탈북자 인터뷰에서도 시장사용료는 국가에 납부하지 않는 것으로 확인하고 있다. 따라서 시장사용료는 국가예산수입에는 포함되지 않는 것으로 판단된다.

> 장세는 시장관리소가 거둬들이며 ……, 이를 **국가에 납부하지 않고 100% 해당 군에서 사용한다**는 증언이다. 장세 수입을 군 사무원, 동사무소, 연로보장자 등의 월 생활비와 군 활성화에 활용한다는 것이다.[79] (강조부분은 저자)

한편 장마당 내 좌판, 리어카, 간이텐트 및 간이매대 등은 부동산으로 보기 어렵겠지만 시장건물이나 시장건물 내 점포, 고정성이 있는 매대는 '시설물'로서 부동산[80]이라고 볼 수 있다.[81] 하지만 「국가예산수입법」 제39조

---

77) 제2장 제2절 2. "가. 사용료 방식으로의 전환 (1) - 공용시설사용료" 참조.

78) 「시장관리운영규정(잠정)」 제13조: "시장사용료는 매대 면적과 위치를 고려하여 정하고 시, 군 인민위원회 상업부서가 발급한 전표에 따라 매일 시장관리소가 받아 붙인다."

79) 임을출, 『김정은 시대 시장의존형 재정운영시스템 실태 연구』(최종보고서), 경남대학교 산학협력단, 2017, 61쪽.

80) 「부동산관리법」 제2조(부동산의 구분): "부동산은 토지와 건물, 시설물, 자원 같은 것으로 나눈다. 토지에는 농업토지, 주민지구토지, 산업토지, 산림토지, 수역토지, 특수토지가, 건물, 시설물에는 산업 및 공공건물, 시설물, 살림집건물 같은 것이, 자원에는 지하자원, 산림자원 같은 것이 속한다."

81) 김용구, 「북한 부동산정책 변화에 관한 연구: 토지, 주택 및 매대를 중심으로」, 북한대

(부동산사용료의 정의, 납부대상)에 의하면 부동산사용료의 납부는 토지, 건물, 자원을 대상으로 규정하여 시설물을 제외하고 있으며, 제40조(부동산사용료의 납부항목)에서도 납부항목을 "농업토지사용료, 부지사용료, 생산건물사용료, 어장사용료, 수산자원증식장사용료, 자동차도로시설사용료, 자원비 같은 것"으로 규정하여 시장사용료를 명시하고 있지 않다. 여기서 '같은 것'은 '등(等)'[82]과 동일한 의미라고 할 수 있는데 동 조문이 한정적 열거인지는 명확하지 않으나, 종합적으로 판단할 때 시장사용료가 국가예산수입에 해당하는 부동산사용료로 분류될 가능성은 높지 않아 보인다.

다. 토지사용료

2002년 7월 31일자 내각결정 53호로 하달된 「토지사용료납부규정」[83]에 따라 토지를 이용하여 생산한 농업생산물의 일부를 토지사용료로 국가에 납부하도록 하였다. 통상 사회주의 체제에서는 사적소유가 허용되지 않기 때문에 소유권을 전제로 하는 재산세를 도입할 수 있는 제도적 기반이 없다. 따라서 현실에서는 사실상의 사유화 과정에서 ① 국가나 협동단체에게 소유권이 있지만 실제로는 개인적으로 이용되는 '모호한 재산권' 또는 ② 제도 밖에 있는 '비공식 재산권'의 방식으로 나타나고 있다.[84] 북한의 토지

학원대학교 석사논문, 2010, 106쪽.

82) 등(等): 1. 그밖에도 같은 종류의 것이 더 있음을 나타내는 말. 2. 두 개 이상의 대상을 열거한 다음에 쓰여, 대상을 그것만으로 한정함을 나타내는 말. 네이버 국어사전; https://ko.dict.naver.com (검색일: 2021.1.8.). "같은 것"이 예시적 열거를 의미하는지 한정적 열거를 의미하는지는 명확하지 않다.

83) 한국개발연구원 북한경제팀, 『KDI 북한경제리뷰』, 2004년 12월호, 22~25쪽; 임수호, 『계획과 시장의 공존』, 267~271쪽.

84) 윤인주, 「북한의 사유화 현상 연구: 실태와 함의를 중심으로」, 『북한연구학회보』, 제18권 제1호, 2014, 59쪽.

사용료도 토지이용권에 대하여 부과하는 것으로서 일종의 재산권을 과세 대상으로 하는 재산세 성격의 부과체계가 등장한 것이라고 할 수 있다. 하지만 토지이용권은 소유권과는 다르고 토지사용료는 반대급부가 있다는 점에서 통상적 의미의 조세(재산세)로 보기는 어렵다. 토지사용료는 2005년 제정된 「국가예산수입법」 제34조~제38조에 규정되었다.

제4절

2005년 「국가예산수입법」 제정과 개혁의 후퇴

1. 2005년 「국가예산수입법」 제정

가. 「국가예산수입법」과 조세법률주의

(1) 「국가예산수입법」의 목적

2005년 제정 당시 「국가예산수입법」 제1조는 "국가예산납부자료의 등록, 국가예산의 납부, 국가예산납부문건의 관리에서 제도와 질서를 엄격히 세워 국가관리에 필요한 자금을 원만히 마련"하는데 있다고 규정하여 국가예산수입법의 목적[85]을 설명하고 있다.

「국가예산수입법」 제5조는 국가예산수입 증대 원칙을 규정하고 있다. 즉 "국가는 생산을 늘이고 절약사업을 힘있게 벌려 국가예산수입을 부단히 늘이도록" 해야 하며 "증산하고 절약하는 것은 국가예산수입을 늘이기 위한 기본방도"라고 규정하고 있다(강조부분은 저자). 국가예산수입, 즉 세수의 증대는 사회주의 경리체계 하에서 기본적으로 국영기업소 및 협동단체의 생산증대와 원가절감을 기반으로 한다는 것이다.

---

85) 2011년 수정보충 과정에서 " …… 국가관리**와 사회주의건설**에 필요한 자금을 ……"(강조부분은 저자)로 변경되었다.

(2) 조세법률주의

북한도 기본적으로 조세법률주의 관점을 가지고 있는 것으로 보인다. 1947년 세제개혁결정서가 채택된 다음날인 1947년 2월 28일 김일성은 "세금은 제정된 세법에 철저히 의거하여 부과하여야 하며 가장 공정한 것이 되도록 하여야"[86] 한다는 점을 명확히 하였다. 또한 「국가예산수입법」 제6조에서는 "국가는 국가예산수입에서 기관, 기업소, 단체와 공민의 합법적 권리와 리익을 보장하며, 기관, 기업소, 단체와 공민에게 국가예산납부 밖의 부담을 줄 수 없다."고 규정하여 법률에 규정된 국가예산수입 항목 이외의 부담을 배제하고 있다.

(3) 국가예산 납부의무

공식적으로 '세금 없는 나라'를 천명하고 있는 북한에서는 논리적으로 납세의무라는 용어를 사용할 수 없다. 따라서 북한 헌법에서도 납세의무에 대한 조문은 없고, 북한 법령에서는 소득분배과정에서 국가에 납부해야할 몫으로 '배분'된 국가납부금에 대한 납부의무에 대해서만 규정하고 있다. 「재정법」의 국가예산 납부의무 규정(제36조 및 제37조)에 추가하여 「국가예산수입법」 제8조(국가예산납부의무의 원칙)는 "국가예산납부에 자각적으로 참가하는 것은 기관, 기업소, 단체의 신성한 의무이다. 국가는 기관, 기업소, 단체에서 국가예산납부의무를 성실히 이행하도록 한다."고 국가예산 납부의무를 규정하고 있다. 실질적으로 국가예산 납부의무가 납세의무에 상응하는 것이라고 할 수 있다.

---

86) 김일성, 「국가재정관리를 잘하기 위하여」, 『김일성저작집 3』(평양: 조선로동당출판사, 1979), 142~143쪽.

나. 납세의무자

2005년 제정된 「국가예산수입법」 제20조(국가기업리득금과 협동단체리득금의 정의, 납부대상) 제2항에서는 "기관, 기업소, 단체는 소득의 일부를 소유형태에 따라 국가기업리득금 또는 협동단체리득금으로 국가예산에 납부하여야 한다." 고 규정하여 모든 기관, 기업소, 단체를 납세의무자로 명확히 규정하고 있다. 국가기업리득금에 대하여 독립채산제 국영기업소 및 비생산 기관, 기업소로 표현하였던 부분을 모두 포함하여 포괄적으로 규정한 것으로 판단된다.

또한 「국가예산수입법」 제62조(개인수입금의 납부)에서는 "공민은 시장 같은데서 합법적인 경리활동을 하여 조성한 수입금의 일부를 해당 기관, 기업소, 단체에 내야 한다. 이 경우 기관, 기업소, 단체는 정한데 따라 수입금을 해당 재정기관에 납부하여야 한다."고 규정하여 시장경리 활동을 하는 개인도 실질적으로 납세의무자에 포함되었다. 2003년 「시장관리운영규정(잠정)」과 2005년 「국가예산수입법」 규정을 비교하면 아래 〈표 3-5〉와 같다.

<표 3-5> 개인수입금(국가납부금) 관련 내용 비교

2003년 5월 5일 「시장관리운영규정(잠정)」	2005년 7월 6일 「국가예산수입법」
제13조 시장에서 상품을 전문적으로 파는 **국영기업소, 협동단체와 개별적 주민**들은 시, 군인민위원회 상업부서에 등록하고 등록증을 받은 다음 재정부서에 등록하여야 하며 **시장사용료와 국가납부금**을 내야 한다. …… **국가납부금**은 소득규모를 고려하여 소득의 일정한 비율로 월에 한번 씩 **재정기관이 직접 받는다**. 국영기업소, 협동단체, 개인들은 월마다 소득액을 시, 군인민위원회 재정부서에 신고하여야 한다.	제62조 (**개입수입금**의 납부) 제1항 공민은 시장 같은데서 합법적인 경리활동을 하여 조성한 수입금의 일부를 **해당 기관, 기업소, 단체에 내야 한다.** 제2항 이 경우 기관, 기업소, 단체는 정한데 따라 수입금을 해당 재정기관에 납부하여야 한다.

(강조부분은 저자)

자료: 최정욱, 「북한 예산수입법제의 변화」, 『북한법연구』, 제24호, 2020, 106쪽 〈표 3〉.

「국가예산수입법」상 형식적으로는 국가에 대한 납세의무자를 해당 기관, 기업소, 단체로 규정하였지만 공민(개인)이 기관, 기업소, 단체를 경유하여 납부하는 것으로서, 실질적으로는 개인을 납세의무자로 규정한 것과 다를 바 없고 개인에 대한 조세의 부분적인 부활로 볼 수도 있다. 즉 법조문상 개인은 해당 기관, 기업소, 단체에 수입금의 일부를 내는 것이고 국가에 대한 '개인수입금'의 공식적인 납세의무자는 기관, 기업소, 단체이다. 실질적으로는 개인이 납세의무자인데 이를 공식화하지는 못한 것이다. 하지만 개인의 시장경리 활동 수입을 예산수입에 흡수하고자 한 것으로서 사회주의적 체계를 유지하면서 「시장 기반」을 확대하고자 하는 노력의 일환이라고 할 수 있다.

한편 「시장관리운영규정(잠정)」에서는 납부항목의 명칭을 '국가납부금'으로 표현하고 납세의무자를 '국영기업소, 협동단체와 개별적 주민'으로 규정한 반면, 「국가예산수입법」에서는 명칭을 '개인수입금'으로 변경하고 대상을 '공민'으로 한정했다. 국영기업소와 협동단체는 시장경리 활동 수입을 당연히 번수입에 포함하여 국가기업리득금 또는 협동단체리득금으로 납부하여야 하는 것이므로 「국가예산수입법」 제62조에서는 개인에 대한 내용만을 규정한 것으로 보인다.

다. 과세대상

2005년 제정된 「국가예산수입법」 제20조(국가기업리득금과 협동단체리득금의 정의, 납부대상) 제1항에서는 국가기업리득금을 "기관, 기업소, 단체 소득의 일부를 국가예산에 동원하는 자금"으로 정의하고 있다. 즉 당시 「국가예산수입법」상 국가기업리득금의 과세대상은 '소득'으로 표현되었다.

또한 「시장관리운영규정(잠정)」(2003.5.5)에 따른 재정성의 「시장관리소재정관리세칙」(2003.5.17 채택 및 2004.6.1 개정)에 의해 징수되던 국가납부금이 「국가예산수입법」 제62조(개인수입금의 납부)에 규정되면서, 개인의 시장에서의 합법적 경리활동에 의한 수입금, 즉 개인의 소득도 과세대상으로서 명시되었다.

2002년 7월 31일자 내각결정 53호 「토지사용료납부규정」에 따라 부과되던 토지사용료는 「국가예산수입법」 제34조~제38조 토지사용료 규정에 포함되었다. 따라서 토지이용권(일종의 재산권)도 과세대상으로 부문법에 규정되었다고 할 수 있다.

라. 과세표준

2005년 제정 당시 「국가예산수입법」 제21조에서는 국가기업리득금의 과세표준을 "총판매수입금에서 원료 및 자재비, 연료비, 동력비, 감가상각비, 요금 및 수송비, 일반비 같은 것을 덜고 확정한 소득"이라고 규정하여 생활비를 차감하지 않은 소득 개념으로 규정하고 있다.

「국가예산수입법」에는 번수입이라는 표현이 나타나지 않는다. 계획외 판매수입을 포함하는 개념인 번수입을 법조문에 공식화하기는 어려웠을 수 있다. 번수입은 당초 개별 공장·기업소의 생활비 조정 권한을 확대하여 기업의 자율권을 확대하고 기업 독립채산제를 번수입에 기초하여 평가할 목적으로 도입된 것이었다. 그런데 북한 내부 자료에 의하면 시행과정에서 "번만큼 생활비를 준다고 하니까 생산액을 늘리기 위해 필요한 물자들을 국가기준가격보다 망탕 비싸게 거래하여 장사행위를 조장"하거나, "공장·기업소가 번수입에서 국가납부금을 규정대로 먼저 바친 다음에 그 나머지로 분배해야 하는데 이를 어기고 망탕 나누어 먹은" 현상이 발생하였다는 비판이 제기되었다.[87]

하지만 번수입 개념이 사회주의분배원칙을 기반으로 발전시킨 것이라는 점에서 「국가예산수입법」에 번수입 용어가 포함되지 않았다고 하여 폐지된 것으로 단정하기는 어렵다. 번수입 개념은 3가지 측면을 구분해서 볼 필요가 있다. 첫째, 소득 개념으로서 생활비 부분이 포함된다는 것이다. 둘째, 계획외 판매수입 부분을 포함한다는 것이다. 셋째, 판매수입을 계산함에 있어서 가격현실화 조치 및 한도가격 적용의 결과가 반영된다는 것이다. 번수입 지표가 예산수입에 긍정적인 효과가 있고 체제유지에 위협적이지 않다면, 북한 당국 입장에서 굳이 정책적으로 제외해야할 이유는 없었을 것으로 추정된다. 번수입이 사회주의분배원칙 자체와 충돌하지 않고 계획외 수입 부분과 현실화된 가격 및 한도가격이 반영될 경우 과세표준 규모가 커진다는 점에서, 국가납부몫 우선 납부 방침을 강화하면서 번수입 개념을 기초로 하는 과세표준은 유지되었을 것으로 추정된다. 실제로 국가예산수입 계획 및 실적은 「국가예산수입법」이 제정된 2005년 이후에도 2003년에 급격하게 증가한 상태로 계속 유지되었다(〈표 3-4〉 참조). 이미 세원으로 노출된 계획외 수입 부분을 정책적으로 배제했을 가능성이 높지 않고, 총판매수입금은 여전히 번수입 개념에 따라 계산되었을 것으로 추정된다.[88]

마지막으로 2002년 7·1 조치 당시 국가기업리득금의 계산은 총판매수입금에서 생활비를 제외한 원가와 재산보험료를 차감한 금액에 납부비율을 적용하는 방식이었다. 하지만 2005년 제정된 「국가예산수입법」은 제60조에서 재산보험료의 납부에 대하여 별도로 규정하고 있지만,[89] 국가

87) 한기범, 『북한의 경제개혁과 관료정치』, 101쪽.

88) 국가는 계속 계획외 수입을 국가기업리득금 부과대상에 포함하도록 했겠지만, 기업소에서 자발적으로 전체를 신고납부하지는 않았을 것이다. 남한에서도 신용카드나 현금영수증 제도의 도입 등을 통해 자영업자 세원의 양성화에 오랜 시간이 걸렸던 부분으로서, 북한에서 계획외 수입이 주로 현금거래를 통해 이루어진다면 이를 어떻게 양성화할 것인지가 고민일 것이다.

89) '재산보험'은 "사람들의 로동에 의하여 창조된 물질적 재부를 대상으로 하여 조직하는

기업리득금의 과세표준인 소득을 계산함에 있어서 재산보험료를 차감한다는 표현이 없다. 「국가예산수입법」 법문을 그대로 해석한다면 재산보험료가 차감되지 않은 금액에 납부비율을 적용하는 방식이다. 법조문을 만드는 과정에서 단순히 누락된 것인지 다른 의미가 있는 것인지 명확하지 않다.

마. 세율

납부비율(세율)에는 "재정계획에 반영된 소득에 대한 납부비율과 중앙재정지도기관이 따로 정한 납부비율"이 있다(당시 「국가예산수입법」 제23조 제1항). 그리고 "대상에 따라 국가기업리득금 또는 협동단체리득금 납부비율을 낮게 정하여줄 수 있다."(제23조 제2항)고 규정하고 있다.

또한 "정한 가격이나 요금보다 더 받아 생긴 소득의 일부를 국가기업리득금으로 납부"하여야 하고, 이 경우 "소득의 규모에 따라 누진납부비율을 적용할 수 있다."(제25조)는 규정은 국정가격이 아닌 시장가격 적용에 따른 추가적인 소득을 염두에 둔 규정으로 보인다.

바. 납부방법

납부방법에는 판매수입금이 조성될 때마다 납부하는 경상납부와 매월 소득에 따라 다음 달 10일까지 납부하는 확정납부가 있으며, 대상에 따라서는 계획납부방법도 적용할 수 있다(당시 「국가예산수입법」 제24조). 계획납

보험"으로서 "자연재해 또는 뜻하지 않은 사고로부터 피해보상을 경제적으로 담보할 목적으로 조직하는 보험의 한 형태"를 말한다. 『재정금융사전』(1995), 1069쪽; 「국가예산수입법」 제60조 (재산보험료의 납부) "보험기관은 기관, 기업소, 단체에서 받은 년간 재산보험료에서 피해보상금을 지출하고 남은 자금을 다음해 1월안으로 국가예산에 납부하여야 한다."

부에 대한 별도의 단서 규정은 이후 2007년 수정보충 당시 경상납부에 대한 계획납부비율 규정 등이 추가되면서 삭제되었다.

2. 2007년 개혁의 후퇴와 법제 변화

2007년 10월 16일자로 「국가예산수입법」에 대한 1차 수정보충이 있었다. 2007년 수정보충 과정에서 분배기준(과세대상)이 순소득 기준으로 변경된 것은 2005년 이후 개혁 후퇴의 흐름이 반영된 것이라고 할 수 있다.

가. 납세의무자

2007년 10월 16일자 수정보충 전후 「국가예산수입법」 제20조(국가기업리득금과 협동단체리득금의 정의, 납부대상) 제2항의 내용을 비교하면 다음과 같다.

<표 3-6> 「국가예산수입법」 2007년 수정보충 - 납세의무자

2005년 7월 6일 제정	2007년 10월 16일 수정보충
제20조 (국가기업리득금과 협동단체리득금의 정의, 납부대상) 제2항 **기관, 기업소, 단체**는 소득의 일부를 소유형태에 따라 국가기업리득금 또는 협동단체리득금으로 국가예산에 납부하여야 한다.	제20조 (국가기업리득금과 협동단체리득금의 정의, 납부대상) 제2항 **기관, 기업소, 단체**는 순소득 또는 소득의 일부를 소유형태에 따라 국가기업리득금 또는 협동단체리득금으로 국가예산에 납부하여야 한다.

(강조부분은 저자)

2005년 「국가예산수입법」이 제정된 이후, 납세의무자에 대한 표현은 '기관, 기업소, 단체'로 통일된다. 2007년 수정보충 후에도 납세의무자에 대한 내용은 변화가 없었다.

나. 과세대상: 분배기준의 변화 등

(1) 순소득 분배기준으로의 변화

2007년 10월 16일자 수정보충 전후의 「국가예산수입법」 제20조(국가기업리득금과 협동단체리득금의 정의, 납부대상) 제1항의 내용을 비교하면 다음과 같다.

<표 3-7> 「국가예산수입법」 2007년 수정보충 - 과세대상

2005년 7월 6일 제정	2007년 10월 16일 수정보충
제20조 (국가기업리득금과 협동단체리득금의 정의, 납부대상) 제1항 국가기업리득금과 협동단체리득금은 기관, 기업소, 단체 **소득**의 일부를 국가예산에 동원하는 자금이다.	제20조 (국가기업리득금과 협동단체리득금의 정의, 납부대상) 제1항 국가기업리득금과 협동단체리득금은 기관, 기업소, 단체 **순소득 또는 소득**의 일부를 국가예산에 동원하는 자금이다.

(강조부분은 저자)

위 표에서 보는 바와 같이, 2007년 수정보충 후 「국가예산수입법」 제20조 제1항에서는 국가기업리득금과 협동단체리득금에 대하여 '순소득 또는 소득'의 일부를 국가예산에 동원하는 것으로 규정하고 있다. 그런데 당시 제21조 제1항에 의하면 '순소득'은 국가기업리득금에 대한 것이고, 동조 제2항에 의하면 '소득'은 협동단체리득금에 대한 것임을 명확하게 규정하고 있다(〈표 3-8〉 참조). 즉 2007년 수정보충 이후 국가기업리득금의 과세대상은

‘순소득’으로 표현되었다.[90]

국가기업리득금을 계산함에 있어서 소득이 아닌 순소득을 과세대상으로 한다는 것은 생활비 부분이 과세대상에서 제외된다는 것이다. 이는 2002년 7·1 조치에 의한 기업소 노동자에 대한 인센티브 구조에 대한 변화를 의미한다. 즉 판매수입 및 실적에 따라 규정되던 생활비가 별도 계획에 의해 분배하는 방식으로 변경된다는 것을 의미한다. 이러한 변화는 국가기업리득금, 기업소 자체충당금 및 생활비가 번수입 실적에 직접적으로 연동되던 방식에서 생활비가 별도 분배되는 방식으로 변경된 것으로서, 2005년 이후 개혁의 후퇴가 2007년 10월에 이르러서 법제적으로 반영된 것이라고 할 수 있다. 하지만 생활비가 별도 분배된다고 하더라도 2002년 이후 현실화된 생활비 수준을 기초로 분배되었을 것으로 추정된다.

(2) 번수입 지표의 부분적 유지 가능성

2005년 「국가예산수입법」 제정 과정에서 번수입 기준에 대한 내용은 포함되지 않았다. 2007년에 순소득 기준으로 변경되면서 더 이상 번수입 지표를 사용하지 않는다는 주장도 있으나, 이는 확실하지 않고 단정할 수 없다.[91] 과세대상에 대한 표현이 순소득으로 변경되었다는 것은 앞서 논의했던 번수입 개념의 3가지 측면(즉, 생활비 부분 포함, 계획외 판매수입 부분 포함, 한도가격 및 가격현실화 결과 반영) 중에서 생활비 부분이 별도로 분리되어 동시 분배대상(과세대상)에서 제외된다는 것을 의미할 뿐이다. 번수입에 포함되었던 계획외 판매수입을 과세대상에 반영하는 정책은 개혁이 후퇴한 시

90) 2010년 발행 『광명백과사전 5(경제)』, 261쪽에서도 국가기업리득금을 “‘사회순소득’의 일부를 동원하는 예산수입형태”라고 정의하고 있다.

91) 양문수, 「북한 문헌, 어떻게 읽을 것인가: ≪경제연구≫의 사례」, 조영주 편저, 『북한연구의 새로운 패러다임: 관점 · 방법론 · 연구방법』(파주: 한울아카데미, 2015), 132쪽.

기에도 그대로 유지되었을 것으로 추정된다.

(3) 부동산사용료로의 확대

「국가예산수입법」 제34조~제38조에 규정된 토지사용료는 국가가격제정국에서 2007년 3월 19일 '부동산가격과 사용료율'을 정하여 4월 1일부터 시행하면서 부동산사용료로 확대되었고, 2007년 10월 16일의 「국가예산수입법」 수정보충 과정에서 제39조~제43조에 부동산사용료로 확대되어 포함되었다. 이후 2009년 12월 「부동산관리법」이 제정되어 관련 규정이 추가적으로 정비되었다.[92] 부동산사용료에 대한 북한 문헌에서의 주요 논의를 인용하면 다음과 같다.

> 상품화폐관계와 관련된 부동산이 자본주의 하에서 근로자들을 착취하는 수단으로 이용되였다고 하여 과도적 사회인 사회주의 사회에서 부동산이라는 개념을 쓰면서 부동산가격과 사용료 공간을 이용하는 것을 나쁘다고 할 수 없다. …… 기관, 기업소, 단체들과 근로자들이 **토지를 합리적으로 이용하도록 하기 위하여서는** 토지이용과 관련한 사용료를 받아야 한다. 이것은 우리나라에서 땅을 비롯한 부동산가격이 그것을 팔고사기 위한 가격이 아니라 사용료를 제정하기 위한 기초로 이용된다는 것을 보여준다. …… 일반적으로 가격의 객관적 기초는 사회적필요노동지출인데 토지는 인간노동의 산물이 아니기 때문에 가격의 객관적기초가 있을 수 없다. 그런데 가치를 가지지 않는 토지가 경제발전과 인민생활에 유용하게 이용되는 것만큼 **그 이용의 효과성에 기초하여 가격을 정할 수 있다.** …… 부동산사용료가 부동산이용을 경제적으로 자극하도록 하자면 공장, 기업소들에 조성된 **순소득을 원천으로 납부하도록 하는 것이 합리적**이다.[93] (강조부분은 저자)

---

92) 한기범, 『북한의 경제개혁과 관료정치』, 194쪽; 장명봉 편, 『최신 북한법령집』(2015).

93) 리동구, 「부동산가격과 사용료를 바로 제정 · 적용하는 것은 부동산의 효과적리용을 보장하기 위한 종요한 요구」, 『경제연구』, 2006년 제4호, 29~32쪽.

> 건물사용료가 건축물의 이용과 관련한 지출이라는 의미에서는 원가에서 보상할 수도 있다. 이것은 건축물사용료를 건축물의 감가상각과 같이 보는 것과 관련된다. …… 사회주의사회에서 부동산사용료는 부동산을 재생산하기 위한 감가상각금의 형태가 아니라 **부동산의 합리적이며 효과적인 이용을 보장하도록 하기 위한 경제적 공간**인 것만큼 순수한 가치를 보상하는 감가상각금의 형태라고 볼 수 없다. 부동산사용료를 감가상각금과 같이 원가에 포함시켜 보상하도록 하는 경우에는 그것이 부동산을 합리적으로, 효과적으로 이용하는 공간으로서의 사명을 원만히 수행할 수 없다. 그러므로 **토지는 물론 토지에 부착되여 있는 건축물을 비롯한 모든 부동산사용료를 순소득을 원천으로 하여 납부하도록 하는 것이 합리적**이다.[94] (강조부분은 저자)

요약하면, 부동산사용료 공간을 이용하는 것이 나쁜 것이 아니며 부동산 재생산을 위한 감가상각이 아니고 부동산을 합리적으로 이용하도록 하기 위한 것으로서, 이용의 효과성을 기준으로 가격을 책정하여 사용료를 부과하고 사회순소득을 원천으로 납부하도록 하는 것이 합리적이라는 것이다. 부동산사용료의 부과를 정당화하기 위하여, 부동산사용료가 세금이 아니고 감가상각도 아니며 사회순소득의 일부를 국가예산의 보충적 형태로 동원하는 것이라는 논리를 개발한 것으로 보인다.

부동산사용료는 과세대상을 토지이용권에서 부동산이용권으로 확대한 것이라고 할 수 있다. 일견 사회순소득을 원천으로 한다는 점에서 마치 소득을 과세대상으로 하는 것처럼 보일 수 있다. 하지만 이는 사회주의 소유제도의 틀을 유지한 상태에서 '모호한 재산권'에 기초한 부과항목을 예산수입체계에 편입시키고자 한 것으로서 부동산이용권이라는 일종의 재산권에 과세하는 재산세의 성격을 띤다고 할 수 있다. 하지만 토지이용권과 마찬

94) 허진옥, 「부동산사용료의 적용에서 나서는 몇가지 문제」, 『김일성종합대학학보: 철학 · 경제학』, 제59권 1호, 2013, 123쪽.

가지로 부동산이용권도 소유권과는 다르고 부동산사용료도 반대급부가 있다는 점에서 통상적 의미의 조세(재산세)로 보기는 어렵다.

다. 과세표준

(1) 「국가예산수입법」 규정의 변화

2007년 수정보충 과정에서 「국가예산수입법」 제21조(리득금의 계산방법)가 수정되었고, 제22조(순소득 또는 소득의 계산방법) 규정이 추가되었다. 2007년 수정보충 전후의 내용을 비교하면 다음과 같다.

<표 3-8> 「국가예산수입법」 2007년 수정보충 - 과세표준

2005년 7월 6일 제정	2007년 10월 16일 수정보충
제21조 (리득금의 계산방법) 국가기업리득금과 협동단체리득금의 계산은 **총판매수입금에서 원료 및 자재비, 연료비, 동력비, 감가상각비, 료금 및 수송비, 일반비 같은것을 덜고 확정한 소득**에 정한 비율을 적용하여 한다.	제21조 (리득금의 계산방법) 제1항 국가기업리득금의 계산은 조성된 **순소득에서 기업소에 남겨 놓고 쓰게 된 자체충당금과 지방예산에 바치게 된 지방유지금을 더는 방법**으로 한다. 제2항 협동단체리득금의 계산은 조성된 소득에 정한 납부비율을 적용하여 한다.
-	제22조 (순소득 또는 소득의 계산방법) 제1항 순소득은 총판매수입금에서 원가 같은 것을 덜고 확정 한다. 제2항 소득은 총판매수입금에서 생활비를 공제한 원가를 덜고 확정한다. 제3항 총판매수입금에는 생산물판매수입, 건설조립작업액, 대보수작업액, 부가금, 봉사료 같은 수입금이 포함된다.

(강조부분은 저자)

상기 내용은 확정납부금액 계산에 대한 내용이다. 2007년 수정보충 후 「국가예산수입법」상 국가기업리득금의 (확정)납부금액은 과세표준에 부과율(세율)을 곱하는 방식이 아니고 "순소득에서 기업소에 남겨 놓고 쓰게 될 자체충당금과 지방예산에 바치게 된 지방유지금을 더는 방법"으로 계산한다(당시 「국가예산수입법」 제21조 제1항). 다만 경상납부의 경우 「국가예산수입법」 제24조 제1항에 따라 판매수입금을 과세표준으로 하고 '국가기업리득금계획이 판매수입계획에서 차지하는 비율'을 세율(부과율)로 하는 방식을 적용하고 있다.

따라서 국가기업리득금의 과세표준은 경상납부의 경우는 '판매수입금'이고 확정납부의 경우 '순소득'[95]이라고 할 수 있다.[96] 이러한 순소득의 계산방법에 대하여, 2007년 수정보충 후 「국가예산수입법」 제22조 제1항에 의하면, "순소득은 총판매수입금에서 원가 같은 것을 덜고 확정한다."고 규정하고 있다(동법 제22조 제1항).

(2) 「회계학」 대학교재의 내용

2007년 발행된 대학교재인 『회계학(대학용)』[97]에 의하면, 국가기업리득금은 아래와 같은 공식에 따라 "판매수입이 이루어질 때마다 계획납부하고, 월말에 기업소순소득실적에 기초하여 확정계산하여 더 바치거나 돌려받는다."고 설명하고 있다. 순소득 분배기준에 따라 설명하고 있는 것으로 볼 때, 2007년 「국가예산수입법」의 수정보충 결과가 반영된 내용으로 보인다.

---

95) 엄밀한 의미에서는 '순소득'은 세율을 직접 적용하는 과세표준이라기 보다는 납부금액 계산의 출발점이 되는 금액이다.

96) 협동단체리득금의 경우 '소득'에 납부비율이 적용되므로 '소득'이 과세표준이 된다(당시 「국가예산수입법」 제21조 제2항).

97) 김옥선 외, 『회계학(대학용)』(평양: 고등교육도서출판사, 2007), 164쪽.

- 국기기업리득금 계획납부액 = 판매수입실적 x (연간 국가기업리득금계획/연간 판매수입계획)

- 월국가기업리득금 확정납부액 = 연초부터 누계적인 순소득실적 x (연초부터 누계적인 계획납부비율 x 1/100)

여기서, 연초부터 누계적인 계획납부비율 = (연초부터 누계적인 국가기업리득금계획/연초부터 누계적인 순소득계획) x 100, (%)

상기 대학교재의 내용에 따르면, 경상납부의 경우 판매수입을 과세표준으로 하고 연간 계획납부비율을 세율로 하는 방식으로서 「국가예산수입법」과 차이가 없으나, 확정납부의 경우 표현상 다소 차이가 있어 보인다. 확정납부의 경우 순소득을 과세표준으로 하고 누계적으로 산정된 '국가기업리득금계획이 순소득계획에서 차지하는 비율'을 세율로 적용하는 방식이다. 「국가예산수입법」에서는 순소득에서 자체충당금과 지방유지금을 차감하여 계산한다고 규정하고 있지만, 실제로는 『회계학(대학용)』의 설명처럼 순소득에 계획납부비율을 적용하는 방식이 적용되었다고 보는 것이 합리적이다. 국가납부몫과 자체충당금을 나누기 위해서는 어떤 기준이 필요하고, 그 기준은 기존 방식과 마찬가지로 납부비율의 형태로 정형화되는 것이 자연스럽기 때문이다.

(3) 번수입 개념의 과세표준 반영 가능성

앞서 과세대상에 대한 논의에서 언급한 바와 같이, 2005년 「국가예산수입법」 제정 과정에서 번수입이 법제적 용어로 포함되지 않았다고 하더라도 이미 양성화되어 과세표준에 반영된 부분을 정책적으로 다시 제외하지는 않았을 것으로 판단된다. 따라서 순소득 계산 목적상의 '총판매수입금'

에는 번수입 개념에 기초하여 계획외 판매수입과 현실화된 가격 및 한도가격이 반영된 것으로 보는 것이 합리적이다. 즉 2005년 이후 시장억제적인 흐름이 있었지만 과세표준의 규모를 결정하는 가격정책은 상당부분 유지되었을 것으로 추정되고, 계획외 판매부분과 가격현실화 및 한도가격 적용을 통해 증가된 과세표준 규모를 정책적으로 다시 축소시키지는 않았을 것으로 판단된다. 이는 〈표 3-4〉 예산수입 규모가 2003년에 급격하게 증가한 상태로 2007년 이후에도 계속 유지되어 왔다는 점에서 확인할 수 있다.

라. 세율

2007년 수정보충 전후의 세율과 관련된 조문을 비교하면 다음 〈표 3-9〉와 같다.

<표 3-9> 「국가예산수입법」 2007년 수정보충 - 세율

2005년 7월 6일 제정	2007년 10월 16일 수정보충
제23조 (적용하는 납부비율)	제24조 (리득금의 경상납부)
제1항 국가기업리득금과 협동단체리득금에는 **재정계획에 반영된 소득에 대한 납부비율과 중앙재정지도기관이 따로 정한 납부비율**을 적용한다.	제1항 국가기업리득금과 협동단체리득금의 **경상납부는 재정계획에 반영된** 국가기업리득금 또는 협동단체리득금이 **판매수입계획에서 차지하는 비율**에 따라 판매수입금이 조성될 때마다 한다.
제2항 대상에 따라 **국가기업리득금 또는 협동단체리득금 납부비율을 낮게 정하여줄 수 있다.**	제2항 대상에 따라 **중앙재정지도기관이 따로 정한 납부비율을 적용할수 있다.**

(강조부분은 저자)

확정납부의 경우 순소득에서 기업소 자체충당금과 지방유지금을 차감하는 방식으로 표현하고 별도의 세율을 규정하지 않았다(〈표 3-8〉 제21조 제1항 참조). 경상납부의 경우 2007년 수정보충 후 「국가예산수입법」 제24조 제1항에서 "재정계획에 반영된 국가기업리득금 또는 협동단체리득금이 판매수입계획에서 차지하는 비율에 따라 판매수입금이 조성될 때마다 한다."고 규정하여, 판매수입금을 과세표준으로 하고 '국가기업리득금계획이 판매수입계획에서 차지하는 비율'을 세율로 하는 방식을 적용하고 있다.

2005년 「국가예산수입법」 제정 당시에는, 소득에 납부비율을 적용한 국가기업리득금을 국가납부몫으로 확정하고 나머지를 자체충당금 및 생활비로 분배하는 방식이었다. 하지만 2007년 수정보충 이후에는, 생활비는 별도 분배하고 순소득을 국가납부몫(국가기업리익금과 지방유지금)과 기업소 자체충당금으로 나누는 방식으로 변경되었다. 이러한 배분을 위해서는 어떤 기준이 필요하고 그 기준은 기존 방식과 마찬가지로 납부비율의 형태로 정형화하는 것이 자연스럽다. 이와 관련하여, 앞서 살펴본 『회계학(대학용)』의 내용에 비추어 볼 때 확정납부의 경우 '국가기업리득금계획이 순소득계획에서 차지하는 비율'을 세율로 적용한 것으로 보인다.

마. 납부방법

2007년 수정보충 전후의 국가기업리득금의 납부방법에 대한 내용을 비교하면 다음과 같다.

<표 3-10> 「국가예산수입법」 2007년 수정보충 - 납부방법

2005년 7월 6일 제정	2007년 10월 16일 수정보충
제24조 (리득금의 납부) 제1항 국가기업리득금과 협동단체리득금의 경상납부는 판매수입금이 조성될 때마다 한다.	제24조 (리득금의 경상납부) 제1항 국가기업리득금과 협동단체리득금의 경상납부는 **재정계획에 반영된 국가기업리득금 또는 협동단체리득금이 판매수입계획에서 차지하는 비율에 따라** 판매수입금이 조성될 때마다 한다. 제2항 **대상에 따라 중앙재정지도기관이 따로 정한 납부비율을 적용할 수 있다.**
제24조 (리득금의 납부) 제2항 확정납부는 달마다 소득에 따라 다음달 10일까지 계산하며 미납액은 5일안으로 추가납부하고 과납액은 재정기관에서 반환받거나 다음달 바칠 몫에서 공제납부한다.	제25조 (리득금의 확정납부) 국가기업리득금과 협동단체리득금의 확정납부는 달마다 **순소득 또는** 소득에 따라 다음달 10일까지 하며 미납액은 5일안으로 추가납부하고 과납액은 재정기관에서 반환받거나 다음달 바칠몫에서 공제납부한다.
제24조 (리득금의 납부) 제3항 재정기관은 대상에 따라 계획납부방법도 적용할 수 있다.	-

(강조부분은 저자)

2005년 제정 「국가예산수입법」 제24조는 경상납부와 확정납부를 한 개의 조문에 규정하면서 동조 제3항에서 "대상에 따라 계획납부방법도 적용할 수 있다."는 내용을 포함하고 있었다. 그런데 2007년 수정보충 과정에서 제24조 경상납부와 제25조 확정납부로 조문이 분리되었고 제24조에서 경상납부의 경우 계획납부비율이 적용되는 것으로 조문을 정비하였다. 제25조의 확정납부에 대해서는 '순소득' 기준으로의 변경에 따른 문구수정 정도만 있었다.

북한에서 '계획납부'는 계획에 의해 납부금액이 사전에 확정된다는 것이 아니고 납부비율을 사전에 계획한다는 의미로 보인다. 즉 과세표준은 판매수입(경상납부) 또는 순소득(확정납부)의 '실적'에 기초하는 것이고 세율은 '계획'납부비율을 적용한다는 것이다.

제5절

소결

본 장은 김정일 시대 국영 생산기업소의 거래수입금과 국가기업리익금 및 국가기업리득금의 시기별 변화에 대하여 과세요건 개념을 기초로 비교·정리하고 그 의미를 분석한 것이다.

김정일 시대에 들어서 1994년은 1974년에 세금제도 폐지를 선언한 이후 20년간 큰 변화 없이 유지되어 왔던 사회주의 예산수입체계에 대하여 처음으로 실질적인 변화가 있었던 시기라고 할 수 있다. 1994년 예산수입제도의 변화는 크게 생산수단 도매가격 형식의 전환(산업도매가격)과 거래수입금 부과단위의 확대(생산수단 생산기업소 포함)로 요약된다. 이러한 변화에 대하여 오선희(1994)는 경제규모가 커지면서 현실적 요구에 따라 가격제정, 예산운영, 기업관리 부문에서 개선할 필요성이 제기되었다고 설명하고 있다.[98] 하지만 거래수입금 부과의 누적효과와 같은 부작용에도 불구하고 생

98) "경제규모가 비할 바 없이 커지고 인민경제의 현대화, 과학화 수준이 높아진 오늘에 와서 소비재에만 집중부과하던 이 방법이 거래수입금 부과대상 적용의 합리적인 방도로 되지 않는다. 객관적 경제법칙과 인민경제발전의 현실적 요구에 맞게 가격제정과 국가예산운영 및 기업관리를 끊임없이 개선해야 할 절박한 요구가 제기되고 있는 오늘의 현실은 거래수입금을 소비재에만 집중부과하던 제도로부터 생산수단과 소비재를 포괄하는 생산물 일반에 대하여 다같이 부과하는 제도로 넘어갈 것을 요구하고 있다." 오선희, 「거래수입금의 제정 및 적용에서 제기되는 몇가지 문제」, 36쪽.

산수단 생산기업소까지 부과단위에 포함시킨 것은 '고난의 행군' 초입이었던 1994년의 경제상황과 관련이 있어 보인다. 계획경제시스템이 사실상 붕괴되고 경제침체가 더욱 악화되었던 시기로서 경제주체에 대한 인센티브 또는 동기부여 체계 등에 대한 적극적인 개혁을 고려하기는 어려웠을 것으로 판단된다.[99] 1994년 거래수입금 중심의 변화와 관련된 의미를 정리하면 다음과 같다.

첫째, 생산수단 생산단계로 거래수입금의 예산동원 시기를 앞당긴 것으로서 예산수입 조기 확보에 초점을 둔 정책 변화라고 볼 수 있다.

둘째, 생산수단 도매가격 형식을 산업도매가격으로 변경함에 따라 거래수입금의 성격과 과세대상이 변화하였다. 즉 기업소도매가격 형식일 경우 판매수입을 구성하지 않는 간접소비세 예수금 성격을 띠는데, 산업도매가격 형식으로 변경됨에 따라 판매수입을 구성하여 소득세의 성격도 띠는 형태로 변화하였다.

셋째, 생산수단 생산기업소를 납세의무자에 포함시키면서 기업소도매가격 형식을 유지한다면 생산수단 생산기업소가 납부한 거래수입금이 가격체계 밖에 있는 형태가 된다. 따라서 이를 가격체계 내에 포함시켜서 소비재 생산기업소에 전가하는 과정이 필요하다. 결국 생산수단 생산기업소를 납세의무자에 포함시키는 것과 산업도매가격 형식으로의 변경은 불가분의 관계에 있다고 판단된다.

넷째, 생산수단 생산기업소의 거래수입금이 소비세와 소득세 성격이 혼

---

99) 계획지표 초과분에 대한 자율처분권의 부여 정도가 인센티브 구조에 대한 초기적인 변화라고 할 수 있다. 종전에는 계획 초과몫을 국가가 정한 가격으로 수매하였으나, 새로운 분조관리제를 실시하여 계획 초과몫에 대한 처분권을 현물로 넘겨주어 분조구성원들이 직접 나누거나 팔거나 자유로이 처분할 수 있도록 하였다. 『조선신보』, 1997년 7월 16일 2면; 오승렬, 『북한경제의 변화와 인센티브 구조: 비공식부문의 확산에 따른 개혁전망』(서울: 통일연구원, 1999), 10쪽 각주 10) 참조.

재된 형태로 변경된 것은 2002년 이후 전면적인 소득과세(국가기업리득금)로 전환하는 과정의 중간단계일 수 있다.

2002년 7·1 조치와 함께 예산수입제도에 대해서도 큰 변화가 있었다. 2002년 이후 예산수입제도의 주요 변화는 거래수입금의 폐지 및 국가기업리득금 체계로의 전환(소득과세), 계획외 수입을 포함하는 번수입 기준, 한도가격 제도 도입 및 가격현실화 조치(과세표준의 변화), 종전 국가기업리익금의 '이윤'기준에서 '소득'기준 분배방식으로의 전환(과세대상의 변화), 추가적인 세원의 발굴, 그리고 2005년 「국가예산수입법」의 제정 등으로 요약된다. 2002년 이후의 예산수입제도 변화는 7·1 조치에 따른 개혁적 흐름이 반영된 것이라고 할 수 있다. 주요 변화 및 그 의미를 정리해보면 다음과 같다.

첫째, 사회주의 예산수입체계에서 거래수입금은 국가가 제정하는 품목별 계획가격을 적용하고 조절함에 있어서 핵심적인 위치에 있다. 이러한 거래수입금을 폐지하고 국가기업리득금 체계로 전환한 것은 포괄적인 성격의 번수입 지표와의 정합성을 고려한 것으로 보인다. 또한 1994년에 이미 생산수단까지 거래수입금의 부과대상에 포함시켜서 모든 생산기업소를 대상으로 일률적으로 국가기업리득금을 부과할 수 있는 구조도 마련되어 있었다.

둘째, 국가의 입장에서, 계획외 수입이 포함된 번수입의 적용이나 가격현실화 조치 및 한도가격 제도 도입은 시장경제 활동의 결과가 과세표준에 반영될 수 있는 체계를 만든 것으로서 「시장 기반 사회주의 예산수입체계」로의 변화가 시작된 획기적인 조치라고 할 수 있다. 하지만 계획외 수입 부분은 납세의무자의 자발적 신고를 필요로 하는 것으로서 실제 예산수입 효과는 크지 않았을 수 있다.

셋째, 기업소의 입장에서 번수입 기준을 통해 기업소 자체충당금 규모가

계획외 판매수입, 현실화된 가격 및 한도가격과 연계될 수 있는 구조가 만들어졌다. 따라서 인센티브 구조가 작동할 수 있는 최소한의 체계가 형성되었다고 평가할 수 있다. 번수입 분배에서는 "번수입이 많으면 많을수록 국가납부몫과 기업소자체충당몫, 생활비 몫이 다 같이 많아지기 때문에"[100] 번수입 증대에 보다 많은 관심을 갖도록 할 수 있다는 것이다. 기업소 자체충당금에 대한 인센티브 구조의 변화는 자체충당금에서 지급되는 상금, 장려금을 통해 개인의 노동보수에 대하여도 간접적으로 영향을 미친다.

넷째, 개인의 입장에서 번수입 지표를 도입하여 계획외 수입을 공식적인 예산수입제도로 편입시킨 것은 계획외 활동을 공인한 것으로서 인센티브 구조에도 영향을 주는 것이다.[101] 소득(번수입)을 기준으로 1단계 분배과정에서 실적에 기초하여 생활비를 분배하는 방식으로서 평균주의를 개선[102]한 것이다. 생활비 및 가격의 현실화가 이루어지고 생활비 분배도 기업소

100) 장성은, 「공장, 기업소에서 번수입의 본질과 그 분배에서 나서는 원칙적 요구」, 40쪽. 하지만 번수입의 증대는 임가공 등 다양한 형태의 생산을 통한 계획외 수입의 증대를 기반으로 하는 것으로서 기업의 행태가 국가의 의도와 다르게 나타날 수도 있다. 김상기, 「번수입지표에 대한 소고」, 『KDI 북한경제리뷰』, 2004년 9월호, 5쪽 및 9쪽.

101) "북한이 번수입 지표를 도입한 것은 경영효율화를 통해 생산을 정상화하고 분배의 평균주의를 개선해 노동보수의 인센티브화를 도모하기 위한 것으로 볼 수 있다." 김상기, 「번수입지표에 대한 소고」, 5쪽 및 9쪽.

102) 북한 문헌에서 평균주의에 대한 비판적 언급을 살펴보면 다음과 같다. "평균주의가 근로대중의 생산의욕을 약화시키는 반면에 지나친 차이는 그들의 생활상 차이를 격화시켜 사람들의 통일단결을 방해하는 요인으로 될 수 있기 때문이다. …… 매개 근로자들의 노동에 대한 정확한 계산이 없이 노동보수에서 평균주의를 하면 국가적 이익도 개인적 이익도 제대로 보장할 수 없으며 국가적 이익의 우선적 보장에 기초한 개인적 이익의 실현을 요구하는 사회주의노동보수제의 근본요구도 관철되지 못하게 된다." 서영식, 「사회주의로동보수제에서 국가와 개인의 리익에 대한 기업소리익작용의 정확한 실현」, 『경제연구』, 2001년 제2호, 22~23쪽; "노동에 의한 분배원칙을 관철하는데서 중요한 것은 우선 분배에서의 평균주의와 지나친 편차를 두는 것을 다 같이 경계하면서 보수의 등차를 가장 합리적으로 조절하는 것이며 ……." 리창근, 「위대한 령도자 김정일동지께서 밝히신 사회주의사회의 성격에 맞게 경제발전을 다그칠데 대한 원칙적요구와 그 실현방도」, 『경제연구』, 2001년 제3호, 5쪽.

실적에 직접 연동시킴으로써 개인의 행위(투입)가 결과(생활비 규모)에 연계될 수 있는 구조가 만들어졌다. 또한 이러한 연계구조가 국가 및 기업소의 기존 관리체계 하에서 작동하였으며 실제 지급되는 생활비 규모를 현실화시킴으로써 행위를 유발할 수 있을 정도의 보상이 가능한 기반이 마련되었다고 평가된다.[103)]

다섯째, 조세행정체계와 관련하여, 국가기업리득금 체계로의 전환은 계산구조 및 과세단위의 단순화, 전면적인 소득과세로의 전환, 중앙집중적 납부체계의 전면화 등의 의미가 있다. 거래수입금의 1차적 동원 이후 나머지 금액을 기초로 국가기업리익금을 납부하던 방식에서, 소득(번수입)을 대상으로 국가기업리득금, 기업소 자체충당금 및 생활비를 분배하는 방식으로 계산구조가 단순화되었다. 원가정보 없이 바로 1차적 분배로 예산동원이 가능했던 거래수입금이 사라진 것은 표면적으로 조세행정 부담이 커진 것으로 보일 수 있다. 하지만 과거 국가기업리익금 산정시 적용되었던 원가정보와 국가기업리득금 산정(번수입의 확정) 목적의 원가정보가 실질적으로 달라지는 것은 아니기 때문에 징세행정상 국가의 부담이 특별히 커졌다고 보기는 어렵다. 마지막으로 중앙집중적 납부체계의 전면화는 경제개혁과 함께 시장 및 재정 통제를 보다 강화하고자 하는 의도가 반영된 것으로 보인다.

여섯째, 추가적인 세원으로서 시장경리 활동을 하는 '개인'도 국가납부금(개인수입금)을 부담하게 되었다. 2005년 제정된 「국가예산수입법」상 공식

---

103) 몬티아스(J.M. Montias)에 의하면, 인센티브 구조가 작동하려면 다음과 같은 전제조건이 충족되어야 한다. 첫째, 보상을 받는 행위자의 선택에 따라 결과에 영향을 미칠 수 있어야 한다. 행위(투입)와 결과(산출)가 연계되어야 한다. 둘째, 행위자가 적합한 경제행위를 수행하는지 감시·감독할 수 있어야 한다. 셋째, 인센티브로서의 보상이 행위를 유도할 수 있을 정도로 의미 있는 수준이어야 한다. 양문수, 「북한의 기존 기업관리 시스템과 인센티브 구조」, 전병유 외, 『북한의 시장·기업 개혁과 노동인센티브제도』(서울: 노동연구원, 2004), 54쪽.

적인 납세의무자는 해당 기관, 기업소, 단체로 규정되어 있지만 실질적으로는 개인에 대한 조세의 부분적 부활로 볼 수도 있다. 또한 과세대상 측면에서 보면, 개인의 시장경리 활동 수입금(소득)과 토지이용권(일종의 재산권)이 과세대상에 편입되었다고 할 수 있다.

일곱째, 2005년 「국가예산수입법」의 제정은 2002년 이후의 개혁적 정책 기조의 변화라기보다는 국가예산수입의 다양한 항목들을 포괄적인 부문법 형태로 정비하고 과세요건을 법조문으로 공식화한 것이다. 「국가예산수입법」에 명시적으로 번수입이라는 표현이 나타나지 않지만, 북한 당국이 「국가예산수입법」을 시행함에 있어서 예산수입 증대에 긍정적인 정책을 적극적으로 제외했을 가능성은 높지 않다.

2007년 「국가예산수입법」의 1차 수정보충 과정에서는 2005년 이후 개혁 후퇴의 흐름이 반영되어 분배기준이 '소득' 기준에서 '순소득' 기준으로 전환되었다. 이에 따라 생활비가 별도 분배로 전환되었고, 이는 개인에 대한 인센티브 구조가 최소한 형태적으로는 실적과 직접적으로 연계되지 않는 방향으로 변화한 것이다. 하지만 실질적으로는 2002년 이후 현실화된 생활비 수준을 기초로 분배되었을 것으로 추정된다.

경제개혁은 전반적인 예산수입제도에 영향을 미치지만, 예산수입제도의 개별 요소들은 경제개혁과 직접적으로 연계되지 않는 형태로 나타날 수 있다. 전반적으로 개혁이 지체되거나 후퇴하는 시기에도 체제유지에 위협이 되지 않고 예산수입 증대에 도움이 되는 부분에서는 개혁적인 제도가 유지될 수 있다. 가격현실화 및 한도가격 제도를 통해 과세표준에 반영된 부분과 계획외 수입 부분 중에서 이미 양성화된 부분이 경제개혁의 지체 또는 후퇴에 따라 과세대상 및 과세표준에서 다시 제외되었을 것이라고 볼 수는 없다. 즉 북한 당국 입장에서 과세표준 규모의 증가나 과세대상의 확대 등 예산수입에 도움이 되는 부분까지 적극적으로 제외하지는 않았을 것이라고 추정할 수 있다. 개혁이 지체되거나 후퇴하는 것으로 보이는 일련의 흐름은 개혁의 효과가 없는 부분을 정비하거나 사회주의 체제 이완을 다잡고자 한 것이지 예산수입 증대에 도움이 되는 정책까지 취소하고자 한 것은 아니기 때문이다. 이는 2007년 이후 특별히 생산이 증대된 것이 아님에도 불구하고 명목 예산수입이 2003년 이후 급격히 증가한 상태에서 여전히 감소하지 않고 그 이후로도 계속 증가하였다는 점에서 확인가능하다(〈표 3-4〉 참조).

또한 2007년 수정보충 과정에서 기존 토지사용료가 부동산사용료로 확대되어 정비되었다는 점도 주목할 만하다. 토지이용권 또는 부동산이용권에 기초한 사용료는 소유제도의 틀을 유지한 상태에서 '모호한 재산권'에 기초한 재산세 성격의 부과체계를 구축한 것이라고 할 수 있다. 하지만 토지이용권이나 부동산이용권은 소유권과는 다르고 토지사용료나 부동산사용료는 반대급부가 있다는 점에서 통상적 의미의 조세(재산세)로 보기는 어렵다.

제4장
김정은 시대
사회주의 예산수입법제의 변화

제1절

서설

2005년 이후의 개혁의 후퇴에 따라 2007년 「국가예산수입법」이 수정보충되었고, 이후 2008년 6월 18일에는 사회주의원칙 고수 및 시장통제 강화를 지시하는 김정일의 담화가 있었다.[1] 2009년부터 종합시장을 물리적으로 폐쇄하고 종전의 농민시장으로 환원하려는 시도가 있었으며, 2009년 11월 30일자로 화폐개혁을 단행하고 종합시장에 대한 폐쇄방침까지 발표했다. 하지만 오히려 인플레이션 심화, 공급위축 등 부작용이 심해지면서 결국 2010년 2월초부터 시장에 대한 단속을 완화하여 5월에는 시장억제 정책을 철회할 수밖에 없었다.[2]

2010년 11월 11일에는 「기업소법」이 제정되었다. 당시 「기업소법」 제1조(기업소법의 사명)는 “기업소의 조직과 경영활동에서 제도와 질서를 엄격히 세워 사회주의기업관리체계를 공고히 하고 인민경제를 발전시키는데 이바지한다.”고 규정하고 있는데, 시장화 확대 과정에서 흐트러진 기업소관리

---

1) 양문수, 『북한경제의 시장화 – 양태 · 성격 · 메커니즘 · 함의』(파주: 도서출판 한울, 2010), 80쪽.

2) 양문수, 「북한 시장화에 대한 경제사 및 정책사적 접근」, 『북한 변화 실태 연구: 시장화 종합분석』(서울: 통일연구원, 2018), 91~92쪽.

체계를 정비하고자 하였던 것으로 보인다.

국제적으로는 2009년 미국 오바마 정부가 출범하였고, 4월 5일 인공위성(광명성 2호) 발사, 5월 25일 2차 핵실험, 8월 4일 김정일-클린턴 회담으로 이어지던 불안정한 시기였다. 2008년 7월 11일 금강산 관광객 피살 문제로 남북관계도 악화일로로 치달았다. 또한 2008년에는 김정일의 뇌졸중 문제가 있었고 결국 2011년 12월 17일 김정일이 사망하였다.

김정은 시대 개혁·개방 추진 상황을 간략히 살펴보면, 2012년 「6·28 방침」 및 「12·1 경제관리개선조치」, 2013년 「경제개발구법」 제정과 함께 13개 경제개발구 및 신의주 특수경제지대 추가 등이 있었다. 2014년에는 「5·30 담화」에 의한 「우리식 경제관리방법」 제시, 6개(은정, 청수, 청남, 숙천, 강령, 진도) 경제개발구 추가, 신의주 국제경제지대로의 명칭 변경 등이 있었다. 2015년에는 조선중앙은행의 상업은행기능 분리 및 2개(무봉, 경원) 경제개발구 추가 등이 있었고, 2017년에는 1개(강남) 경제개발구 추가가 있었다.[3] 전반적인 내용은 경제개혁과 함께 경제개발구를 통한 개방 추진으로 요약할 수 있다. 또한 김정은 시대 공업생산 부문 경제개혁의 핵심적인 내용은, 국가지표 이외의 생산에 대하여 경영권한을 현장에 부여하여 생산단위의 자율성 및 인센티브를 확대함으로써 독자 경영체제를 도입하는 것[4]이라고 정리할 수 있다.

남북관계는 2010년 「5·24 조치」에 의한 남북교역중단과 2016년 개성공업지구 폐쇄로 인하여 어려움이 있었다. 북한과 중국 간에는 2010년 라선 황금평위화도 공동개발 및 관리협정 체결이 체결되었다. 정치적 또는 대외

---

3) 연도별 경제개발구 추가 현황은 KDB 산업은행 미래전략연구소, 「북한 경제개발구 분석을 통한 우리기업 진출전략」, 『KDB 북한개발』, 통권 제20호, 2019, 109~110쪽 참조.
4) 양문수, 「김정은시대의 경제개혁과 시장화」, 양문수 편저, 『김정은시대의 경제와 사회: 국가와 시장의 새로운 관계』(파주: 한울아카데미, 2014), 65~70쪽.

적으로는, 2011년 김정일 사망 후 김정은이 인민군 최고사령관으로, 2012년에는 국방위원회 제1위원장, 2016년에는 국무위원회 위원장으로 추대되었고, 2019년에는 국무위원장의 지위가 국가수반으로 헌법에 명문화되었다. 2012년에는 인공위성(은하 3호)을 발사하였고, 2013년 3차 핵실험(2.12) 및 장성택 처형, 2016년 4차(1.6) 및 5차(9.9) 핵실험, 2017년 6차 핵실험(9.3) 등으로 대외관계는 악화일로를 겪었다. 이후 2018년 남북정상회담 및 1차 북미정상회담, 2019년 2차 북미정상회담을 거쳐 호전될 가능성을 보였으나 그 이후 답보상태에 있다.

김정은 시대 들어서 경제적으로 어느 정도 안정적인 기조를 보이기는 했으나 전반적으로 정체 상태를 벗어나지 못했기 때문에 활로를 모색해야할 필요성이 절실했을 것으로 보인다. 이는 다시 개혁적 방향으로의 전환과 제도 변화가 필요했음을 의미한다. 이러한 배경 하에 2011년 「국가예산수입법」에 대한 3차 수정보충을 통하여 전통적인 사회주의 경리수입 체계로 전환하여 원점에서 다시 대안을 모색하기 시작한 것으로 보인다. 김정은 시대 경제개혁의 특징은, 정책적 변화를 우선하고 이후 법제화로 뒷받침하는 전략을 사용하고 있고, 전격적 또는 전면적으로 추진했던 2002년 7·1 조치와 달리 시범적 또는 실험적인 실시 후 전면적으로 확대 시행하는 점진적이고 신중한 접근방식을 보이고 있다.[5] 이러한 접근방법을 기초로 예산수입제도에 대해서도 2012년 이후 시범적인 조치들이 추진된 것으로 보인다.

김정은 시대 초기 사회주의 예산수입법제의 변화는 김정일 시대에 준비된 것이라고 보는 것이 보다 정확할 것이다. 2011년 11월 8일 「국가예산수입법」의 수정보충이 있었는데 김정일이 사망한 것은 동년 12월 17일이다.

---

5) 이석기 외, 『김정은 시대 북한 경제개혁 연구 - '우리식 경제관리방법'을 중심으로』(세종: 산업연구원, 2018), 51~52쪽.

따라서 이러한 수정보충은 김정일 시대 후반기에 개혁이 후퇴하고 지체되면서 정비 작업의 일환으로 준비되어 온 것이라고 보는 것이 합리적이다. 다만 본 장[6]에서는 2011년 「국가예산수입법」 수정보충이 김정은 시대의 후속적 변화에 대한 출발점이라는 의미에서 김정은 시대의 변화로 분류하여 검토하고자 한다.

6) 본 장은 ≪최정욱, 「북한 국가예산수입제도의 시기별 변화와 전망 - 국영 생산기업소의 거래수입금과 국가기업리익금을 중심으로」, 『통일문제연구』, 제31권 2호, 2019≫ 내용 중 김정은 시대 국가예산수입제도에 대한 과세요건 분석 및 관련 법제에 대한 논의를 확대하여 심층 분석한 것이다.

제2절

2011년 거래수입금 및 국가기업리익금 체계로의 회귀

1. 「국가예산수입법」의 목적 보완

김정일의 사망 등 내부적인 혼란과 국제적인 불안정, 남북관계의 악화 등 혼돈의 시기였던 2011년에 「국가예산수입법」이 전면적으로 수정보충되었다. 이는 2002년 이후의 개혁적 시도와 2005년 이후 개혁의 후퇴를 거쳐 예산수입제도에 대해 원점에서의 재검토가 추진된 것으로 보인다.

이와 관련하여 2005년 제정 당시 「국가예산수입법」 제1조(국가예산수입법의 사명)는 "…… **국가관리**에 필요한 자금을 원만히 마련"하는데 있다고 규정하고 있었으나, 2011년 수정보충 과정에서 "…… **국가관리와 사회주의 건설**에 필요한 자금을 원만히 마련"(강조부분은 저자)하는데 있다고 변경하였다. 이렇게 '사회주의 건설'을 특별히 추가한 것은 예산수입제도와 관련하여 사회주의적 원칙에 입각한 재검토 의지를 보여주는 것으로 해석할 수 있다. 실제로 아래에서 보는 바와 같이, 2011년 수정보충 이후의 예산수입제도는 형태적으로는 1994년 이전의 모습으로 회귀하였다.

2. 거래수입금 규정 신설

2005년 「국가예산수입법」이 제정될 당시에는 거래수입금이 국가기업리득금에 통합된 상태였기 때문에 2011년 11월 8일 「국가예산수입법」상 거래수입금 규정은 조문을 신설하는 방식으로 법제화되었다.

거래수입금의 부활은 시장가격 적용 또는 반영의 확대와 관련이 있는 것으로 보인다. 소득과세의 경우 원가공제 후 소득의 일정 부분이 예산에 동원되지만, 소비과세의 경우 원가공제 없이 판매수입의 일정 부분을 우선적으로 예산에 동원할 수 있다. 시장가격 반영의 확대는 가격 제정 및 조정 과정에서 소비품 소매가격에 영향을 미침으로써 거래수입금 부과율, 즉 납부비율(세율)의 증가로 나타날 수 있고, 소비품 도매가격에 영향을 미침으로써 거래수입금 과세표준(판매수입)의 직접적인 증가로 나타날 수 있다. 따라서 소비세 성격의 거래수입금을 부활한 것은 예산수입 증대 측면에서 중요한 의미가 있다고 할 수 있다.

가. 생산수단 도매가격: 기업소도매가격 형식

2011년 11월 8일 최종 수정보충된 「국가예산수입법」에 거래수입금 항목이 신설되었는데, 2017년 8월에 발행된 『조선말대사전』에서 거래수입금은 "소매가격에서 상업부가금과 도매가격을 던 차액"으로 이루어진다고 표현하여, 생산수단 도매가격이 1994년 이전의 기업소도매가격 형식으로 변경되었음을 보여주고 있다.[7]

---

7) 『조선말대사전 1』(2017), 215쪽. 만약 산업도매가격 형식이라면 거래수입금은 도매가격과 기업소가격의 차액으로 계산되는 것으로 표현되어야 한다.

나. 납세의무자: 소비재 생산기업소

2011년 신설된 「국가예산수입법」 제20조(거래수입금과 봉사료수입금의 정의, 납부대상)에 의하면 "거래수입금은 소비품의 가격에 들어있는 사회순소득의 일부"(제1항)를 국가예산에 동원하는 것으로서 "기관, 기업소, 단체는 조성된 거래수입금과 봉사료수입금을 국가예산에 제때에 납부하여야 한다."(제2항)고 규정하고 있다. 즉 거래수입금의 납세의무자는 소비재 생산기업소로서 1994년 이전의 상태로 회귀하였다고 할 수 있다.

다. 과세대상

거래수입금은 1994년 이전의 생산수단 도매가격 형식인 기업소도매가격체계에 기초하여 소비재 생산기업소에 대하여 부과하던 방식으로 환원되었다. 기업소도매가격 형식에서 거래수입금은 가격을 구성하지 않고 가격에 가산되는 것으로서 판매행위를 과세대상으로 하는 간접소비세의 성격을 띤다.

앞서 논의한 바와 같이 이미 양성화되어 과세대상에 포함된 계획외 판매물량에 대한 판매행위도 과세대상에 포함되었을 것으로 추정된다.

라. 과세표준

2011년 신설된 「국가예산수입법」 제21조(거래수입금과 봉사료수입금의 계산방법) 제1항에 의하면, "거래수입금과 봉사료수입금의 계산은 소비품판매수입금과 봉사를 제공하고 받은 요금에 정한 비율을 적용하여 한다."고 규정하고 있다. 따라서 과세표준은 소비품판매수입금과 봉사요금이다.

여기서 소비품판매수입금의 계산과 관련하여, 「국가예산수입법」 제22조(판매수입금과 봉사료금의 계산방법)에서는 "기관, 기업소, 단체는 소비품판매수입금과 봉사요금을 정확히 계산하여야 한다. 소비품판매수입금과 봉사요금은 정한데 따라 판매한 가격 또는 봉사를 제공하고 받은 요금으로 계산한다."고 규정하고 있는데, 판매수입금은 1994년 이전과 마찬가지로 「소비품 도매가격 x 판매량」으로 계산될 것으로 추정된다. 다만 앞서 논의한 바와 같이, 계획외 수입부분과 함께 현실화된 가격 및 한도가격이 여전히 과세표준에 반영되었을 것으로 추정된다. 하지만 기본적으로 국가제정 가격체계와 연계되어 있는 거래수입금에 시장가격이 현실적으로 반영될 수 있을지 논리적으로는 의문의 여지가 있다. 이에 대하여는 아래 납부방법에서 추가적으로 논의하였다.

마. 세율

「국가예산수입법」 제23조(적용하는 납부비율)에서는 "거래수입금과 봉사료수입금에는 중앙재정지도기관이 정한 납부비율을 적용한다. 대상에 따라 중앙재정지도기관의 승인을 받아 해당 재정기관도 거래수입금과 봉사료수입금의 납부비율을 정할 수 있다."고 규정하고 있다. 즉 중앙재정지도기관이나 해당 재정기관이 정한 납부비율이 세율에 해당한다.

바. 납부방법

(1) 경상납부

「국가예산수입법」 제24조에서는 소비품판매수입금이 조성될 때마다 거래수입금을 경상납부하고 달마다 다음달 10일까지 확정납부 한다고 규정하고 있다. 경상납부금액 계산방식에 대하여 별도 규정은 없으나, 1994년 이전과 마찬가지로 다음과 같은 방식이 적용되었을 것으로 추정된다.

- 차액방법: 거래수입금 = (상업부가금을 던 소매가격-도매가격) x 판매량
- 비율방법(품종구성이 복잡할 경우): 평균거래수입금율 적용 가능
  거래수입금 = 판매수입실적 x 평균거래수입금율
  여기서, 평균거래수입금율 = (거래수입금계획/판매수입계획) x 100

(2) 확정납부

2011년 신설된 「국가예산수입법」 제21조(거래수입금과 봉사료수입금의 계산방법) 제1항에 의하면, "거래수입금과 봉사료수입금의 계산은 소비품판매수입금과 봉사를 제공하고 받은 요금에 정한 비율을 적용하여 한다."고 규정하고 있다. 따라서 확정납부금액은 동법 제23조의 납부비율을 적용하여 「소비품판매수입금 x 납부비율」로 계산된다.

결국 확정납부 거래수입금은 1994년 이전과 마찬가지로 경상납부금액에 대한 결산기 정산 과정으로서 아래와 같은 방식으로 이루어질 것으로 추정된다.

- 거래수입금 = (소비품도매가격 x 판매량) x 거래수입금 부과율(납부비율)
  여기서,
  거래수입금 부과율 = {(상업부가금을 던 소매가격-도매가격)/도매가격} x 100

국가제정 가격체계 하에서 거래수입금에 시장가격이 반영될 수 있는 구조를 생각해보면, 그 핵심은 거래수입금 부과율 또는 납부비율(세율)에 있다고 판단된다. 만약 소매가격에 시장가격이 반영될 수 있도록 여지를 둔

다면 거래수입금 부과율에 시장가격이 반영될 것이고, 결과적으로 거래수입금 납부금액에 시장가격이 반영되는 결과가 된다. 이 경우 확정납부 과세표준이 국정가격(도매가격)으로 고정되어 있다고 해도 시장가격이 반영될 여지가 생긴다. 물론 도매가격 제정·조정 과정에서 현실화된 가격 또는 시장가격을 반영하는 과정이 포함되어 과세표준이 증가될 수도 있다. 앞서 살펴본 바와 같이 「국가예산수입법」 제23조(적용하는 납부비율)에서는 납부비율을 명확하게 규정하지 않고 중앙재정지도기관이나 해당 재정기관이 정한 납부비율을 적용하도록 하고 있다. 따라서 실제 운용과정에서 시장가격이 반영될 수 있는 여지는 충분히 있는 것으로 보인다.

3. 국가기업리익금으로의 전환

「국가예산수입법」에 대한 2008년 2월 26일의 2차 수정보충은 제42조 제3항에 "외국투자기업의 사회보험료 납부는 따로 정한 기준에 따라 한다."는 내용을 추가한 것 이외에는 특별한 변화가 없었다. 따라서 2011년 3차 수정보충 후의 내용을 2007년 1차 수정보충 후의 내용과 비교하여 분석하였다. 2011년 3차 수정보충은 기존 국가기업리득금 체계에서 국가기업리익금과 거래수입금으로 다시 환원하는 내용이 규정되어 있다.[8)]

---

8) 2011년 11월 「국가예산수입법」의 수정보충 직전에, 홍성남은 7월 10일 발행한 『김일성종합대학학보』에서 '거래수입금'을 차감한 기업소이윤에 대하여 설명하고 있고, 정광영은 10월 30일 발행한 『경제연구』에서 '국가기업리익금'에 대하여 설명하고 있다. 홍성남, 「독립채산제기업소리윤에 대한 리해에서 제기되는 몇가지 문제」, 『김일성종합대학학보-철학·경제학』, 제57권 제3호, 2011; 정광영, 「국가기업리익금에 대한 과학적 해명에서 나서는 중요문제」, 『경제연구』, 2011년 제4호, 31쪽.

가. 납세의무자

종전 「국가예산수입법」 제20条(국가기업리득금과 협동단체리득금의 정의, 납부대상) 제2항과 2011년 11월 8일자 수정보충 후 제25조(국가기업리익금과 협동단체리익금의 정의, 납부대상) 제2항의 내용을 비교하면 다음 〈표 4-1〉과 같다.

<표 4-1> 「국가예산수입법」 2011년 수정보충 - 납세의무자

2007년 10월 16일 수정보충	2011년 11월 8일 수정보충
제20조 (국가기업리득금과 협동단체리득금의 정의, 납부대상) 제2항 **기관, 기업소, 단체**는 순소득 또는 소득의 일부를 소유형태에 따라 **국가기업리득금 또는 협동단체리득금**으로 국가예산에 납부하여야 한다.	제25조 (국가기업리익금과 협동단체리익금의 정의, 납부대상) 제2항 **기관, 기업소, 단체**는 이윤 또는 소득의 일부를 소유형태에 따라 **국가기업리익금 또는 협동단체리익금**으로 국가예산에 납부하여야 한다.

(강조부분은 저자)

국가기업리익금의 납세의무자는 기관, 기업소, 단체로서 종전 국가기업리득금의 경우와 동일하다.

나. 과세대상

종전 「국가예산수입법」 제20조(국가기업리득금과 협동단체리득금의 정의, 납부대상) 제1항과 2011년 11월 8일자 수정보충 후 제25조(국가기업리득금과 협동단체리득금의 정의, 납부대상) 제1항의 내용을 비교하면 다음과 같다.

<표 4-2> 「국가예산수입법」 2011년 수정보충 - 과세대상

2007년 10월 16일 수정보충	2011년 11월 8일 수정보충
제20조 (국가기업리득금과 협동단체리득금의 정의, 납부대상) 제1항 **국가기업리득금과 협동단체리득금**은 기관, 기업소, 단체 **순소득 또는 소득**의 일부를 국가예산에 동원하는 자금이다.	제25조 (국가기업리익금과 협동단체리익금의 정의, 납부대상) 제1항 **국가기업리익금과 협동단체리익금**은 기관, 기업소, 단체에 조성된 이윤 또는 소득의 일부를 국가예산에 동원하는 자금이다.

(강조부분은 저자)

2011년 수정보충 이후 「국가예산수입법」 제25조 제1항에서는 국가기업리익금과 협동단체리익금에 대하여 기관, 기업소, 단체에 조성된 '이윤 또는 소득'[9]의 일부를 국가예산에 동원하는 자금으로 정의하고 있다. 즉 2011년 수정보충 후 국가기업리익금의 과세대상은 '이윤'으로 표현된다. 앞서 논의한 바와 같이, 2002년 이후 과세대상에 포함된 계획외 수입 부분에 대응되는 이윤과 관련하여, 북한 당국이 적극적으로 제외하지는 않았을 것으로 보이고 여전히 과세대상에 포함되었을 것으로 추정된다.

국가기업리득금이 국가기업리익금으로 전환되면서 기존의 '순소득'이 '이윤'으로 변경되었지만 실질적인 내용은 변화가 없다. 2007년 「국가예산수입법」 수정보충 후 국가기업리득금은 사회순소득 전체를 대상으로 분배를 하는 것이므로 '순소득'이라는 표현을 사용하였지만, 국가기업리익금은 거래수입금을 1차 분배하여 예산에 동원한 후 기업소순소득(이윤)을 대상으로 2차 분배과정을 통해 예산에 동원하는 것이기 때문에 '이윤'으로 표현한 것이다.

9) 2007년 및 2008년 「국가예산수입법」 제21조 제2항(〈표 4-3〉 참조)의 협동단체리득금에 대한 내용과 2011년 동법 제25조 제2항(〈표 4-1〉 참조)의 '소유형태에 따라'라는 표현에 비추어볼 때, '소득'은 협동단체리익금에 적용되는 것으로 해석된다.

다. 과세표준

2011년 수정보충 전후의 과세표준 관련 조문 내용을 비교하면 다음과 같다.

<표 4-3> 「국가예산수입법」 2011년 수정보충 - 과세표준

2007년 10월 16일 수정보충	2011년 11월 8일 수정보충
제21조 (리득금의 계산방법)	제26조 (리익금의 계산방법)
제1항 **국가기업리득금**의 계산은 조성된 **순소득**에서 **기업소에 남겨 놓고 쓰게 된 자체충당금과 지방예산에 바치게 된 지방유지금을 더는 방법으로** 한다.	제1항 **국가기업리익금과 협동단체리익금**의 계산은 조성된 **이윤** 또는 **소득**에서 한다.
	제2항 **대상에 따라 판매수입금 또는 봉사요금에서 계산할 수 있다.**
제2항 **협동단체리득금**의 계산은 조성된 소득에 정한 납부비율을 적용하여 한다.	-
제22조 (순소득 또는 소득의 계산방법)	제27조 (이윤 또는 소득의 계산방법)
제1항 **순소득은 총판매수입금에서 원가 같은 것을 덜고** 확정 한다.	제1항 **이윤은 판매수입금 또는 봉사요금에서 원가, 거래수입금 또는 봉사료수입금 같은 것을 덜고** 확정한다.
	제2항 **거래수입금과 봉사료수입금이 적용되지 않는 지표에 대한 이윤은 판매수입금 또는 봉사요금에서 원가 같은 것을 덜고 확정한다.**
제2항 소득은 총판매수입금에서 생활비를 공제한 원가를 덜고 확정한다.	제3항 소득은 판매수입금에서 생활비를 공제한 원가를 덜고 확정한다.
제3항 총판매수입금에는 생산물판매수입, 건설조립작업액, 대보수작업액, 부가금, 봉사료 같은 수입금이 포함된다.	-

(강조부분은 저자)

국가기업리익금은 판매수입금에서 원가, 거래수입금 같은 것을 덜고 확정한 '이윤'을 기초로 계산한다(「국가예산수입법」 제26조 1항 및 제27조 1항). 거래수입금이 적용되지 않는 지표에 대해서는 판매수입금에서 원가만 차감하고 확정한 이윤을 기초로 계산한다(동법 제26조 4항). 예외적으로 대상에 따라 판매수입금을 기초로 계산할 수도 있다(동법 제26조 2항).

따라서 2011년 수정보충 후 국가기업리익금의 과세표준은 원칙적으로 '이윤'이고, 예외적으로 '판매수입금'이 적용된다. 이러한 이윤이나 판매수입금을 계산함에 있어서, 2002년 이후 번수입 지표에 의해 포함되었던 계획외 수입 부분과 가격현실화 조치 및 한도가격 제도에 따른 과세표준 증가분도 포함되었을 것으로 추정된다. 만약 「시장 기반」 과세표준이 유지되지 않았다면 이후 예산수입이 큰 폭으로 변동(감소)되었어야 한다. 하지만 〈표 3-4〉에서 예산수입실적이 2003년에 1,391.3% 증가한 이후 지속적으로 증가하여 왔고, 아래 〈표 4-4〉에서 2012년 이후에도 예산수입계획은 어느 정도 안정적인 (+)의 증가율을 보이고 있다.

<표 4-4> 2012년 이후 거래수입금과 국가기업리익금 수입계획 증가율

연도	2011	2012	2013	2014	2015	2016	2017	2018
거래수입금	–	7.5%	3.5%	4.5%	3.7%	3.3%	2.4%	2.5%
국가기업리익금	–	10.7%	6.0%	7.9%	4.3%	4.5%	3.5%	3.6%

자료: 이석기 외, 『김정은 시대 북한 경제개혁 연구 – '우리식 경제관리방법'을 중심으로』(세종: 산업연구원, 2018), 267쪽 〈표 3-7〉에서 일부 내용을 발췌하여 재인용.

거래수입금과 국가기업리익금 체계로 회귀하여 원점에서 재검토한다고 하더라도 예산수입 증대에 긍정적인 정책이 배제되었을 가능성은 높지 않고, 2012년 이후에도 「시장 기반」 과세표준이 계속 유지되고 있음을 〈표 4-4〉를 통해 간접적으로 확인할 수 있다. 제3절에서 논의하는 주문계약 허용 및 기업소지표의 도입, 새로운 「소득분배방법」의 시범적 도입 등은 「시장 기반 사회주의 예산수입체계」로서의 성격이 강화되고 있음을 보여주는 근거라고 할 수 있다.

라. 세율

2011년 수정보충 후 확정납부의 경우 별도의 세율이 규정되어 있지 않고(〈표 4-5〉 제30조 참조), 경상납부의 경우 2011년 수정보충 후 「국가예산수입법」 제29조 제1항에서 "재정계획에 반영된 국가기업리익금 또는 협동단체리익금이 판매수입계획에서 차지하는 비율에 따라 판매수입금이 조성될 때마다 한다."고 규정하여(〈표 4-5〉 제29조 참조), 판매수입금을 과세표준으로 하고 '국가기업리익금계획이 판매수입계획에서 차지하는 비율'을 세율로 하는 방식을 적용하고 있다. 즉 종전 국가기업리득금 체계에서의 세율 구조와 동일하다.

마. 납부방법

2011년 수정보충 전후의 납부방법 관련 조문 내용을 비교하면 다음과 같다.

<표 4-5> 「국가예산수입법」 2011년 수정보충 - 납부방법

2007년 10월 16일 수정보충	2011년 11월 8일 수정보충
제24조 (리득금의 경상납부) 제1항 **국가기업리득금과 협동단체리득금**의 경상납부는 재정계획에 반영된 **국가기업리득금 또는 협동단체리득금**이 판매수입계획에서 차지하는 비율	제29조 (리익금의 경상납부) 제1항 **국가기업리익금과 협동단체리익금**의 경상납부는 재정계획에 반영된 **국가기업리익금 또는 협동단체리익금**이 판매수입계획에서 차지하는 비율

2007년 10월 16일 수정보충	2011년 11월 8일 수정보충
에 따라 판매수입금이 조성될 때마다 한다. 제2항 대상에 따라 중앙재정지도기관이 따로 정한 납부비율을 적용할수 있다.	에 따라 판매수입금이 조성될 때마다 한다. 제2항 대상에 따라 중앙재정지도기관이 따로 정한 납부비율을 적용할수 있다.
제25조 (리득금의 확정납부) **국가기업리득금과 협동단체리득금**의 확정납부는 달마다 **순소득** 또는 소득에 따라 다음달 10일까지 하며 미납액은 5일안으로 추가납부하고 과납액은 재정기관에서 반환 받거나 다음달 바칠몫에서 공제납부한다.	제30조 (리익금의 확정납부) **국가기업리익금과 협동단체리익금**의 확정납부는 달마다 **이윤** 또는 소득에 따라 다음달 10일까지 하며 미납액은 5일안으로 추가납부하고 과납액은 재정기관에서 반환받거나 다음달 바칠몫에서 공제납부한다.

(강조부분은 저자)

경상납부 및 확정납부와 관련된 조문의 내용은 '순소득' 대신 '이윤'으로 용어가 변경되었을 뿐 종전 국가기업리득금의 경우와 실질적인 내용은 변화가 없다. 그런데 경상납부의 경우 판매수입에 납부비율을 곱하여 계산하는 것으로서 명확하지만, 확정납부의 경우 구체적인 계산방식이 2002년 이전 국가기업리익금과 유사한 것인지 아니면 2011년 직전 국가기업리득금과 유사한 것인지 법조문 내용만으로는 판단하기는 어렵다. 이와 관련하여 정광영(2011)은 아래와 같이 설명하고 있다.

> 거래수입금은 실적납부되지만 국가기업리익금은 **계획비율에 따라 경상납부**한다. 국가기업리익금을 경상납부하는 것은 기업소들에 조성된 이윤이 거래수입금과 같이 판매수입에 따라 확정되지 않는다는 사정과 관련된다. 이와 관련하여 국가기업리익금 납부는 판매수입에 의하여 정해진 비율에 따라 정상적으로 계획납부하고 **결산기간 말에 이윤이 확정된 다음 재계산하여 확정납부**하는 방법으로 진행한다.[10] (강조부분은 저자)

정광영(2011)의 설명에 의하면, 거래수입금은 그 특성상 실적납부 성격이고 국가기업리익금은 계획납부 성격인데, 판매수입에 대하여 계획비율로 경상납부하고 결산기말에 재계산하여 확정납부 한다는 것이다. 하지만 여전히 재계산의 방법은 명확하게 설명하고 있지 않다. 두 가지 방법을 구체적으로 살펴보면 다음과 같다.

① 2002년 이전 국가기업리익금 계산방법을 따를 경우

- 확정납부 국가기업리익금 = 국가기업리익금계획액 + {초과이윤-(경영손실보상금+기업소기금+상금기금) - 초과이윤에서 바치는 지방유지금}
  여기서, 국가기업리익금계획액 = 실적이윤 x 국가기업리익금계획/계획이윤

② 2011년 직전 국가기업리득금 계산방법을 따를 경우

2007년 수정보충「국가예산수입법」상의 국가기업리득금 확정납부금액 계산방법을 요약하면 다음과 같다(2007년 수정보충「국가예산수입법」 제 21조 제1항 및 제22조 제1항).

- 확정납부 국가기업리득금 = 순소득 - 자체충당금 - 지방유지금
  여기서, 순소득 = 총판매수입금 - 원가

이를 국가기업리익금 체계로 변경하여 표현하면 다음과 같다(2011년 수정보충「국가예산수입법」 제26조 제1항 및 제27조 제1항 기초로 변경).

---

10) 정광영,「국가기업리익금에 대한 과학적해명에서 나서는 중요문제」, 31쪽.

• 확정납부 국가기업리익금 = 이윤 - 자체충당금 - 지방유지금
여기서, 이윤 = 판매수입 - 원가 - 거래수입금

하지만, 2007년 수정보충「국가예산수입법」제21조 제1항에서 "국가기업리득금의 계산은 조성된 순소득에서 기업소에 남겨 놓고 쓰게 된 자체충당금과 지방예산에 바치게 된 지방유지금을 더는 방법으로 한다."고 명확하게 규정했던 것을, 2011년 수정보충 당시 동법 제26조 제1항에서 "국가기업리익금과 협동단체리익금의 계산은 조성된 이윤 또는 소득에서 한다."고 계산방식을 명시적으로 변경하여 표현했다는 점에서 ②의 방식보다 상기 ①의 방식이 적용될 가능성이 높다고 판단된다. 또한 2007년 발행『회계학(대학용)』에서 확정납부 국가기업리득금은 순소득에 '국가기업리득금계획이 순소득계획에서 차지하는 비율'을 세율로 적용하여 계산하는 방식이었다. 이를 국가기업리익금 계산에 준용하는 경우 아래와 같은 방식이 되는데, 이는 상기 ①에서의 국가기업리익금계획액 계산방식과 동일하다.

•『회계학 (대학용)』방식을 준용하는 경우, 확정납부 국가기업리익금
= 이윤 x 국가기업리익금계획이 계획이윤에서 차지하는 비율

제3절

2012년 이후 개혁적 제도 변화의 재시도

1. 2014~2015년 「재정법」, 「기업소법」 및 2018년 「무역법」의 변화

북한은 2012년 12월 19일 「법제정법」(최고인민회의 상임위원회 정령 제2874호로 채택)을 제정하여 "법제정 사업에서 제도와 질서를 엄격히"(제1조) 하고자 하였다. 이는 법제화를 통하여 경제개혁 정책을 뒷받침하고자 하는 김정은 시대 개혁의 특징의 하나라고 할 수 있다.[11] 그런데 「국가예산수입법」은 2011년 수정보충을 마지막으로 2019년 말까지 추가적인 변경사항이 없었다. 하지만 「재정법」 및 「기업소법」의 수정보충 내용과 북한의 교육자료 등을 통해서 새로운 방안을 모색하고 있음을 확인할 수 있다.

가. 2015년 「재정법」 수정보충: 과세대상의 확대

종전 「재정법」(제21조 및 제22조)에서는 '순소득'만을 예산의 원천으로 규정하였으나 2015년 4월 6일 수정보충 과정에서 '소득'을 원천에 추가하였

11) 이석기 외, 『김정은 시대 북한 경제개혁 연구』, 302쪽.

다. 이는 예산의 원천, 즉 과세대상에 개인소득이라고 할 수 있는 생활비 부분을 포함시킨 것이다. 생활비 지급액을 직접적으로 개인소득세의 과세표준으로 하는 예산납부 규정은 '세금 없는 나라'라는 정치적 입장에 배치되기 때문에 단기적으로 「국가예산수입법」에 추가하기는 어렵겠지만, 국가기업리익금 산정과정에서 생활비 부분이 예산의 원천(과세대상)에 포함되어 간접적으로 영향을 받을 수 있다.[12)]

나. 2014년 「기업소법」 수정보충: 노동인센티브 강화

2014년 11월 15일 「기업소법」 수정보충 과정에서 제48조에 "노동보수자금을 소득에서 분배하는 것을 기본으로 하면서 경영수입과 소득을 끊임없이 늘여 노동보수자금의 분배규모를 종업원 생활의 원만한 보장 수준으로 끌어올려야 한다."는 내용이 추가되었다. 노동보수자금을 소득에서 분배한다는 것과 경영수입과 소득을 늘여 노동보수자금의 분배규모를 끌어올린다는 내용을 연계하여 해석하면, 소득이 커지면 노동보수자금이 커질 수 있다는 것이다. 2011년 수정보충 이후 「국가예산수입법」상으로는 이윤 기준 분배방법이 적용되어 노동보수(생활비)를 별도로 분배하는 형태를 취하고 있지만, 실질적으로는 경영성과에 연동시켜서 분배한다는 의미로서 노동인센티브의 강화라는 측면에서 의미가 있다.

원칙적인 규정으로서 "사회주의분배원칙의 요구에 맞게 사회주의적 노동보수제를 정확히 실시하여야 한다."는 내용이 舊법(제44조) 및 2014년 수정보충된 현행법(제48조)에 공통적으로 포함되어 있지만, 실질적으로 노동보수가 경영성과에 직접 연동될 수 있는 근거를 마련한 것이라고 할 수 있다.

---

12) 김기헌, 「북한 화폐경제 변화 연구」, 『김정은 시대 북한의 변화』, 53쪽.

다. 2014~2015년 「기업소법」 수정보충: 시장가격 적용확대

「기업소법」은 2014년 및 2015년 두 차례의 수정보충 과정에서 아래와 같이 제39조(생산물의 가격제정 및 판매)에 기업소의 가격제정 및 판매권을 확대하고 주문계약 방식을 허용하는 중요한 변화가 추가되었다.

> 기업소는 정해진 범위 안에서 생산물의 가격제정권과 판매권을 가지고 생산물유통을 자체로 실현하여 원가를 보상하고 생산을 끊임없이 늘여나가야 한다. **기업소가 수요자와 주문계약하여 생산하거나 자체로 지표를 찾아 생산한 제품**은 생산물의 가격을 원가를 보상하고 생산확대를 실현할 수 있게 정해진 가격제정원칙과 방법에 따라 **구매자의 수요와 합의조건을 고려하여 자체로 정하고 판매할 수 있다.** 기업소는 정해진데 따라 기업소지표로 생산한 생산물을 수요자기관, 기업소, 단체와 계약을 맺고 직접 거래하며 소비품, 생활필수품, 소농기구와 같은 상품들은 도매기관, 소매기관, 직매점과 직접 계약하고 판매할 수 있다. 질이 낮아 체화되거나 퇴송되는 상품에 대하여서는 해당 기업소가 책임진다. (강조부분은 저자)

2015년에 수정보충된 「인민경제계획법」 제13조에서는 계획지표를 중앙지표, 지방지표, 기업소지표로 구분하여 규정하였다. 이와 관련하여 「기업소법」 제31조(인민경제계획의 실행)에서는 기업소지표를 "기업소가 수요자기관, 기업소, 단체와 주문계약을 맺은데 따라 자체로 계획화하고 실행"하는 것으로 정의하였다.

기업소가 주문계약에 따라 기업소지표로 생산하는 생산물의 가격제정권과 판매권을 갖게 된 변화는 시장가격 적용의 확대를 의미하는 것으로서, 기업소 인센티브 강화에 초점이 있다고 판단된다. 동시에 기업소 성과는 「기업소법」 제48조 수정보충에 따라 생활비 분배에도 영향을 미치므로 노동인센티브 강화에도 의미가 있다고 할 수 있다. 또한 해당 거래가 국가의 관리통제 하에 있다는 전제 하에 예산수입제도 측면에서는 과세대상 범위의 공식적 확대(기업소지표) 및 과세표준 금액의 증가(시장가격)를 의미한다. 2002년 7·1 조치 이후 번수입 개념에 기초하여 과세대상 및 과세표준에 반영되어온 것으로 추정되는 계획외 판매수입 부분이 공식적으로 기업소지표 형태로 법제화되었다고 할 수 있다. 다만 사회주의 예산수입체계의 형태를 유지하고 있는 「국가예산수입법」을 수정하지는 않았고 「기업소법」과 「인민경제계획법」에서 기업소지표를 도입하는 방식을 취했다.

이와 같이 김정은 시대에는 「우리식 경제관리방법」에 따라 시장가격의 적용이 보다 확대되는 방향으로 가격정책이 변화하였다. 그러나 공장·기업소에 적용하는 가격은 실제 시장가격보다는 낮게 정해서 해당 기관에 등록하고 적용하는 방식으로서 완전한 가격자유화를 의미하지는 않는다.[13] 시장가격 적용이 확대된 상황에서 생산기업소에서 생산물이 생산되어 유통기관을 통해 소비자에게 공급되는 〈그림 1-2〉 「재화순환 및 가격체계(국정가격)」에 시장가격 적용을 반영하여 수정하면 〈그림 4-1〉과 같다.

라. 2015 및 2018년 「무역법」 수정보충

2015년 수정보충된 「무역법」 제19조(무역거래가격)는 계획지표 이외의 기타 지표에 대하여 무역거래가격과 운임을 '당사자 간 합의'에 의해 결정하고 해당 기관에 등록하도록 하였다. 동 규정은 2018년 9월 6일 수정보충 과정에서 "무역거래를 하는 기관, 기업소, 단체는 중앙무역지도기관으로부터 무역거래지표에 대한 가격승인과 반출입승인을 받아야 한다."는 내용으

13) 한기범, 『북한의 경제개혁과 관료정치』(서울: 북한연구소, 2019), 260쪽.

<그림 4-1> 북한의 재화순환 및 가격체계 (국정가격 + 시장가격)

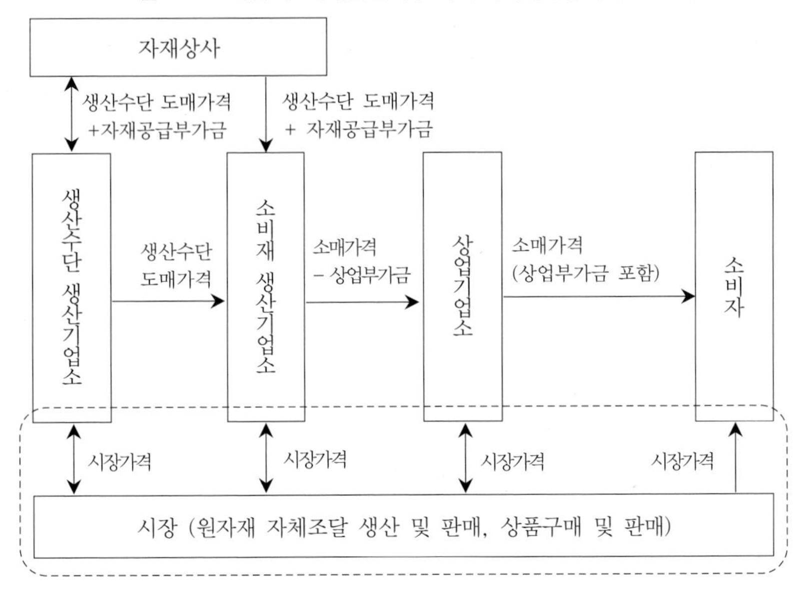

자료: 관련 내용을 기초로 저자 작성.

로 축약되었다. 즉 가격을 당사자 간 합의에 의해 자체적으로 결정한다는 명시적인 표현은 다시 삭제되었다. 또한 2015년에 제30조(국가계획기관의 계획화방법) 및 제31조(해당 단위의 계획화방법)에서 '기타지표에 대한 수출입액상 계획화' 방식이 추가되었는데, 2018년에 이러한 내용이 다시 삭제되었다.

하지만 2018년 수정보충 과정에서 "국가계획기관은 해당 기관, 기업소, 단체가 제출한 다음년도 무역계획초안에 기초하여"(제30조) 계획을 세운다는 내용과 "해당 기관, 기업소, 단체는 국가계획기관이 계획화하여 시달한 무역계획에 준하여 월별계획"(제31조)을 세운다는 내용이 포함되었다. 이러한 계획은 "상급기관의 승인을 받아 실행하여야"(제31조) 한다는 내용은 그대로 유지되었다.

종합하면, 전략지표나 기타지표를 구분하는 내용이 없어졌고, 국가가 기업소 등이 제출한 계획을 기초로 계획을 세우며 기업소 등은 국가가 시달한 계획에 준하여 월별 계획을 세우고 승인을 받아 실행하는 것으로 수정되었다. 즉 국가가 전략지표나 제한지표로 하달하는 제약이 없어졌고 모든 지표에 대하여 기업이 자율적으로 계획을 수립하고 국가의 승인을 받아서 무역을 추진할 수 있는 것으로 보인다. 따라서 '당사자 간 합의' 부분의 삭제가 전체적인 정책방향의 전환은 아닌 것으로 추정된다.

2. 2012년 새로운 「소득분배방법」의 시범적 도입

북한은 김정은의 2012년 「6 · 28 방침」에 따라 동년 9월 8개 부문별 시범개혁안을 완성하고 이에 대한 교육자료를 만들어 경제지도일꾼 및 공장 · 기업소 경제일꾼을 대상으로 강습회를 추진했는데, 이중 재정과 관련된 부분이 「시범단위 공장 · 기업소의 재정수입분배를 소득분배방법으로 전환할데 대하여」(이하 「2012년 교육자료」라고 함)이다.[14] 「2012년 교육자료」는 최근 새로운 '소득' 분배기준(이하 「소득분배방법」이라고 함)으로의 변화에 대한 근거로 주로 검토되는 자료이다. 2019년 말까지도 「국가예산수입법」의 추가적인 수정보충이 없었기 때문에 예산수입제도가 공식적으로 또는 전면적으로 변경된 것으로 볼 수는 없으나, 북한 당국이 최근 시도하는 시범

14) 2012년 9월에 완성한 8개 부문 시범개혁안에 대한 강습자료, 즉 "경제관리방법개편 시안 강습자료" 내용 중 「3. 시범단위 공장 · 기업소의 재정수입분배를 소득분배방법으로 전환할데 대하여」에 해당하는 자료로 보인다. 한기범, 『북한의 경제개혁과 관료정치』, 244~246쪽.

적인 조치들을 확인할 수 있는 자료라고 할 수 있다.

가. 새로운「소득분배방법」개요

「2012년 교육자료」의 설명에 의하면, 종래 순소득 분배기준의 경우 국가의 이익만 우선시하고 국가가 수입분배 내용을 세부적인 부분까지 규정하여 계획화함으로써 공장, 기업소가 독자성과 권한을 가질 수 없고 생산자 대중의 생산의욕을 높이는데 일정한 제약과 부족함이 있다고 평가하고 있다. 또한 원가 및 소득계획 작성에 있어서 국가와 기업소 간의 이해관계가 상충[15]되는 문제가 있다고 평가하고 있다. 이와 관련하여 박혁(2016)도 순소득 분배제도가 근로자들이 생산 활동에서 주인으로서의 책임과 역할을 다하도록 하는데 제한성이 있었다고 설명하고 있다.[16] 이러한 순소득 분배기준의 한계를 고려할 때, 새로운「소득분배방법」은 소득을 국가와 기업소, 생산자 간에 합리적으로 분배하여 생산자 대중이 주인으로서의 책임과 역할을 다할 수 있게 하며, '기준국가납부율' 등을 기초로 산출한 '기업소국가납부율'을 적용하여 국가납부금을 확정 · 납부하게 함으로써 계산을 간소화할 수 있다는 점에서 우월하다는 주장이다.

2011년「국가예산수입법」상 공식적인 분배기준은 '이윤' 기준인데,「2012년 교육자료」는 그 이전 기간에 적용된 분배기준인 '순소득' 기준과 비교하면서「소득분배방법」의 우월성을 주장하고 있다. 사실 사회순소득에서 거래수입금을 우선적으로 예산에 동원한 후의 순소득 기준은 이윤 기준과 내

---

15) 「2012년 교육자료」의 설명에 의하면 원가계획, 소득계획을 작성함에 있어서 국가는 원가를 낮추고 소득을 늘리려 하는 반면, 기업소는 원가계획을 늘여 받아 소득을 작게 하려는 유인이 있다는 것이다.

16) 박혁,「축적과 소비의 균형의 법칙을 정확히 구현하는 것은 사회주의재정의 중요한 임무」,『경제연구』, 2016년 제1호, 36쪽.

용적으로 차이가 없다. 하지만 순소득 기준과 직접 비교하는 형식을 취한 것은 2011년 「국가예산수입법」 수정보충에 따라 외견상 일단 1994년 이전의 체계로 회귀하였지만, 북한 내에서 전통적인 이윤 분배기준은 고려대상이 아니고 논의의 초점은 순소득 기준과 소득 기준 간의 선택 문제였음을 보여주는 것이다.

또한 「2012년 교육자료」에 의하면, 「소득분배방법」에 따른 국가납부금은 '기업소국가납부율'을 적용하여 계산하는데, 거래수입금, 국가기업리익금, 지방유지금, 기업소부담 7% 사회보험료를 합한 일괄납부 금액으로서 거래수입금과 기업소부담 사회보험료가 폐지된다고 설명하고 있다. 하지만 이와 관련하여, 2019년 4월 12일자 『로동신문』 6면 기사에 의하면 최고인민회의 14기 1차 회의에서 재정상 기광호가 보고한 2018년 국가예산집행 결산과 2019년 국가예산에 대한 내용에서 여전히 거래수입금, 국가기업리익금, 사회보험료 등 개별 항목을 포함하고 있다. 2019년 말까지 「국가예산수입법」이 수정보충되지 않았고 2019년 최고인민회의에서 여전히 거래수입금 등의 항목이 논의되고 있다는 점에서 새로운 「소득분배방법」은 전면적으로 시행된 것이 아니고 임시적 또는 시범적으로 적용해보는 것일 가능성이 매우 높다.

나. 납세의무자

「2012년 교육자료」는 '시범단위 공장 · 기업소'에 대한 것으로서 제도 변경을 실험하기 위해 선정된 시범단위만을 부과대상 납세의무자로 규정한 것으로 보인다.

다. 과세대상: 소득 분배기준으로의 변화

앞서「재정법」및「기업소법」의 수정보충 내용에서도 확인할 수 있듯이, 생활비를 포함하는 '소득'으로 분배기준(과세대상)을 변경하는 것은 전반적으로 정리된 입장으로 보인다. 2005년 이후 개혁의 후퇴에 따른「국가예산수입법」의 수정보충 이후 2011년 원점에서 재검토하는 방향으로 정비한 상태에서 2012년 이후 다시 개혁적인 변화를 시도하는 것일 수 있다.

'소득' 기준 분배는 생활비를 과세대상에 포함함과 동시에 시장가격이 반영되는 기업소 실적에 연동하는 방식인데, 최근에는 북한 문헌에서 가격과 생활비의 연계 필요성에 대한 주장도 나타나고 있다. 봉향미(2017)는 아래 글에서 소비품 가격의 변화가 생활비 수준과 균형을 이루어야 한다고 설명하고 있는데, 시장가격의 적용확대에 따라 생활비 규모도 변화되어야 한다는 취지로 읽힌다.

> 사회주의사회에서 근로자들은 화폐수입으로 받는 생활비로 물질적 생활에 필요한 소비품을 구입한다. 이러한 조건에서 **생활비와 가격의 균형을 정확히 보장하여야** 그들이 자기들이 받는 생활비로 필요한 물품을 구입할 수 있으며 생활비가 생계비의 기본원천으로서 근로자들의 생활을 안정 향상시키는데 옳게 기능할 수 있다.[17] (강조부분은 저자)

렴병호(2019)는 노동보수에 포함되는 상금과 장려금은 초과이윤을 원천으로 하므로 경영수입 및 자체충당금 규모와 연동되는데 이러한 상금 및 장려금을 이용한 근로자 동기부여가 중요하다고 지적하고 있다.[18] 나아가

---

17) 봉향미,「생활비와 가격의 균형을 보장하는 것은 로동자, 사무원들의 생활을 안정향상시키기 위한 중요담보」,『경제연구』, 2017년 제1호, 35쪽.

18) 렴병호,「현시기 경제관리를 합리화하기 위한 경제적공간의 리용」,『경제연구』, 2019년

봉향미(2017)는 생활비 자체도 지출 측면의 가격에 연계되어야 한다는 것으로서 시장가격 적용 확대에 따른 물품가격 상승에 맞추어 생활비도 인상되어야 함을 설명하고 있는 것이다. 이는 동시에 시장가격 적용확대에 따른 판매수입의 증가를 전제로 하는 것이기도 하다.

라. 과세표준: 판매수입

새로운 「소득분배방법」은 판매수입(과세표준)에 '기업소국가납부율'(세율)을 적용하는 방식이다. 「소득분배방법」에서 판매수입을 직접 과세표준으로 사용하는 것은 시장가격 적용이 확대되는 상황에서 그 증가분을 예산수입에 최대한 동원하기 위한 시도로 보인다.

마. 세율: 기업소국가납부율

과세표준인 판매수입에 직접 적용하는 '기업소국가납부율'(세율)은 단일세율 형태가 아니고 부문별로 결정되며, 기업소 기본생산부문의 업종을 기준으로 해당 부문을 결정하여 적용한다. 이러한 기업소국가납부율은 다음과 같은 방식으로 계산된다.

• 기업소국가납부율 = 부문별기준국가납부율 − (부문별기준순소득률−기업소순소득률) + (부문별기준자체충당금률−기업소자체충당금률) 〈검산방법〉 = (기업소의 5년평균국가납부금/5년평균판매수입) x 100

▷ 재정성 제공(2007-2011 부문별 5년평균판매수입 대비 비율): 부문별기준국가납부율, 부문별기준순소득률, 부문별기준자체충당금률

제2호, 16~18쪽.

▷ 기업소 계산(2007-2011 기업소의 5년평균판매수입 대비 비율): 기업소순소득률, 기업소자체충당금률

'기업소국가납부율'을 적용하여 계산한 국가납부금은 거래수입금, 국가기업리익금, 지방유지금, 기업소부담 7% 사회보험료를 합한 일괄납부 금액으로서 거래수입금과 기업소부담 사회보험료가 폐지되는 것으로 설명하고 있다.

바. 납부방법

경상납부의 경우 판매수입이 이루어질 때마다 판매수입에 국가납부율을 곱하여 국가납부몫을 계산하여 납부하는 것이고, 확정납부는 월단위로 월 판매수입 총액에 국가납부율을 곱하여 계산한 금액과 경상납부액을 비교하여 확정납부하는 방식이다.

소득분배 순서에 대한 「2012년 교육자료」와 박혁(2016)[19]의 설명을 요약하면, 판매수입이 이루어질 때마다 소득에서 ① 국가납부몫(국가기업리익금, 지방유지금)을 우선적으로 차감하고, 나머지인 기업체몫에서 ② 부동산사용료와 재산보험료를 납부한 후 남은 기업체분배몫에서 ③ 생활비와 자체충당금을 분배한다. 박혁(2016)은 이와 관련된 계획수립방식을 다음과 같이 설명하고 있다.

19) 박혁, 「축적과 소비의 균형의 법칙을 정확히 구현하는 것은 사회주의재정의 중요한 임무」, 35~36쪽.

(기업체가 바칠) 국가납부계획 = 분배할 소득계획 - 기업체몫계획

- 국가납부계획비율 = (국가납부계획/분배할 소득계획) x 100
- 기업체몫계획 = (재산보험료계획 + 부동산사용료계획) + 기업체분배몫계획
  여기서, 기업체분배몫계획 = 기업체자체충당금계획 + 생활비계획

사. 새로운 「소득분배방법」에 대한 평가

2012년 이후의 개혁적 제도 변화의 재시도와 관련하여, 새로운 「소득분배방법」은 기업소와 생산자 대중에 대한 인센티브 구조를 강화하고 국가와 기업 간의 이해상충 요인을 최소화하며 계산을 간소화하여 예산수입을 극대화하고자 한 것일 수 있다. 순소득에서 소득으로 분배기준을 변경한다는 것은 '소득'이 과세대상이라는 의미이고, 판매수입의 일정비율로 국가납부율을 설정한 것은 '판매수입'을 과세표준으로 하고 '국가납부율'을 세율로 하는 계산구조를 만든 것이다. 판매수입을 과세표준으로 한 것은 예산수입을 수익성(원가 반영)이 아닌 성장성(판매량과 판매가격)에 연계시키면서 시장가격 적용 확대에 따른 가격증가분을 예산에 흡수하고자 한 것이라고 판단된다. 또한 판매수입을 과세표준으로 하여 원가정보가 필요하지 않은 방안을 모색한 것으로서, 조세인프라가 취약하여 세원 양성화나 과세자료 확보가 어려운 상황에서 궁여지책이었을 가능성이 높다. 재정성이 제공하는 부문별 기준국가납부율, 부문별 기준순소득율 등의 내용은 개념적으로 '추계과세(推計課稅)'[20] 방식과 유사하다. 남한에서도 장부나 그 밖의 증빙서류에

---

20) 추계과세는 "소득세, 법인세, 부가가치세, 개별소비세 등을 정부가 결정 또는 경정하는 경우에 장부와 증빙서류 등 직접자료에 의하지 아니하고 납세의무자의 재산이나 채무의 증감상황, 사업의 규모, 원자재나 동력의 사용량 기타 조업상황 등 간접자료에 기하여 총수입금액, 과세표준과 세액을 추정계산하여 결정하는 방법"을 의미한다. 추계과세는 실액(實額)에 가까운 방법을 찾아서 산정하는 것일 뿐 실액 자체는 아니므로 엄

의하여 소득금액을 계산할 수 없는 경우, 업종별로 수입금액을 추정하고 국세청장이 고시하는 기준경비율 또는 단순경비율[21]을 적용하여 과세대상 소득금액을 산출하는 추계과세 방법을 적용하고 있다.

종합적으로 판단해보면, 새로운 「소득분배방법」은 시장가격의 적용이 확대되는 상황에서 임시적 또는 시범적으로 취한 조치로서 단기적으로 예산수입을 증대시키는 효과는 있을 수 있다. 하지만 기업별 수익성을 충분히 반영하지 못하는 이러한 추계과세 성격의 「소득분배방법」을 전면적으로 적용하는 것은 장기적으로 지속가능하기 어렵다. 2012년 「소득분배방법」은 「국가예산수입법」에 반영되어 있지 않다. 따라서 '시범단위 공장 · 기업소'에 적용해보고 전면적인 시행은 유보되었거나 여전히 시범적인 방식으로 실험이 진행 중일 수 있다.

격한 요건 하에서만 허용되고 합리성이 뒷받침되어야 한다. 소순무 · 윤지현, 『조세소송』(서울: ㈜영화조세통람, 2018), 426쪽.

21) 2001년까지는 업종별 '표준소득률'을 적용하는 방식이 이용되었다.

제4절

북한의 현행 사회주의 예산수입체계

1. 현행 예산수입체계의 범주[22)]

북한의 예산수입체계는 1974년 세금제도 폐지 이후 각 시기별 경제적 여건 및 정책목표, 개방 · 개혁 전략 등을 반영하면서 변화하여 왔다. 김정은 집권 이후 상당한 개혁이 이루어지고 있는 것으로 보이지만 예산수입과 관련된 법제 정비는 많지 않았거나 충분히 확인되지 않은 것으로 보인다.

2015년에 수정보충된 「재정법」 제21조(중앙예산의 원천과 지출대상)와 제22조(지방예산의 원천과 지출대상)에서 예산의 기본수입원천을 기존 '순소득'에서 '순소득 또는 소득'으로 확대 규정한 정도의 변화가 있었는데, 예산수입 항목을 규정하고 있는 「국가예산수입법」에 대하여는 2011년 11월 8일 3차 수정보충 이후 2019년 말까지 추가적인 변경사항이 없었다. 북한의 현행 예산수입체계는 다음과 같이 크게 두 가지 범주로 구분할 수 있다.

첫째, 1974년 세금제도 폐지 이후 사회주의 경리수입 중심으로 형성되어 온 범주가 있다. 이는 북한 기업소와 주민을 대상으로 하는 대내세법의 영역으로서 2002년 7 · 1 조치 및 2014년 「우리식 경제관리방법」에 따른 경제개혁의 흐름을 반영하고 있으며, 북한 예산수입체계의 기본법인 「국가예산수입

22) 최정욱, 「북한의 세금제도 폐지와 재도입 가능성에 관한 연구」, 『조세연구』, 제19권 제3집, 2019, 130~131쪽.

법」의 중심적인 내용을 구성한다. 거래수입금(거래세)과 국가기업리익금(리익공제금)을 중심으로 하는 사회주의 경리수입은 통상 북한 전체 예산수입의 70~80%를 차지하며 북한 예산수입체계에서 가장 핵심적인 부분이다. 북한은 사회주의 경리수입이 소득분배(또는 재분배)일뿐 세금이 아니기 때문에 공식적으로 세금이 없다는 입장을 여전히 유지하고 있다. 그러나 사회주의 경리수입이 실질적으로 조세의 역할을 담당하고 있다는 것은 부인하기 어렵다.

둘째, 1984년 제정된 「합영법」으로 상징되는 경제개방의 흐름을 반영한 대외세법과 남북경협세제의 범주가 있다. 대외세법의 기본법은 1993년 제정된 「외국투자기업 및 외국인세금법」이고 경제특구 · 개발구에 적용되는 세금규정 등이 있다. 남북경협세제의 핵심은 2003년에 채택된 「개성공업지구 세금규정」이다. 대외세법에 기초한 예산수입도 '기타수입금' 항목으로 「국가예산수입법」에 규정되어 있다. 이러한 북한의 예산수입체계를 요약하면 〈그림 4-2〉와 같다.

<그림 4-2> 북한의 예산수입체계

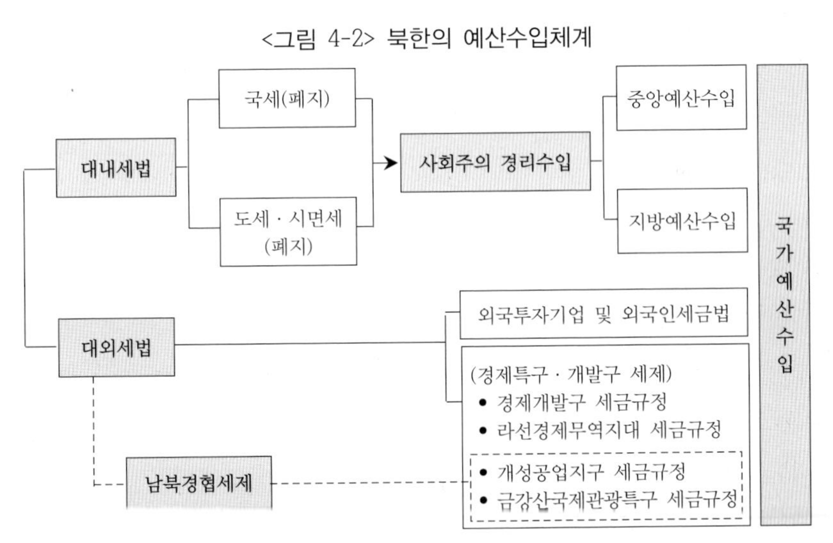

자료: 최정욱, 「북한의 세금제도 폐지와 재도입 가능성에 관한 연구」, 『조세연구』, 제19권 제3집, 2019, 131쪽 〈그림 1〉 수정 · 보완.

2. 현행 「국가예산수입법」의 주요 내용

가. 「국가예산수입법」 개요

북한 예산수입체계 전반을 아우르는 기본법은 「국가예산수입법」이다. 2011년에 최종 수정보충된 「국가예산수입법」은 총 5개 장 77개 조문으로 이루어져있다. 각 장의 구성을 살펴보면 다음과 같다.

제1장 국가예산수입법의 기본 제2장 국가예산납부자료의 등록 제3장 국가예산의 납부 제4장 국가예산납부문건의 관리 제5장 국가예산수입사업에 대한 지도통제

조세법은 크게 조세실체법(조세채무법), 조세절차법(조세행정법), 조세쟁송법(조세구제법), 조세제재법(조세처벌법)으로 구분된다.[23] 현행 「국가예산수입법」은 각 국가예산수입 항목(세목)별로 기관, 기업소, 단체의 납부의무 규정(납세의무자), 납부대상(과세대상), 계산방법(과세표준), 납부비율(세율) 등 조세실체법상 최소한의 과세요건을 규정하고 있고, 국가예산납부자료의 등록, 국가예산납부문건의 관리, 미등록·미납부 등 법률 위반에 대한 연체료 및 벌칙 규정 등을 일부 포함하고 있는 수준이다.

「국가예산수입법」 제2조에 의하면, "국가예산수입은 국가의 수중에 집중되는 화폐자금"이며 "거래수입금, 국가기업리익금, 협동단체리익금, 봉사료수입금, 감가상각금, 부동산사용료, 사회보험료, 재산판매 및 가격편차수입

23) 임승순, 『조세법(제20판)』(서울: 박영사, 2020), 15~16쪽.

금, 기타수입금으로 이루어진다."[24] 「국가예산수입법」상 국가예산수입은 화폐로 납부되는 것만을 의미하며 현물이나 노력동원 자체는 예산수입을 구성하지 않는다. 「국가예산수입법」 등의 규정에 근거한 현행 국가예산수입 항목을 요약하면 〈표 4-6〉과 같다.

〈표 4-6〉의 구성을 보면 통상적인 「시장경제형 조세제도」와는 상당한 차이가 있다. 국영기업 체계 하에서 국가기업리익금은 배당과 법인세의 성격이 결합되어 있는 형태이고, 거래수입금은 기본적으로 거래세(turn-over tax)이며 소비품의 가격에 들어있는 사회순소득의 일부를 국가예산에 동원하는 자금이다. 사회주의 경리수입의 두 축을 구성하고 있는 거래수입금과 국가기업리익금 이외의 다른 항목들을 살펴보면, 국가투자에 의하여 마련된 생산적 고정재산에 대한 감가상각금과 국가소유 재산의 판매수입을 예산수입으로 회수하고 있고, 국가가 제정한 가격을 적용하는 체제의 특성에 따라 가격편차를 예산수입으로 흡수하는 방식을 취하고 있다. 그리고 국가예산으로 생활비를 지불받는 무상로력동원의 경우 그에 따른 수입 중 노동보수몫을 국가예산에 납부하도록 하고 있다. 시장화의 확대에 따라 시장에서의 합법적인 경리활동 수입금에 대한 개인수입금, 부동산사용료 등 과도기적인 성격의 항목도 예산수입에 포함되어 있다.

현행 「국가예산수입법」상의 거래수입금 및 국가기업리익금은 형태적으로는 1994년 이전의 모습으로 회귀한 것일 수 있으나 내용적 또는 실질적으로는 과거와 동일하다고 할 수 없다. 왜냐하면 과세표준을 산정함에 있어서 시장가격이 적극적으로 반영되고 있고 과거 계획외 수입도 기업소지

24) 국가예산수입 항목을 열거한 후 '같은 것'이라는 표현을 붙이지 않았다. 이는 「국가예산수입법」 제2조의 예산수입항목이 예시적인 것이 아니고 한정적 열거임을 명확히 한 것으로 보인다. 제6조에서 "국가예산납부밖의 부담을 줄 수 없다"는 내용과 함께 해석할 때, 한정적으로 열거된 항목 이외에 추가적인 부담을 줄 수 없다는 조세법률주의의 관점을 보여주는 것으로 해석된다.

<표 4-6> 북한의 현행 국가예산수입 항목

<table>
<tr><th colspan="2">국가예산수입 항목</th><th>현행 근거법령</th></tr>
<tr><td colspan="2">거래수입금</td><td rowspan="2">국가예산수입법 제3장 제1절(20~24조)</td></tr>
<tr><td colspan="2">봉사료수입금</td></tr>
<tr><td colspan="2">국가기업리익금 (지방유지금 포함 - 31조)</td><td rowspan="2">국가예산수입법 제3장 제2절 (25~33조)
농장법 제4장 (57조)</td></tr>
<tr><td colspan="2">협동단체리익금</td></tr>
<tr><td colspan="2">감가상각금</td><td>국가예산수입법 제3장 제3절 (34~38조)</td></tr>
<tr><td colspan="2">부동산사용료</td><td>국가예산수입법 제3장 제4절 (39~43조)
부동산관리법 제5장 (32~36조)
농업법 제6장 (73조-농업토지사용료)</td></tr>
<tr><td colspan="2">사회보험료 (개인 · 기업)</td><td>국가예산수입법 제3장 제5절 (44~48조)</td></tr>
<tr><td rowspan="5">재산판매 및 가격편차 수입금</td><td>국가재산판매수입금 (50조)</td><td rowspan="5">국가예산수입법 제3장 제6절 (49~54조)</td></tr>
<tr><td>가격편차수입금 (51조)</td></tr>
<tr><td>무역편차리익금 (52조)</td></tr>
<tr><td>차관 및 연불수입금 (53조)</td></tr>
<tr><td>합영 · 합작기업의 공화국 당사자 리익배당금 일부 (54조)</td></tr>
<tr><td rowspan="8">기타수입금</td><td>무상로력동원수입 (56조)</td><td rowspan="5">국가예산수입법 제3장 제7절 (55~62조)</td></tr>
<tr><td>국가수수료 (57조)</td></tr>
<tr><td>벌금 및 몰수품수입 (58조)</td></tr>
<tr><td>시효지난 채무수입금 (59조)</td></tr>
<tr><td>재산보험료 (60조)</td></tr>
<tr><td>관세</td><td>국가예산수입법 제3장 제7절 (57조)
세관법 제4장 (39~61조)</td></tr>
<tr><td>외국투자기업 및 외국인세금</td><td>국가예산수입법 제3장 제7절 (61조)
외국투자기업 및 외국인세금법</td></tr>
<tr><td>개인수입금 (62조)</td><td>국가예산수입법 제3장 제7절 (62조)</td></tr>
</table>

자료: 최정욱, 「북한의 세금제도 폐지와 재도입 가능성에 관한 연구」, 『조세연구』, 제19권 제3집, 2019, 134쪽 〈표 2〉.

표의 형태로 계획 영역으로 편입되고 있기 때문에 국정가격 및 계획 기반의 예산수입제도와는 질적으로 차이가 있다고 볼 수 있다. 한편 2012년 새로운 「소득분배방법」은 「국가예산수입법」에 반영되어 있지 않다. 따라서 전면적인 시행은 유보되었거나 여전히 시범적인 방식으로 실험이 진행 중일 수 있다.

나. 현행 국가예산수입 항목

국가예산의 납부에 대하여 규정하고 있는 「국가예산수입법」 제3장을 중심으로 개별 국가예산수입 항목의 내용을 구체적으로 살펴보면 다음과 같다.

(1) 거래수입금과 봉사료수입금 (제3장 제1절)

거래수입금은 소비품의 가격에 들어 있는 사회순소득의 일부를, 봉사료수입금은 봉사료에 들어있는 순수입의 일부를 국가예산에 동원하는 자금이다(제20조). 거래수입금과 봉사료수입금의 계산은 소비품판매수입금과 봉사를 제공하고 받은 요금에 정한 비율을 적용하여 계산하도록 하고 있다(제21조).

거래수입금과 봉사료수입금은 소비품판매수입금과 봉사요금이 조성될 때마다 경상납부한 후 매월 다음달 10일까지 확정납부하며, 미납액은 5일 안에 추가납부하고 과납액은 재정기관에서 반환받거나 다음달 납부할 금액에서 공제납부한다(제24조). 거래수입금에 대한 과세요건 검토는 제4장 제2절 "2. 거래수입금 규정 신설" 참조.

(2) 국가기업리익금과 협동단체리익금 (제3장 제2절)

국가기업리익금과 협동단체리익금은 소유형태에 따라 기관, 기업소, 단체에 조성된 이윤 또는 소득의 일부를 국가예산에 동원하는 자금이다(제25조).

국가기업리익금과 협동단체리익금은 재정계획에 반영된 국가기업리익금과 협동단체리익금이 판매수입계획에서 차지하는 비율을 판매수입에 적용하여 계산한 금액을 판매수입금이 조성될 때마다 경상납부한다(제29조). 확정납부 금액의 계산방법에 대하여는 「국가예산수입법」 규정상으로는 명확하지 않다. 2007년 발행 『회계학(대학용)』의 국가기업리득금에 대한 계산방식을 준용할 경우, 국가기업리익금은 판매수입금에서 원가와 거래수입금을 차감하여 확정한 이윤에 계획납부비율을 적용하여 계산하고, 협동단체리익금은 판매수입금에서 생활비를 공제한 원가를 차감하여 확정한 소득에 계획납부비율을 적용하여 계산한다(제27조).

국가기업리익금과 협동단체리익금은 매월 다음달 10일까지 확정납부하며, 미납액은 5일안에 추가납부하고 과납액은 재정기관에서 반환받거나 다음달 납부할 금액에서 공제납부한다(제30조). 국가기업리익금에 대한 과세요건 검토는 제4장 제2절 "3. 국가기업리익금으로의 전환" 참조.

(3) 감가상각금 (제3장 제3절)

감가상각금은 고정재산의 가치를 마멸된 정도에 따라 생산물원가에 포함시켜 회수하는 자금인데, 국가투자에 의하여 마련된 생산적 고정재산에 대한 감가상각금은 국가예산에 납부하도록 하고 있다(제34조). 다만 비생산적 고정재산, 자체자금으로 마련한 생산적 고정재산 그리고 감가상각금을 바치지 않기로 한 고정재산에 대한 감가상각금은 국가예산 납부대상에서 제외된다(제35조).

감가상각금의 계산방법은 '정한 비율'(정률법)을 적용하되 필요에 따라 '정액에 의한 계산방법'(정액법)을 적용할 수 있다(제36조). 감가상각금의 구성은 고정재산의 시초가격 보상몫과 대보수비 보상몫으로 구분된다(제37조). 감가상각금과 관련된 시기별 변화 과정에 대한 논의는 제1장 제3절 3. 바. 원가 "(2) 감가상각비 (감가상각금)" 참조.

(4) 부동산사용료 (제3장 제4절)

부동산사용료는 국가의 부동산을 이용하는 대가로 국가예산에 납부하는 자금인데, 토지, 건물, 자원 같은 것을 대상으로 한다(제39조). 부동산사용료 납부항목으로는 농업토지사용료, 부지사용료, 생산건물사용료, 어장사용료, 수산자원증식장사용료, 자동차도로시설사용료, 자원비 같은 것이 있다(제40조). 2005년「국가예산수입법」제정 당시에는 토지사용료로 규정되었으나 2007년 수정보충 과정에서 부동산사용료로 확대되었다.

부동산사용료를 납부하지 않는 대상은 다음과 같다(제41조).

① 농업과학연구기관을 비롯한 해당 과학연구기관과 농업부문의 대학, 전문학교에서 육종에 이용하는 토지
② 새로 개간한 때부터 3년이 지나지 않은 토지
③ 자연재해로 유실 또는 매몰된 농업토지
④ 국가 및 협동적 소유의 살림집 기준부지
⑤ 철도운영사업부지
⑥ 협동단체와 기업소의 자체자금으로 건설한 생산용 건물
⑦ 이밖에 부동산사용료를 납부하지 않기로 승인받은 부동산

부동산사용료는 이용하는 부동산의 가격 또는 면적에 따르는 부동산사용료 기준을 적용하여 계산한다(제42조).

(5) 사회보험료 (제3장 제5절)

사회보험료는 근로자들의 건강을 보호하고 노동능력상실자와 연로보장자를 물질적으로 방조(지원)하기 위하여 국가예산에 동원하는 자금이다. 사회보험료의 납부대상은 기업소, 협동단체의 공동자금과 종업원의 노동보수자금이다(제44조).

국가사회보험자와 사회보장자가 받은 연금 및 보조금, 비재적근로자에게 주는 노동보수자금, 이밖에 사회보험료를 납부하지 않기로 승인받은 수입금은 사회보험료 납부대상에서 제외한다(제45조).

종업원의 사회보험료 납부비율은 월노동보수액의 1%로 하고, 기업소와 협동단체의 사회보험료 납부비율은 월판매수입금에 따라 계산된 생활비의 7%로 하며, 외국투자기업의 사회보험료 납부는 따로 정한 기준에 따라 한다(제47조).

기관, 기업소, 단체는 은행기관에서 노동보수자금을 받는 날 또는 결산분배를 받는 날에 사회보험료를 해당 재정기관에 납부하여야 한다(제48조 1항). 다만 협동농장은 사회보험료를 납부하지 않고 자체사회보험기금으로 적립한다(제48조 2항).

(6) 재산판매 및 가격편차수입금 (제3장 제6절)

기관, 기업소, 단체는 포장용기, 설비, 비품 같은 국가소유의 재산을 판매하여 조성된 수입금(국가재산판매수입금)을 7일안으로 국가예산에 납부하여야 한다(제50조).

기관, 기업소, 단체는 국가적 또는 지역적인 가격변동조치에 따라 자체의 생산, 경영활동과 관련 없이 가격편차수입금이 발생하였을 경우, 완제품 또는 상품은 판매수입금이 조성되는 때, 유동재산은 가격이 변동된 날로부터 30일안으로 가격편차수입금을 납부하여야 한다(제49조, 제51조 제1항). 반대로 가격변동조치로 인한 손실은 국가예산에서 보상하여줄 수 있다(제51조 제2항).

기관, 기업소, 단체는 무역활동과정에서 조성된 무역편차리익금을 국가예산에 납부하여야 하며, 수출입상품호상 간 편차손익은 상쇄하여 계산한다(제52조).

기관, 기업소, 단체는 차관 또는 연불로 들여온 물자를 가격제정기관이 정한 가격으로 판매한 경우, 부가금을 던 판매수입금을 30일안으로 국가예산에 납부하여야 한다(제53조 1항). 차관으로 외화를 받았을 경우 국가외화관리기관이 정한 대외결제은행의 돈자리(계좌)에 넣고 환자(환율) 시세에 따르는 조선원을 받아서 7일안으로 국가예산에 납부하여야 한다(제53조 2항).

대외경제관계에서 조성된 수입금으로서(제49조), 합영 · 합작 기업의 북한측 당사자는 이익배당금의 일부를 국가예산에 납부하여야 하는데, 외화로 받는 이익배당금은 환자(환율) 시세에 따르는 조선원의 25%를, 물자로 받는 이익배당금은 상품판매수입금의 25%를 납부하여야 한다(제54조).

(7) 기타수입금 (제3장 제7절)

기타수입금에는 생산, 경영활동과 관련 없이 조성된 수입금과 통제적 기능을 수행하는 과정에서 조성된 수입금, 그 밖의 수입금이 포함된다(제55조).

기관, 기업소, 단체는 국가예산으로 생활비를 지불받는 무상노력동원의 경우 그들이 번 노동보수몫을 무상로력동원수입으로 국가예산에 납부하여야 한다(제56조). 업무수행 과정에서 해당 기관이 받은 국가수수료와 세관이 받은 관세는 10일안에 납부하여야 한다(제57조). 해당 감독통제기관이 위법행위에 부과한 벌금과 법에 따라 몰수품을 처리하고 조성된 수입금도 10일안으로 납부하여야 한다(제58조). 기관, 기업소, 단체는 채권자의 지불청구가 없는 채무액이 시효가 지났을 경우 시효기간이 지난날부터 5일안으로 국가예산에 납부하여야 한다(제59조). 보험기관은 기관, 기업소, 단체로부터 받은 연간재산보험료에서 피해보상금을 지출하고 남은 자금을 다음해 1월 안으로 국가예산에 납부하여야 한다(제60조).

또한 공민(개인)이 시장 같은데서 합법적인 경리활동을 통해 조성한 수입금의 일부를 해당 기관, 기업소, 단체에 납부하여야 하고, 해당 기관, 기업소, 단체는 정한데 따라 수입금을 해당 재정기관에 납부하여야 한다(제62조).

마지막으로 북한영역에서 경제거래를 하거나 소득을 얻은 외국투자기업 및 외국인의 세금은 「외국투자기업 및 외국인세금법」에 따라 납부하도록 규정하고 있다(제61조). 즉 외국투자기업 및 외국인의 세금도 국가예산수입 중 '기타수입금' 항목에 포함되어 전체 예산수입의 일부를 구성하고 있다. 「외국투자기업 및 외국인세금법」 등 대외세법에 대하여는 항을 바꾸어 아래에서 개략적으로 정리하고자 한다.

3. 북한 대외세법의 현황

가. 대외세법의 의의

김성호(2015)는 "대외세법은 해당 국가와 대외납세자들 사이의 세금징수납부관계를 규제하는 법이며 대내세법은 해당 국가와 국내납세자(대외납세자 이외의 납세자)들 사이의 세금징수납부관계를 규제하는 법"[25]이라고 정의하였다.

---

25) 김성호, 「국제세금징수협정의 본질」, 『정치법률연구』, 2015년 제2호, 62쪽.

북한은 1974년 세금제도의 완전한 폐지를 선언하였고 공식적으로 대외세법만을 세법으로 분류하고 있다. 이와 관련하여 김두선(2007)은 "…… 우리나라에 세워진 세금제도는 외국투자가들, 즉 외국투자기업 및 외국인들을 납세의무자로 하는 세금제도이며 그들이 공화국의 법적 보호를 받으면서 경영활동을 하는 것과 관련하여 세금을 부과한다."[26]고 설명하고 있다. 리수경(1997)은 대외세법에 근거한 과세의 논리를 다음과 같이 정리하고 있다.

> 세금제도 철폐는 어디까지나 공화국 공민들에 한한 혜택이다. 그러므로 조세제도가 아직 존재하고 있는 다른 나라 투자가들의 투자에 의하여 설립된 외국투자기업이나 외국인들에게는 세금폐지에 관한 우리나라 법령이 적용되지 않으며 그들은 우리나라에서 경제활동을 하는 한 의연히 세금납부의무를 지니게 된다. 더욱이 외국투자가들이 사회주의국가재정에 의하여 마련된 투자기반을 이용하여 경제활동을 하는 조건에서 그들이 법에 따라 세금납부의무를 지는 것은 당연하다.[27]

또한 리수경은 외국투자기업 및 외국인 세금제도는 "외국투자기업 및 외국인의 경제활동에 대한 국가의 통제 관리를 원만히 실현할 수 있게" 하고 "나라의 외화수요를 보장하는데서 일정한 의의를 가진다."고 설명하고 있다.[28]

나. 대외세법의 연혁

「합영법」이 제정된 이듬해인 1985년에 「합영회사소득세법」(최고인민회의

---

26) 김두선, 「소득과세와 그 특징」, 『경제연구』, 2007년 제3호, 35쪽.

27) 리수경, 「우리나라에서 외국투자기업 및 외국인세금제도가 가지는 의의」, 『경제연구』, 1997년 제4호, 19쪽.

28) 리수경, 「우리나라에서 외국투자기업 및 외국인세금제도가 가지는 의의」, 20~21쪽.

상설회의 결정 제12호, 1985.3.7) 및「합영회사소득세법 시행세칙」(정무원 결정 제22호, 1985.5.17),「외국인소득세법」(최고인민회의 상설회의 결정 제12호, 1985.3.7) 및「외국인소득세법 시행세칙」(정무원 결정 제23호, 1985.5.17) 등이 제정 또는 채택되었다.[29)]

이후 1993년 1월 31일 외국인투자관련 세제의 기본법에 해당하는「외국투자기업 및 외국인세금법」(최고인민회의 상설회의 결정 제26호)이 제정되었다.[30)]「외국투자기업 및 외국인세금법」은 1993년 제정 이후 1999년, 2001년, 2002년, 2008년(2회), 2011년 및 2015년(최고인민회의 상임위원회 정령 제656호, 2015.9.9) 등 총 7차 수정보충이 있었다.

1994년 2월 21일「외국투자기업 및 외국인세금법 시행규정」(정무원 결정 제9호)이 채택되었다.[31)] 동 시행규정은 2002년 6월 14일(내각결정 제39호로 채택; 내각결정 제88호로 수정, 2002.12.26)과 2016년 2월 7일(내각결정 제13호로 채택)에 각각 새롭게 정비되었고, 2017년 2월 5일에는 동 시행규정세칙(재정성 지시 제11호)이 채택되었다.

라선경제무역지대와 관련하여 2014년에「라선경제무역지대 세금규정」(최고인민회의 상임위원회 결정 제30호, 2014.9.25)과 동 시행세칙(라선시인민위원회 결정 제166호, 2014.12.29)이 채택되었다.[32)] 또한 2015년 6월 10일에는「라

29) 정경모 · 최달곤 공편,『북한법령집 제2권』(서울: 대륙연구소, 1990), 187~194쪽.

30) 김성호(2013)에 의하면,「외국투자기업 및 외국인세금법」은 "대외경제관계가 확대발전한 현실에 맞게 소득세를 위주로 규제하였던 지난 시기의 세금제도를 폐지하고 새로운 세금제도를 수립한 대외세법"이라고 설명하고 있다. 즉 기존「합영회사소득세법」및「외국인소득세법」은「외국투자기업 및 외국인세금법」의 제정으로 대체 · 통합되었다는 것이다. 김성호,「공화국 대외세법의 공정성」,『김일성종합대학학보: 력사, 법률』, 제59권 제3호, 2013, 93쪽.

31) NK 조선, 조선일보 동북아연구소;
http://nk.chosun.com/bbs/list.html?table=bbs_12&idxno=405&page=8&total=185&sc_area=&sc_word= (검색일: 2020년 9월 17일).

32) 최우진,「나선경제특구 법제도 정비 현황 및 과제」,『통일사법정책연구(3)』(고양: 대법

선경제무역지대 세금징수관리규정」(최고인민회의 상임위원회 결정 제66호)이 채택되었다. 2013년에 제정된 「경제개발구법」[33]과 관련하여 2015년 9월 15일자 조선중앙통신은 최고인민회의 상임위원회 결정으로 「경제개발구 세금규정」이 총 11개장 72개 조문으로 채택되었다고 발표하였다.[34] 하지만 「경제개발구 세금규정」의 전문은 공개되지 않았다.

2000년 6 · 15 남북정상회담 이후 2003년 9월 18일에 「개성공업지구 세금규정」(최고인민회의 상임위원회 결정 제1호)이 채택되었는데 동 규정은 남북경협세제의 중심적인 부분이다. 이후 2006년 12월 8일 「개성공업지구 세금규정 시행세칙」(중앙특구개발지도총국 지시 제2호)이 채택되었고 동 시행세칙은 2012년 7월 18일에 수정보충(중앙특구개발지도총국 지시 제4호) 되었다. 종전 「금강산관광지구법」의 경우 별도의 세금규정이 없었으나, 2011년 「금강산국제관광특구법」으로 대체된 후 2012년 6월 27일에 「금강산국제관광특구 세금규정」(최고인민회의 상임위원회 결정 제95호)이 채택되었다.

조세협약과 관련하여, 북한은 1997년 9월 26일에 러시아와 최초의 조세협약을 체결한 후 2000년대 초중반에 조세협약 체결이 상대적으로 활발했다. 김성호(2013) 및 김광민(2016)는 현재 20여개의 나라들과 2중과세방지협정을 체결한 것으로 언급하고 있으나,[35] 조선대외경제투자협력위원회(2016)는 2014년 말 현재 총 14개의 조세협약을 체결하였다고 설명하고 있다.[36] 2012년 12월 5일 체결된 것으로 확인되는 이디오피아와의 조세협약

원 사법정책연구원, 2016), 118쪽.

33) 「경제개발구법」은 부칙 제2조(적용제한)에 따라, 라선경제무역지대와 황금평 · 위화도 경제지대, 개성공업지구와 금강산국제관광특구에는 적용하지 않는다.

34) 「북한, 경제개발구 세금규정 마련... 외화 확보 노력」, 연합뉴스 (2015년 9월 15일자); https://www.yna.co.kr (검색일: 2020년 12월 10일).

35) 김성호, 「공화국 대외세법의 공정성」, 94쪽; 김광민, 「공화국대외세법제도의 본질적 내용」, 『사회과학원학보』, 2016년 제2호, 30쪽.

36) 조선대외경제투자협력위원회에 따르면 2014년 말 현재 라오스, 로므니아, 로씨야, 마께

을 포함하면 총 15개 국가와 체결된 조세협약이 있는 것으로 보인다. 또한 남북한 간의 합의서 형태지만 2000년 12월 16일에 「남북사이의 소득에 대한 이중과세방지합의서」가 서명되었다. 현재까지 중국, 싱가폴 등과는 조세협약이 체결되어 있지 않다.

다. 대외세법의 체계

북한은 "남조선기업가들의 투자관계는 공화국 외국투자관계법에서 규제하지 않고 북남경제협력 관련 법률에 따라 규제하고 있다."[37]는 입장을 취하고 있다. 따라서 북한의 외국인투자법제와 북남경제협력법제는 별도의 체계로 구분되어 있다.[38] 대외세법은 전반적으로 외국인투자세제가 중심적인 위치에 있고 남북경협세제는 그 일부를 구성한다고 할 수 있다. 남북경협세제, 즉 '남측'을 적용대상에 명시적으로 규정하고 있는 것은 「개성공업지구 세금규정」과 「금강산국제관광특구 세금규정」 뿐이다.

북한의 대외세법은 「외국투자기업 및 외국인세금법」과 동 시행규정 및 세칙, 경제특구 · 개발구에 적용되는 세금규정 그리고 북한이 체결한 2중과세방지협정(조세협약) 등을 포함한다.[39] 한편 '합영 · 합작기업의 공화국 당

도니아, 몽골, 벌가리아, 벨라루씨, 수리아, 스위스, 에짚트, 웰남, 인도네시아, 쓰르비아, 체스꼬 등 14개국과 이중과세방지협정을 맺고 있다고 설명하고 있다. 조선대외경제투자협력위원회 편찬, 『조선민주주의인민공화국 투자안내』, 외국문출판사, 2016, 25쪽.

37) 정철원, 『조선투자법안내(310가지 물음과 답변)』(평양: 법률출판사, 2007), 60쪽.

38) 한명섭, 『통일법제 특강(개정증보판)』(파주: 한울아카데미, 2019), 352~354쪽.

39) 김성호, 「공화국 대외세법의 공정성」, 93쪽; 김광민, 「공화국대외세법제도의 본질적 내용」, 30쪽; 김광민, 「공화국대외세법제도의 특징에 대하여」, 『사회과학원학보』, 2016년 제1호, 35쪽; 북한 「세관법」 제10조(세관법의 적용대상)에 의하면, "이 법은 우리나라 국경을 통과하여 짐과 운수수단, 국제우편물을 들여오거나 내가는 기관, 기업소, 단체와 공민에게 적용한다. ≪기관, 기업소, 단체와 공민≫에는 외국투자기업과 우리나라에 주재하는 다른 나라 또는 국제기구의 대표기관, 법인, 외국인도 속한다."고 규정하

사자 이익배당금 일부' 즉 국내납세자에 해당하는 북한 측 당사자가 받는 이익배당금은 대외세법이 아닌 「국가예산수입법」 제54조에 따라 국가예산에 납부하도록 하고 있다.

북한 대외세법의 전반적인 체계를 요약하면 〈그림 4-3〉과 같다.

<그림 4-3> 북한 대외세법의 체계

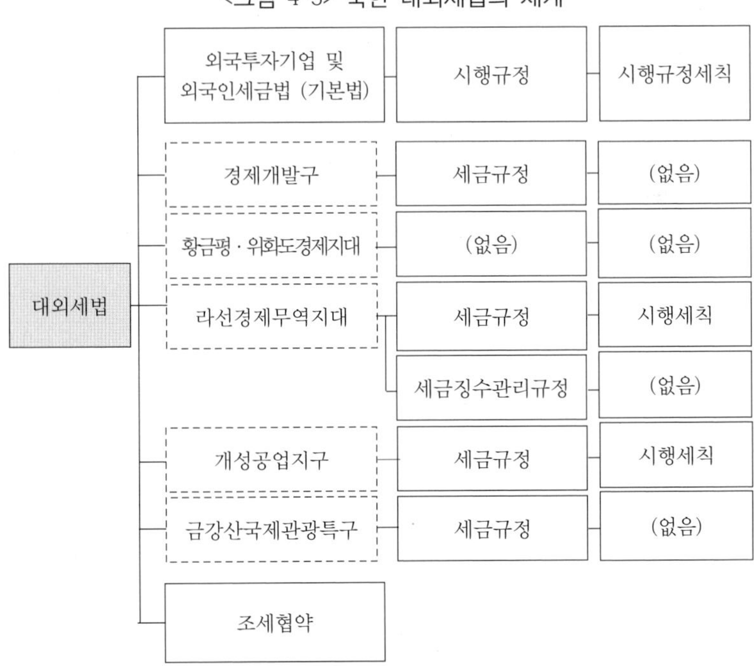

자료: 관련 법규를 토대로 저자 작성.

고 있다. 「세관법」이 대외경제부문 법제로 분류된다는 점과 대외납세자에 해당하는 외국투자기업 및 외국인도 적용대상에 해당한다는 점에 비추어 볼 때, 「세관법」도 부분적으로 대외세법의 범위에 포함되는 것으로 볼 수도 있다. 하지만 주요 적용대상이 국내납세자인 기관, 기업소, 단체와 공민이라는 점에서 북한 문헌에서 대외세법으로 분류하여 논의하고 있지는 않은 것으로 보인다.

라. 대외세법의 구성

북한의 대외세법은 기본적으로 자본주의 조세제도의 형식과 내용을 따르고 있고, 여러 세목들을 포괄적으로 하나의 법률 또는 규정에 모두 포함하는 단일법 체계[40]로 되어 있다. 대외세법의 기본법에 해당하는 「외국투자기업 및 외국인세금법」은 11개장 73개 조문으로 구성되어 있으며, 개별 세목에 대한 과세요건(납세의무자, 과세대상, 과세표준 및 세율)과 납부절차, 세무등록, 세무관리 및 감독, 벌칙규정, 신소 등 최소한의 규정을 포함하고 있다.

「외국투자기업 및 외국인세금법」, 「라선경제무역지대 세금규정」, 「개성공업지구 세금규정」 및 「금강산국제관광특구 세금규정」 등은 기본적인 구성에 있어서는 대체로 유사하다. 주요 세목으로는 기업소득세, 개인소득세, 재산세, 상속세, 거래세, 영업세, 자원세, 도시경영세 및 자동차리용세가 포함되어 있다. 다만, 「개성공업지구 세금규정」 및 「금강산국제관광특구 세금규정」에는 자원세가 포함되어 있지 않고 도시경영세와 자동차리용세가 지방세의 하위 항목으로 분류되어 있다. 또한 「개성공업지구 세금규정」 및 동 시행세칙과 「라선경제무역지대 세금규정시행세칙」은 부록 및 붙임의 형태로 세목별 세율표 및 각종 신고 · 신청서 양식을 규정하고 있다.

---

40) 자본주의 조세체계는 일반적으로 세목별로 별도의 세법이 제정되는 세목별 체계로 되어 있다. 남한의 지방세법이나 미국 세법은 단일법 체계로 되어 있다.

제5절

소결

「국가예산수입법」은 2011년 3차 수정보충을 통해 1994년 이전 거래수입금 및 국가기업리익금 체계로 회귀하였다. 보다 정확하게는 거래수입금은 1994년 이전의 형태이고 국가기업리익금은 2002년 이전의 형태라고 할 수 있다. 이러한 변화는 2000년대 이후 「시장 기반 예산수입체계」로의 전환이 시작되어 예산수입의 증대가 있었지만, 그동안의 예산수입제도 변화가 '체계 또는 제도'로서 정착되지는 못했음을 보여주는 것이다. 이에 따라 국가예산수입제도에 대하여 처음으로 변화를 시도했던 1994년 이전 「고전적 사회주의 예산수입체계」의 형태로 환원시킨 후 원점에서 재검토하는 모습이라고 할 수 있다.

현행 「국가예산수입법」상의 거래수입금 및 국가기업리익금이 형태적으로는 1994년 이전의 모습으로 회귀한 것일 수 있으나 내용적으로 과거와 동일하다고 할 수는 없다. 김정은 시대에는 「기업소법」 등의 수정보충을 통해 시장을 수용하는 정도가 더욱 확대되었다. 주문계약 허용, 기업소지표 도입 등을 통해 시장경제 영역을 계획 영역에 편입시킴으로써 「시장 기반 사회주의 예산수입체계」로서의 성격이 더욱 강화되었기 때문에 과거 국정가격 및 계획에 기반한 「고전적 사회주의 예산수입체계」와는 질적으로 차이가 있다. 또한 과거에는 기업 간 대금결제에서 무현금거래가 일반적이었으나, 김정은 시대에는 주문계약에 따라 기업소지표를 통해 생산된 상품에 대하여 현금돈자리(계좌)를 개설하여 처리할 수 있도록 함으로써 금융부문에서의 개혁도 함께 추진되었다.[41] 예산동원 수단 또는 방식에 있어서 국영기업이 직접 시장경제 행위자로 등장하여 사업을 확대함으로써 예산수입을 창출하는 비법제적인 방식도 활용되고 있고, 2012년 새로운 「소득분배방법」과 같이 사회주의 예산수입체계를 유지하면서 보다 간소화된 방식으로 예산수입을 극대화하고자 하는 시도도 있었다.

2012년 새로운 「소득분배방법」은 시장가격의 적용이 확대되는 상황에서 임시적 또는 시범적으로 취한 조치로서 장기적으로 지속가능하기 어렵고, 「국가예산수입법」에 반영되어 있지 않다. 2015년 12월까지 새로 채택되거나 수정보충된 법들을 수록한 2016년 6월 발행 북한 법전[42]에서 「국가예산수입법」은 2011년 11월 8일 3차 수정보충 이후 전혀 변화가 없었다. 또한 2020년 10월 발행된 국가정보원 『북한법령집』[43]에서도 추가적인 변경사항은 없었다.

북한의 현행 「국가예산수입법」 및 대외세법은 과세요건을 중심으로 최소한의 규정을 포함하고 있는 수준이다. 김정은 시대 들어서 「기업소법」 등의 수정보충을 통해 전반적인 예산수입법제는 「시장 기반 사회주의 예산수입체계」로서의 성격이 더욱 강화되었다. 하지만 여전히 사회주의 예산수입체계의 형태를 유지하고 있고 「시장경제형 조세제도」라고 할 수는 없다.

---

41) 이석기 외, 『김정은 시대 북한 경제개혁 연구』, 274~284쪽.
42) 『조선민주주의인민공화국 법전(증보판)』(평양: 법률출판사, 2016), 1쪽.
43) 국가정보원 엮음, 『북한법령집 하』(서울: 국가정보원, 2020).

제5장

중국 · 베트남의 세제개혁 사례연구

북한이 경제개혁을 추진하고 시장화가 확대됨에 따라 기존 사회주의 예산수입체계와의 정합성에 문제가 발생할 가능성이 높아지고 있다. 본 장에서는 사회주의 체제를 유지하면서 시장경제 부문의 확대에 부합하도록 「시장경제형 조세제도」를 갖추어온 사례로서 중국·베트남의 세제개혁 사례를 살펴보고자 한다.

제1절

중국의 세제개혁 사례

1. 경제개혁 과정[1)]

가. 경제개혁 진행과정 개관

중국의 경제개혁은 크게 사회주의 계획경제하의 개혁(1953~1978년)과 1978년 제11기 3중전회(3中全會; 3차 중앙위원회전체회의)에서의 개혁·개방정책 선언 이후의 단계로 크게 구분할 수 있다. 계획경제체제가 강하지 않았던 농촌 및 농업개혁(1978~1984년)을 시작으로 1984년 10월 제12기 3중전회 이후 도시

1) 중국의 경제개혁 과정에 대해서는 주로 ≪한상국, 『체제전환기의 중국 조세정책과 북한에의 시사점 – 남북경제통합 관련 조세·재정분야 기초연구 Ⅲ』(서울: 한국조세연구원, 2003)≫의 내용을 중심으로 정리한 것이다.

및 기업개혁(1984~1988년)으로 점차 확대하였고, 일정 기간의 조정기간(1989~1991년)을 거친 후 1992년 등소평의 남순강화(南巡講話)를 기점으로 사회주의 시장경제체제 건설을 전면화하는 과정으로 진행되었다. 소유제도 개혁은 국유경제 부문을 우선적으로 진행하면서 그 과정에서 비국유경제 부문도 발전할 수 있도록 하는 방향으로 추진되었다.[2] 중국 경제개혁 진행 과정의 주요 내용을 시기별로 요약하면 다음과 같다.

<표 5-1> 중국의 경제개혁 진행과정

시기	주요 내용
1978년 12월	개혁 · 개방정책 선언 (제11기 3중전회)
1980년 9월	가정생산청부책임제(家庭生産請負責任制) 채택
1980년~	경제특구 (4개 도시)
1983~1984년	이개세개혁
1984년~	「계획적 상품경제」(경제체제개혁에 관한 결정 - 제12기 3중전회); 대외개방구 (14개 연안도시); 임대경영제, 임금총액연동제
1985년~	경영청부책임제(經營請負責任制)
1986년~	공장책임제
1987년~	「사회주의 초급단계론」(1987.10 제13기 전국인민대표자회의) 대외무역 청부경영책임제
1988년 9월	치리정돈정책 실시(~1991.11)
1990년대~	사연전략(四沿戰略)
1992년	등소평의 남순강화; 「사회주의 시장경제체제 건설」 정책목표 채택 (제14기 전국인민대표자대회)
1993년 3월	헌법 개정 (사회주의 시장경제 건설 채택)
1997년 9월	5차 전국대표대회 (각종 소유제경제 공동발전을 기본제도로 확정)
1998년	국유기업개혁 추진 (3년간)
2001년 11월	WTO 가입

자료: 경제개혁 관련 내용 및 자료를 기초로 저자 작성.

2) 한상국, 『체제전환기의 중국 조세정책과 북한에의 시사점』, 22~23쪽.

나. 기업·농업 부문 개혁

(1) 농촌·농업 중심 개혁 (1978~1984년)

1980년 9월 「가정생산청부책임제」(家庭生産請負責任制)를 채택한 가정농장제도를 도입하여 농촌경제의 급속한 성장을 이루었고, 이를 기초로 집체소유제를 중심으로 하는 다양한 규모의 향진기업(鄕鎭企業)이 급속도로 증가하였다. 농업부문의 개혁 성공을 기반으로 국유경제체제를 유지한 상태에서 비국유경제부문에 대한 시장지향적 개혁에 중점을 두어 다양한 기업소유주체의 성장을 촉진시키는 「체제외 선행」(體制外 先行) 전략을 채택하였다. 또한 초기적 기업개혁 조치로서 기업의 자주권을 확대하고 근로자의 수입을 기업경영성과에 연계하는 방식으로 평균주의를 극복하고자 하였다.[3)]

(2) 도시·기업 중심 개혁 (1984~1988년)

중국은 1984년 10월 12기 3중전회를 통해 「경제체제개혁에 관한 결정」을 통과시켰는데, 그 주요 핵심 내용은 기업개혁의 전면화라고 할 수 있다. 주요 내용을 정리하면 다음과 같다.: ① 당의 공식입장으로 '사회주의 경제는 공유제를 기초로 한 「계획적 상품경제」'라는 명제를 확정하고, 농촌부분에서 도시부문으로 개혁의 중점을 옮겨 개혁을 가속화, ② 계획경제의 실행과 상품경제의 발전이 상호 통일적임이라는 입장에서 새로운 경제운영메커니즘을 천명, ③ 계획경제를 중심으로 시장조절을 보조하는 원칙하에 지령성계획, 지도적계획, 시장조절 이라는 3가지 형식을 취함.[4)]

---

3) 한상국, 『체제전환기의 중국 조세정책과 북한에의 시사점』, 25~26쪽.
4) 박희진, 『북한과 중국: 개혁개방의 정치경제학』(서울: 도서출판 선인, 2009), 90~92쪽.

기업개혁과 관련하여, 기업소유구조를 공유제 단일형태에서 시장경제 형성을 촉진시켜 상대적으로 독립적인 개인기업, 사영기업, 외국인투자기업 등 다양한 형태가 가능하도록 하였다. 기업관리체제도 중대형 국영기업은 「경영청부책임제」(經營請負責任制 또는 承包經營責任制),[5] 소형 국영기업은 「임대경영제」(賃貸經營制 또는 租賃制, lease制)가 실시되었다. 이외에도 「공장책임제」 허용에 의한 공장관리제도 개혁, 기업이윤을 임금에 연동하는 「임금총액연동제」 등도 도입하였다. 가격체계 개혁과 관련하여 국가 지령성계획과 지정계획의 적용범위를 대폭 줄이고, 유통체제 개혁과 관련하여 전국에 600개소 이상의 물자거래센터 또는 시장을 설립했다.[6]

1987년 10월 제13기 전국인민대표자회의에서 조자양이 주장한 「사회주의 초급단계론」이 체계를 갖추게 된다. 「사회주의 초급단계론」은 중국은 아직 사회주의가 초급단계에 처해 있고 이러한 실제에서 출발해야 하며 이 단계를 건너뛸 수는 없고 다양한 형태의 경제가 공존할 수 있도록 해야 한다는 것이다. 이후 1988년 9월 제13기 3중전회부터 시작하여 1991년까지 경제개혁 추진에 따른 부작용을 관리하고 조정하기 위하여 「치리정돈정책」(治理整頓政策)을 실시하면서 조정기간을 갖고 계획과 시장의 결합을 모색했다.[7]

(3) 1992년 이후 사회주의 시장경제 건설 전면화

1992년 등소평의 남순강화(南巡講話) 이후 1993년 3월 “중국적 특색을 지

---

5) 기업 자산의 자주적 경영·관리 권리를 국가로부터 계약에 의해 부여받는 제도. 생산수단 공유제 하에서 소유와 경영을 분리하는 방식. 한상국, 『체제전환기의 중국 조세정책과 북한에의 시사점』, 28쪽 각주 19).

6) 한상국, 『체제전환기의 중국 조세정책과 북한에의 시사점』, 28~30쪽 및 32쪽.

7) 형혁규, 『새로운 북한, 중국이 대안인가』(파주: 한국학술정보(주), 2006), 63~67쪽.

닌 사회주의 시장경제의 실시"를 정식으로 채택하는 헌법 개정이 있었다. 이를 통해 중앙정부와 지방정부 간에 재정책임을 분할하는 분세제(分稅制), 금융 및 은행체계 개혁, 환율단일화 등 외환관리체제 개혁, 회사법(公司法) 제정 등 국유기업 개혁 등이 전면적으로 추진되었다.[8]

다. 소유제도 개혁

1997년 9월 15차 전국대표대회에서 공유제를 중심으로 하면서 다양한 소유제경제가 동시에 발전하는 형태를 기본적인 경제제도로 확정하였다. 이에 따라 1998년부터 3년 동안 기업 규모에 따라 다른 방법을 적용하는 '과대방소(抓大放小)'정책을 기초로 국유기업 개혁을 마무리하고자 하였다.[9]

라. 국제화 및 대외개방

개혁 초기 1980년부터 4개의 경제특구(深圳, 珠海, 汕頭, 厦門)를 설립한 이후 1984년 대외개방구를 14개 연안도시에 지정하였고, 1987년부터 「대외무역 청부경영책임제」를 도입하여 지방정부와 무역기업의 책임과 권한을 확대했다.[10]

또한 1990년대 들어서 대외개방 확대를 위해 연해(沿海), 연변(沿邊), 연강(沿江) 및 연로(沿路)라는 사연전략(四沿戰略)을 제시했다. 연해는 발해만에서 북부만에 이르는 모든 연해지역 발전에 집중하는 것이고, 연변은 주변 15개 국가와 맞대고 있는 내륙 국경지역 개방정책을 의미하며, 연강은 상

---

8) 한상국, 『체제전환기의 중국 조세정책과 북한에의 시사점』, 33~34쪽.
9) 한상국, 『체제전환기의 중국 조세정책과 북한에의 시사점』, 34쪽.
10) 한상국, 『체제전환기의 중국 조세정책과 북한에의 시사점』, 31쪽.

하이 푸둥 지역부터 충칭 이하 창장(長江) 유역의 전면적 개방을 추진하는 것이다. 그리고 연로는 유럽과 아시아를 연결하는 중국 동부지역 항구에서 신장(新疆) 아얼타이(阿爾泰) 산까지의 철도 주변지역 개방을 의미한다.[11]

마지막으로 2001년 11월 WTO에 가입하여 대외개방을 가속화하였다.[12]

2. 초기 조세체계와 사회주의 예산수입체계로의 전환

가. 중화인민공화국 수립 후 조세체계의 정비 (1949~1957년)

중화인민공화국 수립 당시 중국은 심각한 경제상황과 재정난의 해결이 당면과제였다. 이에 따라 공유제 중심의 사회주의제도 확립 등을 목표로 건국 초기부터 기업소유제별 세제차별화 정책과 함께 舊소련식 중앙집권적 재정체계인 「통수통지재정체제」(統收統支財政體制)를 적용하였다. 「통수통지」는 재정권한이 중앙에 집중되어 중앙정부에 모든 수입이 일괄 납입되고 중앙정부의 계획과 심사에 따라 통일적으로 지방에 예산이 교부되는 방식이었다.[13]

1930년대 혁명시기 해방구 조세제도의 경험을 기초로 세제개혁을 추진하여 복잡했던 舊세제를 1950년 유통세제와 소득세제를 중심으로 하는 14개

11) 샤오궈량 · 수이푸민(蕭國亮 · 隋福民), 이종찬 옮김, 『현대중국경제』(서울: 도서출판 해남, 2015), 389~391쪽.

12) 홍기용 · 박희선, 「중국의 WTO가입에 따른 소득세제의 개혁방향에 관한 연구」, 『세무와 회계저널』, 제3권 제1호, 2002, 202쪽.

13) 우명강, 「중국 세제개혁 방안에 관한 연구 - 한국세제와의 비교를 중심으로」, 강남대학교 박사학위논문, 2016, 9~10쪽; 중국은 1953년 3월 3일 「국가 재정 경제 통일 작업에 관한 결정서」를 반포하고 국가 재정에 대한 통일된 관리를 표명했다. 샤오궈량 · 수이푸민, 『현대중국경제』, 64~65쪽.

세목으로 정리 · 통합하여 전국적으로 시행하였는데, 이러한 내용이 이후 중국 조세제도의 기반이 된다. 1953년 사회주의 경제체제의 정착과 함께 유통구조가 달라짐에 따라 유통세제와 공상세제를 일부 개정하였다. 전반적으로 1949~1957년 당시에는 자본주의 공상업과 수공업 등 다양한 형태가 병존했는데, 급속한 사회주의화의 부작용을 고려하여 1956년까지 점진적으로 상공업 및 농업 부분의 사회주의적 개조(국유화, 국영화, 집체화)를 추진했다. 이 과정에서 중국은 기존 자본주의경제를 사회주의적으로 개조함에 있어서 소유제별 세율 및 면세제도를 차별적으로 적용하는 등의 방법으로 조세제도를 적극 활용했다.[14]

또한 건국 초기 농업세로 인한 농민 부담이 무거웠기 때문에 상공업 활동 중심의 도시증세로 조세부과의 중심이 전환되었다. 집중적인 증세 대상은 화물세, 공상업세, 염세 및 관세였고, 당시의 14개 세목을 요약하면 다음과 같다.[15]

① 유통세제: 화물세, 공상업세(坐板商, 行商, 攤販(노점상)의 영업세 및 소득세 포함), 교역세, 염세(鹽稅), 관세

② 재산 · 행위 세제: 방산세(房産稅), 지산세(地産稅), 도재세(屠宰稅: 도축세), 특충소비행위세(特种消費行爲稅: 특별소비세 – 연회세, 오락세, 냉식세, 여관세 등), 유산세(遺産稅), 인화세(印花稅: 인지세), 사용패조세(使用牌照稅: 등록 · 면허세)

③ 소득세제: 신급보수소득세(薪給報酬所得稅: 급여소득세), 존관이식소득세(存款利息所得稅: 이자소득세)

14) 한상국, 『체제전환기의 중국 조세정책과 북한에의 시사점』, 68~70쪽.

15) 우명강, 「중국 세제개혁 방안에 관한 연구」, 11~12쪽. 1950년 1월 30일 「全國稅政實施要則」에서 14개 세목을 정했다.

나. 조세제도 단순화 및 조세무용론 (1958~1978년)

공상업부문에 대하여 초보적인 사회주의적 개조를 통해 유통구조가 변화함에 따라 조세의 단순화를 위한 세제개혁을 추진했다. 1958년 기존 공상업세 중 소득세 부분을 「공상소득세」로 개정하고, 화물세, 상품유통세, 공상업세 중 영업세 부분 및 인화세(인지세)를 「공상통일세」[16]로 통합하여 간접세 중심의 조세체계를 형성하였다. 농업부문에 대하여는 통일된 세제를 갖추지 못하다가 농촌합작화운동의 진전에 따라 1958년 농업합작사를 대상으로 농업세를 제정하여 시행하였으나 농촌에 인민공사가 조직되어 이윤상납 방식으로 징수하다가 과세불공평 등 부작용이 발생하여 1959년부터 인민공사에 대해서도 「공상세」를 징수하였다.[17]

舊소련에서는 모든 생산요소를 공유하게 되는 완전한 사회주의가 실현되면 국가재정은 공유부문에서 조달하므로 결국 조세는 없어지고 조세제도도 불필요해진다는 조세이론이 주류였는데, 이러한 주장은 중국의 세제개혁에 크게 영향을 미쳤고 무조건적인 세제 간소화 경향으로 나타났다. 이러한 경향에 따라 중국에서는 문화대혁명 기간(1966~1976년) 중 단순화된 조세제도조차도 불필요한 것으로 비판받았고 조세무용론이 등장했다.[18]

결과적으로 세제통합, 징수방법 간소화, 공상세수제도 개혁을 목표로 했

---

16) 「中華人民共和國工商統一稅條例(草案)」(1958.9.13) 제1조. 『북대법보』; http://pkulaw.cn/(S(pvgj1x45wuwnwm5555df4e55))/fulltext_form.aspx?Gid=214&Db=chl (검색일: 2020년 2월7일). 공상통일세는 유통단계에서 부과하는 일종의 소비세라고 할 수 있다.

17) 한상국, 『체제전환기의 중국 조세정책과 북한에의 시사점』, 70~71쪽.

18) "경제보다 정치와 사상을 중시하여 조세를 번쇄철학의 하나일 뿐이라고 비판하기도 하였으며, 더 나아가 중국의 경제발전을 저해하는 요소라고까지 인식되기도 하였다." '번쇄철학'이란 정확한 문제의 해결방안도 없이 장황하게 말이나 글만 늘어놓는 철학이라는 뜻이다. 유호림, "중국의 현대 세제사에 관한 고찰," 『세무와회계저널』, 제12권 제1호, 2011, 126~128쪽.

던 1973년 「중화인민공화국 공상세조례」(中華人民共和國工商稅條例)에 따라, 국영기업은 「공상세」, 집체기업은 「공상세」와 「공상소득세」만 징수하는 방식으로 조세제도가 극단적으로 단순화되었다. 「공상세」는 공업, 상업, 무역 및 서비스를 포함하는 모든 경제단위의 제품 판매수입과 사업수입에 부과되는 거래세(turn-over tax)로서 과세기반이 넓고 커서 전체 조세수입의 80% 이상을 차지하였다.[19] 국영기업에 대하여 「공상소득세」가 부과되지 않은 이유는 별도로 이윤상납을 하기 때문이었다.[20] 이 시기에는 공유경제(公有經濟: 전민소유제 및 집체소유제)가 절대 우위에 있고 사영공상경제(私營工商經濟)가 제한되는 경향 속에서 조세제도 자체가 쇠퇴하였고 세금 항목은 단순화되었다.[21]

다. 사회주의 예산수입체계로의 전환

중국의 경우 북한과 같이 세금제도의 완전한 폐지를 선언한 적이 없었기 때문에 사회주의 예산수입체계로의 전환 시점을 명확하게 특정하기는 쉽지 않다. 1949년 중화인민공화국 수립 이후 기존 자본주의 경제를 사회주의적으로 개조함에 있어서 조세제도를 적극 활용했다. 1953년 제1차 5개년 경제개발계획에 따라 대규모 공업화를 시작하고 농업, 수공업, 자본주의 공상업의 사회주의적 개조를 추진하여 1956년에 이르러 전국민 소유제와 집단소유제를 중심으로 하는 사회주의 개조를 완성했다.[22]

---

19) 공상세는 일종의 거래세로서 공상통일세, 성시방지산세, 차선사용패조세, 염세, 도재세(도축세) 등 5개 세목이 공상세로 통합된 것이다. 바이두백과, "공상세"; https://baike.baidu.com/item/%E5%B7%A5%E5%95%86%E7%A8%8E (검색일: 2020년 2월 9일).

20) 이동진, 「분절된 국가와 분절된 재정: 중국 시장사회주의 개혁의 이중성」, 『비교사회』, 제4집, 2002, 105쪽.

21) 한상국, 『체제전환기의 중국 조세정책과 북한에의 시사점』, 71~72쪽.

22) 샤오궈량 · 수이푸민, 『현대중국경제』, 43쪽 및 124~138쪽.

앞서 살펴본 바와 같이, 공상업부문에 대한 사회주의적 개조 과정에서 유통구조가 변화함에 따라 1958년에는 조세의 단순화를 위한 세제개혁이 있었고, 문화대혁명 기간(1966~1976년) 중에는 조세무용론까지 등장했다. 이와 같이 중국에서 사회주의 예산수입체계로의 전환 과정은 점진적으로 진행되었고, 1973년 「중화인민공화국 공상세조례」에 따라 단순화된 형태로서 국영기업에 대한 「공상세」, 집체기업에 대한 「공상세」와 「공상소득세」가 중국 사회주의 예산수입체계의 기본적인 구조가 되었다.

3. 「시장경제형 조세제도」의 도입

재정개혁과 관련하여, 개혁 · 개방정책이 시작된 이후 기존 「통수통지체제」(統收統支體制)는 「방권양이정책」(放權讓利政策)에 따라 분권화된 재정체계로 전환된다. 이를 통해 지방정부와 국영기업의 재량권이 대폭 확대되었고, 상대적으로 중앙재정이 약화되는 부작용이 있었다. 이러한 부작용을 해결하고자 1992년 「분세제 재정관리체제」(分稅制 財政管理體制) 개혁을 시범적으로 실시하였고, 1994년 세제개혁과 함께 전면적으로 실시하였다. 분세제는 중앙과 지방 간에 행정권과 재정권의 상응원칙 하에 재정수입원을 분리함으로써 재정분배제도를 규범화한 것이다. 이에 따라 중앙재정 고정수입분(중앙세)은 중앙세무기구가 징수하고, 공통수입분(공향세, 共享稅)는 중앙에서 징수하여 지방재정에 이전하며, 지방재정 고유수입분(지방세)은 지방세무기구에서 징수하는 방식으로 지방정부의 재정권이 강화되었다.[23]

---

23) 한상국, 『체제전환기의 중국 조세정책과 북한에의 시사점』, 62~66쪽; 1995년 11월 중국 국무원이 발표한 「예산법실시조례」에 의하면 분세제란 "중앙과 지방 각각의 사무권한에 근거하여 중앙과 지방의 재정지출범위를 확정하고 세원에 따라 중앙과 지방의 예산수

가. 개혁·개방 초기 세제개혁(1978~1993년)

(1) 「이윤유보제」 및 「포간경제책임제」

개혁 · 개방정책 추진 이전까지 조세무용론 등 조세경시가 주요 흐름이었으나, 개혁 · 개방이 추진되면서 조세가 국가재정의 중요한 도구이고 생산 · 유통 · 분배 · 소비를 조절하는 중요한 경제적 기능을 담당하는 것으로서, 사회주의 현대화에 중요한 수단이라고 인식하게 되었다. 1979년 7월 국영기업개혁의 일환으로 이윤 및 감가상각액 일부를 기업에 유보하여 기업자체의 이익을 도모하도록 하는 「이윤유보제」를 실시하였으나, 객관적인 기준의 부재로 국영기업 개혁에 대한 해결책이 되지 못했고 자의적 세수집행으로 인해 재정적자가 크게 확대되는 문제가 발생했다. 이에 "기업이 국가와 협상을 통해 생산계획달성과 일정한 이윤상납의무를 약정"하는 방식의 「포간경제책임제」(包干經濟責任制)를 시행하여, 국가의 안정적 재정수입 확보, 기업의 계획 초과달성분 일부 유보 및 개별 노동자에 대한 물적 인센티브 제공 등을 도모하였다.[24]

그러나 국가가 기업의 소유권과 경영권을 가지고 있는 상태에서 「이윤유보제」와 유사한 문제가 발생했고 재정적자 폭은 더욱 확대되었다. 이에 1983년 국영기업에 대한 기업소득세 부과를 중심으로 하는 「이개세개혁」(利改稅改革)을 추진하게 되었다.[25]

입을 구분하는 재정 관리체제"라고 정의하고 있다. 우명강, 「중국 세제개혁 방안에 관한 연구」, 37쪽.

24) 한상국, 『체제전환기의 중국 조세정책과 북한에의 시사점』, 73~75쪽.

25) 우명강, 「중국 세제개혁 방안에 관한 연구」, 25쪽.

(2) 1983년 제1차 「이개세개혁」

시장경제지향의 기업개혁과 국가와 기업의 기능 분리원칙에 따라 이익 구분과 배분 방안으로서 1983년에 추진된 「이개세제도」(利改稅制度)는 기존 계획달성 정도를 기초로 하는 「이윤상납제」[26]를 「납세제」로 변경하여 법률에 규정된 세금 납부 후 이익을 기업에 유보하고 재량껏 처분할 수 있도록 하는 방식이다.[27] 「이개세개혁」은 중국이 「시장경제형 조세제도」로의 전환을 시작한 첫 걸음이라고 할 수 있다.

「이개세개혁」은 1981년 9월 「공상세제의 개혁에 관한 구상」을 근간으로 추진된 개혁[28]의 일환으로 추진되었다. 「이개세개혁」의 목적은 기업이 국가의 행정간섭으로부터 벗어나 재무상 독립하도록 하는 것으로서, 고정세율 적용에 따라 기업과 국가의 이윤분배 방식이 제도화되었다. 1983년 7월 실행된 제1차 「이개세개혁」은 "모든 이윤을 국가에 상납하는 전통적 사회주의 방식에서 이윤의 일정 비율을 조세로 납부하는 방식으로 전환한 것"인데, 이윤 중 일부를 소득세 및 지방세로 징수한 후 세후 이윤을 다시 국가상납분과 기업유보분으로 분배하는 방식으로서 조세와 이윤상납이 병존하는 형태였다.[29]

---

26) 이윤상납제에서는 계획초과 생산량 또는 초과이윤에 대해서만 기업에 유보하여 처분할 수 있었다. 유호림, 「중국의 현대 세제사에 관한 고찰」, 131쪽; 통상 이윤상납제는 이윤상납율 산정이 매우 복잡하고 공평성이 결여되기 쉬워서 기업경영의 활성화를 저해하는 요인이었다고 할 수 있다. 김병목 · 황용수 · 홍성범, 『중국의 과학기술정책』(서울: 한국과학기술정책연구 · 평가센터, 1989), 18쪽.

27) 이윤상납 대신 「국영기업소득세」와 「집체기업소득세」가 부과되었다. 최준욱 외, 『체제전환국 조세정책의 분석과 시사점』, 46쪽.

28) 그 내용을 요약하면 다음과 같다.: ⅰ) 단일화된 공상세의 분리: 산품세(상품세), 증치세, 영업세 및 염세; ⅱ) 자원세와 이윤조절세 신설; ⅲ) 국영기업의 고정자산점용비를 고정자산세로 변경; ⅳ) 국영기업의 이윤상납을 소득세로 대체. 한상국, 『체제전환기의 중국 조세정책과 북한에의 시사점』, 76쪽.

29) 한상국, 『체제전환기의 중국 조세정책과 북한에의 시사점』, 75~78쪽.

(3) 1984년 제2차 「이개세개혁」

제1차 「이개세개혁」은 재정수입 확보에 초점을 두고 일부 중 · 대형국유기업만을 적용대상으로 한 것으로서 전반적인 세제개혁을 이루지는 못했는데, 이러한 문제점을 개선하기 위해 1984년 10월 제2차 「이개세개혁」이 모든 국유기업을 대상으로 추진되어 단순한 이윤상납제도를 폐지하고 법률에 의한 기업과세제도로 대체하여 유통세제와 소득세제를 중심으로 하는 중국 세제의 기본구조가 정립되었다.[30)]

「국영기업제2보이개세시행판법」(國營企業第二步利改稅試行辦法)(1984.9.18)[31)]에 따라 1984년 10월 1일자로 시행된 제2차 「이개세개혁」의 핵심적인 내용을 요약하면 다음과 같다.

i) 유통세제 정비: 기존 공상세를 산품세(產品稅), 증치세, 영업세 및 염세로 분리(제1조 제1항~제4항).

ii) 이윤분배방법의 개혁: 제1차 「이개세개혁」의 소득세와 조절세를 개선하여, 중 · 대형국영기업의 경우 55%의 기업소득세 납부 후 이윤조절세를 부과하며(제1조 제11항 및 제2조), 소형국영기업의 경우 8단계 초과누진세율을 적용하여 기업소득세만 부과하지만 세후 이윤이 많은 기업의 경우 승포비(承包費)를 징수할 수 있음(제1조 제10항 및 제3조).

iii) 방산세, 토지사용세, 성시유호건설세 및 차선사용세는 유지하지만, 일시적으로 과세를 유보함 (제1조 제6항~제9항 및 단서).

---

30) 유호림, 「중국의 현대 세제사에 관한 고찰」, 131~133쪽.

31) 「國營企業第二步利改稅試行辦法」(1984.9.18. 國務院批轉財政部 發布 國發(84) 124號). 『북대법보』; http://pkulaw.cn/fulltext_form.aspx?Gid=30937&Db=chl&EncodingName=big5 (검색일: 2020년 2월 7일).

「이개세개혁」의 전반적인 의의[32]를 정리하면 다음과 같다.:

i) 국가와 기업 간의 분배관계를 조세제도를 통해 고정시킴으로써, 기업의 합법적 권익과 자주권의 확대 및 국가 재정수입의 안정화에 기여했음.[33]

ii) 조세를 정책수단으로 활용함으로써, 가격구조의 불합리성 완화, 기업의 경쟁촉진, 특정 제품의 생산 장려 등이 가능해졌음.

iii) 기업에 더 많은 권한이 부여되었고 소형국영기업의 분류기준이 완화되어 수혜기업이 증가하였음.

iv) 국가와 기업, 중앙과 지방정부 간에 합리적인 분배가 가능하도록 재정관리 체계를 개혁했음.

(4) 대외세제, 증치세 및 개인소득세의 도입

대외세법과 관련해서는 1978년 제11기 3중전회에서 대외개방 정책이 결정된 후 대외세제의 필요성이 대두되어, 1980년 9월에 「중외합자경영기업소득세법」(中外合資經營企業所得稅法)과 「개인소득세법」을, 동년 12월에 「외국기업소득세법」(外國企業所得稅法)을 제정하여 대외세제가 대내세제보다 먼저 도입되었고, 1991년 4월 「중외합자경영기업소득세법」 및 「외국기업소득세법」을 통합하여 「외상투자기업 및 외국기업소득세법」을 제정하면서 다른 급진적 체제전환국들과 달리 대내세제와 구분되는 이원적 구조를 형성하였다.[34]

---

32) 바이두백과, "利改稅"; https://baike.baidu.com/item/%E5%88%A9%E6%94%B9%E7%A8%8E (검색일: 2020년 2월 7일).

33) 경제개혁이 시작된 1978년 당시 약 519億元이었던 총세수는 1983~1984년 이개세개혁의 영향으로 1985년 2,000億元을 돌파하였다. 한상국, 『체제전환기의 중국 조세정책과 북한에의 시사점』, 101쪽.

34) 한상국, 『체제전환기의 중국 조세정책과 북한에의 시사점』, 78쪽 및 81쪽; 다른 급진적

또한 1979년 하반기에 과세정보 포착이 용이한 재화 및 일부 용역에 대하여 증치세(부가가치세)를 도입했다. 1958년 「공상통일세」에 통합되었던 영업세는 제2차 「이개세개혁」에 의해 다시 분리되어 용역에 대하여 과세된다. 이와 같이 중국은 부가가치세제를 증치세와 영업세로 분리하여 이원적으로 제도화하였다.[35)]

마지막으로 중국내 거주 외국인에 대하여 소득세를 부과하기 위해서 1980년 9월 10일 제5기 전국인민대표대회 제3차 회의에서 「중화인민공화국 개인소득세법」을 채택하였고, 1986년 1월 「개체공상호소득세 잠정조례」, 1987년 1월 「개인수입조절세 잠정조례」를 도입하면서 개인소득세 과세대상을 내국인까지 확대하였고 개인소득에 대하여 3개의 세법이 병존하였다.[36)]

나. 1994년 전면적인 세제개혁

「이개세개혁」은 단지 국영기업만을 대상으로 한 세제개혁으로서, 가격구조나 경쟁시장 개혁의 미비, 기타 영리조직에 대한 세제의 부재 등으로 인하여 기업과세제도에 혼란을 야기했고 결국 중단되었다.[37)] 또한 계획경제 하에서 시장경제가 확대되면서 복잡하고 체계적이지 못한 세제로 인하

체제전환국들은 단기간에 「시장경제형 조세제도」를 도입하면서 내·외자기업을 하나의 과세체계에 포함시켰다. 최준욱 외, 『체제전환국 조세정책의 분석과 시사점』, 47~48쪽.

35) 최준욱 외, 『체제전환국 조세정책의 분석과 시사점』, 49~51쪽. 증치세와 영업세의 총세수는 지속적으로 증가하여 1999년에는 그 비중이 52%로서 중요 세목으로 자리잡았다.

36) 이상일 외, 『중국사업관리실무 3 – 법인세·개인소득세·부동산양도세 관리 편(개정증보2판)』(서울: 씨에프오아카데미, 2016), 528쪽,

37) 우명강, 「중국 세제개혁 방안에 관한 연구」, 26쪽; 한상국, 『체제전환기의 중국 조세정책과 북한에의 시사점』, 78쪽.

여 중복과세, 세액탈루 등의 문제가 발생했고, 개인소득에 대하여도 세금이 중복되거나 탈루되는 부분이 많았다.[38]

이러한 상황에서 1990년대 들어와서 경제개혁과 시장화가 급속히 진행되면서 기존 조세체계로는 경제조절기능을 수행하기 어렵게 되었다. 따라서 국가의 행정명령이 아닌 시장메커니즘에 의해 이루어지는 자원배분에 부합하도록 거시경제정책 수단(재정, 조세, 가격, 금융 등)을 전환할 필요가 있었고, 국가와 기업, 중앙과 지방 간 분배관계를 합리화할 필요가 있었다. 또한 조세법체계의 미비로 인한 동종 세법의 중복이나 불균형을 정비하고 건전화할 필요가 있었으며, 국제적으로 통용되는 보편적 기준 또는 관례와의 조화가 필요했다. 이에 따라 1994년 이후 「분세제 재정관리체제」(分稅制財政管理體制)하에서 시장경제에 부합하는 세제로의 개혁을 추진하게 된다. 1994년의 전면적인 세제개혁의 기본목표는 "세법의 통일, 공평한 세부담, 세제의 간소화, 합리적인 분권제, 합리적인 분배관계 및 분배구조의 규범화 등을 통한 사회주의 시장경제의 요구에 부합되는 조세체계의 수립"이다.[39]

1993년 말 기준 32개 세목을 24개 세목으로 개편하였다. 이러한 세목 변화를 표로 정리하면 다음과 같다.

38) 유호림, 「중국의 현대 세제사에 관한 고찰」, 135~136쪽.
39) 한상국, 『체제전환기의 중국 조세정책과 북한에의 시사점』, 72~73쪽 및 84~88쪽.

<표 5-2> 1994년 중국 세제개혁 전후의 세목 변화

구분	1993년 말 기준	1994 세제개혁 이후
유통세	산품세, 증치세, 영업세	증치세, 소비세, 영업세
자원세	자원세, 염세, 도시토지사용세	자원세, 성진토지사용세 (城鎭土地使用稅; 도시토지사용세)
소득세	국영기업소득세, 국영기업조절세, 집체기업소득세, 사영기업소득세, 농촌개체공상호소득세, 개인소득조절세	내자기업소득세, 외자기업소득세, 개인소득세
특정목적세	국영기업장금세(國營企業奬金稅;상여금세), 집체 기업장금세(集體企業奬金稅:상여금세), 사업단위 장금세(事業單位奬金稅:상여금세), 국영기업공자조절세(國營企業工資調節稅: 임금조절세), 고정자산투자방향조절세 (固定資産投資方向調節稅), 성시유호건설세 (城市維護建設稅:도시보호유지건설세), 소유특별세(燒油特別稅; 유류특별세), 연석세(筵席稅;연회세), 특별소비세	성시유호건설세(城市維 護建設稅), 고정자산조절세, 토지증치세
재산 및 행위세	방산세(가옥세), 차선사용세(차량 · 선박 사용세), 인화세(인지세), 도재세(도축세), 집시교역세 (정기시장거래세), 목축교역세(가축거래세)	방산세, 성시방지산세(城市 房地産稅), 차선사용세, 차선사용패조세, 인화세, 도재세, 연석세, 계세(契稅)
대외관계세	외국투자기업과 외국기업소득세, 개인소득세, 공상통일세, 성시방산세 (도시부동산세), 차선사용패조세(차량 · 선박 사용면허세)	-
농업관련세	-	농업세, 목업세, 농업특산세, 경지점용세
세목 수	총 32개 세목	총 24개 세목

자료: 한상국, 『체제전환기의 중국 조세정책과 북한에의 시사점 - 남북경제통합 관련 조세 · 재정분야 기초연구 III』(서울: 한국조세연구원, 2003), 79~80쪽 및 90~91쪽의 내용을 표로 재구성함.

1994년 세제개혁의 주요 내용과 의의를 간략히 요약[40]하면 다음과 같다.

(1) 주요 의의

1994년 세제개혁은 사회주의 시장경제로 급격히 변화하는 경제적 환경에서, 부분적인 개혁으로 대응할 수 없다는 판단에 따라 가장 전면적이고 급진적으로 이루어진 세제개혁이라고 할 수 있다. 「증치세법」, 「기업소득세법」 등이 새롭게 전면적으로 시행되어 큰 폭의 세수증대 효과가 있었고,[41] 「세수징수관리법」(1993년 1월 1일 시행) 등 세법체계의 개선에도 큰 진전이 있었으며, 세제간소화 및 거시경제조절능력의 제고에도 크게 도움이 된 것으로 평가된다.

또한 세법의 권위를 확립하여 법에 의한 과세에 따라 시장경제 발전에 필요한 조세환경을 조성했고, 국제조세 관례 및 기준에 근접하여 대외개방 및 외국인투자 유치에 유리해졌다.

(2) 유통세제

상품별로 세목을 구분하고 세목별로 차별세율을 적용하였으며, 외자기업에 대한 「공상통일세」를 폐지하고 국내기업 및 외자기업에 통일적으로 적용했다.[42] 일반적 상품거래 및 수입에 대한 증치세(부가가치세), 일부 소

40) 한상국, 『체제전환기의 중국 조세정책과 북한에의 시사점』, 91~96쪽 및 유호림, 「중국의 현대 세제사에 관한 고찰」, 135~140쪽의 내용을 중심으로 정리한 것이다.

41) 1994년 전면적인 세제개혁 이후 2001년까지 중국의 GDP는 연평균 13.6% 성장(금액기준 2.8배 증가)한 반면 같은 기간에 조세수입은 17.7% 성장(금액기준으로 3.7배 성장한 1조 5,301(億元)하여 급속하게 증가하였다. 한상국, 『체제전환기의 중국 조세정책과 북한에의 시사점』, 101쪽.

42) 외자기업에 대한 「공상통일세」를 폐지하고 새로운 유통세제 적용범위에 외자기업을 포함시켰다.

비재 품목에 추가 과세하는 소비세 그리고 증치세가 적용되지 않는 용역서비스[43]에 대한 영업세를 중심으로 개편하였다. 국제적으로 통용되는 부가가치세제를 도입한 것으로서 기존에 일부 공업생산품에 대해서만 적용하던 증치세를 모든 상품의 생산·판매행위로 확대 적용하고, 종전 12단계의 세율을 2단계로 간소화했으며, 前단계매입세액공제방식, 수출에 대한 영세율제도 등을 채택했다.

(3) 기업소득세

소유제(국영기업, 집체기업, 사영기업)별로 분리 징수하던[44] 기업소득세를 「기업소득세잠행조례」로 통일했고,[45] 기존 55%, 35%의 세율을 33%로 인하했으며, 외자기업 및 외국기업에 대해서도 「외상투자기업 및 외국기업소득세법」으로 통일했다. 하지만 내·외자기업의 기업소득세 통일은 유보되었다.

(4) 개인소득세

기존 3개의 세법을 「중화인민공화국 개인소득세법」으로 통합하여[46] 내·외국인에게 공통적으로 적용했고, 응능부담 원칙의 실현을 위하여 급여소득에 대하여는 5~45%의 9단계 초과누진세율을 그리고 개체공상호(개

---

43) 영업세 과세대상을 대폭 축소하여, 가공 및 수리수선용역(증치세 과세대상)을 제외한 용역의 공급, 무형자산의 양도, 부동산의 양도로 한정하였고, 기타 재화의 판매 등은 모두 증치세 과세대상으로 개정하였다. 우명강, 「중국 세제개혁 방안에 관한 연구」, 40쪽.

44) 1984년부터 사영기업의 설립을 허용하고 35%의 세율을 적용하였다. 우명강, 「중국 세제개혁 방안에 관한 연구」, 27쪽.

45) 「국영기업소득세잠행조례(초안)」, 「집체기업소득세잠행조례」, 「사영기업소득세잠행조례」를 폐지하고, 「기업소득세잠행조례」를 반포하였다. 우명강, 「중국 세제개혁 방안에 관한 연구」, 41쪽

46) 「개체공상호소득세 잠정조례」과 「개인수입조절세 잠정조례」를 「개인소득세법」으로 통합하였다.

인상공업자)의 생산·경영소득과 기업의 도급경영, 임차경영소득에 대하여는 5~35%의 5단계 초과누진세율을 적용하였으며,[47] 자진신고제도, 원천징수제도 강화 등을 추진했다.

(5) 부동산양도세

「중화인민공화국 토지증치세 잠행조례」(1993.12.13. 국무원 발표, 1994.1.1. 시행)에 따라 토지증치세를 도입하여 부동산(국유토지사용권과 건축물 등) 거래수입 중 가치증가분(자본이득 또는 부가가치)에 대해 과세했다. 용어는 증치세로 되어 있으나 실질적인 성격은 부동산 양도차익에 대한 양도소득세 성격이다.[48]

(6) 조세행정

「세수징수관리법」을 제정하여 기존의 행정법규인 「세수징수관리 잠행조례」를 대체함으로써 징수관리의 강행성, 법적안정성 및 예측가능성을 제고했다. 「세수징수관리법」은 총칙, 세무관리, 세액징수, 세무조사, 법률책임, 부칙 등 6개 장으로 구성되어 있는데, 국가세무총국에서 공표한 제반 규정들과 함께 중국세제사에서 처음으로 과세당국과 납세자의 권리와 의무를 법제화하여 명확히 했다는 점에서 의의가 있다.

47) 이춘효, 「중국의 조세제도 개혁」, 『중국의 조세제도 개혁 및 세수정책』(서울: 한국조세연구원, 1995), 12쪽.

48) 이상일 외, 『중국사업관리실무 3 - 법인세·개인소득세·부동산양도세 관리 편(개정증보2판)』(서울: 씨에프오아카데미, 2016), 642쪽.

다. 2000년대 중반 이후의 세제개혁

2000년대 중반 이후 중국의 세제개혁은 기존 '경제성장'에서 '공평과 분배'로 정책의 주안점을 옮긴 것으로서, 지역 간, 계층 간, 도농 간, 내 · 외자 기업 간 불균형 · 불평등 문제의 해소와 경제의 지속발전 촉진을 위한 감세 정책으로 요약할 수 있다. 간세제(簡稅制) · 관세기(寬稅基) · 저세율(低稅率) · 엄징관(嚴徵管)[49]을 세제개혁의 4대 기본원칙으로, '조화로운 사회의 건설'을 지도사상으로 설정하여 대부분의 세목에 대하여 점진적인 개혁을 시도하였다.[50]

또한 2001년 11월 WTO에 가입함에 따라 최혜국대우 원칙, 공평성 원칙, 평등 및 투명성 원칙, 자유무역 원칙 등을 준수하고 국제기준에 부합하는 세제를 갖추어야 할 필요성이 제기되었다. 특히 내 · 외자 기업소득세를 통일하는 「양세합일」(兩稅合一) 문제가 중요하게 대두되었다.[51] 2000년대 중반 이후 세제개혁의 핵심적인 내용을 간략히 요약[52]하면 다음과 같다.

첫째, 2006년 1월 1일자로 중국 역사상 최초로 농업(소득)세를 폐지하였다.

둘째, 2008년 1월 1일부터 내 · 외자기업 소득세법을 「중화인민공화국 기업소득세법」[53]으로 통합하여, 외자기업에 대한 조세우대규정을 업종기준으로 변경하였고 손금산입범위, 과세단위와 세율 등 내 · 외자기업 간 조세

---

49) '간소한 세제, 넓은 세원, 낮은 세율, 엄격한 징수관리'를 의미한다. 유호림, 「중국의 현대 세제사에 관한 고찰」, 120쪽 각주 1) 참조.

50) 유호림, 「중국의 현대 세제사에 관한 고찰」, 141쪽.

51) 홍기용 · 박희선, 「중국의 WTO가입에 따른 소득세제의 개혁방향에 관한 연구」, 202, 205쪽 및 216쪽.

52) 유호림, 「중국의 현대 세제사에 관한 고찰」, 141~146쪽 및 우명강, 「중국 세제개혁 방안에 관한 연구」, 42~57쪽의 내용을 중심으로 정리한 것이다.

53) 「中華人民共和國企業所得稅法」 中華人民共和國主席令[2007]63号, 중국 국가세무총국; http://www.chinatax.gov.cn/n810219/n810744/n1671176/n1671186/c1706857/content.html (검색일: 2020년 2월 7일)

부담의 불균형을 해소하였다.

셋째, 2009년부터 기존 생산형 증치세제를 소비형 증치세제[54]로 전환하여 전국적으로 시행하였다.

넷째, 2006년 소비세법을 대폭 개정하여 새로운 사치재 등을 소비세 과세대상에 포함하고 일부 과세대상 품목을 조정하였다.

다섯째, 2009년 영업세조례를 개정하여, 기존 '중국 국경 내에서 제공하는 영업세 과세대상용역'(속지주의)에서 '중국 국경 내에서 발생하는 모든 용역의 제공'(속인주의)으로 변경하였다. 즉 중국 국경 내에서 용역을 제공하거나 제공받는 사업단위 또는 개인은 영업세 납세의무자가 된다는 것이다. 이후 영업세를 증치세로 전환하는 정책을 추진하여 2016년 5월 1일부터 대부분의 용역에 대하여 증치세를 납부하는 것으로 변경하여 사실상 영업세가 폐지되었다.[55]

여섯째, 2005년 및 2007년 개인소득세법을 개정하여 개인소득세 면세점을 상향 조정하여 저소득자의 조세부담을 경감하였고, 고소득자에 대한 개인소득종합과세제도를 도입하여 자진신고납부를 강제하는 등 과세관리를 강화하였다.

일곱째, 기업소득세법에 '특별납세조정' 규정을 포함하여 외자기업의 이전가격과세를 강화하고, 사전합의제도, 원가분담약정제도, 과소자본세제,

---

54) 부가가치세의 과세표준이 되는 부가가치를 정의하는 방식에 따라 ① GNP형(생산형) 부가가치 = 당기총수입 - 중간재 구입, ② NNP형(순생산형 또는 소득형) = 당기총수입 - 중간재 구입 - 감가상각, ③ 소비형 부가가치세 = 당기총수입 - 중간재 구입 - 자본재 구입으로 구분된다. GNP형은 내구자본재 구입부분을 전혀 공제하지 않기 때문에 투자에 부정적 영향을 주는데, 이를 공제해주는 소비형으로 전환한 것은 세수가 감소하더라도 투자저해 요인을 해소하고자 한 것이다. 한국을 포함하여 부가가치세를 도입한 나라들은 대체로 소비형 부가가치세를 채택하고 있다. 우명동, 『조세론』(서울: 도서출판 해남, 2007), 338쪽 및 343~345쪽.

55) 이상일 외, 『중국사업관리실무 4 - 부가가치세 · 소비세 · 영업세 · 기타조세 관리 편(개정증보2판)』(서울: 씨에프오아카데미, 2016), 23~26쪽.

일반조세회피방지, 해외지배자회사 과세제도 등 국제조세 관련 제도를 도입하였다.

여덟째, 외자기업에 대해 적용하던 성진토지사용세 인상(2007년), 외국인에게 적용하지 않던 경지점용세 추가 부과(2008년) 등 외국인의 부동산 이용·보유에 대한 과세를 강화하였고, 전반적으로 외자기업 및 외국인의 조세부담이 증가하게 되었다.

라. 2014년 세제개혁

2014년 6월 30일자로 1994년 분세제 개혁 이후 처음으로 재정 및 세제개혁에 대한 「심화재세체제개혁총체방안」(深化財稅體制改革總體方案)이 중국 공산당 중앙정치국 회의의 심의를 거쳐 통과되었다. 동 방안에 따른 주요 세제개혁 방안은 부분적 감세실현, 다소비 억제, 자원낭비 및 환경파괴 억제, 지방세수 증대 등 4대 주요 목표를 제시하고, ① 영업세 개혁(營改增; 영업세의 증치세 전환 및 완전한 폐지), ② 개인소득세제 전환 추진(분류과세에 종합과세 방식을 결합하는 방향으로 전환), ③ 부동산세와 도시토지사용세 통합 및 지방세 전환, ④ 소비세 제도 개선(에너지 및 고급사치재 등 다소비 억제), ⑤ 자원세 개혁(종량과세에서 종가징수방식으로 전환), ⑥ 환경보호세 제도 확립 등을 포함하는 6대 개혁안을 발표하였다.[56]

중국의 현행세제는 다음과 같이 총 19개의 세목으로 구성되어 있다.[57]

---

56) 대외경제정책연구원, 「중국 재정세제 개혁의 주요 내용 및 향후 방향」(KIEP 북경사무소 브리핑 - Vol. 17 No. 8, 2014.10.6), 8~11쪽.

57) 中央政府門戸網站(중국정부포털), “현행세수제도”; http://big5.www.gov.cn/gate/big5/www.gov.cn/banshi/2012-11/02/content_2256389.htm (검색일: 2020년 2월 7일); 이상일 외, 『중국사업관리실무 3 - 법인세·개인소득세·부동산양도세 관리 편(개정증보2판)』(서울: 씨에프오아카데미, 2016), 22~23쪽.

① 유통세제: 증치세, 소비세, 영업세
② 소득세제: 기업소득세, 개인소득세, 토지증치세(土地增值稅)
③ 재산세제: 방산세(房産稅), 차선세(車船稅)
④ 행위세제: 인화세(印花稅), 계세(契稅)
⑤ 특수목적세제: 성시유호건설세(城市維護建設稅), 차량구치세(車輛購置稅), 경지점용세(耕地佔用稅), 고정자산투자방향조절세(固定資産投資方向調節稅, 2000년부터 과세 연기)
⑥ 자원세제: 자원세, 성진토지사용세(城鎮土地使用稅)
⑦ 연엽세(煙葉稅)
⑧ 관세 및 선박톤세(船舶噸稅) – 세관에서 징수.

마. 현행 세제의 주요 세목별 과세요건

(1) 기업소득세[58]

중국 경내의 기업과 기타 수입을 취득하는 조직(이하 "기업"으로 총칭함)은 기업소득세의 납세의무자에 해당하며, 개인독자기업과 조합기업은 제외된다(기업소득세법 제1조).

기업은 거주자기업과 비거주자기업으로 구분되며, 거주자기업은 법에 따라 중국 경내에 설립되거나 외국 법률에 따라 설립되었으나 실제 관리기구가 중국경내에 있는 기업을 의미하고, 비거주자기업은 외국 법률에 따라 설립되고 실제 관리기구가 중국 경내에 존재하지 않으나 중국 경내에 기구 또는 장소(고정사업장)를 설치한 경우 또는 중국 경내에서 원천소득이 있는 기업을 의미한다(기업소득세법 제2조). 거주자기업의 경우 중국경내 원천소

58) 이상일 외, 『중국사업관리실무 3 – 법인세 · 개인소득세 · 부동산양도세 관리 편(개정증보2판)』, 126~128쪽, 136~137쪽, 245쪽 및 252쪽.

득과 경외원천소득 전체가 과세대상이 되고(기업소득세법 제3조), 비거주자 기업의 경우 중국 경내원천소득만 과세대상이 된다.

기업소득세의 과세표준은 해당 과세연도의 수입총액에서 비과세수입과 면세수입 및 차감항목을 차감하고, 공제가능한 이월결손금을 보전한 후의 잔액으로 한다(기업소득세법 제5조). 과세표준 계산은 권리의무확정주의(權責發生制)를 원칙으로 당기 귀속 수입과 비용을 반영하여 계산하고(기업소득세법실시조례 제9조), 기업의 회계처리방법과 세법의 차이를 조정하여야 한다(기업소득세법 제21조).

과세표준은 원칙적으로 장부를 근거로 확정하며, 장부를 비치하지 않는 등 과세표준 확정이 어려운 경우, 「세수징수관리법」에 따라 소득표준비율 또는 소득표준금액을 적용하여 계산하는 추계확정방법을 적용한다(기업소득세법 제49조; 세수징수관리법 제35조 및 제47조).

기업소득세의 적용세율은 납세의무자의 성격, 해당 산업, 기업규모 등에 따라 차이가 있다. 기업소득세의 표준세율은 25%이고(기업소득세법 제4조), 첨단기술기업은 15%, 소형미세이익기업은 20% 등은 기업소득세법 규정에 따라 감경된 세율이 적용된(기업소득세법 제28조).

(2) 증치세(부가가치세)[59]

유통세제는 크게 증치세(부가가치세), 소비세, 영업세로 구분된다. 소비세는 일부 소비재 품목에 추가 과세하는 것으로서 한국의 개별소비세에 해당하고 영업세는 증치세가 적용되지 않는 용역서비스에 적용된 것인데, 앞서 살펴본 바와 같이 영업세를 증치세로 전환하는 정책을 추진하여 2016년 5월

59) 이상일 외, 『중국사업관리실무 4 - 부가가치세 · 소비세 · 영업세 · 기타조세 관리 편(개정증보2판)』, 20~26쪽, 47쪽, 56~58쪽, 71~72쪽 및 91쪽.

1일부터 대부분의 용역에 대하여 증치세를 납부하는 것으로 변경되었다. 따라서 아래에서는 증치세를 중심으로 과세요건을 살펴보기로 하겠다.

증치세의 과세대상은 중국 경내에서의 화물(재화) 공급, 가공 · 수리수선서비스 제공, 과세서비스 제공, 무형자산 양도, 부동산 판매 등의 행위라고 할 수 있다. 증치세의 납세의무자는 이러한 행위를 하는 단위 또는 개인이다(증치세 잠정조례 제1조; 시범실시방법[60] 제1조).

증치세 납부세액은 당기 매출세액에서 당기 매입세액을 차감하여 계산한다(증치세 잠정조례 제4조). 매출세액의 과세표준은 재화의 공급 또는 서비스의 제공에 따라 구매자로부터 수취하는 전체가액(全部價款)과 가외비용(價外費用)을 말하며 수취한 매출세액은 제외한다(증치세 잠정조례 제6조). 매입세액은 납세의무자가 화물의 구매 또는 과세서비스를 제공받고 지급 또는 부담하는 증치세액으로 한다(증치세 잠정조례 제8조).

증치세의 세율은 크게 표준세율과 저감세율, 영세율과 간이세율로 구분된다(시범실시방법 제12조). 표준세율은 17%를 적용하고 별도 규정된 화물의 수입 또는 공급의 경우 13%의 저감세율을 적용한다. 수출하는 화물에 대하여는 영세율을 적용하고, 소규모납세의무자에 대해서는 3%의 간이세율을 적용한다.

(3) 개인소득세[61]

개인소득세의 납세의무자는 중국공민, 개인사업자(개체공상호) 및 중국

---

60) 과세서비스 제공, 무형자산 양도, 부동산 판매는 영업세 과세대상이었으나, 2016년 5월 1일부터 「營業稅改徵增值稅試點實施辦法」(시범실시방법)에 따라 증치세가 적용된다. 여기서 과세서비스란 교통운수서비스, 우정서비스, 전신서비스, 건축서비스, 금융서비스, 현대서비스(문화산업, 현대물류산업 등 기술, 지식서비스, 연구개발서비스, 정보기술서비스, 임대서비스, 방송광고TV 서비스 등), 생활서비스(문화체육, 교육의료, 여행오락, 식음료 숙박, 거주자 일상 서비스 등)을 말한다.

61) 이상일 외, 『중국사업관리실무 3 – 법인세 · 개인소득세 · 부동산양도세 관리 편(개정증보2판)』, 528~533쪽 및 562~568쪽.

내에 소득을 가진 외국인, 화교, 홍콩, 마카오 및 타이완 동포 등을 포함한다. 납세의무자는 국제관례에 따라 거주자와 비거주자로 구분되는데, 거주자는 중국 경내에 주소가 있는 개인 또는 만 1년을 거주한 개인을 의미하며, 비거주자는 중국 경내에 주소가 없고 거주하지 않거나 거주기간이 1년 미만인 개인을 의미한다(개인소득세법 제1조).

개인소득세의 과세대상과 관련하여, 거주자는 중국 경내 및 경외 소득 전체에 대하여 무제한 납세의무가 있고, 비거주자는 중국 경내 원천소득에 대해서만 과세한다. 과세대상 개인소득에는 근로소득, 개인사업자의 생산경영소득, 기업사업단위에 대한 도급 · 임차경영소득, 서비스소득(노무보수소득), 원고소득, 특허사용료소득, 이자소득, 배당소득, 재산임대소득, 재산양도소득, 우연소득, 기타소득 등이 있다(개인소득세법 제2조).

개인소득세의 과세표준은 과세항목에 따라 취득한 수입에서 세법에 규정된 비용을 차감하여 확정한다(개인소득세법 제6조). 예를 들어, 근로소득의 경우 매월 수입액에서 3,500위안의 표준비용공제, 외국인 등에 대한 추가비용공제 등을 적용하고, 개인사업자의 생산경영소득은 매 과세연도의 수입총액에서 원가와 비용, 영업외 지출 등을 차감하여 계산하며, 재산양도소득은 재산양도수입에서 재산원가와 합리적 비용을 공제하여 계산한다.

개인소득세의 세율은 소득항목별로 다른 세율이 적용된다(개인소득세법 제3조). 예를 들어, 근로소득의 경우 과세표준 구간별로 3~45%의 초과누진세율이 적용되고, 개인사업자의 생산경영소득 및 도급 · 임차경영 소득의 경우 5~35%의 초과누진세율이 적용되며, 서비스소득은 20%의 비례세율이 적용된다.

(4) 주요 세목별 과세요건 요약

위에서 논의한 주요 세목별 과세요건을 표로 정리하면 다음과 같다.

<표 5-3> 중국의 주요 세목별 과세요건 요약

주요 세제	과세요건	내 용
기업소득세	납세의무자	중국 경내의 기업과 기타 수입을 취득하는 조직 (개인독자기업 및 조합기업 제외); 거주자 및 비거주자기업 포함
	과세대상	거주자기업은 중국경내 원천소득과 경외원천소득 전체, 비거주자기업은 중국 경내원천소득
	과세표준	권리의무확정주의에 의한 당기 수입과 비용 반영. 비과세수입과 면세수입 및 차감항목을 차감하고 공제가능 이월결손금을 보전한 후의 잔액. 기업회계와의 차이 조정.
	세율	표준세율 25%, 첨단기술기업 15%, 소형미세이익기업 20%
증치세	납세의무자	과세대상 행위를 하는 단위 또는 개인
	과세대상	화물(재화) 공급, 가공 · 수리수선서비스 제공, 과세서비스 제공, 무형자산 양도, 부동산 판매 등의 행위
	과세표준	화물(재화)의 공급 또는 서비스의 제공에 따라 구매자로부터 수취하는 전체가액(全部價款)과 가외비용(價外費用). 수취한 매출세액은 제외
	세율	표준세율은 17%, 별도 규정 화물의 수입 · 공급은 13%의 저감세율, 수출화물은 영세율, 소규모납세의무자는 3%의 간이세율 적용
개인소득세	납세의무자	중국공민, 개인사업자(개체공상호) 및 중국 내에 소득을 가진 외국인, 화교, 홍콩, 마카오 및 타이완 동포 등
	과세대상	개인의 소득. 거주자는 중국 경내 및 경외 소득 전체, 비거주자는 중국 경내 원천소득에 대해서만 과세
	과세표준	과세항목에 따라 취득한 수입에서 세법에 규정된 비용을 차감하여 확정
	세율	근로소득의 경우 과세표준 구간별로 3~45%의 초과누진세율, 개인사업자의 생산경영소득 및 도급 · 임차경영소득의 경우 5~35%의 초과누진세율, 서비스소득은 20%의 비례세율

자료: 관련 내용을 표로 정리하여 저자 작성.

4. 중국 세제개혁의 요약 및 특징

1956년 사회주의적 개조 이후 공상세와 공상소득세 중심의 사회주의 예산수입체계를 갖추었고, 1983~1984년 「이개세개혁」(利改稅改革)을 통해 「시장경제형 조세제도」로의 전환이 시작되었으나, 실질적으로는 1994년 전면적인 세제개혁을 통해 본격적으로 전환되었다고 할 수 있다. 조세무용론까지 등장했었지만 세금제도의 폐지를 공식적으로 선언한 적은 없었고, 전반적으로 간접세 중심의 세제를 구축해왔다. 현재는 내·외자기업 및 내·외국인에 공통적으로 적용되는 기업소득세, 부가가치세, 개인소득세 등 「시장경제형 조세제도」 주요 3법의 기본체계가 확립되어 있다고 판단된다. 다만 징수관리와 관련된 「세수징수관리법」은 제정되었으나 아직까지 「조세기본법」은 제정되지 않았다.

도입순서를 보면 간접세 중심의 조세구조에 기반을 두고 1979년 증치세가 가장 먼저 도입되었고, 내자기업 및 내국인 대상 세제의 경우 기업소득세(1983~1984), 개인소득세(1986~1987)의 순서로 도입되었다.

조세부담율[62]은 1978년 14.3%에서 「이개세개혁」 직후인 1985년에 22.8%로 증가한 후 1996년까지 지속적으로 하락하였다가 다시 증가하여 2002년에는 16.8% 수준을 보였다. 이러한 조세부담율은 GDP 성장률과 조세수입 증가율의 관계에 따라 달라진다. 〈그림 5-1〉에서 보는 바와 같이, 세수구성은 증치세의 비중이 가장 높았다가 점차 감소하고 있고, 반대로 기업소득세의 비중은 완만하게 증가해왔다.

62) 조세부담율 = 세수총액/GDP.

<그림 5-1> 1994년 중국 세제개혁 이후 세목별 세수비중 추이

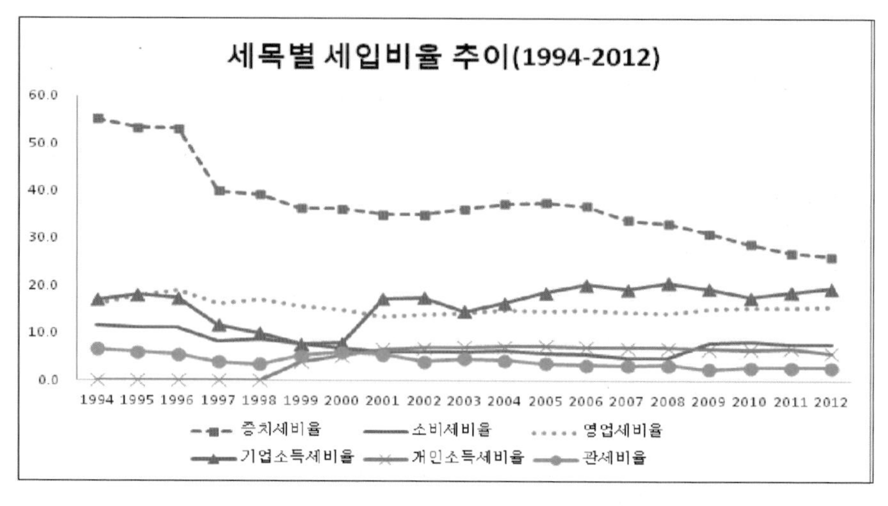

자료: 중국재무부 〈중국재정연감〉 (2013); 우명강(2016), 168쪽 〈그림 1〉 재인용.

도입속도는 상당히 점진적으로 진행되었다고 할 수 있다. 1979년 증치세를 처음 도입한 후 1994년 내 · 외자 통합 증치세를 거쳐서, 2016년 용역 거래에 대한 영업세를 폐지하여 실질적으로 증치세(부가가치세)로 일원화하기까지 37년이 걸렸다. 기업소득세는 1983~1984년 「이개세개혁」을 통해 처음으로 조세제로 전환된 후, 2008년에 비로소 내 · 외자기업 통합 「기업소득세법」이 제정되었다. 개인소득세제는 외국인을 대상으로 1980년에 개인소득세법이 제정된 이후 1994년 통합 「개인소득세법」이 제정되기까지 상대적으로 빠르게 개혁이 진행된 것으로 보인다.

중국 세제개혁의 흐름을 주요 세목을 중심으로 정리하면 〈그림 5-2〉와 같다.

<그림 5-2> 중국 세제개혁의 흐름

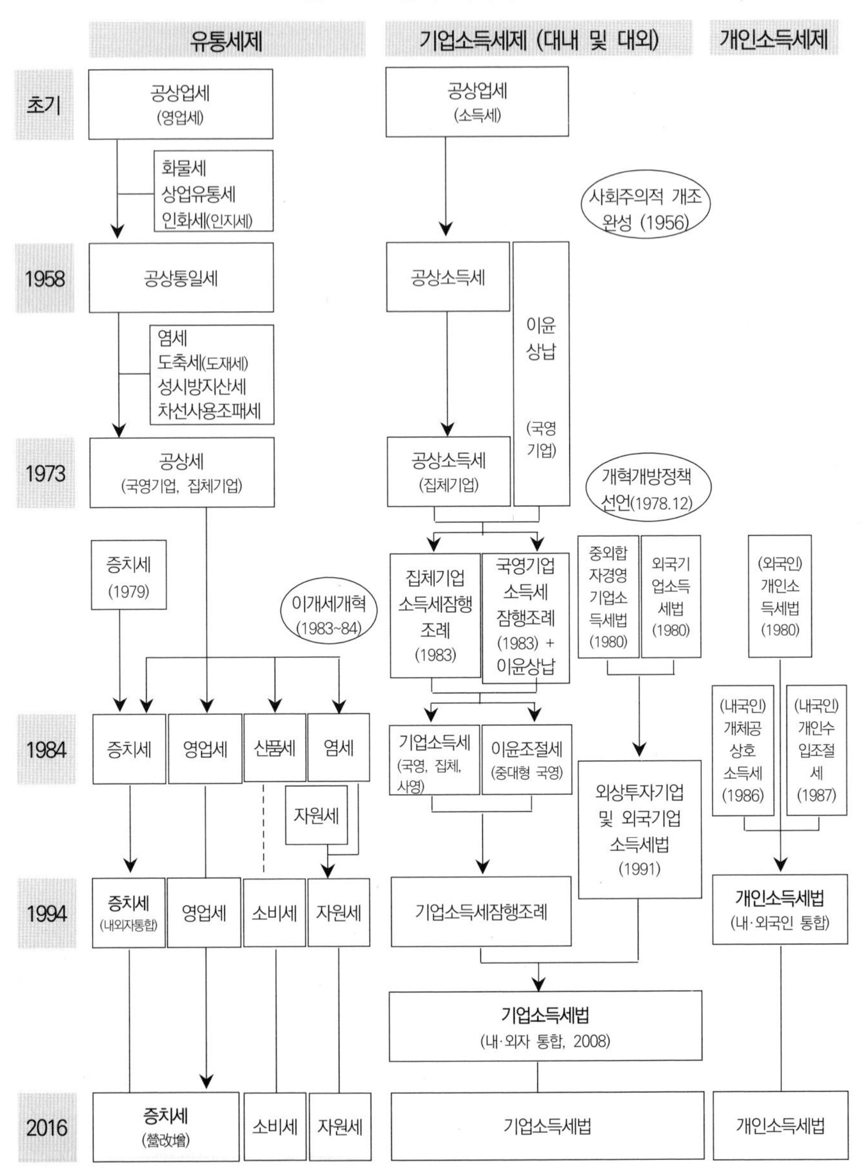

자료: 관련 내용을 기초로 저자 작성.

제2절

베트남의 세제개혁 사례

1. 경제개혁 과정[63]

가. 경제개혁 진행과정 개관

베트남은 북한과 달리 1975년 민족통일을 이루었고, 실용주의적 정치문화를 기반으로 정책결정과정에서 타협적인 태도가 기본 규범으로 형성되어 있었다.[64] 1986년 도이머이 정책을 추진하던 당시 국내총생산에서 국유경제부문이 차지하는 비중은 40% 수준이었고, 산업별 비중은 농림수산업 38% 수준이었으나 종사하는 인구(1985년 기준)는 73% 수준으로서 농업 중심의 산업구조를 가지고 있었다.[65] 베트남 공산당은 베트남이 사회주의 혁명

63) 베트남의 경제개혁 과정에 대해서는 주로 ≪이한우, 『베트남 경제개혁의 정치경제』(서울: 서강대학교 출판부, 2011)≫의 내용을 중심으로 정리한 것이다.

64) 이재춘, 『베트남과 북한의 개혁 · 개방』(서울: 경인문화사, 2014), 287~291쪽.

65) 비국유부문은 2009년에 약 65% 수준으로 증가하였다. 상대적으로 비국유부문의 증가속도가 빠르지 못한 것은 상대적으로 소규모 기업들이 많았기 때문인 것으로 보인다. 하지만 비국유부문의 구성에 있어서, 외국인투자부문이 별도로 구분된 통계자료가 나타난 1994년에 비국유부문(외국인투자부문 제외) 53.5%, 외국인투자부문 6.4%였는데 2009년에는 각각 46.5%, 18.3%로서, 상대적으로 외국인투자부문의 증가가 두드러진다. 이한우, 『베트남 경제개혁의 정치경제』, 39쪽 및 190~191쪽.

과정에 있고 궁극적인 사회주의 건설에는 장기간의 과도기가 필요하다는 입장이었고, 이에 따라 국유경제부문의 선도 하에 전술적으로 다양한 경제형태를 인정하는 혼합경제체제로서 다부문경제(Multi-sector Economy)를 지향했다.[66]

1975년 베트남 통일 이후, 중앙집권식 사회주의개발 계획의 실패, 남부베트남에 대한 사회주의 경제체제 이식의 실패, 연 774%에 이르는 살인적인 인플레이션의 발생, 외환보유고의 급감 등으로 인하여 국가경제는 총체적인 파탄에 이르게 되었다. 또한 사회주의 종주국이면서 공식적으로 베트남에 대한 경제원조를 해왔던 소련과 중국의 개혁 · 개방도 베트남 경제개혁 추진에 영향을 준 중요한 요인이었다.[67]

국내경제의 어려움으로 1970년대 말부터 개혁 요구가 강하게 나타나기 시작했는데, 1978년 말 캄보디아 침공, 1979년 초 중국과의 전쟁 그리고 국제적인 금수조치와 금융통제 등은 베트남 경제를 더욱 어렵게 만들었다. 이러한 상황에서 베트남은 기존의 사회주의적 관리체제로 상황을 극복하기는 어려웠고 개혁정책을 추진하지 않을 수 없었다.[68] 베트남의 경제개혁 진행과정을 시기별로 요약하면 다음 〈표 5-4〉와 같다.

---

66) 이러한 혼합경제체제의 명칭에 대하여, 베트남 공산당은 '다성분경제'(1987), '사회주의 지향 다성분 상품경제 또는 국가관리 하 시장기제에 따라 작동하는 다성분 상품경제'(1991)로 공식화해왔고, 1996년 제8차 및 2001년 제8차 당대회에서 '국가관리 하 시장기제에 따라 작동하는 사회주의 지향 다성분 상품경제'(1996 및 2001), 약칭 '사회주의 지향 시장경제'로 명명하게 되었다. 이한우, 『베트남 경제개혁의 정치경제』, 187~189쪽.

67) 법무부 법무실 특수법령과, 『베트남 개혁개방법제 개관』(과천: 법무부, 2005), 91~93쪽.

68) 이한우, 『베트남 경제개혁의 정치경제』, 16~17쪽.

<표 5-4> 베트남의 경제개혁 진행과정

시기	주요 사건	주요 정책
1975.4.30	베트남 통일	
1976.4.25	전국 총선거	
1976.6.24~7.3	제6기 국회, 사회주의 공화국 선포	제2차 5개년계획(1976~1980)
1976.4월	제4차 공산당대회	
1979.9월	제4기 당중앙위 6차 회의	신경제정책
1981.1월	공산당비서국 제100호 지시	농업 생산물계약제 도입
1981.1월	정부결정 제25호	기업 3계획제 도입
1982.3월	제5차 공산당대회	
1982.12월	제5기 당중앙위 3차 회의	사영상업 규제 - 개혁 역전
1985.6월	제5기 당중앙위 8차 회의 제25호 결의	가격 · 임금 · 통화개혁 결의, 정부보조금제 폐지 목표
1985.8~9월	공산당정치국 제28호 결의, 정부명령	가격 · 임금 · 통화개혁
1986.12월	제6차 공산당대회	도이머이 정책 채택
1988.1월		新외국인투자법 시행
1988.8월	공산당정치국 제10호 결의	농가계약제 채택
1988		국영상업은행 기능분리
1989.1/4분기		변동환율제로의 전환
1989.3월	제6기 당중앙위 6차 회의	시장가격으로 단일화
1990.12월		사영기업법 공포
1991.11월	정부시행령 제388호	국영기업 재등록 조치
1992.4월	헌법 개정	합법적 사유재산 소유 공인
1992.6월	수상결정 제202호	7개 기업 시험적 주식회사화
1993.	신토지법 공포	토지의 실질적 사유화 제도화
1994.3월	수상결정 제90호 및 제91호	국영기업 '총공사'화 시작
1996.5월~	정부시행령 제28호(1996.5) ⇨ 정부시행령 제44호(1998.6) ⇨ 정부시행령 제64호(2002.6) ⇨ 정부시행령 제187호(2004.11)	국영기업 주식회사화 추진
2000.	기업법 공포	사영기업 설립 장려
2005.6월		국가자본투자경영총공사 설립
2007.1월	WTO 가입	세계시장에 통합 가속화

자료: 이한우, 『베트남 경제개혁의 정치경제』(서울: 서강대학교 출판부, 2011), 20쪽 [표 1-1]에 1990년대 이후 내용을 추가하여 작성.

아래에서는 기업 · 농업 부문 개혁과 관련된 1981~1985년의 신경제정책과 1986~1989년의 도이머이 정책(시장화), 1990년대 소유제도 개혁(사유화) 그리고 국제화 및 대외개방으로 구분하여 살펴보고자 한다.

나. 기업·농업 부문 개혁

(1) 1981~1985년의 신경제정책[69]

1980년대 초반 전개된 신경제정책은 1970년대 말의 개혁 요구에 대하여 사회주의 체제를 유지하면서 부분적인 개혁을 시도한 것으로서, 주요 정책으로는 기업부문의 '3계획제'와 농업부문의 '생산물계약제'를 들 수 있다. 이를 간략히 요약하면 다음과 같다.

1981년 1월에 도입된 기업부문의 '3계획제(Three Plan System)'는 정부가 공정가격으로 제공한 원재료를 가지고 생산한 생산품을 정부에게 공정가격으로 납품하도록 한 부분(Plan A) 이외에 기업 간 상호연계에 기초하여 자체적으로 조달한 원재료로 생산한 생산품은 기업이 처분할 수 있으며(Plan B), 정부의 분배체계에 속하지 않는 주변적 생산품들은 기업이 자유롭게 생산 · 처분할 수 있도록 허용하는(Plan C) 것이었다.

1981년 1월에 도입된 농업부문의 '생산물계약제(Output Contract System)'[70]는 합작사(집단농장)가 농가와 농업생산물의 의무 수매량에 대한 계약을 맺고 그 이상의 생산량은 농가가 자유롭게 처분할 수 있도록 한 것이다.

---

69) 이한우, 『베트남 경제개혁의 정치경제』, 18쪽을 중심으로 요약함.

70) 공식적으로 생산물계약제가 도입되기 이전에 사회주의 집체농업체제에 대한 일탈적인 형태로서 1960년대 말부터 탈법적 계약제가 북부 농촌 일부 지역에서 시행되었다가 금지된 적이 있다. 이한우, 『베트남 경제개혁의 정치경제』, 47쪽.

(2) 1986~1989년의 도이머이 정책 (시장화)

신경제정책에 따른 자본주의적 상업의 활성화 및 빈부격차 발생에 대한 비판으로 1983~1984년에는 개혁이 지체되었으나 1980년대 중반 경제침체로 개혁요구가 다시 분출하였고, 이에 따른 가격 · 임금 · 통화개혁은 연간 600%의 인플레이션을 낳아 심각한 상황에 직면하게 되어 전면적인 개혁에 착수하게 되었다. 1986년 12월 제6차 당대회에서 채택한 도이머이 정책의 기본요소는 ① 공업화 중심의 경제운용에서 농산물, 소비재 및 수출품 생산에 진력하는 생산구조의 쇄신, ② 사유제 축소 및 공유제 확대라는 기존 논리로부터 다부문 경제를 장기간 유지한다는 경제부문의 쇄신, ③ 중앙집중 명령경제로부터 국가관리 하 시장메커니즘을 수립하는 경제운영의 쇄신을 포함한다. 이후 1988년 1월 외국인투자법 시행, 1988년 국영상업은행의 기능분리, 1988년 농가계약제 채택, 1989년 1/4분기 변동환율제로의 전환, 1989년 전후 국영기업 보조금 폐지 · 축소가 추진되었다. 또한 정부규제 하에 있던 생산품 가격을 시장가격으로 단일화하는 작업을 진행하여 1989년 2/4분기에 쌀 가격을 자유화함으로써 정부통제 품목 이외의 대부분 품목의 시장가격화가 완료되었고, 실질적으로 1989년을 전후하여 시장경제로의 전환이 기본적으로 마무리되었다. 미시적 부문에서의 시장경제화와 거시적 부문에서의 정부규제 지속이라는 '규제된 시장메커니즘'으로 전환된 것이다.[71)]

기업부문에 대해서는, 1987년 8월 제6기 당중앙위 3차 회의에서 국영기업 경영을 비용-수익계산제로 전환하는 결의를 채택하였고, 1987년 11월 국영기업에 대한 과거 9개 명령지표를 3개 지표(국가지정 산품의 수량과 질, 총생산물 가치, 국가재정부담금)로 축소하였으며, 나아가 1989년 12월 국가재정부

---

71) 이한우, 『베트남 경제개혁의 정치경제』, 18~20쪽 및 25쪽.

담금 지표만을 남기고 경영자주권을 부여하는 조치를 취하였다. 또한 노동자들에 대한 국가할당제도를 노동계약제도로 변경하고, 1990년에는 국영기업 보조금을 축소하여 기업이 직접 자금조달을 하도록 하는 연성예산제약의 경화(hardening)를 추진하였다.[72]

농업부문에서는 1988년 8월 공산당 정치국 제10호 결의에 의하여 종전의 생산물계약제를 '농가계약제'로 전환하였다. 농가계약제는 농가에 토지를 배분하여 약 15년간 계약을 맺어 경작하게 하고 계약량을 5년간 고정시키며 생산량 중 40% 이상을 농민이 수입으로 획득할 수 있도록 보장한 것이다. 이후 1993년 새로운 토지법에 따라 토지의 교환, 이전, 상속, 저당할 수 있는 권리를 농가에 부여하고 토지사용권 보유기간을 1년생 작물 경작지 20년, 다년생 작물 경작지 50년으로 하여 토지의 실질적 사유화가 제도적으로 완성되었다.[73]

다. 소유제도 개혁

도이머이 정책이 본격적으로 전개되는 1990년대에 이르러서는 소유제 구조의 전환이 이루어진다. 앞서 살펴본 바와 같이 농업부문은 1988년 농가계약제 채택으로 대부분 사영농업화하였고, 기업부문은 1991년 6월 제7차 당대회 전후로 국영기업의 소유제 개혁문제에 대한 공식적인 논의가 시작되었다.[74]

국영기업 재편을 통한 적자기업 청산 및 경영개선을 위해 1991년 11월 국영기업 재등록을 추진하였다. 1991년 12,084개(중앙 1,695개, 지방 10,389개)

72) 이한우, 『베트남 경제개혁의 정치경제』, 24~25쪽.
73) 이한우, 『베트남 경제개혁의 정치경제』, 22~23쪽.
74) 이한우, 『베트남 경제개혁의 정치경제』, 21쪽.

의 국영기업 중 1993년 9월까지 5,377개 기업이 등록하였고, 약 3,000개는 다른 기업에 합병, 약 2,000개(주로 지방기업)는 해체되었다. 이로써 1994년 4월 국영기업이 6,264개로 감소하였다. 1994년 3월에는 몇 개 기업을 한데 묶는 '총공사(總公司)'화 작업을 시작했고,[75] 2005년부터 한국이나 일본의 재벌을 모델로 하여 대형 국영기업을 중심으로 '경제집단'을 설립하는 작업에 착수하였다. 이는 정부가 수행하던 관리자 역할을 자본소유자(지주회사로서의 모기업)의 역할로 전환하는 시도였다. 또한 1991년 6월 제7차 당대회 전후로 국가전략적 분야를 제외한 분야의 국영기업 지분을 국가가 일부 보유하고, 경영자 및 노동자, 일반인에게 매각하여 부분적으로 사유화 또는 민영화하는 '주식회사화'를 추진하였다. 사영기업과 관련하여, 1988년 3월 정부 법령 제27호는 사영기업의 경영을 보장하는 규정을 두었고, 1989년 3월 제6기 당중앙위 6차 회의부터 '사유경제'라는 용어가 공식적으로 사용되었으며, 1990년 12월 사영기업법 공포, 1992년 헌법에 의한 합법적 사유재산 소유 공인을 통하여 사유재산제가 사회주의 체제의 공식부문의 하나로 확립되었다. 2000년에는 기업법을 공포하여 사영기업의 설립을 장려하였다.[76]

라. 국제화 및 대외개방

베트남은 1975년 통일 후 국제통화기금(IMF)[77]과 세계은행(WB)에 가입했

---

75) 최소 5개 기업 포함 자본금 5천억 VND(US$ 3,300만) 이상인 총공사(수상결정 제90호) 및 최소 7개 기업 포함 자본금 1조 VND(US$ 6,600만) 이상인 총공사(수상결정 제91호). 이한우, 『베트남 경제개혁의 정치경제』, 26쪽.

76) 이한우, 『베트남 경제개혁의 정치경제』, 25~30쪽.

77) 통일 후 과거 남부 베트남 정부의 IMF 회원권을 승계받은 것이다. 이한우, 『베트남 경제개혁의 정치경제』, 74쪽.

지만 캄보디아 침공으로 인하여 그 후 10년간 국제적인 지원을 받지 못했다.[78] 1975년 4월 베트남 공산화 이후 미국은 베트남과의 관계를 단절하고 對베트남 경제제재 조치를 실시하여 오다가, 베트남이 1989년 9월 캄보디아 주둔군을 철수하고 베트남 전쟁 실종미군 문제 해결 등에 적극적 자세를 보임에 따라, 미국 부시 행정부는 1991년 4월 단계적 경제제재 조치 완화 및 국교정상화를 포함한 관계정상화 4단계안(Road-map)을 베트남 측에 제시하였다. 이에 따라 미국 클린턴 행정부는 1994년 2월 對베트남 경제제재 조치를 해제하고 1995년 7월 對베트남 국교정상화 성명을 발표함으로써 양국관계가 정상화되었다.[79] 이후 1995년 7월 28일 ASEAN의 회원이 되었고, 1998년 11월 14일 APEC(Asia-Pacific Economic Cooperation Forum)의 회원이 되었다. 2001년 12월에는 베트남-미국 무역협정이 발효되었고, 2007년 1월 WTO에 공식 가입하여 세계경제에 보다 긴밀하게 통합되었다.[80]

베트남은 1987년 12월 외국인투자법을 제정 · 공포하고 1988년 1월부터 시행하여[81] 외국기업에 대해 100% 소유를 인정하고 법인세 감면 및 과실송금을 보장하는 등 투자유치 정책을 추진하였다. 1990년, 1992년, 1996년 및 2000년의 법 개정과 함께 관련 시행령을 수차례 개정하면서 외국인 투자를

---

78) 「베트남 개혁이 북한에 주는 교훈」(前세계은행 하노이 대표 브래들리 뱁슨 세계은행 고문의 '38노스' 기고문 인용 기사), 뉴시스 (2019년 2월 8일자); http://www.newsis.com (검색일: 2020년 2월 4일).

79) 법무부, 『베트남 개혁개방법제 개관』, 60쪽.

80) Nguyen Bich Ngoc, "Thành tựu cải cách thuế trong 30 năm đổi mới (1986-2016) (개혁 30년간의 세제개혁의 성과)," 『Tàichính(재정)』(2015.8.31), 베트남재정부 온라인 매거진; http://tapchitaichinh.vn/nghien-cuu—trao-doi/trao-doi-binh-luan/thanh-tuu-cai-cach-thue-trong-30-nam-doi-moi-1986-2016-100508.html (검색일: 2019년 2월 16일).

81) 베트남의 최초 외국인투자법은 1977년에 제정되었으나 규제조항이 엄격하여 실질적으로 외국인 투자유치에는 부적합하였다. 이재춘, 『베트남과 북한의 개혁 · 개방』, 76쪽 각주 74).

보다 용이하게 하여 경제발전에 활용하고자 하였다. 주요 개정내용은 외국기업의 존속기간을 20년에서 50년 이상으로 연장하고 우대세제의 적용을 확대하는 등 투자유인을 강화하기 위한 것이었다. 1990년대에는 수출가공지구와 공업지구를 설립하여 노동집약적 경공업을 유치하기 위한 노력을 기울였고, 투자환경 개선을 위해 독일, 프랑스, 한국 등 30여개 국가와 투자보장협정 및 이중과세방지협정을 체결하였다. 1994년에는 투자절차 간소화를 위해 신청절차를 간소화하고 심사기간도 단축하였다.[82]

2. 초기 조세체계와 사회주의 예산수입체계로의 전환

가. 프랑스 식민지 시기 (1858~1945년)

프랑스 식민지 시기의 조세는 인도차이나 예산[83]과 베트남 지역예산(local budget)이라는 2가지 유형으로 구분된다. 인도차이나 예산은 주로 관세, 주세, 아편세, 소금세 등 독점적인 전매제도로 운영되었다. 베트남 지역예산은 주로 과거 봉건시대의 유산인 인두세(poll tax), 토지세 그리고 노동세(labor tax)로 이루어졌다. 프랑스 식민지 시기의 극단적인 수탈체제 하에서 베트남 국민들, 특히 농민들은 비참한 생활을 해야 했고, 프랑스가 독일 및 일본 동맹군에게 패배하여 일본이 진주한 이후에는 상황이 더욱 악화되었다. 특히 전쟁 막바지였던 1944~1945년 기간에는 일본의 미곡수탈, 산업용 작물 생산 강요, 홍수 등 자연재해로 인하여 북부 베트남에서 약

82) 오인식, 「체제전환국의 경제개혁 성과와 전망 - 베트남의 사례를 중심으로」, 『사회과학연구』, 제18호, 2004, 7~10쪽; 이재춘, 『베트남과 북한의 개혁 · 개방』, 76~78쪽.

83) 프랑스령 인도차이나에는 베트남, 캄보디아 및 라오스가 포함된다.

200만 명이 아사하는 상황에 이르렀다.[84)]

나. 해방과 남북 베트남 분단 (1945~1954년)

베트남 조세행정은 세무담당부서(Sở Thuế quan và Thuế gián thu - Department of Customs and Indirect Tax) 창설을 위한 1945년 9월 10일자 정부시행령(Decree No.27/SL)에서 시작되었는데, 이 시행령은 베트남 조세제도의 법률적 근거이며 출발점이다.[85)]

해방 후 호치민 정부는 소금, 주류, 아편 등에 대한 전매제도 등 봉건식민지 체제의 노예적 정책을 폐기하였다.[86)] 구체제 하에서의 조세제도가 일부 남아 있었지만 새로운 조세체계가 설계되지는 못한 상태였고 재정수입의 주된 원천은 여전히 인민들의 자발적인 기부였기 때문에 한계가 있었다. 1950년대 후반 이후 정부는 북부 베트남 지역 전체에 적용되는 완전하고 통일된 조세체계를 구축하고자 하였다. 이에 따라 1951년 초 베트남 공산당 제2차 전국대표회의(the Second National Congress of the Communist Party)에서는 경제-재정정책의 혁신에 착수했다. 재정정책을 향상시키기 위하여 다음과 같은 원칙(Motto)을 수립했다: "세수를 증대시키고 지출을 감축하며, 세입과 세출을 통일적으로 관리한다. 과세는 공정하고(fair) 합리적이어야

---

84) Tổng Cục Thuế (General Department of Taxation; 베트남 국세청, 2006), Thuế Việt Nam qua các thời kỳ Lịch sử (베트남 세제사), pp.4~8. 작성시기가 명기되어 있지 않으나 2006년을 '현재'로 표현한 것을 기초로 추정함.; http://tckt.vanlanguni.edu.vn/gioi-thieu/download/532 (검색일: 2019년 2월 16일).

85) "70 năm xây dựng và phát triển hệ thống thuế nhà nước (70년간의 국가조세체계의 구축과 발전)," 『Tàichính(재정)』(2015.8.7), 베트남 재정부 온라인매거진; http://tapchitaichinh.vn/Tap-trung-cai-thien-moi-truong-dau-tu-kinh-doanh/70-nam-xay-dung-va-phat-trien-he-thong-thue-nha-nuoc-100042.html (검색일: 2019년 2월 16일).

86) "70년간의 국가조세체계의 구축과 발전," 『Tàichính(재정)』.

(reasonable) 한다."[87]

베트남 재정부는 재정부 산하에 1946년 2월 15일 「직접세 담당부서(Direct Tax Department)」를 설치했고, 1946년 5월 29일자 정부시행령(Decree No. 75/SL)에 따라 「관세 및 간접세 담당부서」와 「직접세 담당부서」로 조직을 개편했다. 이후 1951년 7월 14일 「농업세 담당부서(Agricultural Tax Department)」를 설치했으나 전국적으로 수직적인 체계를 갖추지는 못했고, 1951년 7월 17일 「공상세 담당부서(Industrial and Commercial Tax Department)」를 전국적으로 수직적인 체계를 갖추어 설치했다.[88]

1951년 베트남민주공화국 혁명정부 최초의 조세정책과 1954년 5월 디엔비엔푸 전투에서 호치민의 하노이 정부군이 프랑스에게 승전한 이후 1954년 후반 북부 베트남민주공화국의 새로운 조세정책에 따른 조세의 구성을 비교하여 정리하면 아래 〈표 5-5〉와 같다.[89]

다. 북부 베트남의 사회주의 건설기 (1955~1975년)

기존 조세체계가 국영기업에 적합하지 않았기 때문에, 베트남 정부는 1961년까지 국영기업에 대한 舊소련 조세체계에 대한 시범적 도입방안에 대한 검토를 진행했다. 국유부문세수와 관련하여, 개별 제품에 대한 국가 제정 가격에 기초하여 확정된 금액을 국가예산에 집중시키는 방안이 마련

---

87) 베트남 국세청(2006), *Thuế Việt Nam qua các thời kỳ Lịch sử* (베트남 세제사), pp.9~10.

88) 베트남 국세청(2006), *Thuế Việt Nam qua các thời kỳ Lịch sử* (베트남 세제사), pp.13~15.

89) 베트남 국세청(2006), *Thuế Việt Nam qua các thời kỳ Lịch sử* (베트남 세제사), pp.10~18.

90) 매출액을 과세표준으로 하여 산업별로 다른 세율이 적용되는 세목이다. Nguyen Thuy Trang's comments (Tax Manager at KPMG Vietnam, 2020년 2월 13일).

91) 다른 지역으로 운송을 위한 상품의 적하 또는 선적에 대하여 해당 매출액을 과세표준으로 적용하는 세목으로서, 법인소득세와 영업세를 포함하기 때문에 세율이 높다. Nguyen Thuy Trang's comments (Tax Manager at KPMG Vietnam, 2020년 2월 13일).

<표 5-5> 해방 후 북부 베트남의 1951년 및 1954년 세목 구성

1951년 (7항목)	1954년 (12항목)
농업현물세 (Agricultural tax in kind)	농업현물세 (Agricultural tax in kind)
공상세 (Industrial and Commercial tax)	영업세 (Business tax)[90)
물품세 (Tax on goods)	물품세 (Tax on goods)
수출입 관세 (Import and Export tax)	수출입 관세 (Import and Export tax)
도축세 (Slaughter tax)	도축세 (Slaughter tax)
등록세 (Registration tax)	등록세 (Registration tax)
인지세 (Stamp duties)	인지세 (Stamp duties)
	법인소득세 (Corporate income tax)
	교역세 (Trade tax)[91)
	예술공연세 (Art business tax: 극장, 영화 등)
	부동산세 (Real property tax)
	사업면허세 (Business license tax)

자료: 베트남 국세청(2006), *Thuế Việt Nam qua các thời kỳ Lịch sử* (베트남 세제사), pp.10~18의 내용을 표로 재구성함.

되었고, 시범적인 검토결과 판매단계는 제외하고 생산단계에서만 징수하는 것으로 결정되었다. 그리고 1961년 11월 7일 정부시행령(Decree No. 197-CP)에 의해 「공상세 담당부서」는 「국유부문세수 담당부서(Department of State-owned Revenue)」로 전환되었고, 「농업세 담당부서」는 「합작사[92) 및 농업세 담당부서(Department of Cooperative Finance and Agricultural Tax)」로 전환되었다.[93)

92) Hợp tác xã (合作社)· 협동농장. 네이버 사전; https://dict.naver.com (검색일: 2020년 2월 15일).

93) 베트남 국세청(2006), *Thuế Việt Nam qua các thời kỳ Lịch sử* (베트남 세제사), pp.18~19.

북부 베트남에서 1966~1975년 기간은 미국과의 전쟁(1964~1975) 및 남부 베트남 해방 투쟁이 진행되었던 시기로서 국가예산 동원과 새로운 생산관계를 강화하면서 사회주의적 개조를 마무리 한 시기라고 할 수 있다. 이에 따라 조세 분야도 조정이 이루어졌는데, 1966년 1월 18일 국유기업 부문을 제외한 협동단체 부문과 개인 가계에 적용되는 새로운 공상세제가 도입되어 기존 공상세제를 대체했고, 국유기업 부문에 대해서는 합리적으로 결정된 원가 및 도매가격을 기초로 국유기업세수 체계를 전국적으로 실행했다. 1974년 3월 20일 정부시행령(Decree No. 61/CP)에 따라 기존 「국유부문세수 담당부서」와 「합작사 및 농업세 담당부서」가 해체되고 「국유부문세수 담당부서(Department of State-owned Revenue)」와 「집체 · 개체[94] 세수 담당부서(Department of Collective-Individual Tax)」로 재편되었다.[95]

남부 베트남은 프랑스 식민지 시기 조세정책의 영향을 받아서 직접세 비중이 낮았고 간접세 의존도가 매우 높았고, 다음과 같은 5개의 범주로 구분되는 복잡한 조세체계를 가지고 있었다. ① 직접세로서 소득세(개인 및 법인), 사업면허세(Patente tax or a Fee for business license) 및 부동산세(Real property tax)가 있었고, ② 간접세로서 생산세(Production tax), 소비세(Consumption tax), 접대 및 사치세(Entertainment and luxuary tax), 정미세(Tax on paddy processing) 등이 있었다. 그 외에 ③ 특별소비세(Excise tax), ④ 등록세(Registration tax)와 인지세(Stamp duties), ⑤ 관세(Customs duties)가 있었다. 1960년대 남부 베트남의 세수 구성은 미국 상업차관 프로그램을 통한 수입물품의 지속적인 증가에 따라 관세가 전체 세수의 거의 1/2을 차지했고, 간접세 · 특별소비세가 1/3 수준이었다. 따라서 관세, 간접세 및 특별소비세가 전체 세수의 80%를 상

94) 집체(tập thể) 및 개체(cá thể): 단체 및 개인을 의미함.
네이버 사전; https://dict.naver.com (검색일: 2020년 2월 14일).

95) 베트남 국세청(2006), *Thuế Việt Nam qua các thời kỳ Lịch sử* (베트남 세제사), pp.19~20.

회했고, 직접세는 10%를 조금 상회하는 수준이었다.[96)]

라. 통일 이후 개혁·개방 이전 시기 (1976~1985년)

베트남은 1946~1954년 기간의 프랑스와의 전쟁, 1954년 남북분단, 1964~1975년 기간의 베트남 전쟁 등 30년간의 전쟁이 끝나고, 1975년 통일 이후 국내 세원 및 세수 확대를 위한 정책 수립이 필요하다고 판단하에[97)] 남북 베트남을 아우르는 통합적인 조세정책을 도입하여 현실 적합성을 높이고자 하는 정책을 추진하였다.

1976년 9월 25일, 농업세를 남부 지역을 포함하여 통일적으로 적용하도록 관련 규정을 제정하여 1977년부터 시행했고, 1979년에는 북부 베트남에서 적용했던 공상세제를 남부 베트남에도 적용했다. 또한 베트남 재정부는 1978년 3월 30일자 시행규칙(Circular No. 05-TC/TQD)을 통해 국유기업세수 체계를 전국의 모든 산업 영역에 광범위하고 통일적으로 적용하도록 했다. 유통, 음식공급, 운수, 공공서비스 등에는 아직 국유기업세수 체계가 아닌 공상세제를 적용하도록 했지만, 이러한 기업들도 세금에 이윤상납 방식의 금액을 일부 포함시켰다. 국유기업세수 체계는 개별 품목의 산업도매가격과 기업도매가격의 차이를 기초로 기업별 품목별 특성에 따라 결정하는 방식이다. 산업도매가격은 정부 위원회가 결정하는 것으로서 소매가격에서 상품 그룹별로 거래할인을 적용하여 산정한 가격이다.[98)]

1978년 11월 18일자 결정서(Decision 90-CP)에 의해 「집체 · 개체 세수 담당

---

96) Nguyen Hain Binh, "Direct taxation within the framework of national development in Vietnam," University of Pittsburgh, Doctorial dissertation(1969), pp.7~17.

97) "70년간의 국가조세체계의 구축과 발전," 『Tàichính(재정)』.

98) 베트남 국세청(2006), *Thuế Việt Nam qua các thời kỳ Lịch sử* (베트남 세제사), pp.27~29.

부서(Department of Collective-Individual Tax)」는 「공상세 담당부서(Department of Industrial and Commercial Tax)」와 「농업세 담당부서(Department of Agriculturual Tax)」로 분리되었다. 1980년대 들어서 「국유부문세수 담당부서」와 「공상세 담당부서」는 중앙에서 지역 단위까지 수직적이 체계로 조직화되었고, 1980년대 말에는 국유경제부문과 비국유경제 부문 모두 전국적으로 통일된 예산동원 체계가 적용되었다.[99]

마. 사회주의 예산수입체계로의 전환

중국과 마찬가지로 세금제도의 폐지를 선언한 적이 없었던 베트남의 경우 사회주의 예산수입체계로의 전환 시점을 명확하게 특정하기는 쉽지 않다. 베트남에서 사회주의 예산수입체계로의 전환은 해방 후 북부 베트남에서 사회주의적 개편과 건설이 추진된 1955년에 검토가 시작되어 1986년 도이모이 개혁 이전까지 지속되었다고 보는 것이 타당하다.[100] 즉 북부 베트남을 중심으로 1955년 이후 사회주의적 개편이 추진되어 舊소련 조세체계에 대한 시범적 도입방안을 검토하고 1961년 국유부문세수 담당부서를 정비하면서 국유기업 이윤상납에 의존했던 시기를 사회주의 예산수입체계로의 전환이 시작된 시점으로 볼 수 있을 것이다. 1966년 협동단체 부문과 개인 가계에 적용되는 새로운 공상세제가 도입되어 기존 공상세제를 대체했고, 국유기업세수 체계가 전국적으로 실행됨으로써 최소한 북부 베트남에서는 사회주의 예산수입체계가 자리 잡기 시작했다고 볼 수 있다. 1980년

---

99) 베트남 국세청(2006), *Thuế Việt Nam qua các thời kỳ Lịch sử* (베트남 세제사), pp.29~30.

100) E-mail Discussions with Hoang Thuy Duong, Tax Partner at KPMG Vietnam (Head of Integrated International Tax and Chief Representative of KPMG office in Danang, Central Vietnam), 2020년 2월 13일.

대 들어서 국유부문과 공상세 부문이 수직적 체계로 조직화되었고 1980년대 말에는 국유경제 및 비국유경제 부문 모두 전국적으로 통일된 예산동원체계가 적용되었다.[101)]

결과적으로 프랑스 식민시기 세제의 유산, 북부 베트남의 사회주의적 특성, 남부 베트남의 자본주의적 특성, 통일 후의 사회주의적 경제통합의 실패, 1980년대 초반부터 시작된 시장경제 지향적 정책 등이 이후 베트남 세제의 형성과 세제개혁 과정에 복합적으로 영향을 미쳤다고 할 수 있다.

세제개혁 이전의 1980년대 세제의 가장 중요한 특징 중의 하나는 각 부문(국유기업부문, 비국유기업부문, 개인부문 및 농업부문)에 따라 조세체계를 분리하였다는 것이다.[102)] 베트남은 예산수입의 약 50% 정도를 국유기업의 경영성과에 의존하고 있었고, 세제개혁이 본격화되었던 1990년 이전까지 조세의 형태가 아닌 국유기업수입(이윤상납)과 세외수입이 예산수입의 주요 부분을 구성하고 있었다.[103)] 또한 베트남은 1986년 개혁 · 개방 정책 추진 이전까지 거의 모든 자산을 국유화하고 국가재정에 편입시켰는데, 국유기업에 대한 보조금 지급 등에 따라 발생한 막대한 재정적자를 중앙은행의 통화발행으로 보전하는 등 구조적으로 재정구조가 취약했다.[104)] 이러한 문

101) 하지만 1975년 통일 이후에도 북부 베트남의 사회주의 경제제제를 남부 베트남에 이식하는데 성공적이지 못했고, 통일 이후 불과 10년이 경과한 시점에 본격적인 개혁 · 개방정책이 추진되었기 때문에 남북 베트남 전체에 일관된 형태의 사회주의 예산수입체계가 확립되었다고 할 수 있을지는 불확실하다.

102) 국유기업부문(SOEs)에 대해서는 이윤분배 또는 상납(profit sharing), 가격차금(price differences), 자본상각(capital depreciation) 등에 대한 세수규정이 도입되어 적용되었다. 비국유기업부문에 대해서는 등록세, 기업세(Enterprise tax - 거래세를 의미), 특별소비세(Excise tax), 기업이윤세(Enterprise profit tax) 등이 적용되었다. 징수체계는 국유기업부문, 공상부문, 농업부문 등 3개의 독립된 부문으로 구분되었다. Yuji Yui, "FDI and Corporate Income Tax Reform in Vietnam," International Symposium(2006), p.6.

103) 성새완, 『베트남의 경제개혁 추진현황 및 경제전망』(서울: 대외경제정책연구원, 1997), 54쪽. 중국은 향진기업(鄕鎭企業) 중심의 성장을 추진했었다는 점에서 차이가 있다.

제를 해결하고자 1990년대 세제개혁이 추진되었다.

3. 「시장경제형 조세제도」의 도입

베트남의 조세제도는 사회주의적 조세원칙이 부분적으로 남아 있지만 경제개혁 과정에서 경제상황에 따라 베트남 특유의 조세체계를 만들어 왔다.[105] 또한 베트남의 세제개혁은 계획경제로부터 「사회주의지향 시장경제(socialist- oriented market economy)」로의 이행에 부합하도록 조세체계를 구축해온 과정이다.[106] 아래에서는 이러한 변화의 과정, 즉 도이모이 정책 이후 1990년대 세제개혁, 즉 「시장경제형 조세제도」 도입의 과정을 중심으로 정리해보고자 한다.

개혁 · 개방 초기 조세정책은 법령(ordinances)[107]이나 정부시행령(decree)

---

104) 법무부, 『베트남 개혁개방법제 개관』, 173쪽.

105) Nguyen Truong Tho, "Appraisal of the Tax System and Suggestive Proposals for Tax Reform in Vietnam," 서울대학교 경제학 석사학위 논문(1999), p.17.

106) "70년간의 국가조세체계의 구축과 발전," 『Tàichính(재정)』.

107) 베트남 법무부 법령정보센터(http://vbpl.vn/TW/Pages/vbpqen.aspx)에서는 "Pháp lệnh"을 Ordinance로 번역하고 있고 이를 "조례"로 변역하는 경우가 많다. 하지만 "Pháp lệnh"는 베트남 국회상임위원회(National Assembly Standing Committee)에서 채택되는 것으로서 통상 지방정부에서 채택하는 "조례"로 번역하는 것은 적절하지 않아 보이고 "법령(法令)"으로 번역하는 것이 보다 적절해 보인다. E-mail Discussions with Hoang Thuy Duong, Tax Partner at KPMG Vietnam (Head of Integrated International Tax and Chief Representative of KPMG office in Danang, Central Vietnam), 2020년 4월 14일. Mr. Hoang Thuy Duong's explanation is as follows: "Ordinance(Pháp lệnh) has the authority of law while a law is not yet made. An example is the Ordinance on Income Tax on High-Income Earners, issued by the National Assembly(the Vietnamese parliament) before it was replaced by the broad-based Law on Personal Income Tax after a while in effect. The Ordinance is made by the National Assembly Standing Committee which works in between the two annual plenaries of the National Assembly when they pass laws and resolutions, not by the Government which makes Decree. All have the effect of law as

형태로 발표되었고, 주로 국가징수체계와 국유부문 이윤상납 방식에 대한 수정보완에 초점을 두었다.[108]

세제개혁은 1990~2000년 기간의 사회 · 경제적 성과에 중요한 영향을 미쳤는데, 이 시기에 대부분의 세원이 조세정책에 반영되었고 조세정책이 모든 경제부문에 통일적으로 적용되었다. 사회주의 지향 시장경제로 전환함에 있어서 요구되는 부분들에 대하여 점진적인 조정이 이루어졌다. 또한 조세정책이 법률(law)이나 법령(ordinance) 형태로 작성됨으로써 높은 수준의 법률적 기반이 만들어졌다.[109]

가. 제1단계 세제개혁 (1990-1995년)

베트남의 제1단계 세제개혁은 주로 1990~1991년 사이에 이루어졌다. 제1단계 세제개혁은 기본적으로 낙후된 조세체계를 개선하고 세수 증대를 목표로 한 것으로서 그 내용을 구체적으로 살펴보면, ① 국가 재정지출을 위한 세수 확보, ② 사회적 투자 활동의 장려 및 촉진, ③ 투자 및 저축에 대한 세제상의 규제 제거와 생산 활동의 경쟁력 제고 등으로 요약할 수 있다. 이러한 세제개혁의 결과, 조세수입이 예산수입의 90%를 상회하게 되었고(1997년 97.3%), 거시경제 및 투자대상 조정과 관련된 세제의 역할을 보여주었으며, 통일된 조세법 체계(uniform tax law system)를 구축함으로써 세제의

---

legal instruments under the Law on Legal Instruments."

108) "Thành tựu cải cách thuế ở Việt Nam (베트남 세제개혁의 성과)," 「TIN TỨC TÀI CHÍNH(베트남 재정부 정보포털 뉴스사이트)」(2018.3.31.); http://www.mof.gov.vn/webcenter/portal/tttc/r/o/nctd/nctd_chitiet?dDocName=UCMTMP119727&dID=124420 (검색일: 2019년 2월 16일).

109) Tổng Cục Thuế (General Department of Taxation; 베트남 국세청), *THUẾ VIỆT NAM QUA CÁC THỜI KỲ LỊCH SỬ* (GIAI ĐOẠN 2001-2010) (베트남 세제사 2001-2010) (하노이: 재정부 출판사, 2015), pp.29~33.

실행력이 강화되었고, 마지막으로 베트남의 조세정책이 국제적 관행에 보다 근접할 수 있도록 하는 조정이 이루어졌다.[110)]

1990년 6월 30일 거래세법(Law on turnover tax)과 이윤세법(Law on profit tax)의 국회통과에 따라 과거 경제영역마다 달랐던 과세 및 징수방식을 대체함으로써 모든 경제영역에서 통일된 과세가 이루어지게 되었다.[111)] 이는 국가예산 기여분에 대한 단일목표 설정방식을 거래세와 이윤세의 조세체계로 대체한 것으로서, 거래세는 판매된 제품가격(the value of products sold)에 0~40%의 세율을 적용했고 이윤세는 25~45%의 세율(중공업 25%, 경공업 35% 그리고 서비스 부문 45%)을 적용했다. 그런데 이러한 조세들은 종전의 국가예산 기여분 목표설정 방식과 마찬가지로 여전히 정부와 기업담당자 간에 협상에 따라 결정되는 경향이 있었다.[112)] 또한 거래세는 생산과정의 모든 단계에서 적용되었기 때문에 누적효과(cascading effects)가 발생하는 문제가 있었고, 0~40% 사이에 18개의 세율이 적용되어 시장경제에 적합하지 않았다.[113)]

또한 1990년 8월 7일자로 각료 회의를 통과하여 1990년 10월 1일부터 발효된 정부시행령(Decree No. 281/HDBT)에 따라, 농업세, 공상세, 국유기업세수 등에 대한 3개 부문 조직이 통합되고, 국세청(General Department of Taxation)이 공식적으로 운영됨으로써 국가 차원에서 수직적 조직체계가 구

110) Nguyen Truong Tho, "Appraisal of the Tax System and Suggestive Proposals for Tax Reform in Vietnam," pp.2~4.

111) Nguyen Bich Ngoc, "개혁 30년간의 세제개혁의 성과," 『Tàichính(재정)』. 관련 자료에 따라서 Turnover tax, Revenue tax 그리고 Profit tax, Income tax 등으로 번역되는데, 본 연구에서는 거래세(Turnover tax)와 이윤세(Profit tax)로 표현하고자 한다.

112) Jonathan R. Stromseth, "Reform and response in Vietnam – State-Society Relations and the Changing Political Economy," Columbia University, Doctorial Dissertation(1998), p.60.

113) Nguyen Thanh Ha & Ly Ngoc Long, "Vietnam Moves to Reform," 7 *International Tax Review* 33 (1996), p.34. 누적효과의 예를 들면, 자전거 부품생산에 2%, 조립과정에 또다시 2%가 적용되고, 설탕원료 생산에 6%, 정제과정에 또다시 6%가 적용되는 식이다.

축되었다.[114]

구체적인 세목과 관련하여, 1990년대 초반에 주요 세제들이 도입되고 정비되었는데 이를 정리하면 다음과 같다.[115]

① 법률 형태 (Law)

- 거래세(Turnover tax): 1990년 6월 30일 국회 통과 (1990.10.1. 발효). 거래세는 국유기업세수와 일부 비국유부문 조세(소금세, 물품세, 교역세 등)[116]를 대체한 것으로서 모든 경제부문(국유 및 비국유, 생산, 사업 및 서비스 등 포함)에 대하여 통일적으로 적용됨.
- 특별소비세(Special consumption tax): 1990년 6월 30일 국회 통과 (1990.10.1. 발효). 모든 경제영역에 대하여 통일된 과세.
- 이윤세(Profit tax): 1990년 6월 30일 국회 통과. 이윤세는 국유기업세수 부문의 이윤상납 체계와 비국유부문의 사업소득세를 대체한 것으로서 모든 경제부문(국유 및 비국유)의 공업 및 상업 부문에 통일적으로 적용됨.
- 수출입 관세(Export and import tax): 1991년 12월 26일 국회 통과 (1992.3.1. 발효), 무역과 비상업 물품 구분 없이 수입세와 수출세의 징수체계가 통합됨.
- 농지사용세(Agriculturual land use tax): 1993년 7월 10일 국회 통과 (1993.7.24. 공포). 농업세 폐지.
- 토지이용권 양도세(Land use right transfer tax): 1994년 6월 22일 국

114) "70년간의 국가조세체계의 구축과 발전,"『Tàichính(재정)』.

115) 베트남 국세청(2006), *Thuế Việt Nam qua các thời kỳ Lịch sử* (베트남 세제사), 39쪽; Nguyen Bich Ngoc, "개혁 30년간의 세제개혁의 성과,"『Tàichính(재정)』.

116) 거래세는 과거 수십 년간 적용되어 왔던 관련 세목들을 정비한 것이다. "70년간의 국가조세체계의 구축과 발전,"『Tàichính(재정)』.

회 통과 (1994.7.1. 발효).

② 법령 형태 (Ordinance)

- 천연자원세(Naturual resource tax): 1990년 3월 30일.
- 고소득자 소득세(Income tax for high-income earner): 1990년 9월 4일 법령 초안 발표(이후 관련 Decree 1991.4.17. 공포, 1991.4.1. 발효).
- 부동산세(Real estate tax): 1992년 7월 31일.

제1단계 세제개혁은 국유기업 이윤상납을 조세형태인 이윤세로 전환하고,[117] 거래세를 정비하는 등 사회주의적 예산수입체계의 특성과 「시장경제형 조세제도」의 부분적인 시도가 복합된 형태로 보인다. 제1단계 세제개혁을 통해 1996년의 조세수입이 1990년 보다 9.5배 증가하는 성과가 있었다.[118]

나. 제2단계 세제개혁 (1996-2000년)

베트남은 먼저 1996년에 「국가예산법」(Law No.47-L/CTN)을 제정하여 중앙과 지방의 예산수입 및 지출 관계를 정리하고 재정체계를 확립했다.[119] 베트남의 제2단계 세제개혁은 1단계 개혁의 문제점에 대한 보완보다는 경제적 필요성에 의한 것으로서 전체적인 조세체계를 합리화한 것이었다. 제2단계 세제개혁의 주요 내용으로는, 부가가치세(value-added tax; VAT)에 의

117) 중국의 「이개세개혁」과 유사하게 이윤상납 체계를 이윤세라는 조세 형태로 전환한 것으로 보인다.

118) 베트남 국세청(2015), *THUẾ VIỆT NAM QUA CÁC THỜI KỲ LỊCH SỬ (GIAI ĐOẠN 2001-2010)* (베트남 세제사 2001-2010), p.9.

119) 김석진, 『중국·베트남 개혁모델의 북한 적용 가능성 재검토』(서울: 산업연구원, 2008), 137쪽.

한 거래세(turnover tax) 대체, 법인소득세(corporate tax)에 의한 이윤세(profit tax) 대체, 개인소득세(personal income tax) 부분의 개정 및 보완을 들 수 있고, 다른 나라 사례 및 국제적 관행에 대해 보다 많은 관심을 두었다는 특징이 있다.[120]

구체적으로 살펴보면, 1997년 5월 10일 국회통과하여 1999년 1월 1일부터 공식적으로 발효된 법인소득세법(Law on corporate income tax, 1997년 5월 10일 국회통과)은 1990년 발효된 이윤세법을 대체하였고,[121] 1999년 1월 1일 수십 년간 적용되어 온 거래세법을 대체하는 부가가치세법(Value-added tax law, 1997년 5월 10일 국회통과, Law No.02/1997/QH9)이 베트남 최초로 도입되었다.[122] 이러한 제2단계 세제개혁을 통해 「시장경제형 조세제도」로의 전환이 본격적으로 추진되었다고 할 수 있다.

제1단계 및 제2단계 세제개혁 이후에도 베트남 세제는 여전히 과도하게 복잡한 형태를 띠고 있었고, 국영부문과 민간부문(private sector)에 대한 차별적 체계로 인한 조세회피 및 불공정성 문제가 존재했다. 또한 핵심적인 조세원칙인 효율성이나 공평성 측면에서 여전히 낙후되어 있었고 국제화·세계화 추세에 부적절한 규정들이 남아 있었으며 여전히 조세수입으로 국가재정지출을 감당하기 어려운 수준으로서 매년 적자재정을 보이고 있었다.[123]

120) Nguyen Truong Tho, "Appraisal of the Tax System and Suggestive Proposals for Tax Reform in Vietnam," p.4.

121) Nguyen Bich Ngoc, "개혁 30년간의 세제개혁의 성과," 『Tàichính(재정)』; 관련 개정세법.

122) "70년간의 국가조세체제의 구축과 발전," 『Tàichính(재정)』; 관련 개정세법.

123) Nguyen Truong Tho, "Appraisal of the Tax System and Suggestive Proposals for Tax Reform in Vietnam," pp.4~5.

다. 2000년대 이후의 세제개혁

1999년 법인소득세와 부가가치세가 도입된 후 2000년대 이후의 변화 과정을 주요 세목 또는 영역별로 구분하여 살펴보면 다음과 같다.

(1) 「세금관리법」 제정

2000년대 초반에는 경제개발과 국제적 통합추세에 맞추어 조세부문의 현대화를 위한 개혁이 추진되었다. 조세기본법에 해당하는 「세금관리법」 (Law on tax administration)」이 2006년 11월 29일자로 제정되어 2007년 7월 1일 자로 발효되었는데,[124] 총 14장 120개 조문으로 구성되어 있다.[125] 조세제도의 현대화, 투명성 제고, 납세순응비용의 절감 등 포괄적인 조세행정 개혁이 이루어졌고, 자진신고납부 체계에 기초한 세무관리는 납세의식 제고

---

124) 「세금관리법」의 제정 및 개정 연혁은 다음과 같다.

연혁/일자	법안 명	내용
2006.11.29	78/2006 / QH11	법률 제정 (2007.7.1. 발효)
2013.7.1	21/2012 / QH13	추가
2015.1.1	54/2014 / QH13	부분 삭제 및 추가
2015.1.1	71/2014 / QH13	부분 삭제 및 추가
2016.7.1	106/2016 / QH13	추가

베트남 법무부 법령정보센터; http://vbpl.vn/tw/Pages/vbpq-lichsu.aspx?dvid=13&ItemID=14832&Keyword= (검색일: 2019년 2월 10일).

125) Law No. 78/2006 / QH11의 주요 내용은 다음과 같다: 제1장 총칙(제1조-제20조), 제2장 조세등록(제21조-제28조), 제3장 세무신고 및 세액계산(제29조-제35조), 제4장 조세확정(제36조-제41조), 제5장 조세납부(제42조-제52조), 제6장 납세의무 이행책임(제53조-제56조), 제7장 조세환급 절차(제57조-제60조), 제8장 세금면제 및 감면절차, 세금 및 벌금의 면제(제61조-제68조), 제9장 납세자 관련 정보(제69조-제74조), 제10장 세무조사와 세무감사(제75조-제91조), 제11장 조세행정결정의 강제집행(제92조-제102조), 제12장 세무관련 법률 위반처리(제103조-115조), 제13장 세금에 관한 불복(khiếu nại) 및 고발(tố cáo)(제116조-제118조), 제14장 실행규정(제119조-제120조). 베트남 법무부 법령정보센터; http://vbpl.vn/TW/Pages/vbpq-toanvan.aspx?ItemID=14832 (검색일: 2019년 2월 10일).

에 기여했다.[126]

(2) 법인소득세법

1997년 5월 10일 국회통과하여 1999년 1월 1일자로 공식 발효된 법인소득세법은 1990년 발효된 이윤세법을 대체하였다. 1997년 법인소득세법은 2003년 6월 17일 개정되었고, 개정 법인소득세법(09/2003/QH11)은 2004년 1월 1일자로 내국법인과 외국인투자법인에 대한 구분 없이 모든 경제부문에 대하여 일률적으로 적용되었다.[127] 이에 따라 1997년 법인소득세법에서의 32% 세율이 2004년에 28%의 단일 법인세율로 인하되어 내국법인과 외국인투자법인에게 공통적으로 적용되었고, 우대세율(10%, 15%, 20% 등)은 내국법인 및 외국인투자법인 구분 없이 모든 경제 부문에 대하여 특정 산업 또는 투자 프로젝트에 한하여 적용되었다.[128] 법인소득세율은 추가적인 개정에

126) "70년간의 국가조세체계의 구축과 발전," 『Tàichính(재정)』; Nguyen Bich Ngoc, "개혁 30년간의 세제개혁의 성과," 『Tàichính(재정)』.

127) 「법인소득세법」의 제정 및 개정 연혁은 다음과 같다.

연혁/일자	법안 명	내용
1997.5.10	법안번호 없음(*)	법률 제정 (1999.1.1. 시행)
2003.6.17	09/2003 / QH11(**)	개정 (2004.1.1. 발효)
2008.6.3	14/2008 / QH12(***)	법률 제정 (2009.1.1. 발효; 기존 법률 대체)
2014.1.1	32/2013 / QH13(***)	추가
2015.1.1	71/2014 / QH13(***)	부분 삭제 및 추가

(*) 베트남 법무부 법령정보센터;
http://vbpl.vn/tw/Pages/vbpqen-print.aspx?dvid=13&ItemID=2484
(검색일: 2020년 4월 9일)

(**) 국세청, 『베트남 진출기업을 위한 세무안내』(서울: 국세청, 2008), 88쪽 베트남 법인소득세법 제19조 제2항 참조.

(***) 베트남 법무부 법령정보센터;
http://vbpl.vn/tw/Pages/vbpq-lichsu.aspx?dvid=13&ItemID=12807&Keyword=
(검색일: 2019년 2월 10일).

128) 2006년 7월 1일자로 내국기업과 외국인투자기업 간의 차별을 없앤 통합기업법도 제정

따라 2009년 1월 1일자로 25%로 인하되었고(2008년 6월 3일 국회통과, Law No.14/2008/QH12), 2014년 1월 1일자로 22%(2013년 6월 19일 국회통과, Law No.32/2013/QH13), 그리고 2016년 다시 20%로 인하되었다. 2009년 개정 법인소득세법에는 2007년 WTO 가입에 따라 시장원리에 위배되는 보조금 지원, 수출지원 정책 등 세제혜택을 철폐하는 내용이 포함되었다. 2014년 개정 법인소득세법에는 2011~2020년 세제개혁전략에 따라 사업상의 장애제거, 투자유치, 생산장려 등을 목표로 하는 내용이 포함되었다.[129)]

외국인투자법인에 대해서는 1988년 1월부터 新외국인투자법이 시행되었고, 법 시행과 관련하여 1988년 8월 5일자 정부시행령(Decree No. 139/HDBT)이 발표되었으며, 1990~1992년 사이에는 외국인투자 촉진을 위한 인센티브 및 혜택을 부여하기 위한 법률 개정이 있었다.[130)] 외국인투자 세제에 대해서는 베트남 재정부의 1998년 5월 13일자 시행규칙(Circular No. 63/1998/TT-BTC)과 1999년 7월 16일자 시행규칙(Circular No. 89/1999/TT-BTC)이 적용되어 왔는데, 2001년 3월 8일자 시행규칙(Circular No. 13/2001/ TT-BTC)에 따라 개정되었다. 2004년 법인소득세법 개정에 의해 내국법인과의 차별이 철폐되기 전까지 외국인투자기업에 대해서는 25%의 기본세율이 적용되었다.[131)] 이외에 외국인투자법에 근거하지 아니한 형태로서 외국기관(법인 포함) 및 외국인으로서 계약 등에 의해 베트남 법인이나 개인 등과 사업을 하는 경우 2005년 시행규칙(Circular No. 05/2005/TT/ BTC)에 의하여 외국인계약자세(Foreign Contractor Tax)를 납부하도록 하였다.[132)]

되었다. 조군제, 「베트남의 기업회계와 조세제도에 관한 고찰」, 『국제회계연구』, 제27집, 2009, 293쪽.

129) Nguyen Bich Ngoc, "개혁 30년간의 세제개혁의 성과," 『Tàichính(재정)』; 관련 개정세법.

130) 베트남 국세청(2006), *Thuế Việt Nam qua các thời kỳ Lịch sử* (베트남 세제사), pp.43~44.

131) 베트남 국세청(2015), *THUẾ VIỆT NAM QUA CÁC THỜI KỲ LỊCH SỬ (GIAI ĐOẠN 2001-2010)* (베트남 세제사 2001-2010), p.99.

132) 국세청, 『베트남 진출기업을 위한 세무안내』, 63~65쪽; 외국인 계약자세는 베트남에

(3) 부가가치세법

1999년 1월 1일 수십 년간 적용되어 온 거래세법을 대체하는 부가가치세법(Value-added tax law, 1997년 5월 10일 국회통과, Law No.02/1997/QH9)이 베트남 최초로 도입되었다. 세율은 수출에 대한 영세율을 포함하여 5%, 10%(기본세율) 및 20% 등 4개[133]로 규정되었다. 또한 부가가치세법 적용 초기에는 상당수 재화와 용역에 대하여 감면조정을 적용하였고, 공적개발원조(ODA)를 사용하는 자본적 건설프로젝트 등 정책적으로 필요한 부분에 대하여는 부가가치세를 과세하지 않았다.[134] 부가가치세법은 2009년 1월 1일자로 WTO 가입약정 사항을 고려한 개정 · 보완(2008년 6월 3일 국회통과, Law on No.13/2008/QH12)이 있었다.[135] 이후 2013년 개정 부가가치세법(Law No.31/2013/QH13)에는 비과세품목, 부가가치세율, 납부등록기준 등 일부 개정사항이 포함되었다.[136]

소재한 계약 주체(외국인 투자기업 포함)와의 계약 관계를 통해 사업을 위하거나 소득을 발생시키는 해외의 법인 및 개인에게 부과되는 세금으로서, 별도의 세목이 아니며 일반적으로 부가가치세와 법인세의 조합 또는 외국인 개인의 소득에 대한 개인소득세로 구성된다. PwC Vietnam, 『베트남 세법안내 Pocket Tax Book 2019』, 2019, 16쪽.

133) Law No. 02/1997/QH9 제8조. 베트남 국세청; http://gdt.gov.vn/wps/portal/english (검색일: 2019년 2월 5일)

134) "70년간의 국가조세체계의 구축과 발전," 『Tàichính(재정)』.

135) 「부가가치세법」의 제정 및 개정 연혁은 다음과 같다.

연혁/일자	법안 명	내용
1997.5.10	02/1997 / QH9(*)	법률 제정(1999.1.1. 시행)
2003.6.17	07/2003 / QH11(*)	수정
2008.6.3	13/2008 / QH12(**)	법률 제정(2009.1.1. 발효)
2015.1.1	71/2014 / QH13(**)	부분 삭제 및 추가
2016.7.1	106/2016 / QH13(**)	추가

(*) 국세청, 『베트남 진출기업을 위한 세무안내』 114쪽 베트남 부가가치세법 제19조 제2항(b) 및 베트남 국세청(2015), p.88.

(**) 베트남 법무부 법령정보센터; http://vbpl.vn/tw/Pages/vbpq-lichsu.aspx?dvid=13&ItemID=12806&Keyword= (검색일: 2019년 2월 10일).

136) Nguyen Bich Ngoc, "개혁 30년간의 세제개혁의 성과," 『Tàichính(재정)』; 관련 개정세법.

(4) 개인소득세법

1989년 12월 28일 국회결의에 따라 1990년 9월 4일「고소득자 소득세 법령」초안이 발표되었고,[137] 관련 정부시행령(Decree No. 119-HDBT)이 1991년 4월 17일자로 공포되어 동년 4월 1일자로 발효되었다.[138]

2007년 국회를 통과하여 2009년 1월 1일부터 발효된 개인소득세법(Law on personal income tax)[139]은 기존「고소득자 소득세 법령(Ordinance on income tax for high-income earners)」(2001.5.19., 35/2001/PL_UBTVQH10)[140]를 대체하였고, 베트남인과 베트남거주 외국인 간의 과세상의 차별을 폐지하였다.[141] 적용세율은 5~35%까지 7단계 초과누진세율 구조로 규정되었다.[142]

---

137) 베트남 국세청(2006), *Thuế Việt Nam qua các thời kỳ Lịch sử* (베트남 세제사), p.43.

138) 베트남 국세청; http://gdt.gov.vn/wps/portal/english (검색일: 2019년 2월 5일).

139)「개인소득세법」의 제정 및 개정 연혁은 다음과 같다.

연혁/일자	법안 명	내용
1991.4.17	Decree No. 119-HDBT(*)	고소득자 소득세 정부시행령 (1991.4.1. 발효)
2001.5.19	35/2001/PL_UBTVQH10(**)	고소득자 소득세 법령
2004.3.24	14/2004/PL_UBTVQH11(**)	개정
2007.11.21	04/2007 / QH12(***)	법률 제정(2009.1.1. 발표)
2013.7.1	26/2012 / QH13(***)	추가
2015.1.1	71/2014 / QH13(***)	부분 삭제 및 추가

(*) 베트남 국세청;
http://www.gdt.gov.vn/wps/wcm/connect/GDT+Content/sa_gdt/sa_vanban/sa_vanbanphapquy/vanban_nghidinh/legal_100014_120651?presentat%E2%80%A6 (검색일: 2019년 2월 5일).

(**) 국세청,『베트남 진출기업을 위한 세무안내』, 103쪽, 베트남 개인소득세법 제34조 제2항(a).

(***) 베트남 법무부 법령정보센터;
http://vbpl.vn/tw/Pages/vbpq-lichsu.aspx?dvid=13&ItemID=12898&Keyword=(검색일: 2019년 2월 10일).

140) 베트남 법무부 법령정보센터;
http://vbpl.vn/tw/Pages/vbpqen-print.aspx?dvid=13&ItemID=9650(검색일: 2019년 2월 9일).

141) Nguyen Bich Ngoc, "개혁 30년간의 세제개혁의 성과,"『Tàichính(재정)』.

(5) 국제화 및 국제조세

베트남은 1995년 7월 28일 ASEAN의 회원이 되었고, 1998년 11월 14일 APEC(Asia-Pacific Economic Cooperation Forum)의 회원이 되었다. 2001년 12월에는 베트남-미국 무역협정이 발효되었고, 2007년 1월 WTO에 공식 가입하여 세계경제에 보다 긴밀하게 통합되었다. WTO 가입에 따라 국내생산제품과 수입제품 간의 무차별원칙 등 차별적 세제혜택을 철폐하는 하는 개정 특별소비세법(2008년 11월 14일 국회통과, Law No.27/2008/QH12)이 2009년 4월 1일자로 발효되었다.[143] 국제거래와 관련하여 2019년 현재 80개 국가/지역과 이중과세방지협약을 체결하였고 그 중 73개 협약이 발효된 상태이다.[144]

(6) 조세행정개혁

2008년 베트남 재정부(Ministry of Finance)는 행정절차를 단순화하는 330개 절차를 포함하는 조세행정절차를 발표하여 투명성과 납세자 편의를 제고함으로써 세무신고 및 납부에 소요되는 시간을 상당히 단축시켰고, 2014년의 조세행정개혁을 통해 사업 환경 개선 및 국가경쟁력 제고에 돌파구가 될 만한 성과를 얻었다.[145]

---

142) Law No.04/2007/QH12 제22조. 베트남 법무부 법령정보센터;
http://vbpl.vn/TW/Pages/vbpq-toanvan.aspx?ItemID=12898(검색일: 2019년 2월 10일).

143) Nguyen Bich Ngoc, "개혁 30년간의 세제개혁의 성과,"『Tàichính(재정)』.

144) PwC Vietnam,『베트남 세법안내 Pocket Tax Book 2019』, p.52의 베트남 국세청 자료 재인용.

145) Nguyen Bich Ngoc, "개혁 30년간의 세제개혁의 성과,"『Tàichính(재정)』. 2014년 8월 25일자 Circular No.119/2014/TT- BTC(2014.9.1. 시행)에 따라 기존 7개의 Circulars를 개정·보완하면서 신고납부에 소요되는 시간을 연간 201.5 시간 단축하는 성과를 얻었다. 또한 2014년 10월 1일자 Decree No.91/2014/ND-CP는 기존 4개 정부시행령(Decrees)을 개정·보완하면서 신고납부에 소요되는 시간을 추가적으로 연간 88.36 시간(법인소득세 및 부가가치세 포함) 단축하는 성과를 얻었고, 세법 개정을 통해서도 추가적인 시간 단축의 성과가 있었다.

또한 2011년의 결정(Decision No. 732/QD-TTg)에 따라 정책의 투명성 확보, 절차의 단순화, 국제적 관행 연구, 정보기술 활용 및 자동화 등의 전략목표를 설정하여, 현대적이고 효과적·효율적인 조세체계를 구축하고 통일되고 투명하며 쉽고 단순한 조세관리를 달성하고자 하는 세제개혁을 지속적으로 추진하고 있다.[146)]

라. 현행 세제의 주요 세목별 과세요건

(1) 법인소득세[147)]

법인소득세의 납세의무자는 영리 및 비영리 내국법인과 외국법인이다(법인소득세법 제2조). 영리 및 비영리 내국법인의 경우 국내 및 국외원천소득이 과세대상 소득이고, 국내사업장이 없는 외국법인의 경우 국내원천소득, 국내사업장이 있는 외국법인의 경우 국내사업장과 관련된 국내 및 국외원천소득이 과세대상 소득이 된다(법인소득세법 제2조).

사업소득에 대한 법인소득세 계산을 위한 과세표준은 다음과 같이 계산된다(법인소득세법 제5조 및 제6조; 동 시행령 제6조; 동 시행규칙 제3조).

146) "70년간의 국가조세체계의 구축과 발전," 『Tàichính(재정)』.
147) 김준석 외 공저, 『베트남 세법』(서울: 삼일인포마인, 2019), 68~123쪽.

소득금액 = 사업수입금액 - 비용 + 기타소득 + 국외원천소득
△ 비과세소득
△ 이월결손금
= 과세소득
△ 과학기술개발 기여금
= 과세표준

사업소득에 대한 법인소득세의 세율은 다음과 같다(법인소득세법 제10조; 동 시행령 제10조).

① 일반적인 경우: 20%
② 석유·가스의 탐사, 시추 및 추출: 사업단위 및 사업지역에 따라 32~50%
③ 백금, 금, 은, 주석, 텅스텐, 보석 희토류: 50%
④ 조세특례대상인 사회경제열악 지역에 소재하는 광산면적이 70% 이상인 경우: 40%

(2) 부가가치세[148]

부가가치세의 납세의무자는 사업의 형태나 방식을 불문하고 베트남에서 과세대상 재화나 용역을 생산 또는 거래하거나, 또는 재화나 용역을 수입하는 법인이나 개인사업자를 말한다(부가가치세법 제4조; 동 시행규칙 제3조).

과세대상 재화 및 용역은 베트남에서 생산, 거래되거나 소비되는 것으로서 국외에서 구매되는 것을 포함하며 부가가치세가 면세되는 재화 및 용역

148) 김준석 외 공저, 『베트남 세법』, 155~202쪽.

을 제외한다(부가가치세법 제3조 동 시행규칙 제2조).

부가가치세의 과세표준이 되는 과세가격은 공급가액에 사업자가 수취하는 부수입 또는 추가소득을 모두 포함하고 부가가치세 상당액을 제외한 금액을 말한다(부가가치세법 제7조; 동 시행규칙 제7조). 부가가치세 매출세액 또는 매입세액은 과세가격에 세율을 곱하여 산출한다(부가가치세법 제6조).

부가가치세율은 일반세율인 10%, 생활필수 재화 · 용역에 대한 5%, 그리고 수출 재화 · 용역, 해외 및 자유무역지역의 건설 및 설비, 국제운송에 대하여 적용되는 영세율, 전단계 매입세액공제방식이 아닌 직접납부방법 적용대상에 대한 별도규정 직접납부세율(1~5%)이 있다(부가가치세법 제8조 및 제11조).

(3) 개인소득세[149)]

개인소득세의 납세의무자는 베트남 국내외에서 발생하는 과세소득이 있는 거주자와 베트남 내에서 발생하는 과세소득이 있는 비거주자이다(개인소득세법 제2조). 거주자는 1역년 동안 또는 베트남에 체류하기 시작한 날로부터 계속 12개월 동안 183일 이상 베트남에 체류하는 경우 또는 베트남에 거소를 두고 상주거소를 등록하거나 베트남에 체류하기 위해 기한부 임대차계약에 따른 임차주택을 점유하는 경우를 말하며, 비거주자는 거주자에 해당하지 아니하는 사람을 말한다.

과세대상 개인소득은 사업소득, 근로소득, 자본투자소득, 자본양도소득, 부동산양도소득, 포상소득, 특허권 또는 프랜차이즈권 소득, 상속 · 증여소득 등을 말하며 면세소득을 제외한다(개인소득세법 제3조 및 제4조).

개인소득세의 과세표준은 소득항목에 따라 수입금액에서 관련비용, 비

---

149) 김준석 외 공저, 『베트남 세법』, 141~151쪽.

과세소득 등을 차감하여 계산한다. 예를 들어, 사업소득의 경우 수입금액에서 관련비용, 비과세소득을 차감하고, 보험료공제, 소득공제, 기부금공제를 적용하여 계산한 금액이고, 근로소득의 경우 수입금액에서 비과세소득을 차감하고, 보험료공제, 소득공제, 기부금공제를 적용하여 계산한다. 그 외의 소득항목의 경우 보험료공제, 소득공제, 기부금공제 등이 적용되지 않는다(개인소득세법 제21조).

개인소득세의 세율은 소득항목별로 다른 세율이 적용된다. 예를 들어, 사업소득 및 근로소득의 경우 과세표준 구간별로 5~35%의 초과누진세율이 적용되고(개인소득세법 제22조), 그 외의 소득항목은 항목별로 별도 규정된 0.1~25%의 세율이 적용된다(개인소득세법 제23조).

(4) 주요 세목별 과세요건 요약

위에서 논의한 주요 세목별 과세요건을 표로 정리하면 다음 〈표 5-6〉과 같다.

<표 5-6> 베트남의 주요 세목별 과세요건 요약

주요 세제	과세요건	내 용
법인소득세	납세의무자	영리 및 비영리 내국법인과 외국법인
	과세대상	내국법인은 국내외원천소득, 국내사업장 있는 외국법인은 국내사업장 관련 국내외원천소득, 국내사업장 없는 외국법인은 국내원천소득
	과세표준	사업수입금액-비용+기타소득+국외원천소득-비과세소득-이월결손금-과학기술개발 기여금
	세율	일반세율 20% (법에 규정한 사항에 대해서 별도 세율 규정)

부가가치세	납세의무자	베트남에서 과세대상 재화 · 용역을 생산 · 거래하거나, 재화 · 용역을 수입하는 법인이나 개인사업자
	과세대상	베트남에서 생산 · 거래 · 소비되는 재화 · 용역(국외구매 포함; 면세 재화 · 용역 제외)
	과세표준	매출가액(공급가액)에 부수입 또는 추가소득 포함.
	세율	일반세율 10%, 생활필수 재화 · 용역 5%, 수출 재화 · 용역 등 영세율, 직접납부대상에 대한 직접납부세율(1~5%)
개인소득세	납세의무자	베트남 국내외 과세소득이 있는 거주자와 베트남 내 과세소득이 있는 비거주자
	과세대상	개인소득; 사업소득, 근로소득, 자본투자소득, 자본양도소득, 부동산양도소득, 포상소득, 특허권 또는 프랜차이즈권 소득, 상속 · 증여소득 등
	과세표준	소득항목에 따라 수입금액에서 관련비용, 비과세소득, 보험료공제, 소득공제, 기부금공제 등을 차감하여 계산
	세율	사업소득 및 근로소득은 과세표준 구간별로 5~35%의 초과누진세율, 그 외의 소득항목은 항목별로 별도 규정된 0.1~25%의 세율

자료: 관련 내용을 표로 정리하여 저자 작성.

4. 베트남 세제개혁의 요약 및 특징

1954년 디엔비엔푸 전투에서 승리한 후 북부 베트남은 1955년부터 舊소련의 조세체계에 대한 시범적 도입을 검토하면서 사회주의 예산수입체계로의 전환을 시작하였다. 1961년 「공상세 담당부서」를 「국유부문세수 담당부서」로 전환하고, 「농업세 담당부서」를 「합작사 및 농업세 담당부서」로 전환하면서 사회주의 예산수입체계의 기본적인 틀을 갖추었다. 이후 1966~

1975년까지 미국과의 전쟁 및 남부 베트남 해방 투쟁을 진행하면서 사회주의적 개조를 마무리하였다. 1966년 국유기업 부문을 제외한 협동단체 부문과 개인 가계에 적용되는 새로운 공상세제가 도입되어 기존 공상세제를 대체했고 국유기업세수 체계가 전국적으로 실행되어, 최소한 북부 베트남에서는 사회주의 예산수입체계가 자리를 잡기 시작했다고 할 수 있다. 1974년 기존 「국유부문세수 담당부서」와 「합작사 및 농업세 담당부서」가 해체되고 「국유부문세수 담당부서」와 「집체 · 개체 세수 담당부서」로 재편되었다.

1977~1979년 사이에 농업세, 공상세제를 남부 베트남에 확대하여 적용했고 국유기업세수 체계를 전국의 모든 산업 영역으로 확대하여 통일적으로 적용하도록 했다. 이 과정에서 1978년 「집체 · 개체 세수 담당부서」가 「공상세 담당부서」와 「농업세 담당부서」로 분리되어, 1980년대에는 「국유부문세수 담당부서」, 「공상세 담당부서」와 「농업세 담당부서」의 분리된 조직으로 유지되었다. 1980년대 말에는 국유 및 비국유경제 부문 모두 통일된 예산동원 체계가 적용되었다.

1986년 도이모이 정책 실행 이후, 제1단계 세제개혁으로 1990년 6월 30일 거래세법과 이윤세법이 제정되어 모든 경제영역에서 통일된 과세가 이루어지게 되었고, 같은 해 국유기업, 공상세, 농업세 부문으로 분리되어 있던 조직이 「국세청」으로 통합되어 국가 차원에서 수직적 조직체계가 구축되었다. 개인소득세의 경우 1991년 법령에 기초하여 고소득자에 대한 과세가 시작되었다.

제2단계 세제개혁으로서, 1999년에 거래세는 부가가치세로, 이윤세는 법인소득세로 대체되었고, 2004년에는 내 · 외자기업에 대하여 동일한 법인소득세 세율이 적용되었으며, 2009년 「개인소득세법」이 제정되어 내 · 외국인에 대한 차별 없는 과세가 이루어졌다. 2007년에는 조세기본법에 해당하는 「세금관리법」이 제정되었다. 현재는 내 · 외자기업 및 내 · 외국인에 공통적으로 적용되는 기업소득세, 부가가치세, 개인소득세 등 「시장경제형 조세제도」 주요 3법의 기본체계가 확립되어 있다고 판단된다.

도입순서를 보면 유통세제와 기업소득세제를 거의 동시에 도입하였고 (1990년 거래세와 이윤세; 1999년 부가가치세와 법인소득세), 개인소득세제는 1991년에 고소득자에 대하여 우선적으로 도입하고 2009년에 비로소 전면적인 과세체계를 갖추었다.

도입속도는 상대적으로 빠르게 진행되었다고 할 수 있다. 1990년 거래세를 정비하고 이윤세를 도입하여 이윤상납 방식이 아닌 조세 형태를 갖춘 후 9년 후인 1999년에 부가가치세와 법인소득세를 전면적으로 도입하였다. 다시 5년 후인 2004년부터는 내국법인과 외국인투자법인 간의 법인소득세 세율도 동일하게 적용했다. 다만 개인소득세제는 고소득자에 대한 과세로부터 점차 전면적으로 확대하는 점진적인 방식을 취했다.

〈그림 5-3〉에서 보는 바와 같이, 제2단계 세제개혁 초반인 2002년까지는 법인소득세와 부가가치세의 비중이 유사한 수준이었으나 2003~2007년까지는 법인소득세의 비중이 가장 높았고 2008년 이후에는 부가가치세의 비중이 가장 높게 나타나고 있다. 개인소득세는 2009년 개인소득세법 제정 이후 증가 추세에 있는 것으로 보인다. 이러한 추세는 2020년 베트남 재정부의 국가예산수입 계획(부가가치세 25%, 법인소득세 19%, 개인소득세 9%)[150]에도 그대로 유지되고 있다.

---

150) Vietnam Ministry of Finance (베트남 재정부); https://www.mof.gov.vn/webcenter/portal/mof/r/lvtc/nsnn/exstaticis/cb_chitiet?showFooter=false&showHeader=false&dDocName=MOFUCM169939&_afrLoop=57966161613349222#!%40%40%3F_afrLoop%3D57966161613349222%26dDocName%3DMOFUCM169939%26showFooter%3Dfalse%26showHeader%3Dfalse%26_adf.ctrl-state%3D18p64k48o1_38 (검색일: 2020년 2월 16일).

<그림 5-3> 1990년 베트남 세제개혁 이후 세목별 세수비중 추이

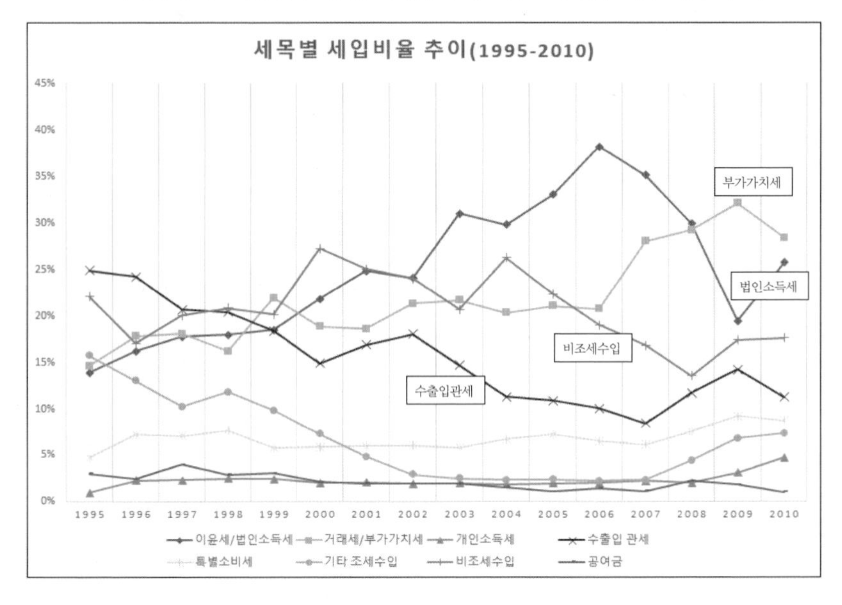

자료:

- <u>1995~2000</u>: International Monetary Fund, "Vietnam: Selected Issues and Statistical Appendix," IMF Staff Country Repot No. 02/5, January 2002, p.68, Table 14 「Vietnam: Government Revenues, 1995–2001」(Source: Ministry of Finance, Budget Department; and staff estimates)에서 1995~2000 기간 자료를 기초로 산출.
- <u>2001~2005</u>: International Monetary Fund, "Vietnam: Statistical Appendix," IMF Country Repot No. 06/423, November 2006, pp.16~17, Table 13 「Vietnam: Summary of General Government Budgetary Operations, 2001–2006」 and Table 14 「Vietnam: Government Revenues, 2001–06」(Source: Ministry of Finance, Budget Department; and staff estimates)에서 2001~2005 기간 자료를 기초로 산출.
- <u>2006~2010</u>: Gangadha Prasad Shukla, Duc Minh Pham, Michael Engelschalk, Tuan Minh Le, eds., *Tax Reform in Vietnam: Toward a more efficient and equitable system*, World Bank, 2011, pp.161~162, Table 6.1 「Composition of Revenues」 내용 참조.

베트남 세제개혁의 흐름을 정리하면 〈그림 5-4〉와 같다.

<그림 5-4> 베트남 세제개혁의 흐름

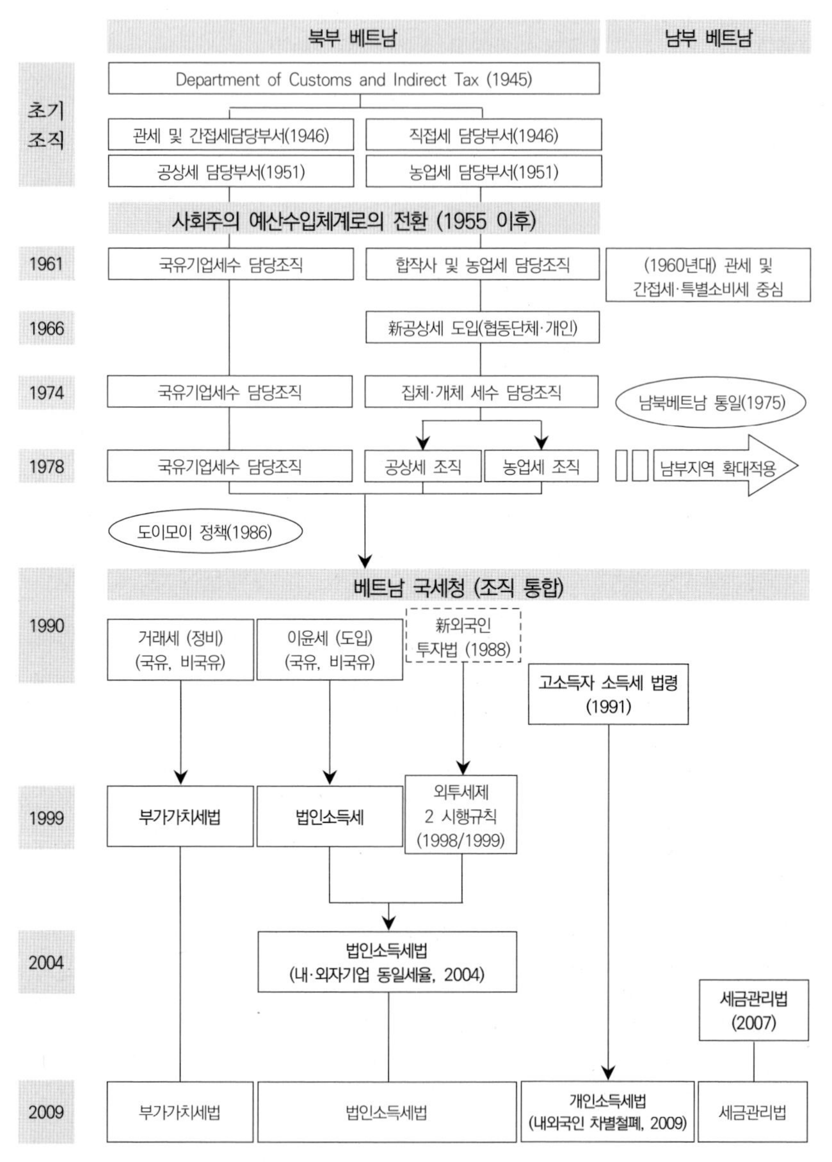

자료: 관련 내용을 기초로 저자 작성.

제6장
북한 세금관련 법제 변화에 대한 종합적 평가

제1절

북한 세금관련 법제의 시기별 비교

1. 「시장 기반 사회주의 예산수입체계」로의 전환

김일성 시대 세금관련 법제의 변화 과정은 세금제도의 폐지와 사회주의 예산수입체계로의 전환이라는 중첩적인 과정으로 요약할 수 있다. 해방 후 사적소유 기반 경제에 대한 세제 정비와 함께 사회주의 예산수입체계로의 전환이 동시에 진행되었다. 국유화된 부분이 확대되면서 순차적으로 사적소유 기반의 세제를 폐지할 수 있었고 1974년에 최종적으로 세금제도의 폐지를 선언하면서 거래수입금과 국가기업리익금을 중심으로 하는 사회주의 예산수입체계로의 전환이 마무리되었다. 이렇게 확립된 사회주의 예산수입체계는 김정일 시대 초기까지 큰 변화 없이 유지되었다.

김정일 시대 초기인 1994년에 처음으로 거래수입금을 중심으로 변화가 있었다. 2002년 7·1 조치와 함께 거래수입금이 폐지되고 국가기업리득금 체계로 전환되었으며, 2005년에는 「국가예산수입법」이 제정되어 예산수입 항목들이 하나의 부문법으로 정리되었다. 김정일 시대에는 생산수단 도매가격 정책, 분배기준, 과세요건 항목 등 예산수입제도의 세부구성(조합)을 변경하는 방식으로 사회주의 예산수입체계 내에서 변화가 시도되었다. 구체적으로 가격현실화 및 한도가격 제도를 통한 과세표준 규모의 증대, 분배기준 변경을 통한 과세대상의 조정, 부과단위 확대를 통한 납세의무자의 확대, 추가적인 세원 발굴 등의 방법으로, 예산수입 증대, 경제주체의 인센티브 강화 및 이를 통한 생산증대, 재정통제 등이 시도되었다. 빈번한 제도 변화는 사회주의 예산수입체계의 형태를 유지하면서 여러 가지 목표를 동시에 달성하고자 했던 시행착오의 과정이라고 할 수 있다.

김정은 시대 예산수입법제 변화의 출발점은 2011년 「국가예산수입법」의 수정보충이다. 당시 변화의 핵심은 1994년 이전 거래수입금 및 국가기업리익금 체계로의 회귀 및 원점에서의 재검토라고 할 수 있다. 이러한 변화는 김정일 시대의 다양한 시도가 가격 증가분을 예산에 흡수함으로써 명목 예산수입 증대에는 긍정적인 효과가 있었지만 '체계 또는 제도'로서 정착되지는 못했음을 보여주는 것이다. 2012년 이후 「소득분배방법」 등 새로운 시도를 하고 있는 것으로 보이지만 아직까지 「국가예산수입법」에 대한 공식적인 변화는 없었다. 하지만 예산동원 수단 또는 방식에 있어서 국영기업이 직접 시장경제 행위자로 등장하여 사업을 확대함으로써 예산수입을 창출하는 비법제적인 방식도 활용되고 있다.

김정은 시대의 예산수입법제는 그 형식이나 구조에 있어서는 1994년 이전의 전통적인 사회주의 경리수입 형태를 취하고 있지만 그 내용은 질적으로 차이가 있다. 과거의 거래수입금 및 국가기업리익금 체계를 국정가격과 계획에 기반한 「고전적 사회주의 예산수입체계」라고 한다면, 2002년 이후는 시장을 수용하는 개혁 조치가 추진되었다는 점에서 「시장 기반 사회주의 예산수입체계」로의 전환이 시작된 시기라고 할 수 있다. 김정은 시대에는 시장을 수용하는 정도가 더욱 확대되어 주문계약에 따라 기업소지표로 생산하는 생산물의 가격제정권과 판매권을 기업소에 부여하고 시장경제 영역을 계획 영역에 편입시킴으로써 「시장 기반 사회주의 예산수입체계」로서의 성격이 더욱 강화되었다. 하지만 여전히 사회주의 예산수입체계의 형태를 유지하고 있다는 점에서 「시장경제형 조세제도」로 보기는 어렵다.

2. 가격체계와 거래수입금의 시기별 변화

가. 시기별 변화 요약

거래수입금의 전체 시기별 변화를 총괄하여 표로 정리하면 〈표 6-1〉과 같다.

거래수입금의 시기별 변화는, 1994년 이후 국가제정 가격체계 내에서 생산수단 도매가격 형식의 변화에 따른 과세대상의 변화, 생산수단 생산기업소를 부과단위에 포함함에 따른 납세의무자의 변화, 그리고 김정은 시대에 들어서서 시장가격 적용의 확대에 따른 가격체계의 변화와 그에 따른 과세표준 및 세율의 질적 변화로 요약할 수 있다.

나. 시기별 변화 이유

(1) 김일성 시대 - 거래수입금의 시작

김일성 시대의 거래수입금은 기존 세금제도를 폐지하면서 사회주의 예산수입체계 확립의 일환으로 도입된 것이다.

거래수입금은 식민지 시기 물품세에 기원을 두고 있다. 1946년 10월 5일자로 제정·공포된 「물품세법」은 1947년 2월 27일 「거래세법」 제정으로 폐지되었다. 이후 1957년 4월 「거래세법」 개정을 통해 유통부문에 대하여 가격조절 목적으로 부과하던 가격차금이 거래세로 통합되고, 생산수난에

<표 6-1> 가격체계와 거래수입금의 시기별 변화 요약

구분			1957~1994	1994~2002		2002~2011	2011 이후
명칭			거래세/거래수입금	거래수입금		국가기업리득금 (거래수입금 폐지)	거래수입금
가격체계			(생산수단) 기업소도매가격	(생산수단) 산업도매가격			(생산수단) 기업소도매가격
			국정가격	국정가격			국정가격 + 한도가격 적용 (추정) + 시장가격 적용확대
과세요건	납세 의무자		소비재 생산기업소	소비재 생산기업소	생산재 생산기업소		소비재 생산기업소
	과세 대상		판매행위	판매행위 (사회순소득)	판매행위 (사회순소득)		판매행위
	경상납부	납부금액계산	• 차액방법: (상업부가금을 던 소매가격-도매가격) x 판매수량 • 비율방법(품종 많을 경우): 판매수입금 x 평균거래수입금율 적용가능	• 차액방법: (소비품도매가격-기업소가격) x 판매수량 • 비율방법(품종 많을 경우): 판매수입금 x 평균거래수입금율 적용가능	• 차액방법: (산업도매가격 - 기업소가격) x 판매수량 • 비율방법(품종 많을 경우): 판매수입금 x 평균거래수입금율 적용가능		• 차액방법: (상업부가금을 던 소매가격-도매가격) x 판매수량 • 비율방법(품종 많을 경우): 판매수입금 x 평균거래수입금율 적용가능
	확정납부	과세표준	판매수입 = 소비품도매가격 x 판매수량	판매수입 = 소비품도매가격 x 판매수량	판매수입 = 생산수단 산업도매가격 x 판매수량		판매수입 = 소비품도매가격 x 판매수량 (계획외부분 포함 추정; 2014 이후 기업소 지표로 포함)
		세율	소비품 부과율 ={(상업부가금을 던 소매가격 - 소비품도매가격)/ 소비품 도매가격} x 100	소비품 부과율 ={(소비품도매가격- 기업소가격) /소비품도매가격} x 100	생산수단 부과율 ={(산업도매가격-기업소가격) / 산업도매가격} x 100		소비품 부과율 ={(상업부가금을 던 소매가격-소비품도매가격)/소비품 도매가격} x 100 *「국가예산수입법」:중앙재정지도기관이 정한 또는 해당기관 승인받은 납부비율

주: 2011년 이후 경상납부 및 확정납부금액 계산방법은 저자의 추정임.

자료: 최정욱, 「북한 국가예산수입제도의 시기별 변화와 전망 - 국영 생산기업소의 거래수입금과 국가기업리익금을 중심으로」, 『통일문제연구』, 제31권 2호, 2019, 335쪽 〈표 2〉를 수정 · 보완.

대한 거래세 부과가 폐지되어 소비재 생산부문에서만 거래세를 납부하는 방식의 사회주의적 예산수입체계로 개편되었다. 거래세는 1960년에 거래수입금으로 명칭이 변경된 후 김일성 시기 동안 큰 변화 없이 유지되었다.

(2) 김정일 시대 I (1994~2002) - 거래수입금의 성격 변화

생산수단 도매가격 형식의 변화에 따라 회계학적 관점에서 거래수입금의 성격과 과세대상에 미묘한 변화가 생긴다. 기업소도매가격일 경우 거래수입금은 기업소가 받아서 국가에 납부하는 '예수금'성격으로서 기업소의 판매수입을 구성하지 않고, 납세의무자는 기업소지만 최종소비자가 담세자가 되는 간접소비세 성격을 띤다. 그러나 산업도매가격 형식의 경우 거래수입금이 소비세의 외관을 가지고 있지만 가격의 일부로서 판매수입을 구성함으로써 기업소의 소득(사회순소득)을 과세대상으로 하는 소득세의 성격도 띤다.

생산수단 생산기업소를 납세의무자에 포함시키면서 기업소도매가격 형식을 유지한다면 생산수단 생산기업소가 납부한 거래수입금이 가격체계 밖에 있는 형태가 된다. 따라서 이를 가격체계 내에 포함시켜서 소비재 생산기업소에 전가하는 과정이 필요하다. 결국 생산수단 생산기업소를 납세의무자에 포함시키는 것과 산업도매가격 형식으로의 변경은 불가분의 관계에 있다고 판단된다.

소득세 성격을 추가한 것이 의도된 것인지는 명확하지 않으나, 결과적으로 전면적인 소득과세인 국가기업리득금 체계로의 이행 과정에서 중간단계 역할을 한 것으로 보인다. 또한 거래수입금 총액을 소비재 생산단계에서 예산에 동원하던 방식에서 그 일부에 대한 예산동원 시기를 생산수단 생산단계로 앞당김으로써 예산수입의 조기 확보를 의도한 것일 수 있다.

(3) 김정일 시대 II (2002~2011) - 거래수입금의 폐지

거래수입금은 국가가 제정하는 품목별 가격을 적용하고 조절함에 있어서 핵심적인 위치에 있다. 2002년 이후 이러한 거래수입금을 폐지하고 국가기업리득금 체계로 전환한 것은 포괄적인 성격의 번수입 지표와의 정합성을 고려한 것으로 보인다. 또한 1994년에 이미 생산수단 생산기업소까지 거래수입금의 부과대상에 포함시킴으로써 모든 국영 생산기업소를 대상으로 일률적으로 국가기업리득금을 부과할 수 있는 구조가 마련되어 있었다고 할 수 있다.

한편 국가기업리익금과 달리 국가기업리득금은 중앙집중적으로 동원되는 것으로서, 거래수입금을 폐지했지만 중앙집중적 납부체계는 오히려 국가기업리익금 부분까지 확대되었다.

(4) 김정은 시대 (2011 이후) - 거래수입금의 부활

2011년 「국가예산수입법」의 수정보충에 따라 거래수입금이 부활된다. 김정은 시대 거래수입금의 부활은 시장가격 적용 확대에 따른 가격체계 자체의 변화, 주문계약 허용 및 기업소지표 도입 등과 함께 검토되어야 한다.

국가기업리익금이나 국가기업리득금과 같은 소득과세의 경우 원가공제 후 (순)소득의 일정 부분이 예산에 동원되지만, 소비과세의 경우 원가공제 없이 판매수입의 일정 부분을 우선적으로 예산에 동원할 수 있다. 시장가격의 적용 확대는 가격 제정 및 조정 과정에서 소비품 소매가격에 영향을 미침으로써 납부비율(세율)의 증가로 나타날 수 있고, 소비품 도매가격에 영향을 미침으로써 거래수입금 과세표준(판매수입)의 직접적인 증가로 나타날 수 있다. 따라서 거래수입금의 부활은 예산수입 증대 측면에서 중요한 의미가 있다고 할 수 있다.

과거 2002년 이전의 거래수입금 부과체계는 국정가격과 계획을 기반으로 하는 「고전적 사회주의 예산수입체계」라고 할 수 있다. 김정은 시대에 부활한 거래수입금은 사회주의 예산수입체계의 형태를 유지하고 있지만, 주문계약 및 기업소지표를 통해 시장거래 및 시장가격을 반영한다는 점에서 「시장 기반 사회주의 예산수입체계」로서의 성격이 강화된 것으로서 질적인 차이가 있다.

2012년 이후 다시 거래수입금을 폐지하고 일괄납부 방식의 새로운 「소득분배방법」을 시범적으로 시도하였으나, 2019년 말까지도 「국가예산수입법」은 변화가 없었고 공식적으로 거래수입금은 여전히 유지되고 있는 것으로 보인다.

3. 분배기준과 국가기업리익금의 시기별 변화

가. 시기별 변화 요약

국가기업리익금의 전체 시기별 변화를 총괄하여 정리하면 〈표 6-2〉와 같다.

국가기업리익금의 시기별 변화는, 크게 가격정책 변화에 따른 과세표준의 변화, 분배기준 변화에 따른 과세대상의 변화, 추가적인 세원발굴에 따른 과세대상의 확대로 요약된다.

가격정책의 변화는 2002년 이후 가격현실화 및 한도가격 제도 도입, 그리고 김정은 시대 들어서 주문계약 허용 및 기업소지표 도입 등 시장가격 적용의 확대에 따른 가격체계 자체의 변화를 들 수 있다. 이러한 변화는 과세표준의 질적 변화를 의미한다.

<표 6-2> 분배기준과 국가기업리익금의 시기별 변화 요약

구분			2002 이전	2002~2005	2005~2007	2007~2011	2011 이후
명칭			국가기업리익금	국가기업리득금			국가기업리익금
가격체계			(생산수단) 산업도매가격	(생산수단) 산업도매가격	(생산수단) 산업도매가격	(생산수단) 산업도매가격	(생산수단) 기업소도매가격
			국정가격	국정가격 + 한도가격도입	국정가격 + 한도가격적용 유지 (추정)	국정가격 + 한도가격적용 유지 (추정)	국정가격 + 한도가격적용(추정) +시장가격 적용확대
분배기준			「이윤」 기준	「소득」 기준	「소득」 기준	「순소득」기준	「이윤」 기준
과세요건	납세의무자		국영 생산기업소 및 비생산 기관, 기업소	국영 생산기업소 및 비생산 기관, 기업소	기관, 기업소, 단체 (「국가예산수입법」상의 표현)	기관, 기업소, 단체	기관, 기업소, 단체
	과세대상	기본	이윤	소득	소득	순소득	이윤
		추가세원	–	개인의 시장 경리수입(소득), 토지이용권 (재산권)	개인의 시장 경리수입(소득), 토지이용권 (재산권)	개인의 시장 경리수입(소득), 부동산이용권 (재산권)	개인의 시장 경리수입(소득), 부동산이용권 (재산권)
	경상납부	과세표준	판매수입	• 일정기간 판매수입 또는 번수입 x 고정납부 비율(불변) 또는, • 판매수입 있을 때마다 판매수입 x 계획납부 비율(가변)	판매수입	판매수입	판매수입
		세율	리익금 경상납부율		판매수입에 대한 납부비율(추정) (「국가예산수입법」은 소득에 대한 계획납부 비율만 규정)	납부비율 (= 재정계획반영 리득금/판매수입계획 또는 중앙재정 지도기관이 따로 정한 납부비율)	납부비율 (= 재정계획반영 리익금/판매수입계획 또는 중앙재정 지도기관이 따로 정한 납부비율)
	확정납부	과세표준	납부금액= 리익금계획액 + {초과이윤– (경영손실보상금+ 기업소기금+ 상금기금) –초과이윤에서 바치는 지방유지금} * 리익금계획액 = 실적이윤 x (리익금계획/계획이윤)	번수입 실적 = 총판매수입금 (계획외수입포함) – 원가(생활비 제외) – 재산보험료	소득 실적 = 총판매수입금 -원가(생활비제외) * 번수입 개념 유지 추정	순소득 실적 = 총판매수입금 - 원가 * 번수입 개념 유지 추정	① 2002년 이전 리익금 방식 (추정) 또는, ② 2011년 직전 리득금 방식을 이윤에 적용 (추정) * 번수입 개념 유지 추정; 2014 이후 기업소지표 적용
		세율		납부비율 (고정납부비율 또는, 계획납부비율)	납부비율 (= 재정계획반영 소득에 대한 납부비율 또는 중앙재정 지도기관이 따로 정한 납부비율)	• 「국가예산수입법」: 납부금액 = 순소득 -자체충당금 -지방유지금 • 「회계학 교재」: 계획납부비율 = 리득금계획/순소득계획	

자료: 최정욱, 「북한 국가예산수입제도의 시기별 변화와 전망 – 국영 생산기업소의 거래수입금과 국가기업리익금을 중심으로」, 『통일문제연구』, 제31권 2호, 2019, 345쪽 〈표 3〉을 수정 · 보완.

분배기준은 국가기업리익금 변화의 핵심적인 변수로 활용되었다. 분배기준의 변화는, 2002년 국가기업리득금 체계로의 전환과 소득(번수입) 기준으로의 변화, 개혁의 후퇴를 반영한 2007년 순소득 기준으로의 변화, 그리고 2011년 「국가예산수입법」 수정보충에 의한 2002년 이전 국가기업리익금 및 이윤 기준으로의 회귀로 요약된다. 이러한 변화를 간략히 정리하면 〈표 6-3〉과 같다.

마지막으로 2002년 이후 추가적인 세원발굴에는 개인의 시장경리수입에 대한 개인수입금(국가납부금) 부과, 토지이용권(부동산이용권)에 대한 사용료 부과 등이 있다. 이는 실질적으로 개인소득세의 부분적 부활이며 '모호한' 재산권에 기초한 재산세 성격의 과세로서 과도기적인 성격을 띤다.

나. 시기별 변화 이유

(1) 김일성 시대 - 국가기업리익금의 시작

김일성 시대의 국가기업리익금(리익공제금)은 기존 세금제도를 폐지하면서 사회주의 예산수입체계 확립의 일환으로 도입된 것이다.

舊소련의 사회주의 조세제도에 기원을 두고 1947년 처음 도입된 리익공제금은 1958년 생산관계의 사회주의적 개조가 마무리된 후 1960년에 국가기업리익금으로 명칭이 변경되었다. 계획이윤(기업소순소득)은 재정계획에 따라 기업소 자체충당금과 국가기업리익금으로 분배되는데, 국가기업리익금은 사회순소득 중에서 기업소순소득을 직접적인 분배대상으로 한다는 것이 특징이다.

<표 6-3> 시기별 분배기준 및 분배방식의 변화

▷ 김일성 시대 ~ 김정일 시대 초반 (2002년 이전)주1)

	(별도분배)	분배기준(이윤)		
1단계	생활비	기업소순소득(이윤)		거래수입금(중앙집중적)
2단계		자체충당금	국가기업리익금	

▷ 김정일 시대 중반 (2002~2007)주2)

	분배기준(소득) - 번수입		
1단계	생활비	자체충당금	국가기업리득금(중앙집중적)

▷ 김정일 시대 후반 (2007~2011)주3)

	(별도 분배)	분배기준(순소득)	
1단계	생활비	자체충당금	국가기업리득금(중앙집중적)

▷ 김정은 시대 (2011년 이후 「국가예산수입법」)주4)

	(별도 분배)	분배기준(이윤)		
1단계	생활비	기업소순소득(이윤)		거래수입금(중앙집중적)
2단계		자체충당금	국가기업리익금	

▷ 김정은 시대 (2012년 시범개혁안 「소득분배방법」)

	분배기준(소득)			
1단계	기업체몫			국가납부몫 (거래수입금 · 국가기업리익금 · 사회보험료 등 일괄납부)
2단계	기업체분배몫		부동산사용료 · 재산보험료 납부	
3단계	생활비	자체충당금		

주1) 국정가격에 기초한 계획분배.

주2) 생활비 및 가격 현실화, 한도가격 제도 도입, 계획외 수입부분 포함.
생활비에 대하여 종전의 산업 · 직종 · 기능별 '유일생활비등급제'(670여 개)를 변경하여 대체적인 기준만을 정해주고 개별 공장 · 기업소의 생활비 조정 권한을 확대하여 업무의 난이도에 따라 차등을 둘 수 있도록 함. 한기범, 『북한의 경제개혁과 관료정치』(서울: 북한연구소, 2019), 90~91쪽.

주3) 생활비 및 가격 현실화, 한도가격 제도 유지 및 계획외 수입부분 포함 추정.
생활비를 별도 분배하지만 현실화된 생활비 수준을 기초로 분배되었을 것으로 추정됨.

주4) 시장가격 적용 확대, 계획외 수입부분 포함 추정, 생활비지급 재량 확대.
2014~2015 「기업소법」 제39조 수정보충으로 주문계약 허용 및 기업소지표 도입; 기업소 세칙에 따라 생활비를 지급할 수 있도록 하는 등 기업소의 재량범위를 확대하여 노동인센티브를 제고함. 이석기 외, 『김정은 시대 북한 경제개혁 연구 – '우리식 경제관리방법'을 중심으로』(세종: 산업연구원, 2018), 274쪽; 2014년 「기업소법」 제48조 수정보충하여 노동보수자금이 경영수입과 소득에 연계되어 분배되는 것으로 규정함.; 국정가격 기준의 명목상 생활비가 아니라 시장가격에 연동되어 실질적인 생활을 보장할 수 있도록 하는 방향으로 정책 변화가 있는 것으로 보임. 봉향미, 「생활비와 가격의 균형을 보장하는 것은 로동자, 사무원들의 생활을 안정향상시키기 위한 중요담보」, 『경제연구』, 2017년 제1호, 35쪽.

자료: 관련 내용 및 자료를 기초로 저자 작성.

(2) 김정일 시대 (2002~2011) - 국가기업리득금 체계로의 전환

2002년 이전까지의 국가기업리익금은 김일성 시대와 차이가 없다. 김정일 시대의 가장 큰 변화는 2002년 이후 국가기업리득금 체계로의 전환이다.

① 국가기업리득금 체계로의 전환의 의미

국가기업리득금 체계로의 전환의 의미는 앞에서 논의한 거래수입금의 폐지, 번수입 기준 소득과세로의 전환, 그리고 중앙집중적 납부체계의 전면화로 요약할 수 있다. 1994년 이후 산업도매가격 형식으로 변경됨에 따라 거래수입금은 가격의 일부로서 판매수입을 구성함으로써 기업소의 소득(사회순소득)을 과세대상으로 하는 소득세의 성격도 띠게 되었다. 이는 소득(번수입)을 과세대상으로 하는 소득과세 성격의 국가기업리득금 체계로 전환하는 과정의 중간단계일 수 있다.

또한 당초 중앙집중적 납부대상인 거래수입금의 소비재 부과에서 출발하여, 1994년 거래수입금의 생산수단 부과로의 확대, 2002년 국가기업리득금 체계를 통한 비생산부문 및 계획외 수입부분의 중앙집중화가 이루어졌다. 중앙집중적 납부대상인 거래수입금을 폐지하였지만 국가기업리익금 부분을 통합하고 번수입 지표를 적용함으로써 국영기업소에 대한 중앙집중적 납부체계를 계획외 부분과 비생산기업소까지 포함하여 전면화했다고 할 수 있다. 이러한 국영기업소에 대한 중앙집중적 납부체계의 확대과정을 요약하면 다음과 같다.

<표 6-4> 국영기업소 중앙집중적 납부체계 적용대상 확대과정

부과항목 (기간)	부과단위		
거래수입금 (1994 이전)	소비재 생산기업소		
거래수입금 (1994~2002)	소비재 생산기업소	생산수단 생산기업소	
국가기업리득금 (2002~2011)	생산기업소 (계획외 부분 포함)		비생산기업소

자료: 관련 내용을 기초로 저자 작성.

② 국가기업리득금 체계로의 전환 및 분배기준 변화의 이유

앞서 살펴본 바와 같이 국가기업리득금 체계로의 전환은 중앙집중적 납부체계를 전면화한 것으로 볼 수 있다. 이는 예산동원 측면뿐만 아니라 시장을 공식적으로 수용하면서 개혁 추진에 대한 안전장치로서 중앙집중적 영역 또는 직접적인 관리통제 영역을 확대하고 경영통제 및 재정통제를 강화하고자 한 것일 수 있다.

또한 국가기업리득금 체계로 전환한 후 분배기준은 '소득' 기준으로 변경되었다가 다시 2005년 이후 개혁 후퇴의 흐름과 함께 2007년에 '순소득' 기준으로 변경된다. 이러한 분배기준 변화의 이유 또는 배경을 분석해보면 다음과 같다.

첫째, 분배기준 변경은 인센티브 구조변화를 통한 생산증대에 일차적인 목적이 있는데, 소득-순소득 분배기준의 핵심적인 차이는 생활비 부분을 기업소 경영성과에 연동시킬 것인지 여부에 있다. 분배기준 변경은 과세대상의 변경을 의미한다. 시장가격 정책의 변경은 과세표준을 통하여 예산수입 증대에 직접적인 영향을 미치며, 분배기준 변경과 결합될 때 시장과 경제주체의 연결을 통해 인센티브 구조에 영향을 미친다. 즉 '소득' 기준 분배방법의 경우 시장가격이 반영된 경영성과가 생활비 분배에도 영향을 미치기 때문에 경제주체의 인센티브 구조에 변화를 가져온다. 반면 '순소득' 기

준 분배방법은 생활비를 별도로 분배하는 구조로서 상대적으로 경영성과와 생활비의 연계성이 떨어진다. 다만 '순소득' 기준의 경우에도 기업소 자체충당금을 통해 상금 및 장려금에 영향을 줄 수 있으므로 경영성과와 노동보수 간에 간접적인 연계성은 존재한다. 또한 별도 분배하더라도 김일성 시대와는 달리 현실화된 생활비 수준이 반영되었을 것으로 추정된다.

둘째, '소득' 기준 분배방법은 경영성과를 통한 인센티브 강화 및 생산증대가 일차적인 목적인 것으로 보이지만, 동시에 간접적으로 개인소득(생활비)을 과세대상에 포함시키는 측면이 있다. 북한 세금제도 폐지의 핵심적인 내용이 개인에 대한 세금 폐지라는 측면에서 개인소득(생활비) 부분을 직접적인 과세대상으로 공식화하기는 어렵지만, '국가예산수입의 동원(분배) 대상이 되는 전체 과세대상에 생활비 부분을 포함시킴으로써 간접적으로 개인소득 부분을 예산수입에 연계시키는 효과가 있다.

(3) 김정은 시대 I (2011 이후) - 국가기업리익금으로의 회귀

2011년 「국가예산수입법」의 수정보충에 따라 김정일 시대의 국가기업리득금은 거래수입금의 부활과 함께 다시 국가기업리익금으로 전환되었다. 이는 1994년 이전의 체계로 회귀한 것으로서 김정일 시대의 다양한 예산수입법제 변화 시도를 원점에서 재검토하고자 한 것으로 보인다. 실제로 2012년 이후 「소득분배방법」을 시범적으로 실시하고 2014년 이후 「기업소법」 등의 수정보충을 통해 바로 개혁적인 조치들을 추진하였다. 따라서 국가기업리익금으로의 회귀 자체가 큰 의미를 갖는 것은 아니고 이후의 관련 법제의 개혁에 무게중심이 있다고 보는 것이 합리적이다.

현행 「국가예산수입법」상의 국가기업리익금은 2002년 이전의 국가기업리익금과 형태적으로는 차이가 없지만, 내용적으로는 과거와 동일하다고 할 수 없다. 과세표준을 산정함에 있어서 시장가격이 적극적으로 반영되고 있고 과거 계획외 시장활동도 기업소지표의 형태로 계획 영역에 편입되고 있기 때문에 2002년 이전 국정가격 및 계획을 기반으로 하는 「고전적 사회주의 예산수입체계」와는 질적으로 차이가 있다. 이러한 질적 변화는 시장화 추세 및 개혁 추진에 따른 시장경제 영역의 지속적인 확대가 그 원인이며 또한 배경이라고 할 수 있다.

(4) 김정은 시대 II (2012 이후) - 새로운 시도 「소득분배방법」

「국가예산수입법」은 2011년 11월 8일 3차 수정보충 후에는 변화가 없었지만, 2012년 이후 소득을 과세대상으로 하고 판매수입을 과세표준으로 하면서 국가납부율을 세율로 적용하는 추계과세 성격의 「소득분배방법」을 임시적 또는 시범적인 방식으로 시도하였다. 이러한 방법이 「국가예산수입법」에 아직까지 반영되지 않았다는 점에 비추어 볼 때 안정적인 제도로서 확신을 얻지는 못한 것으로 보인다. 거래수입금과 기업소부담 사회보험료를 폐지하고 일괄납부하는 다소 파격적인 방법을 시도한 것은 시장경제 영역의 확대에 대응함에 있어서 적절한 대안을 찾지 못하고 있음을 보여주는 것이다.

판매수입금액을 기준으로 국가납부금을 계산하는 방식은 원가정보가 필요하지 않은 방안을 모색한 것으로서, 근거과세를 위한 과세자료 기반이 갖춰지지 못한 상황에서의 궁여지책이었을 가능성이 높다. 예산수입제도의 변화가 체제유지에 위협이 되지 않고 관리통제 범위 내에서 작동되도록 하는 중요한 연결고리는 조세인프라 문제일 것이며, 북한은 취약한 조세인프라로 인하여 어려움을 겪고 있는 것으로 보인다. 북한의 조세제도 발전에 필요한 주요 조세인프라로는, 근거과세가 가능하도록 하는 회계 및 회계검증 방법의 발전, 단일은행 계좌이체 방식이 아닌 효율적 징수체계의 구축, 조세전담조직 등 조세행정의 발전, 세원의 양성화, 자발적 신고납부가 가능하도록 하는 납세의식의 제고, 북한 내 조세전문인력의 확충, 조세구제제도의 발전 등을 고려할 수 있다.

제2절

북한 세금관련 법제의 과도기적 형태

앞서 살펴본 바와 같이 북한의 예산수입체계는 실질적으로 국정가격 및 계획을 기반으로 하는 「고전적 사회주의 예산수입체계」에서 「시장 기반 사회주의 예산수입체계」로 변화하여 왔다. 「국가예산수입법」을 중심으로 여전히 사회주의 예산수입체계의 '형태'를 유지하면서 「기업소법」 등의 수정보충을 통해 「시장 기반 사회주의 예산수입체계」로서의 성격을 강화하여 왔다. 하지만 현행 예산수입체계를 「시장경제형 조세제도」라고 할 수는 없다. 결과적으로 사회주의적 체계 유지라는 현실적인 제약 속에서 시장경제 활동을 반영 또는 수용하는 방식으로 제도적인 변화를 시도하는 과도기적인 형태가 나타나고 있다.

1. 과도기적 형태 I - 김정일 시대 이후

가. 개인수입금

(1) 1947년 「시장세법」의 제정과 폐지

1947년 2월 27일자 세제개혁결정서 제1조 제3항 제2호에 의하면, 시장세는 “시면에 특설한 시장(매5일 또는 격일 개시하는 시장을 포함함)에서 영업하는 상공업자로서 영업등록이 없는 자에게 그 실제 판매금액에 대하여 그 100분의 3을 부과하여 시장관리자로 하여금 매일 징수”하게 하고, “그 시장의 상황으로 이상에 의거하기 어려울 경우에는 매일 입시와 동시에 그 영업자의 형편을 참작하여 1일 5원 이상의 세금을 징수할 수 있다.”고 규정하고 있다.

1947년 세제개혁결정서와 함께 같은 날 이러한 내용을 규정한 「시장세법」이 제정되었는데, 「시장세법」은 1949년 내각결정 제203호 「공용시설사용료에 관한 규정」(1949.12.28)이 채택되면서 폐지되었다. 「공용시설사용료에 관한 규정」 제1조 제1호 및 제2호는 공설시장과 가축시장을 공용시설로 명시하고 있다. 즉 「시장세법」의 폐지로 시장세는 1949년에 폐지되었지만, 시장사용료는 공용시설사용료의 형태로 유지되었다.

(2) 시장세 - 개인수입금(국가납부금)으로 부활

시장화의 진전에 따라 개인상공업자의 경제활동 중에서 협동경리 형태로 조직되지 않은 부분이 확대되었다. 이와 관련하여 북한은 1998년 헌법 수정보충 과정에서 개인적인 상업 활동의 범위를 기존의 ‘개인부업경리’에 더하여 ‘합법적인 경리활동’으로 확대함으로써(헌법 제24조), 확대되는 개인의 시장경리 활동을 과세대상으로 편입시킬 수 있는 헌법적 기반을 만들었다.

이후 2003년 5월 5일자 「시장관리운영규정(잠정)」[1] 제13조에서는 아래와 같이 규정하고 있고, 같은 날 김정일은 유사한 내용의 지시사항[2]을 하달했다.

---

1) 한국개발연구원, 『KDI 북한경제리뷰』, 2004년 12월호, 31쪽.

2) 「위대한 령도자 김정일동지께서 농민시장을 사회주의 경제관리와 인민생활에 필요한 시장으로 잘 운영하도록 방향전환할데 대하여 주신 방침을 철저히 관철 할데 대하여」(내각지시 제24호 2003년 5월 5일), 한국개발연구원, 『KDI 북한경제리뷰』, 2004년 12월

시장에서 상품을 전문적으로 파는 국영기업소, 협동단체와 개별적 주민들은 시, 군인민위원회 상업부서에 등록하고 등록증을 받은 다음 재정부서에 등록하여야 하며 시장사용료와 국가납부금을 내야 한다. …… 국가납부금은 소득규모를 고려하여 소득의 일정한 비율로 월에 한번 씩 재정기관이 직접 받는다. 국영기업소, 협동단체, 개인들은 월마다 소득액을 시, 군인민위원회 재정부서에 신고하여야 한다.

이러한 내용은 2005년 「국가예산수입법」 제62조(개인수입금의 납부)에서 "공민은 시장 같은데서 합법적인 경리활동을 하여 조성한 수입금의 일부를 해당 기관, 기업소, 단체에 내야 한다. 이 경우 기관, 기업소, 단체는 정한데 따라 수입금을 해당 재정기관에 납부하여야 한다."고 규정함으로써 개인적인 상업 활동의 결과가 과세대상으로 명시되었다. 1947년 「시장세법」에서 출발하여 1949년에 폐지되었다가 2003년 「시장관리운영규정(잠정)」 및 2005년 「국가예산수입법」으로 부활되는 과정에서 주목할 만한 부분은 다음과 같다.

첫째, 1947년 당시 시장세는 시장에서 영업하는 자로서 '영업등록이 없는 자'에게 부과하는 것으로 규정하고 있다. 영업등록이 있는 자는 소득세 및 거래세 등이 부과된다는 전제 하에 영업등록이 없는 개인의 시장 영업에 대하여 세금을 부과하고자 했던 것으로 보인다. 하지만 2003년 당시에는 소득세가 폐지되고 거래세는 거래수입금으로 재편된 상황에서, 「시장관리운영규정(잠정)」에 근거하여 과거의 경험을 기초로 등록된 납세의무자부터 국가납부금을 부과한 것으로 보인다. 이러한 등록과정은 세원의 양성화 과정이라고 할 수 있다.

둘째, 상기 2003년 당시의 「시장관리운영규정(잠정)」이나 김정일의 지시사항과 2005년 「국가예산수입법」 규정은 국가납부금(개인수입금)의 징수경

호, 26~27쪽.

로에서 다소 차이가 있다. 즉 「시장관리운영규정(잠정)」과 김정일의 지시사항은 매월 해당 기업소, 단체 및 개인이 '국가납부금'을 재정기관에 직접 신고 납부하는 것으로 규정하고 있었는데, 「국가예산수입법」에서는 공민(개인)이 기관, 기업소, 단체를 경유하여 '개인수입금'을 납부하는 것으로 규정하고 있다. 즉 법조문상 국가에 대한 납세의무자는 기관, 기업소, 단체라고 할 수 있지만, 실질적으로는 공민(개인)이 기관, 기업소, 단체를 경유하여 납부하는 것으로서 개인을 납세의무자로 규정한 것과 다를 바 없다. 즉 실질적으로는 개인이 납세의무자인 구조인데 개인을 납세의무자로 공식화하지는 못한 것이다. 기관, 기업소 및 단체의 시장경리 활동 수입금은 별도의 국가납부금(국가기업리득금 또는 국가기업리익금)을 통하여 징수된다.

셋째, 개인수입금은 시장에서의 경리활동 수입금에 대하여 부과하는 (사업)소득세의 성격을 띤다. 따라서 법조문상 개인이 공식적인 납세의무자로 규정되지는 않았지만 실질적으로는 과거 개인소득세의 부분적 부활로 볼 수도 있다.

나. 부동산사용료

북한은 1947년 세제개혁 이후 순차적으로 폐지하였던 세금 항목 중 일부를 사용료 또는 수수료 방식으로 전환하여 유지하거나 일부 변화를 시도했다. 특히 과거 대지세와 가옥세는 개인소유 부분이 점차 축소되면서 국유 건물 및 대지에 대한 사용료 형태로 전환되었다가 최종적으로 2007년 「국가예산수입법」상의 부동산사용료로 체계화된 것으로 보인다. 재산에 대한 사적소유가 인정되지 않는 상황에서 「시장경제형 조세제도」의 재산세가 직접적으로 도입되기는 어렵고, 부동산이용권에 대한 사용료 방식이 과도기적으로 활용되는 것으로 볼 수 있다.

(1) 토지사용료 (부동산사용료)

2002년 7·1 조치 추진과정에서 형식적 사유화보다는 사용료를 전제로 한 '이용권' 방식이 추진되었다.[3)]「토지사용료납부규정」[4)]은 2002년 7·1 조치 직후인 동년 7월 31일자로 채택되었다. 동 규정에 의하면, 토지사용료는 '토지를 이용하여 생산한 농업생산물의 일부를 돈으로 국가에 납부하는 몫'으로 정의된다. 토지를 이용하기 위해서는 해당기관에 등록해야 하고, 개인이 부치는 터밭과 부대기밭(화전)에도 토지사용료를 적용하였으며, 농업생산을 전문으로 하는 기관에는 낮게, 부업농목장, 원료기지, 개인토지 등에는 높은 토지사용료를 부과하였다. 토지사용료는 부류별, 지목별, 등급별로 납부하였는데 토지사용료 수입은 국가예산수입에 포함되었다.

이러한 토지사용료는 종전「국유건물 및 대지관리에 관한 규정」에 의한 사용료 부과체계를 대체했다기보다는 농업생산물 관련 토지를 추가적인 부과대상으로 정비한 것으로 보인다.「토지사용료납부규정」에 의한 토지사용료 납부에 대한 내용은 2005년「국가예산수입법」제3절에 포함되었고 2007년 10월 16일 수정보충 과정에서 부동산사용료로 확대 개편되었다. 부동산사용료는 과거「국유건물 및 대지관리에 관한 규정」의 내용을 이어 받았을 가능성이 높고, 이후 2009년 11월 11일「부동산관리법」이 제정되면서 사용료 부과를 포함하는 전반적인 부동산 관리체계도 정비된 것으로 보인다.

1950년에 채택된「국유건물 및 대지관리에 관한 규정」이 지속적으로 유효했는지 공식적으로 확인되지는 않는다. 하지만 가옥세 및 대지세를 사용료 부과체계로 전환한 것으로서 이를 폐지했을 가능성은 높지 않아 보인다.

---

3) 김상겸,「북한의 가격체계」, 북한경제포럼 엮음,『현대북한경제론』(서울: 도서출판 오름, 2007), 439쪽.

4) 한국개발연구원,『KDI 북한경제리뷰』, 2004년 12월호, 22~25쪽.

동 규정이 유지되었거나 다른 규정으로 대체되었다고 하더라도 사용료 부과체계는 유지되었을 가능성이 높다.

북한은 기존 거래수입금과 국가기업리익금에 추가하여 부동산사용료도 사회순소득을 원천으로 하는 사회주의 경리수입의 하나로 성격을 규정하고 있다.[5)]

(2) 살림집사용료

1990년 9월 5일 제정된 북한 민법 제50조[6)]에서는 국가소유살림집의 '이용권'에 대하여 규정하고 있다. 2009년 1월 21일 제정된 「살림집법」 제24조(개인소유살림집의 이관, 인수)에 의하면, "개인소유살림집은 소유자의 요구에 따라 국가소유살림집으로 전환"할 수 있고, "개인소유로 되어 있던 살림집이 국가소유로 전환되었다 하여도 해당 살림집은 그것을 소유하였던 공민이 계속 이용할 수 있다."고 규정하고 있다. 또한, 1992년 1월 29일 제정된 「도시경영법」 제17조(개인살림집의 국가소유로 전환)에서는 "도시경영기관과 재정은행기관은 개인살림집을 소유자가 국가소유로 전환시켜줄 것을 요구할 경우에는 그것을 넘겨받고 보상"하여 주어야 하고, "살림집소유권을 국가소유로 넘긴 공민은 그 살림집을 계속 이용할 수 있다."고 규정하고 있다. 이와 같이 북한은 개인소유살림집의 국유 전환을 지속적으로 확대하고자 하였다.

「살림집법」 제42조(사용료의 지불)는 "살림집을 이용하는 공민은 정해진 사용료를 제때에 물어야한다."고 규정하고 있다. 동법 제2조(살림집의 구분)

5) 허철환, 「감가상각금과 부동산사용료의 경제적내용과 그 리용의 필요성」, 『김일성종합대학학보: 철학 · 경제학』, 제57권 제4호, 2011, 101~104쪽.

6) 1990년 북한 민법 제50조: "국가는 살림집을 지어 그 이용권을 노동자, 사무원, 협동농민에게 넘겨주며 그 이용권을 법적으로 보호한다."

에서는 “살림집은 소유형태에 따라 국가소유살림집, 협동단체소유살림집, 개인소유살림집”으로 구분하며, “국가는 살림집소유권과 이용권을 법적으로 보호한다.”고 규정하고 있다.

「부동산관리법」 제2조(부동산의 구분)에 의하면, “부동산은 토지와 건물, 시설물, 자원 같은 것”으로 구분되며, “토지에는 농업토지, 주민지구토지, 산업토지, 산림토지, 수역토지, 특수토지가, 건물, 시설물에는 산업 및 공공건물, 시설물, 살림집건물 같은 것이, 자원에는 지하자원, 산림자원 같은 것이 속한다.”고 규정하고 있다. 즉 살림집건물은 「부동산관리법」상 부동산에 해당한다. 동법 제34조(부동산사용료의 의무적 납부)에서는 “부동산을 이용하는 기관, 기업소, 단체와 공민은 부동산사용료를 의무적으로 납부하여야 한다.”고 규정하여 살림집사용료도 부동산사용료에 해당하는 것으로 해석된다.

그런데 「국가예산수입법」 제40조(부동산사용료의 납부항목)에서는 “부동산사용료의 납부항목으로 농업토지사용료, 부지사용료, 생산건물사용료, 어장사용료, 수산자원증식장사용료, 자동차도로시설사용료, 자원비 같은 것이 속한다.”고 규정하여 살림집사용료를 부동산사용료로 명시적으로 규정하고 있지는 않다. 여기서 ‘같은 것’은 ‘등(等)’[7]과 동일한 의미라고 할 수 있는데, 동 조문이 한정적 열거인지는 명확하지 않다. 하지만 「부동산관리법」상으로는 부동산사용료에 해당하는 것으로 해석된다는 점에서 「국가예산수입법」 제40조 규정은 입법 미비일 가능성이 높아 보이고, 살림집사용료도 부동산사용료의 하나라고 해석하는 것이 타당하다고 판단된다.

---

7) 등(等): 1. 그밖에도 같은 종류의 것이 더 있음을 나타내는 말. 2. 두 개 이상의 대상을 열거한 다음에 쓰여, 대상을 그것만으로 한정함을 나타내는 말. 네이버 국어사전; http://ko.dict.naver.com (검색일: 2021.1.8.). ‘같은 것’이 예시적 열거를 의미하는지 한정적 열거를 의미하는지는 명확하지 않다.

2. 과도기적 형태 II - 김정은 시대

가. 주문계약과 기업소지표
- 과세대상의 확대 및 과세표준의 변화

김정일 시대 번수입 지표는 계획외 수입을 과세대상에 포함하고 가격현실화 및 한도가격 제도를 통해 시장가격이 과세표준에 제한적으로 반영되는 방식이었다. 그러나 김정은 시대에 들어와서 2014~2015년 「기업소법」 수정보충에 따라 계획외 수입 부분이 공식적으로 기업소지표 형태로 계획의 영역 내로 편입되었다. 즉 기업소가 주문계약에 따라 기업소지표로 생산하는 생산물의 가격제정권과 판매권을 갖게 되어 시장가격에 의한 거래가 기업소지표라는 계획의 외피를 쓰고 공식화된 것이다.

이러한 변화는 시장화의 확대에 따라 형성된 계획과 시장의 이중경제구조 하에서 시장경제 영역을 과세대상에 공식적으로 편입시킨 것으로서, 기업소가 수요자와 주문계약에 의해 자체적으로 가격(시장가격)을 결정하고 과세표준에 반영할 수 있는 과도기적 체계를 만든 것이다. 기업소지표는 물량지표인 중앙지표와 달리 시장가격에 기초한 액상지표를 강화한 조치[8]로 해석할 수 있다.

김정일 시대 및 김정은 시대의 공통적인 모습은 직접적으로 사회주의 예산수입체계 자체를 변경하기 보다는 가격정책이나 계획지표 체계의 변화 등 간접적인 방식으로 접근하고 있다는 것이다. 사회주의 예산수입체계의 큰 틀을 유지하면서 시장을 수용하기 위한 과도기적인 모습라고 할 수 있다.

---

8) 이석기 외, 『김정은 시대 북한 경제개혁 연구 - '우리식 경제관리방법'을 중심으로』(세종: 산업연구원, 2018), 265쪽.

나. 예산 원천의 확대 - 소득세의 변화

「재정법」 제21조 및 제22조에 대한 2015년 4월 6일 수정보충 과정에서 기존 예산의 원천인 '순소득'에 '소득'을 추가하였다. 이는 예산의 원천, 즉 과세대상에 개인소득이라고 할 수 있는 생활비를 추가한 것이라고 할 수 있다. 이는 잉여가치만이 조세의 원천이라는 정치경제학적 조세론에서 국민소득(잉여가치와 가변자본)을 과세대상 세원으로 보는 근대경제학적 조세론에 한걸음 다가선 것으로 평가할 수 있다.

'세금 없는 나라'라는 정치적 입장에 배치되기 때문에 생활비 지급액을 직접적인 과세대상으로 하는 예산납부 규정을 법조문에 반영하기는 어렵겠지만, 국가기업리익금 산정과정에서 생활비가 예산의 원천(과세대상)에 포함됨으로써 간접적으로 과세되는 결과가 될 수 있다.[9] 개인소득세는 1974년 세금제도 폐지의 핵심적인 부분으로서 단기적으로 과세 전환을 공식화하기 어렵다. 따라서 예산의 원천에 생활비를 포함시키는 간접적인 방식으로 접근하고 있는 것으로 판단된다. 결과적으로 1974년 폐지된 주민소득세가 간접적으로 부활되고 있다고 볼 수 있으나, 개인이 납세의무자로 표현되지 않았고 아직까지는 공식적으로 개인소득세가 부활되었다고 보기는 어렵다. 북한에서 과도기적으로 다양한 예산납부 방식을 시도하고 있지만, 아직까지 개인을 납세의무자로 공식화한 세제는 없다고 할 수 있다.[10]

---

9) 김기헌, 「북한 화폐경제 변화 연구」, 정영철 편저, 『김정은 시대 북한의 변화』(서울: 도서출판 선인, 2019), 53쪽.

10) 「국가예산수입법」 제62조(개인수입금의 납부)에서도 법조문상 개인수입금의 납세의무자는 기관, 기업소, 단체로 되어 있다.

다. 2012년 시범개혁안 - 새로운 시도

북한의 「2012년 교육자료」에서는 부문별(업종별) 기준국가납부율을 기준으로 계산된 '기업소국가납부율'을 판매수입에 적용하여 국가납부액을 산출하는 「소득분배방법」의 시범적 적용에 대하여 설명하고 있다. 거래수입금, 국가기업리익금, 지방유지금, 기업소부담 7% 사회보험료를 일괄하여 납부하는 방식으로서 판매수입을 과세표준으로 하고 국가납부율을 세율로 하는 계산구조를 고안한 것으로 보인다.

부문별 기준국가납부율 등의 내용은 개념적으로 남한에서도 활용하는 추계과세(推計課稅) 방식과 유사해 보인다. 비록 전면적으로 도입한 것은 아니고 시범적이고 임시적인 시도로 보이지만 추계과세 방식을 활용하면서 과세표준과 세율 체계로의 단순화 등 조세제도의 형식을 고민한 흔적이라고 판단된다. 하지만 과세표준을 판매수입으로 일원화하고 개별 국가예산납부 항목을 통합한 일괄납부 방식은 조세의 정책수단으로서의 성격이나 세목별 정책효과의 차이를 고려하지 않은 과도기적인 모습이라고 할 수 있다.

라. 비법제적 접근 - 국영기업 사업 확대를 통한 예산수입증대

국영기업이 직접 시장경제 행위자로 등장하거나 비공식적으로 사업을 확대하는 방식은 제도의 근본적인 변화 없이 '제도적 타협'을 통해 비세제적 또는 비법제적인 방식으로 예산수입을 증대시킬 수 있는 방안이 된다.

「국가예산수입법」 제6조의 조세법률주의 규정에 따라, 공식적으로는 법률에 규정된 국가예산수입 항목 이외의 부담은 배제된다. 따라서 국영기업의 국가예산납부의무는 거래수입금과 국가기업리익금 등 「국가예산수입법」에 공식적으로 규정된 사항에 국한된다. 따라서 국영기업이 직접 시장경제 행위자로 등장하거나 비공식적으로 사업을 확대함으로써 국영기업의 소득을 증대시키는 것은 예산수입법제의 규정과 직접적인 관련은 없다.

김정은 시대 들어 국영경제와 시장화의 연계가 더욱 확산되고 있는데, 구체적으로 국영기업의 자율성 및 권한의 확대, 시장 활동의 증가, 돈주 자금의 대부투자, 돈주에게 국영기업 자산 임대 등의 형태로 나타나고 있다. 또한 김정은 시대에는 국영기업이 유통업 등에서 직접 시장경제 행위자로 등장하고 있다는 점도 특징적이다.[11] 「시장경제형 조세제도」를 공식적으로 도입하지 못한 상태에서 과도기적인 형태로서 이러한 방법을 활용하고 있다고 판단된다.

하지만 예산수입법제의 규정과 직접적인 관련이 없다는 것은 과세요건이 명확하게 정의되지 못한 것으로서 조세법률주의 개념에는 배치되는 것이다. 국영기업이 시장경제 행위자가 되어 사업을 영위하고 「국가예산수입법」상의 예산수입을 국가에 납부하는 경우라면 공식적인 예산수입체계 내로 편입된 것이 될 수 있다. 하지만 당국의 묵인 하에 이루어지더라도 내각경제의 계획 체계 내에서 이루어지지 않는 경우, 공식적인 예산수입으로 동원되지 못하고 당경제나 군경제와 같은 특권경제 범주의 자금으로 흡수되는 것일 수도 있다.

11) 양문수, 「북한 시장화에 대한 경제사 및 정책사적 접근」, 홍민 외, 『북한 변화 실태 연구: 시장화 종합 분석』(서울: 통일연구원, 2018), 101~103쪽.

제3절

북한과 중국 · 베트남의 세금관련 법제 변화 비교

1. 북한 예산수입법제 변화의 상대적 진척도

가. 북한과 중국·베트남 세금관련 법제의 과세요건 요약

북한의 2011년 수정보충 후 「국가예산수입법」에 따른 거래수입금과 국가기업리익금 및 2012년 이후 시도된 「소득분배방법」의 과세요건에 대하여 핵심적인 내용을 중심으로 축약하여 정리하면 아래 〈표 6-5〉와 같다.

<표 6-5> 북한 거래수입금, 국가기업리익금 및 「소득분배방법」의 과세요건 요약

과세요건	2011 거래수입금	2011 국가기업리익금	2012 「소득분배방법」
납세의무자	소비재생산기업소	기관 · 기업소 · 단체	시범단위 공장 · 기업소
과세대상	판매행위	이윤	소득
과세표준	판매수입	실적이윤	판매수입
세율	소비품 부과율	납부비율(계획)	기업소국가납부율

주: 2011년 거래수입금 및 국가기업리익금 과세표준 및 세율은 저자의 추정임.
2012 「소득분배방법」의 기업소국가납부율은 거래수입금, 국가기업리익금, 지방유지금, 기업소부담사회보험료 등을 포함하는 일괄납부 비율임.
자료: 관련 내용을 표로 정리하여 저자 작성.

김정은 시대의 과세대상 및 과세표준은 주문계약에 따라 기업소지표로 생산하는 생산물의 가격제정권과 판매권을 기업소에 부여하고 시장경제 영역을 계획 영역에 편입시킴으로써 「시장 기반 사회주의 예산수입체계」로서의 성격이 더욱 강화되었다. 따라서 2002년 이전의 국정가격 및 계획을 기반으로 하는 「고전적 사회주의 예산수입체계」의 과세요건과는 질적인 차이가 있다. 판매수입이나 이윤 등 동일한 용어를 사용한다고 하여도 시장을 수용하는 정도나 실질적인 내용은 차이가 있다.

상기 북한 현행 예산수입법제상의 과세요건을 중국·베트남 사례와 비교하여 그 상대적 위치를 검토하기 위하여, 제5장에서의 사례연구 내용을 기초로 중국·베트남의 유통세제 및 기업소득세제에 대해 과세요건을 중심으로 시기별 변화 과정을 요약하면 〈표 6-6〉과 같다.[12)]

나. 북한 현행 예산수입법제의 상대적 위치

북한의 현행 예산수입법제의 상대적 위치를 가늠해보기 위하여 상기 〈표 6-5〉과 〈표 6-6〉를 기초로 중국·베트남과 북한 예산수입법제의 변화를 비교해 보면 다음과 같다.

(1) 중국과 베트남 간의 비교

첫째, 중국과 베트남의 개혁·개방 이전 사회주의 예산수입법제의 형태는 크게 공상세[13)]와 이윤상납의 형태로 구분된다는 점에서 유사하다.

---

12) 개혁·개방 이전 시기 세금관련 법제에 대하여는 관련 법규 원문을 확인할 수 없었고, 다양한 세목의 분리·통합, 조직편제의 변화 등이 빈번하였기 때문에 현실적으로 과세요건을 명확하게 정리하기는 어려웠다.

13) 중국의 공상세는 세제통합 및 간소화 원칙에 따라 다양한 세목이 통합된 것이라는 차이가 있다.

<표 6-6> 중국·베트남 유통세제 및 기업소득세제의 시기별 변화 비교

<table>
<tr><th></th><th colspan="2">중국</th><th colspan="2">베트남</th></tr>
<tr><td rowspan="2">개혁·개방 이전</td><td colspan="2">공상세(1973~1979; 조세무용론에 기초하여 단순화된 형태로 통합된 복합세 성격)</td><td colspan="2">공상세(1961~1990)</td></tr>
<tr><td colspan="2">이윤상납제도(1973~1983; 집체기업은 공상소득세가 적용됨)</td><td colspan="2">이윤상납제도(1961~1990)</td></tr>
<tr><td rowspan="8">개혁·개방 초기</td><td rowspan="4">증치세
+
영업세</td><td>① 과세행위 개인 또는 단위</td><td rowspan="4">거래세</td><td>① 모든 경제부문 포괄</td></tr>
<tr><td>② 일부 공업생산품 및 일부 용역(증치세); 용역 제공(영업세)</td><td>② 생산의 모든 거래단계</td></tr>
<tr><td>③ 생산형 부가가치(증치세)</td><td>③ 판매가격</td></tr>
<tr><td>④ 12단계 세율</td><td>④ 0~40%(18개 세율)</td></tr>
<tr><td rowspan="4">기업소득세
+
이윤조절세</td><td>① 국영, 집체, 사영 포괄</td><td rowspan="4">이윤세</td><td>① 모든 경제부문 포괄</td></tr>
<tr><td>② 소득</td><td>② 소득</td></tr>
<tr><td>③ 이윤 (계산방법 미확인)</td><td>③ 이윤 (계산방법 미확인)</td></tr>
<tr><td>④ 중대형 국영 55%+조절세; 소형 국영 8단계 누진세율 + 승포비</td><td>④ 중공업 25%, 경공업 35%, 서비스 부문 45%</td></tr>
<tr><td rowspan="8">현행</td><td rowspan="4">증치세</td><td>① 과세행위 개인 또는 단위</td><td rowspan="4">부가가치세</td><td>① 과세행위 법인 또는 개인사업자</td></tr>
<tr><td>② 모든 상품의 생산·판매 및 용역의 공급(영업세 통합)</td><td>② 재화·용역의 생산·거래·소비</td></tr>
<tr><td>③ 소비형 부가가치</td><td>③ 매출가액(공급가액)</td></tr>
<tr><td>④ 표준세율 17% 등</td><td>④ 일반세율 10% 등</td></tr>
<tr><td rowspan="4">기업소득세</td><td>① 거주자기업 및 비거주자기업</td><td rowspan="4">법인소득세</td><td>① 내·외국법인</td></tr>
<tr><td>② 국내·외원천소득 (거주자기업); 국내원천소득 (비거주자기업)</td><td>② 국내·외원천소득 (내국법인); 국내원천소득 (국내사업장 없는 외국법인)</td></tr>
<tr><td>③ 세법규정에 따른 수입 - 비용</td><td>③ 세법규정에 따른 수입 - 비용</td></tr>
<tr><td>④ 표준세율 25% 등</td><td>④ 일반세율 20% 등</td></tr>
</table>

주: ①은 납세의무자, ②는 과세대상, ③은 과세표준, ④는 세율 등 과세요건을 의미함. 세부적인 내용은 생략하고 비교 및 논의에 필요한 수준으로 축약하여 정리한 것임.
자료: 관련 내용 및 자료를 기초로 저자 작성.

둘째, 중국과 베트남의 유통세제와 기업소득세제에 대한 변화의 공통적인 내용은 조세제(납세제)로의 전환이다. 또한 중국과 베트남의 조세제(납세제)로의 전환은 모두 법제적인 측면에서 기존 공상세 및 이윤상납 체계와 단절적인 방식으로 이루어졌다. 상기 〈표 6-6〉에 의하면, 중국과 베트남의 조세제(납세제) 전환에서 법제적으로 핵심적인 부분은, 법률에 규정된 요건에 해당하는 모든 자를 포괄하는 포괄적인 납세의무자 규정과 일반적 또는 표준적인 세율에 의한 국가와 기업 간 분배방식의 제도화라고 할 수 있다.

셋째, 중국과 베트남의 개혁 · 개방 초기 조세제(납세제) 전환의 세부진행과정은 상당히 차이가 있었다. 간접세 중심의 구조를 가지고 있었던 중국의 경우, 증치세(부가가치세)를 도입하면서 동시에 영업세, 산품세, 염세, 자원세 등 다양한 형태의 유통세제를 유지하였고, 기업소득세를 통해 조세제도로 전환하였지만 초기에는 이윤상납이 공존하는 방식이었다. 베트남의 경우, 1990년에 바로 거래세와 이윤세 형태의 조세형태로 전환하였고, 이후 1999년에 법인소득세와 부가가치세로 대체하였다.

넷째, 중국과 베트남의 현행 세금관련 법제, 즉 현행 세제의 과세요건은 유사하다. 또한 중국과 베트남의 현행 세제는 「시장경제형 조세제도」로서 통상적인 자본주의 조세제도와도 크게 다르지 않다.

(2) 북한과 중국·베트남 간의 비교 - 상대적 위치

북한의 국가기업리익금은 이윤상납의 형태로서 중국이나 베트남의 경우와 유사하고, 거래수입금은 공상세에 대응되는 것이다. 이와 관련하여 〈표 6-5〉에서 보는 바와 같이, 북한의 국가기업리익금은 기업소별 계획납부비율 개념이 적용되어 여전히 자의성 또는 임의성이 개입될 수 있고, 거래수입금은 품목별 부과율이 적용되는 방식으로서 일반적 또는 표준적인 세율에 의한 국가와 기업 간 분배방식의 제도화(조세화)와는 거리가 있다. 또한 거래수입금의 납세의무자는 소비재 생산기업소로서 포괄적이지 않다. 2012년 「소득분배방법」에 따른 일괄납부 방식은 중국이나 베트남 사례에서도 볼 수 없었던 임시적 또는 시범적인 방식으로서 단순 비교는 어렵다.

따라서 북한의 현행 예산수입법제는 형태적으로는 여전히 중국이나 베트남의 개혁 · 개방 이전 시기, 즉 공상세와 이윤상납제도의 형태에 대응되는 시기에 머물러 있다고 판단된다. 하지만 경제개혁의 진전과 시장경제 영역의 확대에 따라 내용적으로는 시장경제 활동에 의한 잉여를 예산수입 체계에 흡수할 수 있는 방식, 즉 「시장 기반 사회주의 예산수입체계」의 성격을 띠고 있다고 할 수 있다. 향후 북한이 「시장경제형 조세제도」를 도입한다면 궁극적으로 도달할 지점은 중국과 베트남의 현행 세제와 유사한 모습일 것이다.

2. 북한에 대한 시사점

한상국(2003)은 개혁 · 개방 과정에서의 중국의 세제개혁 사례를 기초로 세제설계 및 세제개혁 측면에서 북한에 대한 시사점[14]을 제시한 바 있다.

---

14) 한상국(2003)은 북한의 조세제도 도입은 세제개혁(tax reform)과 세제설계(tax design)의 측면을 모두 지니고 있다고 설명하면서, 먼저 세제설계적 측면에서 다음과 같은 시사점을 제시하였다.: ① 조세기본법 제정하여 유기적 조세체계 구성하되, 조세행정 여건을 고려한 단계적 추진이 필요함; ② 세제 단순화 및 낮은 세율을 지향해야 할 것; ③ 국유기업 이윤배당을 조세화해야 할 것; ④ 부가가치세 및 소비세를 기간세목으로 조기 정착시키는 것이 필요함; ⑤ 초기 과세정보 포착이 용이한 재화 · 일부 용역과 포착이 어려운 서비스 업종을 분리하는 부가가치세제의 이원화가 바람직함; ⑥ 정책목적에 따른 기업소득세제 이원화 여부에 대한 신중한 고려(외자 · 기술유치 중요하면 이원화, 세수확보 · 경기조절 중요하면 불필요); ⑦ 금융제도의 정착은 조세제도의 정착을 위해서도 그 중요성이 매우 높음; ⑧ 조세폐지로 인한 납세의식 결핍 및 과세인프라 미비를 고려하여 분류소득세제도를 채택함이 바람직함; ⑨ 별도의 조세행정 전담조직 설치 등 과세인프라의 구축 및 정비가 필요함; ⑩ 행정입법도 필요하지만 세법을 입법부에서

아래에서는 제5장 중국 · 베트남의 세제개혁 사례연구 결과를 기초로, 「시장경제형 조세제도」의 도입방식, 순서, 속도 및 조세법체계 등 전반적인 접근방법과 관련된 시사점을 중심으로 정리해보고자 한다. 세목별 변화를 포함하여 향후 예상되는 변화의 방향과 그러한 변화에 대한 촉진요인 또는 억제요인에 대하여는 아래 제4절에서 별도로 검토하고자 한다.

가. 「시장경제형 조세제도」 도입방식에 대한 시사점

첫째, 중국 · 베트남은 개혁 · 개방 정책이 약 4~5년 정도 진행된 시점에 세제개혁을 본격적으로 추진하였다. 즉 세제개혁과 경제개혁은 별개가 아니며 경제개혁의 토대 위에서 세제개혁이 추진될 수 있다. 하지만 앞서 살펴본 바와 같이 중국과 베트남의 세제개혁 과정은 상당한 차이가 있었다. 이러한 차이는 초기조건, 경제개혁 진행상황, 사회 · 경제적 상황 등 제반 여건의 차이에 기인한 것으로 생각할 수 있다. 이는 급진적인 체제전환 국가는 말할 것도 없고 점진적인 체제전환 국가 간에도 세제개혁의 양태는 다양하게 나타날 수 있음을 시사한다. 특히 중국이나 베트남은 세금제도의 폐지를 공식적으로 선언한 적이 없기 때문에 이 부분에 대한 정치적인 부담이 없었고 사회주의적 예산수입체계의 강고함 또는 순도에서도 북한과

제정하도록 하고 하위법도 신속히 제정하여 세법의 투명성 · 안정성 및 예측가능성을 확보해야 할 것; ⑪ 합리적 분권화 및 지방세의 체계화를 통해 지방세가 지방공공서비스 편익과 대응되도록 할 것. 또한 기존 외국인투자 법규 및 「외국투자기업 및 외국인세금법」을 기초로 한 세제개혁적 측면에서 1세목 1법률주의 도입, 소득세 원천징수제도 보완, 외국인의 상속세 무제한 납세의무 규정 보완, 빈약한 시행령의 보완 필요성 등을 추가적인 시사점으로 제시하였고, 기존 외국인투자 조세우대정책에 감면, 저세율 및 조세면제규정의 계승 · 발전, 투자공제 허용, 간주외국납부세액공제 등 도입 고려 등을 개선사항으로 제시하였다. 한상국, 『체제전환기의 중국 조세정책과 북한에의 시사점 – 남북경제통합 관련 조세 · 재정분야 기초연구 Ⅲ』(서울: 한국조세연구원, 2003), 156~172쪽.

는 차이가 있었다. 따라서 북한의 향후 세제개혁 과정은 큰 틀에서 중국이나 베트남과 유사할 수 있겠지만, 세부진행과정은 전혀 다른 양상으로 전개될 수 있다.

둘째, 중국이나 베트남은 점진적인 체제전환국으로서 경제개혁과 마찬가지로 세제개혁도 점진적 · 단계적으로 접근했다. 북한의 경우도 경제개혁의 접근방식과 마찬가지로 시범적 또는 실험적 실시 후 전면적으로 확대 시행하는 점진적인 접근방식이 필요할 것이다.[15] 하지만, 중국 및 베트남에서 종래의 사회주의 예산수입체계를 현행 「시장경제형 조세제도」로 전환시킨 과정은 법제적인 측면에서 연속성을 찾기는 어렵다. 양국 모두 변화의 접근방식은 경제개혁의 과정과 연계되면서 점진적인 성격을 띠고 있으나, 〈그림 5-2〉 및 〈그림 5-4〉에서 볼 수 있는 바와 같이 법제의 변화는 기존 법제의 일부 수정이라기보다는 단절적이었다고 할 수 있다.[16] 북한의 거래수입금이 부가가치세에 대응되는 항목이고 국가기업리익금이 법인소득세에 대응되는 항목이라고 단순하게 설명하는 경우가 많지만, 법제적 측면에서 북한의 현행 예산수입제도와 「시장경제형 조세제도」는 현격하게 차이가 있다. 따라서 북한의 사회주의 예산수입체계를 「시장경제형 조세제도」로 전환할 경우, 재정안정성의 측면에서는 연속성이 있어야 하고 점진적인 접근방법이 채택될 수 있겠지만, 법제적인 측면에서의 과세요건 설

15) 김정은 시대 경제개혁의 특징은, 정책적 변화를 우선하고 이후 법제화로 뒷받침하는 전략을 사용하고 있고, 전격적이고 전면적으로 추진했던 2002년 「7.1 경제관리개선조치」와 달리 점진적이고 신중한 접근방식을 보이고 있다. 이석기 외, 『김정은 시대 북한 경제개혁 연구』, 51~52쪽.

16) 중국의 경우는 간접세 중심의 복잡한 예산수입체계를 가지고 있었기에 증치세(부가가치세) 도입의 과정도 증치세, 영업세, 소비세 등으로 분리하여 접근하다가 다시 영업세를 증치세로 통합하는 등 복잡한 과정을 거쳤다. 또한 베트남의 경우도 1990년에 이윤세와 거래세를 도입하여 조세형태로 전환한 후 1999년에 부가가치세와 법인소득세를 전면적으로 도입하였다. 따라서 세목별 과세요건도 종래의 사회주의 예산수입체계와 현행 「시장경제형 조세제도」를 단순하게 대응시켜 비교 · 분석하기는 어렵다.

계는 일정 부분 단절적인 방식으로 진행될 수밖에 없을 것으로 보인다.

나. 세목별 도입 순서 및 속도에 대한 시사점

중국은 역사적으로 간접세 중심의 세제 구조가 강하게 자리 잡고 있었다. 반면에 베트남의 경우 30년에 걸친 전쟁을 거쳤고 자본주의적 세제에 기초한 남부 베트남이 존재했다. 이와 같이 「시장경제형 조세제도」 도입 당시 중국이나 베트남의 상황은 상당한 차이가 있었었고, 결과적으로 「시장경제형 조세제도」의 세목별 도입 순서 및 속도에 있어서도 차이가 있었다.

주요 세제의 도입 순서에 있어서 간접세 중심의 구조를 가지고 있었던 중국은 부가가치세제(증치세 및 영업세)를 우선적으로 도입하였고, 이후 법인소득세, 개인소득세의 순서로 세제를 정비하였다. 반면에 베트남은 법인소득세와 부가가치세를 거의 동시에 도입한 후 일반적인 개인소득세제는 고소득자부터 시작해서 상대적으로 오랜 기간에 걸쳐서 정비하였다.

세수 구성에서도 세제개혁 과정에서 중국은 간접세인 증치세 비중이 매우 높았다가 점차 감소하고 있고 기업소득세의 비중은 완만하게 증가해왔다.[17] 반면에 베트남은 개혁 초기 법인소득세와 부가가치세의 비중 차이가 크지 않았고 2000년대 초중반에는 오히려 법인소득세의 비중이 상대적으로 높았다가 2008년 이후부터 부가가치세의 비중이 높게 나타나고 있다.

이와 같이 주요 세제의 도입 순서나 속도는 도입 시점의 다양한 조건들이 영향을 미칠 수 있고,[18] 그러한 조건들에 대한 심층적인 검토가 선행되

---

17) 이러한 결과는 급진적인 체제전환국에 대한 최준욱 외(2001)의 연구결과와 유사하다. 최준욱 외(2001)에 의하면 체제전환 과정에서 법인세수의 비중은 감소하고 개인소득세의 증가는 빠르게 나타나지 못하는 반면 소비과세의 역할이 크게 증대되는 특징을 보인다고 지적하고 있다. 최준욱 외, 『체제전환국 조세정책의 분석과 시사점』, 111~112쪽.

18) 재정수입의 확보가 최우선의 목표가 될 수 있겠지만, 조세제도 도입 초기에는 납세자

어야 한다. 따라서 세목별 도입 순서나 속도는 북한의 특수한 상황 또는 조건을 기초로 판단하여야 한다.

특히 재정적 측면에서의 연속성 또는 안정성을 담보하기 위해서는, 예산수입이 창출되는 과정에 영향을 미치는 변수들에 대한 심층적인 분석이 선행되어야 한다. 각 세목별로 과세요건을 어떠한 방식으로 규정하는가에 따라 예산수입의 규모가 크게 달라질 수 있으므로 조세설계 과정에서 이러한 변화에 따른 예산수입 효과를 시뮬레이션(simulation)하면서 제도 변화를 추진해야 할 것이다.

다. 조세법체계에 대한 시사점

중국은 조세기본법이 없고 징수와 관련된 「세수징수관리법」만을 갖추고 있다. 「세수징수관리법」이 세법체계를 개선하는데 도움이 되었으나, 1995년 제정하고자 했던 「세수기본법」이 아직까지 제정되지 못하여 전반적인 세법체계가 규범적이지 못하고 불완전하며 세법 상호 간의 상충 등의 문제가 있다.[19] 반면에 베트남은 2006년 말 조세기본법에 해당하는 「세금관리법」(2007.7.1 발효)을 제정하여 조세법에 대한 기본적인 체계를 구축했다. 북한의 경우도 체계적인 조세제도의 도입 및 구축을 위해서는 조세법체계에 대한 충분한 사전 연구를 통해 조세기본법을 함께 구비할 필요가 있다.

중국이나 베트남과 달리 북한은 세금제도 폐지를 선언함으로써 세제가 단순화된 측면이 있다. 따라서 현행 국가예산수입제도도 상대적으로 복잡

들의 조세부담이 급격하게 증가하는 방식으로 접근하기는 어려울 수 있다. 세금제도 도입에 대한 납세수용성 또는 조세저항 문제는 단순히 경제적 문제에 그치지 않을 수 있다. 특히 시장경제영역의 잉여를 더 많이 흡수하고 있다고 볼 수 있는 특권경제(당경제, 군경제) 영역의 이해관계자들이 보다 민감하게 반응할 수 있다.

19) 한상국, 『체제전환기의 중국 조세정책과 북한에의 시사점』, 128쪽.

한 편은 아니며 현 단계에서 세제의 단순화가 우선적 목표는 아니다.[20)]

현행 「국가예산수입법」은 여러 가지 예산수입 항목이 포괄적으로 규정되어 있는 단일법 형태이고 북한의 대외세법도 단일법 체계로 되어 있다. 반면 「시장경제형 조세제도」를 도입함에 있어서 중국이나 베트남은 모두 세목별 체계를 갖추고 있고, 자본주의 국가들도 대체로 세목별 체계로 되어 있다. 이는 시장경제 영역의 복잡하고 다양한 상황을 담아내기에는 단일법 체계로는 한계가 있기 때문이다. 따라서 향후 「시장경제형 조세제도」를 도입할 경우, 조세법체계를 구축함에 있어서 세목별 체계의 도입을 검토할 필요가 있다.

20) 한상국(2003)은 북한의 조세제도 도입과 관련된 시사점의 하나로서 세제의 단순화를 지향해야 한다고 주장하였다. 한상국, 『체제전환기의 중국 조세정책과 북한에의 시사점』, 160쪽.

제4절

향후 변화의 방향 및 촉진 · 억제요인

1. 향후 변화의 방향

가. 추세적 변화의 방향

북한 사회주의 예산수입법제의 시기별 변화 중에는 추세적인 부분이 있고, 이를 통해 향후 변화의 방향을 예상 또는 전망해볼 수 있다. 북한 당국의 입장에서 볼 때, 시장가격의 과세표준 반영, 생활비를 포함한 소득(과세대상) 기준 분배, 납세의무자의 확대, 예산수입의 조기 확보, 세원 발굴 및 확대 등의 방향은 예산수입 확보 측면에서 추세적일 수 있다.

첫째, 가격정책의 변경은 가격체계 내 변경과 가격체계 자체의 변경이 있다. 생산수단 도매가격 형식과 같은 국가제정 가격체계 내 변경은 가역적일 수 있으나, 가격체계 자체의 변경(시장가격 정책)은 시장화가 지속적으로 확대되는 한 추세적 또는 비가역적일 수 있다. 즉 예산수입 산정 목적의 과세표준에 시장가격이 반영되는 방향으로 계속 유지될 가능성이 높다. 실제로 2013년에도 국정가격과 시장가격의 격차를 축소하기 위한 조치로서 〈표 6-7〉과 같이 국정가격의 대폭적인 인상조치가 있었다.[21] 이렇게 인상된 국정가격은 과세표준에 반영되어 예산수입 증대로 나타난다.

<표 6-7> 북한의 2013년 국정가격 변화

	종전가격(원)	2013년 국정가격(원)	2015년 시장가격(원)
공산품			
- 밥그릇	45	650	
- 국그릇	38	750	
- 접시	19	500	
- 남자 장화	4,600	14,500	
- 여자 장화	4,800	15,000	
- 여자 가슴띠	600	9,000	
- 여성용 하의	300	4,500	
주류			
- 대동강 맥주	130	3,300	(중국산) 3,050
- 평양 소주	82	2,400	2,708
서비스 요금			
- 이발	85	500	
- 염색	80	500	
수산물			
- 명태	150	5,000	(동태) 6,867
- 고등어	240	6,400	
- 대구	150	4,700	
- 문어	800	21,000	

주: 2015년 시장가격은 한국은행 발표 비공개자료(2015년 1/4분기 기준).
자료: 이석기 외, 『김정은 시대 북한 경제개혁 연구 - '우리식 경제관리방법'을 중심으로』(세종: 산업연구원, 2018), 83쪽 〈표 2-4〉.

둘째, 소득 기준 분배는 기업소의 경영성과와 생활비(개인소득)를 연계시키고 생활비를 간접적으로라도 과세대상에 포함시키는 효과가 있다. 공식

21) 이석기 외, 『김정은 시대 북한 경제개혁 연구』, 83~84쪽.

적으로 법조문에 개인을 납세의무자로 명시하거나 개인소득을 과세대상으로 규정하기는 어렵겠지만, 소득 기준 분배는 우회적인 방식으로 그러한 효과를 얻을 수 있는 것으로서 향후 지속적으로 유지될 가능성이 높다.

셋째, 현재의 공식적인 납세의무자는 기관, 기업소, 단체 정도인데 현재의 납세의무자의 범위가 축소될 가능성은 높지 않고, 어느 시점에는 보다 포괄적인 형태로 규정되거나 개인이나 기타 경제실체가 납세의무자에 포함될 수도 있을 것이다. 따라서 납세의무자는 추세적으로 확대될 가능성이 높다.

넷째, 만성적으로 재정수입이 부족한 상황에서 예산수입의 증대는 우선적인 목표일 수밖에 없고, 예산수입의 조기 확보나 새로운 세원의 발굴은 당연히 추세적인 방향성에 부합한다고 할 수 있다.

향후 시장화의 확대 또는 시장의 제도화가 진행되는 한, 이러한 모든 추세적 변화의 방향성은 유지될 것으로 예상할 수 있고, 과거 국정가격과 계획을 기반으로 하는 「고전적 사회주의 예산수입체계」에서 「시장 기반 사회주의 예산수입체계」로의 질적 변화, 그리고 궁극적으로 「시장경제형 조세제도」로의 전환에 이르는 경로를 밟을 것으로 전망된다.

나. 과세요건 변화의 방향
- 포괄적인 납세의무자와 일반적·표준적인 세율

과세요건 중에서 과세대상(소득 또는 판매행위)은 사회주의 예산수입체계 내에서도 어느 정도 정리가 되어 있고, 과세표준은 세율에 연계되어 규정된다고 할 수 있다. 따라서 앞서 중국 및 베트남의 사례에서 살펴본 바와 같이, 조세제(납세제) 전환의 핵심적인 부분은 포괄적인 납세의무자 규정과 일반적 또는 표준적인 세율에 의한 국가와 기업 간 분배방식의 제도화라고 할 수 있다.

북한의 현행 「국가예산수입법」상 거래수입금의 납세의무자는 소비재 생산기업소에 국한되어 있다. 따라서 모든 경제부문에서 과세행위를 하는 법인 및 개인을 대상으로 법률에 규정된 과세요건에 해당하는 모든 자에 대하여 포괄적으로 과세하는 시장경제형 소비세와는 차이가 있다.

통상 「시장경제형 조세제도」는 일반적 또는 표준적인 세율 형태로 국가와 기업 간의 분배방식을 제도화하여 기업소별 자의성 또는 임의성을 배제한다. 하지만 북한 거래수입금의 납부비율은 계획체계 내에서의 가격조절과 관련이 있고 품종별 및 규격별, 등급별로 규정되어 있다. 또한 국가기업리익금은 기업소별 계획납부비율의 형태를 취하고 있다. 2012년 시범개혁안의 경우도 기업소별로 국가납부율을 계산하여 적용하는 구조이다. 따라서 북한 현행 예산수입법제의 세율은 일반적 또는 표준적인 세율의 형태라고 할 수 없다.

이와 같이 기업소 또는 품목 단위로 적용되는 사회주의적 계획체계 내에서 포괄적인 납세의무자 및 일반적 · 표준적인 세율의 형태로 변경하는 데는 한계가 있다. 따라서 북한이 「시장경제형 조세제도」로의 전환을 추진할 경우 납세의무자 및 세율 규정의 변경이 가장 중요한 문제가 될 것으로 예상된다. 물론 납세의무자나 세율 규정뿐만 아니라 부가가치세제의 경우 과세표준 및 세율의 계산구조 자체가 변경되어야 한다.

다. 「세금제도 폐지」 홍보 추이
- 『로동신문』 기사를 중심으로[22]

북한 조선로동당 중앙위원회 기관지인 『로동신문』은 북한 당국의 입장

22) 최정욱, 「북한의 세금제도 폐지와 재도입 가능성에 관한 연구」, 『조세연구』, 제19권 제3집, 2019, 138~141쪽.

과 정책을 제시해주는 가장 권위 있는 자료라고 할 수 있다.[23] 따라서 『로동신문』 기사의 양과 내용의 시기별 변화 추이는 북한 당국의 실제 입장 변화 또는 변화가능성을 보여주는 객관적인 지표가 될 수 있다.

세금제도 폐지를 위한 최고인민회의가 있었던 1974년 3월 21일부터 세금과 관련된 가장 최근 기사가 게재되었던 2019년 3월 10일까지 45년의 기간 중 세금관련 기사는 총 146개가 확인되었는데, 세금폐지에 대한 직접홍보 기사는 86개, 자본주의 국가의 조세제도 및 조세정책에 대한 비판 등 간접홍보 기사는 60개였다. 전체 146개의 기사 중 25%에 해당하는 37개의 기사가 1974년 세금제도 폐지 당해 연도에 집중적으로 게재되었다. 기사가 집중되었던 1974년을 제외하고 1975년부터 2019년까지 연도별 기사수의 변화를 그래프로 작성하면 〈그림 6-1〉과 같다.

다음 〈그림 6-1〉을 보면, 2000년대 이후에는 기사의 양이 현격히 감소하여 4~5년 간격으로 1~2건의 기사가 게재되는 수준에 그쳤다. 자본주의 조세제도에 대한 비판 기사는 간혹 있었지만 세금제도 폐지에 대한 직접적인 홍보기사는 2000년대 이후 총 3건(2004년 1건, 2014년 2건)에 불과한데, 2014년 4월 6일 '세금 없는 나라 조선'이라는 제하의 기사를 마지막으로 사라졌다. 이는 2002년 7·1 조치 이후 경제개혁의 흐름과 관련이 있다고 판단된다. 2002년 7·1 조치 이후 2005년에 「국가예산수입법」이 제정되었고, 동법 제62조에서는 "공민은 시장 같은데서 합법적인 경리활동을 하여 조성한 수입금의 일부를 해당 기관, 기업소, 단체에 내야 한다."고 규정하여 개인의 시장 활동을 통한 수입금에 대한 개인수입금 납부의무를 법제화하였다. 또한 2002년에 토지사용료가 신설되었고 이후 2006년에 부동산사용료로 확대되었다. 이러한 흐름 속에서 세금제도 폐지를 적극적으로 홍보하는 것은 북

23) 이주철, 「북한연구를 위한 문헌자료의 활용」, 경남대학교 북한대학원 엮음, 『북한연구 방법론』(파주: 도서출판 한울, 2003), 123쪽.

<그림 6-1> 세금제도 폐지에 대한 『로동신문』 홍보기사 (1975-2019)

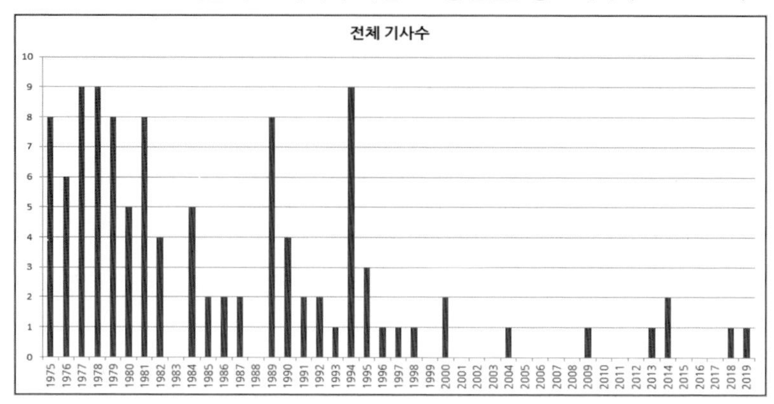

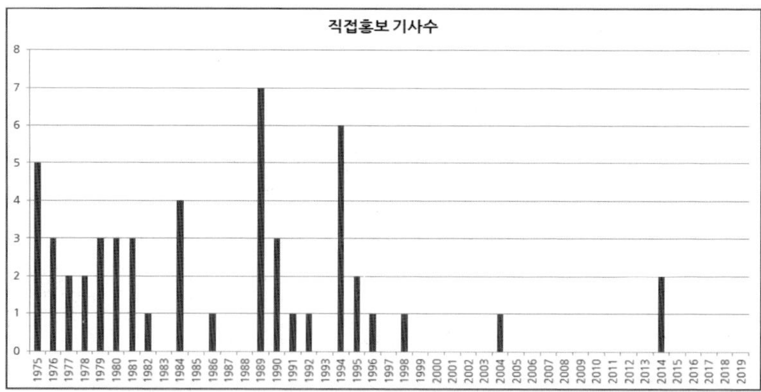

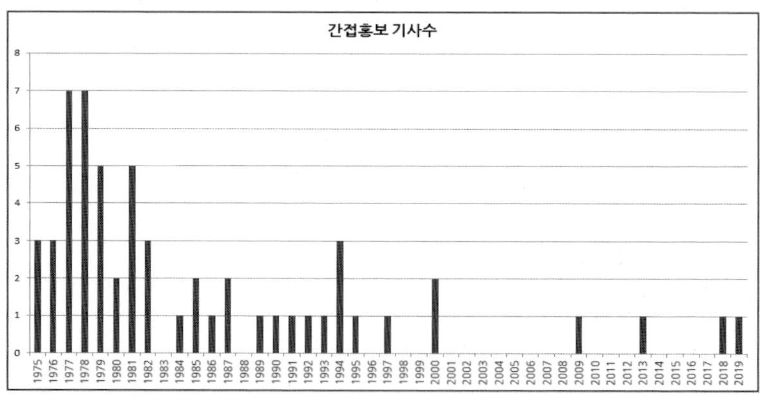

자료: 최정욱, 「북한의 세금제도 폐지와 재도입 가능성에 관한 연구」, 『조세연구』, 제19권 제3집, 2019, 141쪽 〈그림 2〉, 〈그림 3〉 및 〈그림 4〉.

한 당국 입장에서도 부담스러웠을 것으로 보인다. 이러한 경제개혁의 흐름은 2014년 「우리식 경제관리방법」으로 강화되어 왔기 때문에 세금제도 폐지에 대한 홍보는 지속적으로 약화될 것으로 예상된다.

종합적으로 판단할 때, 북한 당국의 세금제도 폐지에 대한 홍보 강도는 개혁정책의 흐름에 의해 분명하게 영향을 받고 있는 것으로 해석된다. '세금 없는 나라'를 적극적으로 홍보하고 내세우지 않는다는 것은 반대로 「시장경제형 조세제도」 도입의 가능성이 높아지고 있음을 보여주는 지표라고 할 수 있다.

라. 세목별 변화 관련 논의

(1) 법인소득세제 도입

단순히 계산방식만을 생각한다면 국가기업리익금 부분은 상대적으로 접근이 용이할 수 있다. 국가기업리익금은 개인에게 미치는 영향이 상대적으로 적고, 세금이 아니라는 입장을 유지하더라도 국가납부몫에 대한 계산방식의 변경만으로 법인세와 실질적으로 유사한 효과를 달성할 수도 있다. 따라서 개혁 · 개방이 어느 정도 진행된 상황이라면 법인소득분배라는 기본 개념을 유지한 상태에서, 복잡한 계산구조[24]를 가지고 있는 국가기업리익금을 보다 단순화된 과세표준 및 세율 체계로 전환하는 등 개선방안을 도출할 수 있을 것이다.[25] 하지만 법인소득세제의 도입은 국영기업 소유제도 개혁과 함께 고려해야 한다는 점에서 어려움이 있다. 이와 관련하여 향

24) 현재의 이윤상납 방식은 상납율 계산이 번잡하고 공평성이 결여되기 쉽기 때문에 기업의 활성화 저해요인이 되어 왔다. 김병목 · 황용수 · 홍성범, 『중국의 과학기술정책』(서울: 한국과학기술정책연구 · 평가센터, 1989), 18쪽.

25) 최정욱, 「북한의 세금제도 폐지와 재도입 가능성에 관한 연구」, 145쪽.

후 예상되는 변화를 살펴보면 다음과 같다.

첫째, 「국가예산수입법」과 직접적인 관련없이 국영기업의 자율성과 권한을 확대하고 국영기업이 유통업 등에서 시장경제 행위자로 등장하는 등의 변화는 있으나, 현재까지 국영기업 소유제도 개혁에 대하여는 특별한 움직임이 없는 것으로 보인다. 중국의 경험에 비추어 볼 때 국가예산과 기업재정의 실질적 분리가 이루어질 수 있도록 국영기업 개혁(소유제 개혁)이 수반되어야 경제적 효과를 극대화할 수 있다. 베트남의 경우도 1991년 국영기업 재등록 조치 이후 국영기업 개혁과 함께 세제개혁이 진행되었다. 결국 국가기업리익금의 법인소득세로의 전환은 단순한 납세제로의 전환에 그쳐서는 크게 의미가 없고 국영기업 소유제도 개혁 추진 여부가 중요한 변수가 될 것으로 예상된다.

둘째, 세율 수준과 관련하여,[26] 사회주의 경리수입 항목의 현재 부담률을 기초로 「시장경제형 조세제도」로 전환할 경우 어떠한 변화가 있을지에 대한 시뮬레이션 분석이 필요할 것이다. 즉 국가기업리익금을 법인소득세로 전환할 경우, 현재의 실질부담률과 법인소득세 실효세율의 상대적 차이 또는 경제적 영향에 대한 심층적인 분석 없이 일시에 일반적 또는 표준적인 세율 형태로 전환하기는 쉽지 않을 것이다. 이와 관련하여 2012 시범개혁안에서 기업소국가납부율 산정 목적으로 재정성이 부문별 기준국가납부율과 부문별 기준순소득률 등의 자료를 제공한다는 점에 비추어 볼 때, 부문별 또는 전체적인 분석 자료가 상당히 축적되어 있을 것으로 추정된다.

셋째, 조세법체계와 관련하여, 「시장경제형 조세제도」 도입 초기에는 내국기업과 외국투자기업 간 법인소득세제의 이원화 문제를 고려해야 한다.

---

26) 한상국(2003)은 중국의 세제개혁 사례를 기초로 북한에 대하여 낮은 세율화를 지향해야 할 것이라고 주장하였다. 하지만 저세율은 일률적으로 설정할 정책목표는 아니다. 한상국, 『체제전환기의 중국 조세정책과 북한에의 시사점』, 161쪽 및 165쪽.

중국의 경우 이원적으로 접근했다가 통합하는 방식을 취했다. 베트남의 경우 세율 차별을 통한 이원적 접근은 있었으나 법체계상으로는 초기부터 통합된 형태를 취한 것으로 보인다. 북한의 현행 세제가 이미 「외국투자기업 및 외국인세금법」 및 경제특구 · 개발구 세제 중심의 대외세제와 「국가예산수입법」 중심의 대내세제로 이원화되어 있다는 점에서 초기에는 별개의 조세체계를 만들어 가는 방식이 불가피할 것으로 예상된다.

(2) 부가가치세제 도입

북한에서 통상 이익공제금(국가기업리익금)을 거래세(거래수입금) 다음으로 언급하고, 국가기업리득금으로 통합되기 직전인 2001년 예산수입 구성 비율[27]도 거래수입금 43.2%, 국가기업리익금 32.9%로서 상대적으로 거래수입금의 비중이 컸다. 하지만 해방 직후 1946년 「20개조 정강」에서 "단일하고도 공정한 세납제를 제정하여 누진적 소득세제를 실시할 것"이라고 명시하여 공식적으로는 직접세에 중심을 두는 입장을 취했다. 사회주의적 개조과정에서는 간접세에 해당하는 거래세를 거래수입금으로 전환하고, 직접세인 농업현물세와 소득세를 최종적으로 유지하다가 폐지했다. 또한 2002년 이후 2011년까지 유지된 국가기업리득금은 소득과세 성격으로서 직접세 중심의 체계라고 할 수 있다. 따라서 전반적으로 직접세 중심의 체계가 상대적으로 우세했다고 볼 수 있다.

반면에 중국의 경우 역사적으로 간접세 중심의 세제가 자리를 잡고 있었고, 베트남의 경우 1986년 도이모이 정책을 시작한 이후 시장경제로의 전환 속도가 상대적으로 빨랐다는 점 등을 고려할 때, 북한과는 상당한 차이가 있다. 한상국(2003)은 중국의 경험을 기초로 북한이 다른 세목보다 부가

---

27) 양문수 외, 『2000년대 북한경제 종합평가』(서울: 산업연구원, 2012), 180쪽 〈표 2-3-9〉.

가치세를 기간 세목으로 조기에 정착시킬 필요가 있다고 설명하고 있다.[28] 예산수입의 확보 측면에서는 타당할 수 있지만, 다음과 같은 측면에서 우선적으로 도입이 가능할 것인지 판단하기 쉽지 않다.

첫째, 김일성의 유훈이나 사회주의적 합법칙성 주장을 차치하더라도, 46년간 '세금 없는 나라'라고 주장해온 북한 당국 입장에서 기업소와 주민들에게 광범위하게 영향을 미칠 수 있는 부가가치세를 일시에 일률적으로 도입하는 것은 용이하지 않을 것으로 예상된다.[29]

둘째, 법인소득세제는 국영기업 소유제도 개혁과 관련이 있고, 부가가치세제는 상대적으로 예산수입 효과는 크지만 주민들에게 광범위하게 영향을 미치고 북한은 직접세 중심의 '제도적 기억'[30]이 강한 편이라는 점을 고려할 때, 어떠한 세제를 먼저 도입할 수 있을 것인지 예상하기는 어렵다. 중국은 역사적으로 간접세 중심의 조세체계를 형성해왔기 때문에 증치세(재화 및 일부 용역)와 영업세(용역), 소비세 등의 형태로 구성되어 있지만,[31] 이러한 방식은 중국의 특수성이 반영된 것으로서 북한에도 적합하다고 단정하기는 어렵다. 또한 베트남의 경우 특별히 부가가치세제를 우선적으로 도입하지 않았고 법인소득세제와 동시에 도입했다. 거래수입금과 국가기업리익금을 유사한 비중으로 병행적으로 적용하거나 국가기업리득금 또는 「소득분배방법」상의 국가납부금과 같이 통합된 형태로 적용하였던 사례에

---

28) 한상국, 『체제전환기의 중국 조세정책과 북한에의 시사점』, 175쪽.

29) 자본주의 사회에서도 조세제도의 조정이 경제적으로 개인에게 미치는 효과가 클 경우 항상 납세수용성 또는 조세저항 문제가 대두된다.

30) 박유현(2018)은 향후 북한이 조세제도를 도입할 경우 세금제도 폐지 이전 과거의 '제도적 기억'에서 납세의식을 끌어와야 할 것이라고 설명하고 있다. 박유현, 『북한의 조세정치와 세금제도의 폐지, 1945-1974』(서울: 도서출판 선인, 2018), 16쪽 및 352쪽.

31) 중국은 당초 세수확보에는 유리하지만 투자활성화에는 제약이 있는 생산형 증치세제(부가가치세제)를 도입했다가 소비형 증치세제로 전환하는 과정을 거쳤고, 증치세와 영업세(용역 대상)로 분리했다가 영업세를 폐지하면서 증치세로 통합하는 과정을 거쳤다.

비추어 볼 때, 북한이 「시장경제형 조세제도」를 도입한다면 베트남과 같이 동시에 도입할 가능성이 보다 높을 것으로 생각된다.

셋째, 예산수입의 확보 측면에서 부가가치세와 같은 간접세가 중요할 수 있으나, 현행 거래수입금의 경제적 효과에 대한 면밀한 분석과 이에 기초한 세제의 설계가 선행될 필요가 있다. 구체적인 부가가치세제의 도입 방식, 세율의 결정 등은 거래수입금의 과세대상 유형별, 업종별 현황에 대한 분석결과를 기초로 판단하여야 한다. 이와 관련하여 2012 시범개혁안에서 거래수입금을 포함하는 일괄납부 비율인 기업소국가납부율 산정 목적으로 재정성이 부문별 기준국가납부율과 부문별 기준순소득률 등의 자료를 제공한다는 점에서, 거래수입금에 대해서도 관련 분석 자료가 상당히 축적되어 있을 것으로 추정된다.

(3) 개인소득세제 도입

세금제도 폐지는 실질적으로 '개인에 대한 세금폐지'였기 때문에 개인소득세제의 도입은 보다 힘든 과정을 필요로 할 것이다. 이와 관련하여 세금제도 폐지의 철회라는 정치적인 부담을 고려할 때 개인소득세제는 가장 후순위가 될 가능성이 높다. 합법적 시장경리활동에 대한 개인수입금 부과나 생활비를 포함하는 소득 기준 분배 등 간접적 또는 우회적인 방식을 상당기간 유지할 가능성이 높고, 개인의 근로소득 등에 대한 직접적인 과세는 단기적으로는 도입될 가능성이 낮다. 설사 도입된다고 하더라도 베트남의 사례와 유사하게 고소득자에 대한 개인소득세부터 도입하는 방식이 고려될 것으로 예상된다.

(4) 재산세제 도입

통상 사회주의 체제에서는 사적소유가 허용되지 않기 때문에 소유권을 전제로 하는 재산세를 도입할 수 있는 제도적 기반이 없다. 따라서 현실에서는 사실상의 사유화 과정에서 ① 국가나 협동단체에게 소유권이 있지만 실제로는 개인적으로 이용되는 '모호한 재산권' 또는 ② 제도 밖에 있는 '비공식 재산권'의 방식으로 나타나고 있다.[32)]

중국이나 베트남의 경우 세제개혁을 추진함에 있어서 재산세에 대한 논의는 상대적으로 큰 비중을 차지하지 않았고 이용권 개념을 중심으로 접근되어 왔다. 마찬가지로 북한의 경우도 부동산사용료 등 상당 기간 이용권 개념을 중심으로 하는 방식이 유지될 가능성이 높다.

2. 변화의 촉진요인

가. 시장화 및 사실상 사유화의 확대

중국은 1978년 개혁 · 개방정책을 시작한 이후 1983년부터 세제개혁을 시작했고 베트남은 1986년 도이머이 정책 이후 1990년부터 본격적인 세제개혁을 시작했다. 즉 일반화하기는 어렵지만 개혁 · 개방 정책이 약 4~5년 정도 진행된 시점에 세제개혁을 본격적으로 추진하였다. 북한의 현재 개혁 · 개방 수준을 평가하는 것은 별개 문제지만, 북미 관계의 개선을 전제로 북한이 향후 개혁 · 개방의 방향으로 나아갈 것을 가정한다면 조만간 본격적

32) 윤인주, 「북한의 사유화 현상 연구: 실태와 함의를 중심으로」, 『북한연구학회보』, 제18권 제1호, 2014, 59쪽.

인 세제개혁, 즉 「시장경제형 조세제도」 도입의 필요성에 직면할 것이라고 예상할 수 있다.

북한이 사회주의 체제를 유지하면서 대외개방 없이 자체 예산수입의 확대만을 추구한다면 기존 사회주의 경리수입 체계를 보완하면서 조세체계를 정비해갈 수도 있다. 하지만 정치적으로 사회주의 체제를 유지한다고 해도 시장화 확대 및 사실상 사유화의 진전에 따라 비공식 부문 또는 시장경제 영역이 확대됨에 따라 결국 어느 시점에는 「시장경제형 조세제도」로의 전환이 불가피한 상황이 올 것으로 예상된다. 기업소지표를 통해 일부 계획 영역에 편입되는 부분이 있다고 하더라도 시장경제 영역의 확대는 국가통제 영역의 상대적 축소를 의미한다. 또한 시장경제 영역을 포함하는 전체 경제규모의 성장에 비례하여 국가재정의 확대도 요구될 것이다.

과거 세금제도 폐지는 정치적 성격이 강하다고 할 수 있으나 향후 「시장경제형 조세제도」의 도입은 경제적 필요성이 정치적 장애요인을 넘어서는 상황으로 진행될 가능성이 높다. 시장화의 확대로 인하여 국가의 관리통제 영역이 축소되고 세원의 기반이 되는 시장경제 영역이 급속도로 확대되는 상황에서 이를 제도적으로 예산수입에 동원하고자 하는 유인이 발생한다.

나. 재정확충의 필요성

일반적으로 세제개혁의 추진배경 또는 목적 중에서 가장 직접적이고 우선적인 것은 재정수입의 안정적 확보 및 재정안정성의 달성이라고 할 수 있다. 북한은 만성적으로 재정수입 부족을 겪고 있는 상황으로서 이러한 재정확충의 필요성은 세제개혁의 가장 직접적인 촉진요인이 될 수 있다.

북한 「재정법」 제13조(국가예산수입원천)에 의하면, “재정기관은 국민소득이 늘어나는데 따라 국가예산수입을 체계적으로 늘여야 한다.”고 규정하고 있다. 또한 동법 제14조(국가예산수입금)에서는 "기관, 기업소, 단체는 생산, 경영활동의 과학화 수준과 노동생산능률을 높이고 원가를 낮추어 순소득 또는 소득을 더 많이 창조하는 방법으로 국가예산수입금을 늘여야 한다."고 규정하고 있다. 이러한 내용은 생산성 향상을 통한 세수(稅收) 증대에 초점을 둔 것으로서 새로운 세원(稅源)의 확대에 대한 내용은 아니다.

양문수(2010)는 시장화 확대가 세원 확대로 연결되어 왔다고 설명하고 있는데, 시장화가 세원 확대로 연결될 수 있다고 하더라도 향후 「시장경제형 조세제도」의 도입이 실제 세수 증대로 연결될 수 있는가 하는 문제는 또 다른 문제이다. 즉 기존 사회주의 경리수입을 통한 세수보다 새로 도입하는 「시장경제형 조세제도」를 통한 세수가 더 클 수 있는가는 재정수입 확보 및 재정안정성 측면에서 중요한 문제일 수 있다. 하지만 급진적 체제전환국들이 시장경제에 부합하지 않는 사회주의 예산수입체계로 인해 체제전환 초기에 모두 재정위기를 겪었다는 점[33]은 재정수입 확보 및 재정안정성 문제가 「시장경제형 조세제도」 도입에 있어서 중요한 촉진요인이 될 수 있음을 시사한다.

다. 정책수단으로서의 조세

체제전환 국가에서 세제개혁의 목적은 재정확충에서 나아가 거시경제정책의 일환으로서 조세제도를 활용하고자 하는 것이다. 중국의 경우 조세제도를 사회주의 건설의 정책적 수단으로 활용한 사례이다. 북한은 예산수입제도를 예산수입 확보라는 본연의 목적을 제외하고는 사회주의 경제관리에 있어서 가격조절 수단[34] 이상으로 고려하고 있지 않은 것으로 보인다.

33) Scott Gehlbach, *Representation Through Taxation* (New York: Cambridge University Press, 2008), p.50.

하지만 이러한 정책수단으로서의 조세제도의 유용성은 향후 변화의 촉진 요인이 될 수 있다.

라. 국제화 및 개방의 진전

사회주의 국가에서 개방 초기에는 통상 외국인투자 부문과 내국법인·내국인에 대하여 이원적인 체계를 유지한다. 하지만 국제거래에 대하여 일반적으로 요구되는 '차별금지 원칙'[35]에 따라, 궁극적으로는 내국법인·내국인에게 적용되는 사회주의 예산수입체계와 대외경제부문에 적용되는 「시장경제형 조세제도」 간의 통합이 필요해진다. 내·외자 부문에 대한 차별적인 접근이 국제적인 기준에 부합하지 않기 때문에 결국 차별을 철폐하는 과정으로서 「시장경제형 조세제도」의 전면적인 도입이 요구되는 것이다. 따라서 국제화 및 개방의 진전은 국제적 기준에 부합하는 세제를 필요로 하고 이는 「시장경제형 조세제도」의 도입을 촉진시킬 것이다.

북한은 현재 「외국투자기업 및 외국인세금법」을 중심으로 하는 대외세법이 준비되어 있지만, 빠르게 변화하는 국제조세 환경[36]에 대응하고 있지는 못하다. 중국은 2001년 WTO 가입과 함께 국제기준에 부합하는 세제

34) "거래수입금은 국가예산수입의 기본원천이며 수익성을 조절하여 독립채산제를 보장하고 가격조절 공간의 기능을 수행한다." 오선희, 「거래수입금의 제정 및 적용에서 제기되는 몇가지 문제」, 36쪽; "국가기업리익금 납부공간 리용을 철저히 국가예산수입을 늘이는데 복종시키는 것이다." 김수희, 「국가기업리익금 납부공간의 합리적 리용에서 나서는 중요요구」, 『경제연구』, 2013년 제4호, 47~48쪽.

35) OECD 모델협약 제24조 제1항. OECD, *Model Tax Convention on Income and on Capital: Condensed Version* (Paris: OECD Publishing, 2017), pp. 43~44. UN 모델협약도 유사한 내용을 규정하고 있다. '차별금지 원칙'에 대한 구체적인 내용은 제1장 각주 65) 참조.

36) 국제적 기준, 국제조세 동향(Base Erosion and Profit Shifting; BEPS 세제 등)에 대한 이해가 필요하다. 개방이 확대되어 국제거래가 전면적으로 확대될 경우, 세계 각국 과세당국의 조세행정도 국제화되어 있다는 점을 이해할 필요가 있다. 조세정보 공유나 조세회피 대응 문제 등 국제적인 흐름을 따라갈 수 있어야 한다.

의 필요성이 제기되어 2000년대 중반 이후 국제조세 관련 제도를 도입하였고 2008년 내 · 외자 기업소득세를 통일하는 등 꾸준히 세제의 국제화를 추진해왔다. 베트남은 1995년 ASEAN의 회원이 되고 2007년 WTO에 가입하면서 세계경제에 통합이 가속화되면서, 국제거래 관련 세제를 정비하였다. 중국이나 베트남 모두 세제개혁을 진행하면서 내 · 외자 기업에 대한 세제를 통일해 가는 과정을 거쳤다.

3. 변화의 억제요인

가. 「세금제도 폐지」 논리[37)]

1974년 3월 21일 최고인민회의 제5기 제3차 회의에서 채택한 최고인민회의 법령 「세금제도를 완전히 없앨데 대하여」에 의하면, 항일혁명투쟁 시기 조국광복회 10대 강령의 조세강령이 유격구에서 실현되었고 해방 후 「20개조 정강」에 따라 인민적이며 민주주의적인 세금제도를 확립하였으며, 사회주의 하에서 낡은 사회의 유물인 세금제도를 완전히 없애는 것은 합법칙적인 것이라고 설명하고 있다. 또한 사회주의 제도 하에서는 사회주의적 국영경리와 협동경리가 국가의 경제적 기초가 되고, 사회주의 사회의 사회경제적 관계는 주민들의 세금부담을 체계적으로 줄여서 종국적으로 없앨 수 있는 기초가 되며, 세금제도는 일정한 기간 보충적인 자금원천일 뿐이라고 설명하고 있다. 이러한 논리에 따라 북한에서 생산관계의 사회주의적 개조가 완성되고 사회주의 공업화의 기초가 튼튼히 닦아짐으로써 세금제도를

37) 최정욱, 「북한의 세금제도 폐지와 재도입 가능성에 관한 연구」, 142쪽.

완전히 없앨 수 있게 되었다는 것이다.[38)]

북한의 세금에 대한 기본적인 관점을 정리하면, ① 세금은 낡은 사회의 유물이고, ② 임시적 · 보충적으로 세금제도가 필요하지만 그 의의는 극히 적으며, ③ 생산관계의 사회주의적 개조가 완성되어 사회주의 경리수입이 체계적으로 커지면 세금제도의 폐지가 가능하게 되고, ④ 사회주의 하에서 세금제도의 폐지는 합법칙적이라는 것이다. 또한 북한이 세계에서 유일하게 세금이 없는 나라임을 내세워 왔기 때문에 이는 국가정체성을 규정하는 특성[39)]이기도 하다.

북한 법령체계상 김일성의 유훈은 사회주의 헌법보다도 상위에 있다.[40)] 1972년 12월 27일 최고인민회의 제5기 제1차 회의에서 채택한 사회주의 헌법 제33조에 따라 1974년 3월 21일 최고인민회의 제5기 제3차 회의에서 세금제도의 폐지를 결정하였는데, 이러한 결정사항은 김일성의 ≪세금제도를 완전히 없앨데 대하여≫에 정리되어 있다. 즉 세금제도의 폐지는 김일성의 유훈이 반영된 헌법 규정이었다는 것이다.

이렇듯 세금제도의 폐지는 김일성의 유훈이라고 할 수 있고, 동시에 국가정체성을 규정하면서 사회주의 체제의 논리와도 맞닿아 있다. 따라서 「시장경제형 조세제도」 도입은 북한의 국가정체성과 사회주의 체제의 논리와 상충될 수 있다. 따라서 북한에서 세금 또는 조세원칙과 관련하여 기존의 관점, 기존의 논리 그리고 세금 없는 나라라는 입장을 일순간 뒤집기는 어려울 것이다. 공식적으로 세금 '없는' 나라에서 세금 '있는' 나라로의

---

38) 김일성, 「세금제도를 완전히 없앨데 대하여」(1974.3.21.), 『김일성저작집 29』(평양: 조선로동당출판사, 1985), 156~162쪽.

39) 박유현, 「북한의 조세정치와 세금제도의 폐지, 1945~1974」, 북한대학원대학교 박사학위논문, 2013, 9쪽.

40) 한명섭, 『통일법제 특강(개정증보판)』(파주: 한울아카데미, 2019), 103쪽; 법무부 법무실 통일법무과, 『통일법무 기본자료(북한법제)』(과천: 법무부, 2018), 20쪽.

전환은 경제적 필요성에 의해 추동될 수 있으나, 과거 세금폐지에 이르는 과정과 마찬가지로 정치적 성격도 함께 띠게 될 것이다. 북한이 세금제도 폐지 입장의 전면적인 철회, 즉 시장경제형 세금제도의 도입을 공식적으로 표명하는 것은 정치적으로 상당히 부담스러운 일이다. 중국이나 베트남의 경우 공식적으로 세금제도의 폐지를 선언한 적이 없기 때문에 상대적으로 이 부분에서는 자유로웠던 측면이 있다.

이러한 세금제도 폐지 논리를 극복하기 위해서는 중국의 '사회주의 시장경제론'이나 베트남의 '사회주의 지향 다성분 상품경제'와 같은 논리적 기반이 필요할 것이다. 이와 관련하여 김정은 시대 「우리식 경제관리방법」이 사회주의 원칙과 주체사상을 이념적 기반으로 고수하고 있지만,[41] '사회주의'라는 형식적 틀을 유지하면서 '실리'를 강조하는[42] '실리사회주의' 개념이 활용될 수 있을 것으로 보인다.[43]

---

41) 리창혁, 「경제강국건설과 주체사상을 구현한 우리식 경제관리방법」, 『경제연구』, 2017년 제1호, 7쪽; 당경호, 「경애하는 김정은동지께서 밝혀주신 우리식의 경제관리방법의 본질적 특징」, 『경제연구』, 2014년 제2호, 6~7쪽; 안명훈, 「우리식 경제관리방법을 확립하는데서 나서는 기본요구」, 『경제연구』, 2015년 제4호, 5쪽; 조경희, 「우리식 경제관리방법을 확립하는데서 나서는 기본요구」, 『경제연구』, 2015년 제2호, 6~7쪽 등.

42) 이창희, 「『경제연구(1986~1999)』로 바라본 북한의 경제개혁에 대한 고찰」, 『북한학연구』, 제6권 제2호, 2010, 178쪽; 정영철, 『북한의 개혁 · 개방』(서울: 도서출판 선인, 2004), 178쪽.

43) 김정일 시대 내각총리로서 '실리사회주의' 논리에 기초한 경제개혁을 추진했던 박봉주가 2013년 4월 다시 내각총리에 임명되었다. 이후 2019년 4월 10일 당중앙위원회 제7기 제4차 전원회의에서 내각총리에 김재룡이 임명되었고, 2020년 8월에는 김덕훈이 새로운 내각총리로 임명되었다. 김덕훈은 2001년 대안전기공장과 대안중기계연합기업소에 지배인을 역임했고, 2011년 12월 김정일 사망 직후부터는 자강도 인민위원장으로 소개되었으며 2014년에는 내각부총리로 임명된 바 있다. 「김정은 체제 2기 출범, 향후 대내외 전망은?」, 데일리 NK (2019년 4월 19일자 기사), 「북한, 내각 부총리에 김덕훈 추가 임명」, 데일리 NK (2014년 5월 1일자 기사), 「신설된 조직행정부 책임자에 김재룡 전 내각총리 발탁」, 데일리 NK (2020년 9월 2일자 기사); https://www.dailynk. com (검색일: 2020년 12월 9일). 김재룡은 자강도 당위원장으로 있으면서 다양한 발전소 건설현장에 모습을 드러낸 바 있고, 김덕훈도 대안전기공장과 대안중기계연합기업소 지배인을 역임하여 현장실무 경험이 많은 테크노크라트로 보인다. 김재룡이나 김덕훈의 등장은 세

나. 소유제도 개혁의 지체

중국이나 베트남의 세제개혁은 국영기업에 대한 소유제도 개혁과 함께 진행되었다. 중국은 1984년 이후 기업소유구조를 공유제 단일형태에서 시장경제 형성을 촉진시켜 상대적으로 독립적인 개인기업, 사영기업, 외국인투자기업 등 다양한 형태가 가능하도록 하는 소유제도 개혁을 추진하였다. 이후 1997년 9월의 15차 전국대표대회에서 공유제를 중심으로 하면서 다양한 소유제 경제가 동시에 발전하는 형태를 기본적인 경제제도로 확정하였다.[44)]

베트남의 경우도 1988년 3월 정부 법령 제27호로 사영기업의 경영을 보장하는 규정을 두었고, 1990년 12월 사영기업법 공포와 1992년 헌법에 의해 사유재산제가 사회주의 체제의 공식부문의 하나로 확립되었다. 또한 1991년 6월 제7차 당대회 전후로 국영기업의 소유제 개혁문제에 대한 공식적인 논의가 시작되었고, 국가전략적 분야 이외의 국영기업을 사유화 또는 민영화하는 '주식회사화'를 추진하였다.[45)]

국영기업의 소유제도에 대한 개혁은 기업재정과 국가예산을 분리하는 과정으로서 세제개혁의 경제적 하부구조를 형성하는 것이다. 북한은 기업의 자율성을 강화하는 경제개혁을 추진하였지만 아직 소유제도 개혁에는 이르지 못했다. 성공적인 세제개혁을 위해서는 국영기업 소유제도 개혁과

대교체와 실리사회주의 논리에 기초한 경제개혁의 지속적 추진이라는 양면성을 갖는 것으로 보인다. 2012년 김정은 시대에 들어와서 「우리식 경제관리방법」을 추진함에 있어서도 큰 틀에서 '실리사회주의'개념이 유지되고 있다고 판단된다. 북한은 「사회주의헌법」에 대한 2019년 4월 11일자 수정보충 과정에서 제32조에 "국가는 사회주의경제에 대한 지도와 관리에서 …… **실리를 보장하는 원칙**을 확고히 견지한다."(강조부분은 저자)고 규정하여 '실리' 개념을 추가적으로 명시하였다.

44) 한상국, 『체제전환기의 중국 조세정책과 북한에의 시사점』, 34쪽.

45) 이한우, 『베트남 경제개혁의 정치경제』(서울: 서강대학교 출판부, 2011), 25~30쪽.

다양한 형태의 기업이 형성될 수 있는 기반을 마련할 필요가 있다.

다. 조세인프라의 부족

「시장경제형 조세제도」는 단순히 법제의 도입만으로 충분하지 않다. 중국이나 베트남이 경제개혁의 진행과 함께 끊임없이 시행착오의 과정을 거치면서 장기간에 걸쳐 법규정을 보완해왔던 과정은 조세제도 도입의 복잡성을 함축적으로 보여주는 것이다. 조세법제를 조세원칙에 부합하도록 마련하는 것도 중요하지만, 이러한 법제가 정상적으로 작동할 수 있도록 하는 조세인프라를 구축하는 것이 중요할 수 있다. 이와 관련하여, 북한이 세금제도 폐지에 대한 정치적 부담을 넘어선다고 해도 「시장경제형 조세제도」를 도입하려면 관련 조세인프라가 함께 갖추어져야 한다. 이러한 조세인프라의 부족은 「시장경제형 조세제도」 도입에 있어서 중요한 억제 또는 장애요인이라고 할 수 있다.

조세인프라의 대표적인 것으로는 조세전담조직 및 징세체계(국세청 조직 등), 근거과세를 위한 회계 · 회계검증방법의 발전,[46] 세원의 양성화, 조세전문인력의 확충, 납세의식의 제고, 조세구제제도[47] 등을 들 수 있다.

---

46) 「국가예산수입법」 제18조에서는 "기관, 기업소, 단체는 판매수입금과 국가예산납부조성액을 재정기관과 해당 기관에 정확히 신고하여야 한다. 판매수입금과 국가예산납부조성액에 대한 신고를 허위로 할 수 없다."고 규정하여 국가납부금 계산의 근거자료에 대한 신고의무를 부여하고 있으나, 이러한 규정이 실제로 작동되는지는 확실하지 않다.

47) 1998년 6월 17일 최고인민회의 상설회의 결정 제120호로 채택되어 2010년 3차 수정보충된 「신소청원법」 제2조에 의하면, "신소는 자기의 권리와 이익에 대한 침해를 미리 막거나 침해된 권리와 이익을 회복시켜줄 것을 요구하는 행위이며 청원은 기관, 기업소, 단체와 개별적일군의 사업을 개선시키기 위하여 의견을 제기하는 행위이다."라고 규정되어 있다. 그런데 북한의 '신소제도'는 조세전문성이 없는 북한 내부인력이 담당한다는 문제가 있고, 신소제도에 의존하는 조세구제절차는 특히 외국투자가에 대해서는 현실적으로 적용하기 어려울 것으로 보인다. 조세구제제도에 대한 구체적인 논의는 ≪최정욱, 「북한 투자와 조세구제제도-신소제도와 상호합의절차를 중심으로」, 『조

구체적으로 살펴보면, 단일은행 체계, 집금소 등 기존 징세체계를 어떠한 방식으로 개편할 것인지가 중요한 문제이다. 해방 후 세무서를 착취기구로 보아 폐지함으로써 조세전담조직이 장시간 존재하지 않았다는 점은 상당한 취약점이다. 시장화 및 시장경제의 확대과정에서 단일은행 징세체계로 감당할 수는 없으며, 결국 이를 대체할 조세전담기관 및 징세체계 등 조세행정체계를 구축할 필요가 있다. 과도기적으로 상업은행 지점이나 집금소를 활용하는 방식을 고려할 수 있겠지만 중국이 1994년 「세금징수관리법」을 별도로 제정하고 국가세무총국을 중심으로 하는 조세행정체계를 갖춘 것이나, 베트남이 조세관련 조직개편을 수차에 걸쳐서 하면서 통합 국세청 조직을 구축한 것 등을 참고할 필요가 있다. 또한 징세 측면뿐만 아니라 잘못된 과세에 대한 구제절차, 즉 조세구제제도의 확립은 조세법률주의를 구현하는 핵심적인 부분으로서 함께 고려되어야 한다.

조세행정체계를 구축한다고 하여도 이러한 체계가 실제로 작동하려면 조세전문성을 갖춘 인력이 필요하다. 세금제도 폐지에 따른 납세의식의 부족과 함께 이 부분은 북한 당국의 적극적인 의지와 노력이 필요한 부분이다.

또한 앞서 논의한 바와 같이 2012년 새로운 「소득분배방법」은 판매수입을 과세표준으로 하여 기업소별 국가납부율을 적용하는 추계과세와 유사한 방식을 시도한 것인데, 이는 세원 양성화나 근거과세를 위한 과세자료 확보가 여의치 않음을 보여주는 것이다. 이와 관련하여 시장경제에 부합하는 회계 및 회계검증방법의 미비는 향후 변화에 상당한 억제 또는 장애요인으로 작용할 것이다.

세학술논집』, 제35집 제3호, 2019≫ 참조.

제7장

결 론

북한은 세계에서 유일하게 '세금 없는 나라'라는 주장을 유지하고 있다. 본 연구는 북한 문헌의 내용을 기초로 해방 후부터 1974년까지 세금제도 폐지 및 사회주의 예산수입체계로의 전환 과정을 실증적으로 검토하고, 그 이후 국영 생산기업소에 적용되는 사회주의 예산수입법제의 시기별 변화 과정을 과세요건 개념을 기초로 비교 · 정리한 후, 변화의 의미와 이유, 향후 변화의 방향 및 촉진 · 억제요인을 분석한 것이다. 또한 중국 및 베트남의 세제개혁 과정을 검토함으로써 북한 현행 예산수입법제의 상대적 위치를 평가하고 북한에 대한 시사점을 도출하였다.

전반적인 변화 과정을 요약하면, 김일성 시대에는 1974년 4월 1일자 세금제도 폐지와 함께 사회주의 예산수입체계로 전환한 후 별다른 변화 없이 거래수입금과 국가기업리익금 중심의 「고전적 사회주의 예산수입체계」가 유지되었다. 이후 김정일 시대에는 1994년에 거래수입금 중심의 변화가 있었고, 2002년 7 · 1 조치와 함께 국가기업리득금 체계로의 전환이 있었으며, 2005년에는 「국가예산수입법」이 제정되어 예산수입항목들이 하나의 부문법으로 정리되었다. 김정은 시대에는 다시 1994년 이전 체계로 회귀하여 원점에서 재검토하면서 예산수입제도 개혁을 새롭게 모색하고 있다. 김정은 시대의 예산수입법제는 형태적으로 1994년 이전의 모습과 유사하지만 실질적인 내용이나 성격은 차이가 있다. 김일성 시대 이래로 유지되어온 국정가격과 계획을 기반으로 하는 「고전적 사회주의 예산수입체계」는 김정일 시대 들어서 2002년의 제도 개혁과 함께 「시장 기반 사회주의 예산수입체계」로의 전환이 시작되었고, 김정은 시대에는 「기업소법」 등의 수정보충을 통해 시장을 수용하는 정도가 더욱 확대되어 「시장 기반 사회주의 예산수입체계」로서의 성격이 더욱 강화되었다.

보다 구체적으로 살펴보면, 김일성 시대 세금관련 법제의 변화 과정은 세금제도의 폐지와 사회주의 예산수입체계로의 전환이라는 중첩적인 과정으로 요약할 수 있다. 세금제도의 폐지는 실질적으로는 개인에 대한 세금의 폐지 정도로 볼 수 있고, 기존 거래세와 기업소득세는 거래수입금과 리익공제금이라는 사회주의 경리수입 형태로 전환되어 유지되었다. 또한 폐지된 세금 항목 중 일부는 사용료 또는 수수료 형태로 전환되어 유지되었다. 사회주의 예산수입체계로의 전환은 생산관계의 사회주의적 개조가 완성되어 감에 따라 사적소유 부분이 점차 줄어들고 국유화된 부분으로 대체되어 가는 과정이 예산수입법제 측면에 반영된 것이다. 국유화된 부분의 확대에 따라 순차적으로 사적소유 기반의 세제를 폐지할 수 있었고, 1974년에 최종적으로 세금제도의 완전한 폐지를 선언하면서 사회주의 예산수입체계가 확립되어 이후 큰 변화 없이 유지되었다.

김정일 시대 초기인 1994년에 처음으로 거래수입금을 중심으로 변화가 있었다. 이후 2002년 7·1 조치와 함께 거래수입금이 폐지되고 국가기업리득금 체계로 전환되었으며, 2005년에는 「국가예산수입법」이 제정되어 예산수입 항목들이 하나의 부문법으로 정리되었다. 김정일 시대에는 생산수단 도매가격 정책, 분배기준, 과세요건 항목 등 예산수입제도의 세부구성(조합)을 변경하는 방식으로 사회주의 예산수입체계 내에서 변화가 시도되었다. 즉 가격현실화 및 한도가격 제도를 통한 과세표준 규모의 증대, 분배기준 변경을 통한 과세대상의 조정, 부과단위 확대를 통한 납세의무자의 확대, 추가적인 세원 발굴 등의 방법으로 예산수입 증대, 경제주체의 인센티브 강화 및 이를 통한 생산증대, 재정통제 등이 시도되었다. 빈번한 제도 변화는 사회주의 예산수입체계의 형태를 유지하면서 여러 가지 목표를 동시에 달성하고자 했던 시행착오의 과정이라고 판단된다.

국가제정 가격체계 내에서 생산수단 도매가격 형식의 변화는 거래수입금의 시기별 변화에서 중요한 위치에 있다. 생산수단 도매가격의 형식에 따라 회계학적 관점에서 거래수입금의 성격과 과세대상이 변화하였다. 기업소도매가격일 경우 거래수입금은 기업소가 받아서 국가에 납부하는 '예수금' 성격으로서 기업소의 판매수입을 구성하지 않고, 납세의무자는 기업소지만 최종소비자가 담세자가 되는 간접소비세 성격을 띤다. 그러나 산업도매가격 형식의 경우 거래수입금이 소비세의 외관을 가지고 있지만 동시에 가격의 일부로서 판매수입을 구성함으로써, 기업소의 소득(또는 순소득)을 과세대상으로 하는 소득세 성격도 띠게 된다.

국가기업리익금 및 국가기업리득금의 시기별 변화는 분배기준과 직접적으로 관련이 있으며, 분배기준 변경은 과세대상의 변경을 의미한다. 2002년 7·1 조치로 표현되는 개혁의 시기에는 소득 기준 분배방법이 적용되었고, 개혁 이전 또는 개혁 후퇴의 시기에는 이윤·순소득 기준 분배방법이 적용되었다. 소득 또는 이윤·순소득 분배기준의 핵심적인 차이는 생활비 부분이 과세대상에 포함되는지 여부에 있다. 소득 기준 분배는 생활비 부분의 과세대상 포함과 실적 또는 성과 연동을 통한 인센티브 강화라는 양면성을 갖는다. 반면에 이윤·순소득 분배기준은 생활비를 별도 분배함으로써 실적 또는 성과와의 연계성이 상대적으로 떨어진다. 하지만 김정일 시대 이후에는 생활비를 별도 분배하더라도 김일성 시대와는 달리 현실화된 생활비 수준이 반영되었을 것으로 추정된다. 시장가격 정책의 변경은 과세표준을 통해 예산수입 증대에 직접적인 영향을 미치며, 분배기준 변경과 결합될 때 시장과 경제주체의 연결을 통해 인센티브 구조에 영향을 미친다.

2002년 이후 가격현실화 조치와 함께 한도가격이 적용되었다. 재정수입의 부족이 일상화된 상태에서 시장가격의 과세표준 반영을 통해 예산수입에 긍정적인 효과가 있는 이러한 정책은 2005년 이후 개혁 후퇴의 시기에도 그대로 유지되었을 가능성이 높다. 번수입 지표 적용에 따라 계획외 수입을 과세대상에 편입시킨 정책도 유지되었을 가능성이 높지만 기업소의 자발적 신고납부를 기대하기는 어려웠을 것으로 보인다. 김정일 시대의 이러한 변화는 과거 국정가격과 계획을 기반으로 하는 「고전적 사회주의 예산수입체계」에서 「시장 기반 사회주의 예산수입체계」로의 전환이 시작된 것으로 해석할 수 있다.

김정은 시대 예산수입법제 변화의 출발점은 2011년 「국가예산수입법」 수정보충을 통한 1994년 이전 거래수입금 및 국가기업리익금 체계로의 회귀라고 할 수 있다. 2012년 이후에는 「국가예산수입법」에 대한 직접적인 수정 없이, 소득을 과세대상으로 하고 판매수입을 과세표준으로 하면서 기업소국가납부율을 세율로 하는 추계과세 성격의 「소득분배방법」을 임시적 또는 시범적으로 시도하였다. 하지만 「국가예산수입법」에 아직까지 반영되지 않았다는 점에 비추어 볼 때 안정적인 제도로서 확신을 얻지는 못한 것으로 보인다. 현행 예산수입체계는 사회주의 예산수입체계 내에서 시장경제 활동에 기초한 잉여를 예산수입으로 흡수하고자 하는 과도기적인 형태를 포함하고 있다. 또한 시장을 수용하는 정도가 점차 확대되어 주문계약에 따라 기업소지표로 생산하는 생산물의 가격제정권과 판매권을 기업소에 부여하고 시장경제 영역을 계획 영역에 편입시킴으로써 「시장 기반 사회주의 예산수입체계」로서의 성격이 더욱 강화되었다. 하지만 여전히 「시장경제형 조세제도」라고 할 수는 없다. 북한과 중국 · 베트남의 세제개혁 과정과 비교해보면, 북한의 현행 예산수입법제는 내용적 또는 질적으로는 「시장 기반 사회주의 예산수입체계」로 전환되었다고 할 수 있으나, 형태적으로는 여전히 사회주의 예산수입체계로서 중국이나 베트남의 개혁 · 개방 이전 시기, 즉 공상세와 이윤상납제도의 시기에 머물러 있다.

한편, 점진적 체제전환국인 중국 · 베트남의 세제개혁 사례는 다음과 같은 전반적인 시사점을 주고 있다. 첫째, 중국과 베트남의 세제개혁 과정은 상당한 차이가 있었다. 따라서 향후 북한의 변화도 큰 틀에서 중국이나 베트남과 유사한 방향으로 추진될 수 있겠지만, 세부진행과정은 북한의 특수한 상황 또는 조건에 따라 전혀 다른 양상으로 전개될 수 있다. 둘째, 중국·베트남의 세제개혁은 점진적·단계적으로 진행되었지만, 법제적인 측면에서 조세제(납세제)로의 전환 과정은 단절적으로 이루어졌다. 북한의 경우도 법제적인 측면에서는 일정 부분 단절적인 방식으로 진행될 수밖에 없을 것으로 보인다. 셋째, 세목별 도입 순서 및 속도는 북한의 특수한 상황 또는 조건을 기초로 판단하여야 하고 재정의 연속성 및 안정성을 담보할 수 있도록 그 효과를 시뮬레이션하면서 설계되어야 한다. 넷째, 베트남의 「세금관리법」과 같은 조세기본법을 마련하여 조세법에 대한 기본적인 체계를 구축할 필요가 있다. 북한의 기존 「국가예산수입법」이나 대외세법은 단일법 체계로 되어 있으나, 향후 「시장경제형 조세제도」를 도입할 경우 조세법체계를 구축함에 있어서 세목별 체계의 도입을 검토할 필요가 있다.

향후 예상되는 변화의 방향은 다음과 같이 전망할 수 있다. 첫째, 북한의 전반적인 시기별 변화 중에는 추세적인 부분이 있고 이를 통해 향후 변화의 방향을 전망해볼 수 있다. 시장가격의 과세표준 반영, 생활비를 포함한 소득(과세대상) 기준 분배, 납세의무자의 확대, 예산수입의 조기 확보, 세원 발굴 및 확대 등의 방향은 예산수입 확보 측면에서 추세적일 수 있다. 따라서 시장화의 확대, 시장의 제도화가 진행되는 한, 이러한 추세적 변화의 방향성은 유지될 것으로 예상할 수 있고 과거 국정가격과 계획을 기반으로 하는 「고전적 사회주의 예산수입체계」에서 「시장 기반 사회주의 예산수입체계」로의 질적 변화, 그리고 궁극적으로 「시장경제형 조세제도」로의 전환에 이르는 경로를 밟을 것으로 전망된다.

둘째, 과세요건의 변화 방향과 관련하여, 조세제(납세제) 전환의 핵심적인 부분은 포괄적인 납세의무자 규정과 일반적·표준적인 세율에 의한 국가와 기업 간 분배방식의 제도화라고 할 수 있다. 사회주의적 계획 체계 내에서 납세의무자 및 세율 규정을 바꾸는 데는 한계가 있고, 북한이 「시장경제형 조세제도」로의 전환을 추진할 경우 납세의무자 및 세율 규정의 변경이 중요한 문제가 될 것으로 예상된다. 물론 부가가치세제의 경우 납세의무자나 세율 규정뿐만 아니라 과세표준 및 세율의 계산구조 자체가 변경되어야 한다.

셋째, 2000년대 이후 세금제도 폐지에 대한 『로동신문』 홍보 기사의 양이 현격히 감소했다는 사실은 「시장경제형 조세제도」 도입의 가능성이 높아지고 있음을 보여주는 지표라고 할 수 있으며, 경제개혁의 진전에 따라 이러한 감소 추세가 지속될 것으로 예상된다.

넷째, 법인소득세제의 도입은 국영기업에 대한 소유제도 개혁 추진 여부가 중요한 변수가 될 것으로 예상된다. 세율 수준은 현재의 실질부담률과 법인소득세 실효세율의 상대적 차이에 따른 경제적 영향에 대한 심층적 검토에 기초하여 결정되어야 한다. 이와 관련하여, 2012년 시범적으로 적용한 「소득분배방법」에 대해 재정성이 제공하는 자료에 비추어 볼 때 관련 분석 자료가 상당히 축적되어 있을 것으로 추정된다.

다섯째, 부가가치세제의 도입은 예산수입 확보 측면에서 중요할 수 있지만, 간접세 중심의 구조를 가지고 있었던 중국의 사례를 그대로 적용하기는 어렵다. 부가가치세제는 상대적으로 예산수입 효과는 크지만 주민들에게 광범위하게 영향을 미치고 북한은 상대적으로 직접세 중심의 '제도적 기억'이 강하다는 점을 고려할 때, 어떠한 세제를 먼저 도입할 수 있을 것인지 예상하기는 쉽지 않다. 거래수입금과 국가기업리익금이 유사한 비중으로 병행적으로 적용되거나 국가기업리득금 또는 2012년 「소득분배방법」 상의 국가납부금과 같이 통합된 형태로 적용되었던 사례에 비추어 볼 때, 베트남과 같이 동시에 진행될 가능성이 더 높을 것으로 예상된다.

여섯째, 개인소득세의 경우는 세금제도 폐지의 철회라는 정치적인 부담을 고려할 때 가장 후순위가 될 것으로 예상된다.

일곱째, 재산세와 관련하여, 통상 사회주의 체제에서는 사적소유가 허용되지 않기 때문에 재산세를 도입할 수 있는 제도적 기반이 없다. 따라서 부동산사용료 등 상당 기간 이용권 개념을 중심으로 하는 방식이 유지될 가능성이 높다.

여덟째, 대외경제부분에 대한 대외세법은 궁극적으로 대내세제와 통합이 불가피하겠지만, 현행 예산수입체계가 이원화되어 있다는 점에서 초기에는 별개의 조세체계를 구축하여 유지하는 방식으로 진행될 것으로 예상된다.

향후 변화의 촉진요인으로는 시장화 및 사실상 사유화의 확대, 재정확충의 필요성, 조세의 정책수단으로의 활용가능성, 향후 국제화 및 개방의 진전 가능성 등이 있고, 억제요인으로는 세금제도 폐지에 따른 정치적 부담, 국영기업 개혁 등 소유제도 개혁의 지체와 조세인프라의 부족 등을 들 수 있다. 특히 예산수입제도의 변화가 체제유지에 위협이 되지 않고 관리통제 범위 내에서 작동하도록 하는 중요한 연결고리는 조세인프라 문제일 것이다. 북한의 조세제도 발전에 필요한 주요 조세인프라로는, 근거과세가 가능하도록 하는 회계 및 회계검증 방법의 발전, 단일은행 계좌이체 방식이 아닌 효율적 징수체계의 구축, 조세전담조직 등 조세행정의 발전, 세원의 양성화, 자발적 신고납부가 가능하도록 하는 납세의식의 제고, 북한 내 조세전문인력의 확충, 조세구제제도의 발전 등을 고려할 수 있다.

본 연구의 의의는 첫째, 해방 이후 현재까지 북한 세금관련 법제, 즉 예산수입법제의 시기별 변화의 과정을 북한 문헌을 기초로 실증적이고 체계적으로 정리하였다는 점, 둘째, 사회주의 예산수입법제의 시기별 비교의 기준으로 과세요건 개념을 활용했고, 가격체계와 거래수입금, 분배기준과 국가기업리익금을 연계하여 분석하였다는 점, 셋째, 국내에서 거의 연구가 이루어지지 않은 베트남 세제개혁 사례연구를 시도했다는 점, 그리고 마지막으로 북한 예산수입법제의 시기별 변화 내용과 중국·베트남 세제개혁 사례를 기초로 북한에 대한 시사점을 도출하였다는 점 등을 들 수 있다.

본 연구의 한계로는 첫째, 법제에 초점을 둔 연구로서 시기별 제도 변화의 경제적 효과를 충분히 평가하지는 못했다는 점, 둘째, 국영 생산기업소 이외의 영역을 포함하지 못했다는 점, 셋째, 사회주의 예산수입법제에 대하여 과세요건론 적용을 처음 시도한 것으로서 일부 해석상 불명확한 부분이 있다는 점 등을 들 수 있다. 마지막으로 북한 법제 연구 자체의 한계로서 북한 법체계상 최고위층의 교시 또는 말씀, 노동당 규약이 헌법이나 성문법률 보다 상위에 있고, 법률이나 규정이 실제로 적용되어 작동되고 있는지 확신할 수 없다는 점, 그리고 북한의 법 규정이 문장 표현의 엄밀성이나 정교함이 상대적으로 부족하여 문리해석에만 의존하기 어려운 면이 있다는 점 등을 고려하여야 한다.

참고문헌

1. 북한문헌

가. 김일성 · 김정일 문헌

김일성, 「국가재정운영사업을 잘하며 농민은행을 창설할데 대하여」(1946.4.1.), 『김일성저작집 2』, 평양: 조선로동당출판사, 1979.

_____, 「국가재정관리를 잘하기 위하여」(1947.2.28.), 『김일성저작집 3』, 평양: 조선로동당출판사, 1979.

_____, 「우리나라에서의 사회주의적 농업협동화의 승리와 농촌경리의 앞으로의 발전에 대하여」(1959.1.5.), 『김일성전집 제23권』, 평양: 조선로동당출판사, 1998.

_____, 「사회주의적 농촌경리의 정확한 운영을 위하여」(1960.2.8.), 『김일성전집 제25권』, 평양: 조선로동당출판사, 1999.

_____, 「조선 인민의 민족적 명절 8 · 15 해방 15주년 경축 대회에서 한 김일성 동지의 보고」, 『로동신문』(1960년 8월 15일자).

_____, 「우리나라 사회주의 농촌 문제에 관한 테제」(1964.2.25.), 『김일성 저작선집 4』, 평양: 조선로동당출판사, 1968.

_____, 「농업현물세제를 완전히 폐지할데 대하여」, 『로동신문』(1966년 4월 30일자).

_____, 「세금제도를 완전히 없앨데 대하여」(1974.3.21.), 『김일성저작집 29』, 평양: 조선로동당출판사, 1985.

김정일, 「올해를 강성대국 건설의 위대한 전환의 해로 빛내이자」(1999.1.1.), 『김정일선집 제14권』, 평양: 조선로동당출판사, 2000.

나. 단행본

김덕윤, 『재정사업경험』, 평양: 사회과학출판사, 1988.

김옥선 외, 『회계학(대학용)』, 평양: 고등교육도서출판사, 2007.

김용기 · 전복빈, 『가격제정과 적용』, 평양: 공업출판사, 1981.

리기섭, 『조선민주주의인민공화국 법률제도(로동법제도)』, 평양: 사회과학출판사, 1994.
안광즙, 『공업재정』, 평양: 교육도서출판사, 1957.
장원성, 『사회주의 하에서의 국가예산, 신용 및 화폐류통』, 평양: 조선로동당출판사, 1960.
정철원, 『조선투자법안내(310가지 물음과 답변)』, 평양: 법률출판사, 2007.
조선대외경제투자협력위원회 편찬, 『조선민주주의인민공화국 투자안내』, 평양: 외국문출판사, 2016.
최준택, 『사회주의기업소재정(2판)』, 평양: 김일성종합대학출판사, 1988.
홍만기, 『사회주의 하에서의 재생산』, 평양: 조선로동당출판사, 1960.
『재정 및 은행학』, 평양: 고등교육출판사, 1976.

다. 논문

김광민, 「공화국대외세법제도의 특징에 대하여」, 『사회과학원학보』, 2016년 제1호.
______, 「공화국대외세법제도의 본질적내용」, 『사회과학원학보』, 2016년 제2호.
김두선, 「자본주의조세제도의 특징」, 『경제연구』, 2014년 제2호.
______, 「소득과세와 그 특징」, 『경제연구』, 2007년 제3호.
______, 「자본주의≪조세원칙≫의 반동성」, 『경제연구』, 2003년 제3호.
김성호, 「국제세금징수협정의 본질」, 『정치법률연구』, 2015년 제2호.
______, 「공화국 대외세법의 공정성」, 『김일성종합대학학보: 력사·법률』, 제59권 제3호, 2013.
김수희, 「국가기업리익금납부공간의 합리적리용에서 나서는 중요요구」, 『경제연구』, 2013년 제4호.
김영수, 「국가기업리득금과 그 합리적동원에서 제기되는 몇가지 문제」, 『경제연구』, 2004년 제1호.
당경호, 「경애하는 김정은동지께서 밝혀주신 우리식의 경제관리방법의 본질적 특징」, 『경제연구』, 2014년 제2호.
렴병호, 「현시기 경제관리를 합리화하기 위한 경제적공간의 리용」, 『경제연구』, 2019년 제2호.
리동구, 「부동산가격과 사용료를 바로 제정·적용하는 것은 부동산의 효과적리용을 보장하기 위한 종요한 요구」, 『경제연구』, 2006년 제4호.
리상언, 「≪인민경제계획화(XII)≫: 우리 나라에서의 재정 계획화」, 『경제건설』, 1958년 제12월.
리수경, 「우리나라에서 외국투자기업 및 외국인세금제도가 가지는 의의」, 『경제연구』, 1997년 제4호.
리창근, 「위대한 령도자 김정일동지께서 밝히신 사회주의사회의 성격에 맞게 경제발전을 다그칠데 대한 원칙적요구와 그 실현방도」, 『경제연구』, 2001년 제3호.
리창혁, 「경제강국건설과 주체사상을 구현한 우리 식 경제관리방법」, 『경제연구』, 2017년 제1호.
림광남, 「고정재산재생산의 자금원천보장에서 나서는 몇가지 방법론적문제」, 『경제연구』, 2003년 제4호.
민병렬, 「사회주의재정의 계획적관리와 그 우월성」, 『경제연구』, 2013년 제1호.
박 혁, 「축적과 소비의 균형의 법칙을 정확히 구현하는 것은 사회주의재정의 중요한 임무」, 『경제연구』, 2016년 제1호.
방동명, 「새로 개정된 주민 소득세법이 가지는 의의」, 『경제건설』, 1956년 1월.
봉향미, 「생활비와 가격의 균형을 보장하는 것은 로동자, 사무원들의 생활을 안정향상시키기 위한 중요담보」, 『경제연구』, 2017년 제1호.
서영식, 「사회주의로동보수제에서 국가와 개인의 리익에 대한 기업소리익작용의 정확한 실현」, 『경제연구』, 2001년 제2호.
안명훈, 「우리식 경제관리방법을 확립하는데서 나서는 기본요구」, 『경제연구』, 2015년 제4호.
오선희, 「거래수입금의 제정 및 적용에서 제기되는 몇가지 문제」, 『경제연구』, 1994년 제3호.
오시권, 「≪공정성≫의 간판밑에 가리워진 자본주의세금 제도의 반인민적이며 기만적인 성격」, 『경제연구』, 2012년 제2호.
윤형식, 「거래세 및 지방세 개정에 대하여」, 『재정금융』(재정성기관지), 1950년 제1호.
장성은, 「공장, 기업소에서 번수입의 본질과 그 분배에서 나서는 원칙적 요구」, 『경제연구』, 2002년 제4호.
정광영, 「자금리용에서 기업체들의 책임성과 창발성을 높이는데서 나서는 중요문제」, 『김일성종합대학학보: 철학 · 경제학』, 제60권 제4호, 2014.
______, 「거래수입금에 대한 과학적리해에서 제기되는 몇가지 문제」, 『김일성종합대학학보: 철학 · 경제학』, 제57권 제3호, 2011.
______, 「국가기업리익금에 대한 과학적 해명에서 나서는 중요문제」, 『경제연구』, 2011년 제4호.

정민일, 「현대부르죠아조세론의 반동성」, 『경제연구』, 1996년 제4호.
조경희, 「우리식 경제관리방법을 확립하는데서 나서는 기본요구」, 『경제연구』, 2015년 제2호.
최룡섭, 「위대한 수령 김일성동지의 현명한 령도밑에 유격구에서 실시된 혁명적이며 인민적인 세금정책」, 『경제연구』, 1996년 제1호.
허진옥, 「부동산사용료의 적용에서 나서는 몇가지 문제」, 『김일성종합대학학보: 철학 · 경제학』, 제59권 1호, 2013.
허철환, 「고정재산에 대한 재정관리의 중요한 내용」, 『김일성종합대학학보: 철학 · 경제학』, 제61권 제1호, 2015.
______, 「감가상각금과 부동산사용료의 경제적내용과 그 리용의 필요성」, 『김일성종합대학학보: 철학 · 경제학』, 제57권 제4호, 2011.
홍성남, 「독립채산제기업소리윤에 대한 리해에서 제기되는 몇가지 문제」, 『김일성종합대학학보-철학 · 경제학』, 제57권 제3호, 2011.

라. 사전, 법전, 연감, 공보 및 신문 등

(1) 경제 · 재정금융 사전

『경제학 소사전』, 평양: 조선로동당 출판사, 1960.
사회과학원 경제연구소, 『경제사전 1』, 평양: 사회과학출판사, 1970.
사회과학원 경제연구소, 『경제사전 2』, 평양: 사회과학출판사, 1970.
사회과학원 사회주의경제관리연구소, 『재정금융사전』, 평양: 사회과학출판사, 1995.
사회과학원 주체경제학연구소, 『경제사전 1』, 평양: 사회과학출판사, 1985.
사회과학원 주체경제학연구소, 『경제사전 2』, 평양: 사회과학출판사, 1985.

(2) 백과사전, 조선말 사전, 법전 및 법규집

『광명백과사전 5(경제)』, 평양: 백과사전출판사, 2010.
『백과사전 2』, 평양: 백과사전출판사, 1975.
『백과전서 4』, 평양: 과학 · 백과출판사, 1983.
『재정법규집』, 평양: 재정성기관지 편집부, 1950.
『조선대백과사전 15』, 평양: 백과사전출판사, 2000.
『조선대백과사전 16』, 평양: 백과사전출판사, 2000.
『조선말사전(제2판)』, 평양: 과학백과사전출판사, 2010.
『조선말대사전 1(증보판)』, 평양: 사회과학출판사, 2017.

『조선말대사전 2(증보판)』, 평양: 사회과학출판사, 2017.
『조선민주주의인민공화국 법규집(라선경제무역지대부문)』, 평양: 법률출판사, 2016.
『조선민주주의인민공화국 법규집(외국투자기업재정관리부문)』, 평양: 법률출판사, 2019.
『조선민주주의인민공화국 법전(증보판)』, 평양: 법률출판사, 2016.

(3) 조선중앙년감
『조선중앙년감(1950)』, 평양: 조선중앙통신사, 1950.
『조선중앙년감(1951~1952)』, 평양: 조선중앙통신사, 1952.
『조선중앙년감(1956)』, 평양: 국제생활사, 1956.
『조선중앙년감(1957)』, 평양: 조선중앙통신사, 1957.
『조선중앙년감(1958)』, 평양: 조선중앙통신사, 1958.
『조선중앙년감(1959)』, 평양: 조선중앙통신사, 1959.
『조선중앙년감(1960)』, 평양: 조선중앙통신사, 1960.
『조선중앙년감(1965)』, 평양: 조선중앙통신사, 1965.

(4) 조선민주주의인민공화국『내각공보』
조선민주주의인민공화국,『내각공보』, 1948년 제1호.
조선민주주의인민공화국,『내각공보』, 1948년 제4호.
조선민주주의인민공화국,『내각공보』, 1949년 제1호.
조선민주주의인민공화국,『내각공보』, 1949년 제6호.
조선민주주의인민공화국,『내각공보』, 1949년 제11호.
조선민주주의인민공화국,『내각공보』, 1949년 제12호.
조선민주주의인민공화국,『내각공보』, 1950년 상.
조선민주주의인민공화국,『내각공보』, 1950년 제8호.
조선민주주의인민공화국,『내각공보』, 1951년 제1호.
조선민주주의인민공화국,『내각공보』, 1951년 제11호.

(5) 북조선(림시)인민위원회『법령공보』
북조선림시인민위원회,『법령공보』, 1946년 증간 1호.
북조선림시인민위원회,『법령공보』, 1946년 제4호.

북조선림시인민위원회, 『법령공보』, 1947년 증간 2호.
북조선림시인민위원회, 『법령공보』, 1947년 증간 3호.
북조선인민위원회, 『법령공보』, 1947년 제20호.
북조선인민위원회, 『법령공보』, 1947년 제21호.
북조선인민위원회, 『법령공보』, 1947년 제22호.
북조선인민위원회, 『법령공보』, 1947년 제31호.
북조선인민위원회, 『법령공보』, 1947년 제33호.
북조선인민위원회, 『법령공보』, 1948년 제47호.
북조선인민위원회, 『법령공보』, 1948년 제48호.

(6) 『로동신문』, 『조선신보』 등

마. 국내발행 북한 자료

국가정보원 엮음, 『북한법령집 상』, 서울: 국가정보원, 2020.
______, 『북한법령집 하』, 서울: 국가정보원, 2020.
국사편찬위원회 엮음, 『북한관계사료집 13』, 과천: 국사편찬위원회, 1992.
______, 『북한관계사료집 33』, 과천: 국사편찬위원회, 2000.
국토통일원 엮음, 『북한최고인민회의자료집(제Ⅱ집)』, 서울: 국토통일원 조사연구실, 1988.
김광운, 『북조선실록 제4권』, 서울: 코리아 데이터 프로젝트, 2018.
백두연구소 엮음, 『주체사상의 형성과정 Ⅰ』, 서울: 도서출판 백두, 1988.
장명봉 편, 『최신 북한법령집』, 서울: 북한법연구회, 2015.
정경모 · 최달곤 공편, 『북한법령집 제2권』, 서울: 대륙연구소, 1990.
______, 『북한법령집 제3권』, 서울: 대륙연구소, 1990.
한국개발연구원 북한경제팀, 「토지사용료규정」(내각결정 제53호 2002년 7월 31일), 『KDI 북한경제리뷰』, 2004년 12월호.
______, 「위대한 령도자 김정일 동지께서 농민시장을 사회주의 경제관리와 인민생활에 필요한 시장으로 잘 운영하도록 방향전환할데 대하여 주신 방침을 철저히 관철할데 대하여」(내각지시 제24호 2003년 5월 5일), 『KDI 북한경제리뷰』, 2004년 12월호.
______, 「시장관리운영규정(잠정)」(내각결정 제27호 2003년 5월 5일), 『KDI 북한경제리뷰』, 2004년 12월호.

2. 국내문헌

가. 단행본

경남대학교 북한대학원 엮음, 『북한연구방법론』, 파주: 도서출판 한울, 2003.
국세청, 『베트남 진출기업을 위한 세무안내』, 서울: 국세청, 2008.
권 율, 『베트남 국유기업개혁의 현황과 과제』, 서울: 대외경제정책연구원, 1997.
김병목 · 황용수 · 홍성범, 『중국의 과학기술정책』, 서울: 한국과학기술정책연구 · 평가센터, 1989.
김석진, 『중국 · 베트남 개혁모델의 북한 적용 가능성 재검토』, 서울: 산업연구원, 2008.
김일한 엮음, 『김정은시대 조선로동당 – 제7차 당대회와 북한 정치 · 경제』, 서울: 도서출판 선인, 2018.
김준석 외 공저, 『베트남 세법』, 서울: 삼일인포마인, 2019.
박유현, 『북한의 조세정치와 세금제도의 폐지, 1945-1974』, 서울: 도서출판 선인, 2018.
박형중 · 최진욱, 『북한 최고인민회의 제11기 제3차 회의 결과 분석』, 서울: 통일연구원, 2005.
박후건, 『북한 경제의 재구성』, 서울: 도서출판 선인, 2015.
박희진, 『북한과 중국: 개혁개방의 정치경제학』, 서울: 도서출판 선인, 2010.
법무부 법무실 통일법무과, 『통일법무 기본자료(북한법제)』, 과천: 법무부, 2018.
법무부 법무부 특수법령과, 『베트남 개혁개방법제 개관』, 과천: 법무부, 2005.
북한경제포럼 엮음, 『현대북한경제론』, 서울: 도서출판 오름, 2007.
샤오궈량 · 수이푸민, 이종찬 옮김, 『현대중국경제』, 서울: 도서출판 해남, 2015 (蕭國亮 · 隋福民, 中和人民共和國 經濟史).
소순무 · 윤지현, 『조세소송』, 서울: ㈜영화조세통람, 2018.
손희두 · 문성민, 『북한의 재정법제에 관한 연구』, 서울: 한국법제연구원, 2007.
양문수 편저, 『김정은시대의 경제와 사회: 국가와 시장의 새로운 관계』, 파주: 한울아카데미, 2014.
양문수 외, 『2000년대 북한경제 종합평가』, 서울: 산업연구원, 2012.
양문수, 『북한경제의 시장화 – 양태 · 성격 · 메커니즘』, 파주: 도서출판 한울, 2010.
______, 『북한경제의 구조 – 경제개발과 침체의 메커니즘』, 서울: 서울대학교출판문화원, 2001.

오승렬, 『북한경제의 변화와 인센티브 구조: 비공식부문의 확산에 따른 개혁전망』, 서울: 통일연구원, 1999.
우명동, 『조세론』, 서울: 도서출판 해남, 2007.
이상일 외, 『중국사업관리실무 3 - 법인세 · 개인소득세 · 부동산양도세 관리 편(개정증보2판)』, 서울: 씨에프오아카데미, 2016.
______, 『중국사업관리실무 4 - 부가가치세 · 소비세 · 영업세 · 기타조세 관리 편(개정증보2판)』, 서울: 씨에프오아카데미, 2016.
이석기 외, 『김정은 시대 북한 경제개혁 연구 -'우리식 경제관리방법'을 중심으로』, 세종: 산업연구원, 2018.
이재춘, 『베트남과 북한의 개혁 · 개방』, 서울: 경인문화사, 2014.
이준봉, 『조세법총론(제6판)』, 서울: 삼일인포마인, 2020.
이진우 옮김, 『공산당 선언』, 서울: 책세상, 2018 (Marx, Karl and Fredrich Engels, *Manifest der Kommunistishen Partei*, 1848).
이춘효 · 장대용, 『중국의 조세제도 개혁 및 세수정책』, 서울: 한국조세연구원, 1995.
이한우, 『베트남 경제개혁의 정치경제』, 서울: 서강대학교 출판부, 2011.
임명선 외, 『북한통계 분류체계 정립 및 시계열 구축 분야 발굴』, 서울: 한국통계진흥원, 2012.
임수호, 『계획과 시장의 공존』, 서울: 삼성경제연구소, 2008.
임승순, 『조세법(제20판)』, 서울: 박영사, 2020.
임을출, 『김정은 시대 시장의존형 재정운영시스템 실태 연구』(최종보고서), 경남대학교 산학협력단, 2017.
전동훈 · 박우성, 『조세경제학』, 서울: 무역경영사, 2016.
전병유 외, 『북한의 시장 · 기업 개혁과 노동인센티브제도』, 서울: 한국노동연구원, 2004.
정영철, 『북한의 개혁 · 개방』, 서울: 도서출판 선인, 2004.
정영철 편저, 『김정은 시대 북한의 변화』, 서울: 도서출판 선인, 2019.
정재완, 『베트남의 경제개혁 추진형황 및 경제전망』, 서울: 대외경제정책연구원, 1997.
조영주 편저, 『북한연구의 새로운 패러다임: 관점 · 방법론 · 연구방법』, 파주: 한울아카데미, 2015.
최 유 · 김지영, 『북한의 재정법제에 관한 연구Ⅱ』, 세종: 한국법제연구원, 2019.
최준욱 · 이명헌 · 전택승, 『체제전환국의 재정정책 경험과 북한에 대한 시사점 - 남북경협 및 경제통합 관련 조세 · 재정분야 기초연구Ⅱ』, 서울: 한국조세연구원, 2002.

최준욱 외, 『체제전환국 조세정책의 분석과 시사점 – 남북경협 및 경제통합 관련 조세 · 재정분야 기초연구Ⅰ』, 서울: 한국조세연구원, 2001.

최진욱 · 임강택, 『북한 최고인민회의 제10기 제5차 회의 결과분석』, 서울: 통일연구원, 2002.

KDB 산업은행 미래전략연구소, 「북한 경제개발구 분석을 통한 우리기업 진출전략」, 『KDB 북한개발』, 통권 제20호, 2019.

한국수출입은행 북한 · 동북아연구센터 편, 『북한의 금융』, 서울: 도서출판 오름, 2016.

한국조세연구원, 『한국세제사 1 – 연대별』, 서울: 한국조세연구원, 2012.

한기범, 『북한의 경제개혁과 관료정치』, 서울: 북한연구소, 2019.

한명섭, 『통일법제 특강(개정증보판)』, 파주: 한울아카데미, 2019.

한상국, 『체제전환기의 중국 조세정책과 북한에의 시사점 – 남북경제통합 관련 조세 · 재정분야 기초연구Ⅲ』, 서울: 한국조세연구원, 2003.

______, 『시장경제체제로의 전환에 따른 북한 조세제도 구축방안』, 전북대학교, 2012.

형혁규, 『새로운 북한, 중국이 대안인가』, 파주: 한국학술정보(주), 2006.

홍민 외, 『북한 변화 실태 연구: 시장화 종합분석』, 서울: 통일연구원, 2018.

나. 논문

김동한, 「남북분단 70년: 북한법의 변화와 전망」, 『북한법연구』, 제17호, 2017.

김상기, 「번수입지표에 대한 소고」, 『KDI 북한경제리뷰』, 2004년 9월호.

김용구, 「북한 부동산정책 변화에 관한 연구: 토지, 주택 및 매대를 중심으로」, 북한대학원대학교 석사학위논문, 2010.

김일한, 「북한의 가격개혁과 시장가격 결정요인 분석」, 동국대학교 박사학위논문, 2011.

대외경제정책연구원, 「중국 재정세제 개혁의 주요 내용 및 향후 방향」, (KIEP 북경사무소 브리핑 – Vol. 17 No. 8), 2014년 10월 6일.

문흥안, 「북한 살림집법 관련 법제를 통해 본 북한 부동산 시장의 변화」, 『북한법연구』, 제18호, 2018.

박유현, 「북한의 조세정치와 세금제도의 폐지, 1945~1974」, 북한대학원대학교 박사학위논문, 2013.

안창남, 「북한세법 연구-조세조약과 개성공업지구 세금규정을 중심으로」, 『조세법연구』, 제16권 3호, 2010.
오인식, 「체제전환국의 경제개혁 성과와 전망 - 베트남의 사례를 중심으로」, 『사회과학연구』, 제18호, 2004.
우명강, 「중국 세제개혁 방안에 관한 연구 - 한국세제와의 비교를 중심으로」, 강남대학교 박사학위논문, 2016.
_____, 「중국 세제개편의 회고 및 전망 - 1990년대 이후 세제개편을 중심으로」, 『한중관계연구』, 제1권 제2호, 2015.
유 욱, 「북한의 법체계와 북한법의 이해방법 - 북한 헌법에 나오는 법령 · 정령 · 결정 등 입법형식을 중심으로」, 『북한법연구』, 제13호, 2011.
유호림, 「중국의 현대 세제사에 관한 고찰」, 『세무와 회계저널』, 제12권 제1호, 2011.
윤대규, 「분단 65년 - 북한법의 성격과 기능의 변화」, 『북한법연구』, 제13호, 2011.
윤인주, 「북한의 사유화 현상 연구: 실태와 함의를 중심으로」, 『북한연구학회보』, 제18권 제1호, 2014.
이동진, 「분절된 국가와 분절된 재정: 중국 시장사회주의 개혁의 이중성」, 『비교사회』, 제4집, 2002.
이창희, 「『경제연구(1986~1999)』로 바라본 북한의 경제개혁에 대한 고찰」, 『북한학연구』, 제6권 제2호, 2010.
조균제, 「베트남의 기업회계와 조세제도에 관한 고찰」, 『국제회계연구』, 제27집, 2009.
최우진, 「나선경제특구 법제도 정비 현황 및 과제」, 『통일사법정책연구(3)』, 고양: 대법원 사법정책연구원, 2016.
최정욱, 「북한 예산수입법제의 변화」, 『북한법연구』, 제24호, 2020.
_____, 「북한 국가예산수입제도의 시기별 변화와 전망 - 국영 생산기업소의 거래수입금과 국가기업리익금을 중심으로」, 『통일문제연구』, 제31권 2호, 2019.
_____, 「북한 투자와 조세구제제도-신소제도와 상호합의절차를 중심으로」, 『조세학술논집』, 제35집 제3호, 2019.
_____, 「북한의 세금제도 폐지와 재도입 가능성에 관한 연구」, 『조세연구』, 제19권 제3집, 2019.
한기범, 「북한 정책결정과정의 조직행태와 관료정치: 경제개혁 확대 및 후퇴를 중심으로 (2000~2009)」, 경남대학교 박사학위논문, 2009.
허영란, 「일제 시기 장시 변동과 지역주민」, 서울대학교 박사학위논문, 2005.

현두륜, 「북한 근로자의 임금에 관한 법적 연구」, 『북한법연구』, 제23호, 2020.
홍기용 · 박희선, 「중국의 WTO가입에 따른 소득세제의 개혁방향에 관한 연구」, 『세무와 회계저널』, 제3권 제1호, 2002.
황수민, 「김정은 시대 북한 금융개혁 연구」, 북한대학원대학교 석사학위논문, 2019.

다. 인터넷

https://stdict.korean.go.kr (국립국어원 표준국어대사전).
https://www.nl.go.kr (국립중앙도서관).
https://ko.dict.naver.com (네이버 국어사전).
https://dict.naver.com (네이버 사전).
https://www.newsis.com (뉴시스).
https://www.dailynk.com (데일리 NK).
http://nk.chosun.com (NK 조선).
https://www.yna.co.kr (연합뉴스).

3. 외국문헌

가. 단행본

North, Douglass C., *Institutions and Institutional Change and Economic Performance,* Cambridge: Cambridge University Press, 1990.
Gangadha Prasad Shukla · Duc Minh Pham · Michael Engelschalk · Tuan Minh Le (Editors), *Tax Reform in Vietnam: Toward a More Efficient and Equitable System,* The World Bank, September 2011.
Gehlbach, Scott, *Representation Through Taxation,* New York: Cambridge University Press, 2008.
OECD, *Model Tax Convention on Income and on Capital: Condensed Version,* Paris: OECD Publishing, 2017.
PwC Vietnam, 『베트남 세법안내 Pocket Tax Book 2019』, 2019
Tổng Cục Thuế (General Department of Taxation; 베트남 국세청), *THUẾ VIỆT NAM*

QUA CÁC THỜI KỲ LỊCH SỬ (GIAI ĐOẠN 2001-2010) (베트남 세제사 2001-2010), 하노이: 재정부 출판사, 2015.

______, *Thuế Việt Nam qua các thời kỳ Lịch sử* (베트남 세제사), 2006.

나. 논문 등

Dapice, David O. · Glenn P. Jenkins · Richard H. Patten, "Taxation for development in Viet Nam," Harvard Institute for International Development, 1992.

International Monetary Fund, "Vietnam: Selected Issues and Statistical Appendix," IMF Staff Country Repot No. 02/5, January 2002.

______, "Vietnam: Statistical Appendix," IMF Country Repot No. 06/423, November 2006.

Nguyen Bich Ngoc, "Thành tựu cải cách thuế trong 30 năm đổi mới (1986-2016) (개혁 30년간의 세제개혁의 성과)," 『Tàichính(재정)』(베트남 재정부 온라인매거진, 2015년 8월 31일자).

Nguyen Hain Binh, "Direct taxation within the framework of national development in Vietnam," University of Pittsburgh, Doctorial dissertation, 1969.

Nguyen Thanh Ha & Ly Ngoc Long, "Vietnam Moves to Reform," 7 International Tax Review 33, 1996.

Nguyen Truong Tho, "Appraisal of the Tax System and Suggestive Proposals for Tax Reform in Vietnam," A Thesis for Degree of Master of Economics, Seoul National University, 1999.

Stromseth, Jonathan R., "Reform and response in Vietnam - State-Society Relations and the Changing Political Economy," Columbia University, Doctorial Dissertation, 1998.

Yuji Yui, "FDI and Corporate Income Tax Reform in Vietnam," International Symposium, 2006.

"70 năm xây dựng và phát triển hệ thống thuế nhà nước (70년간의 국가조세체계의 구축과 발전)," 『Tàichính(재정)』(베트남 재정부 온라인매거진, 2015년 8월 7일자).

"Thành tựu cải cách thuế ở Việt Nam (베트남 세제개혁의 성과)," 「TIN TỨC TÀI CHÍNH」(베트남 재정부 정보포털 뉴스사이트, 2018년 3월 31일자).

다. 인터넷

(1) 중국

https://baike.baidu.com (바이두백과).

http://pkulaw.cn (중국 북경대학교 북대법보(北大法宝)).

http://www.chinatax.gov.cn (중국 국가세무총국).

http://www.mof.gov.cn (중국 재정부).

http://www.gov.cn (中央政府門戸網站; 중국정부포털).

(2) 베트남

http://gdt.gov.vn (Vietnam General Department of Taxation; 베트남 국세청).

https://moj.gov.vn (Vietnam Ministry of Justice; 베트남 법무부).

http://vbpl.vn (베트남 법무부 법령정보센터).

https://www.mof.gov.vn (Vietnam Ministry of Finance; 베트남 재정부).

http://tapchitaichinh.vn (『Tàichính(재정)』; 베트남 재정부 온라인 매거진).

http://tckt.vanlanguni.edu.vn (베트남 Van Lang 대학교 재정회계학과).

〈부록 1〉

1947년

「북조선세금제도개혁에 관한 결정서」

북조선인민위원회 법령 제2호[1]

북조선세금제도개혁에 관한 결정서

북조선인민위원회에관한규정제4조에의하여이를제정공포한다

1947년 2월 27일

북조선림시인민위원회

위원장 김 일 성

사무장 한 병 옥

북조선세금제도개혁에 관한 결정서

일본제국주의는 조선을그의식민지로강점한이래 다른모든착취방법과더부러가렴주구적인세금제도로서 조선인민들을착취하였다

1945년도이전에는 국세, 도세, 시면세를합하야 58종목의고률의세금이있었으며 그중에심한것은 소득세와호별세및그부가세를합하야 최고로소득액의86%7[2]에까지 달하였든것이다 뿐만아니라 조선총독부직속의세무기관을설치하고 그러한복잡하고도고율인식민지적세금제도를 강력히집행하였든것이다

이제본위원회는 재정국리보수동지의 재정에관한보고를듣고 이것을옳다고인정하면서 세금제도에있어서의 일본제국주의잔재를완전히청산하며 동

1) 북조선인민위원회, 『법령공보』, 1947년 제21호, 3~10쪽.

2) 원문은 "八六%七"로 표기되어 있는데, 86~87%를 표현하고자 한 것이거나 "七"이 잘못 기입된 것으로 보인다.

시에새로히 인민들의부담을공정히하며 인민경제부흥과 사회문화발전의재원을 조성할수있는민주주의적세금제도를 수립할목적으로 아래와같이결정한다

제1조 북조선에거주하는인민들과 북조선에서사업하는단체들은 각자수입과능력에의하야 다음에렬기하는세금들을 부담할의무를갖인다

一, 국세

1, 소득세

개인과사업단체(법인을포함함)의소득을근로소득(급료소득)사업소득(농업소득을제외함)기타소득의3종으로분류하야 과세하되별표제1호및제2호루진세률에의하야매월징수한다 그러나국영(도영 시영 면영을포함함)기업소 북조선중앙은행 북조선농민은행 각급소비조합및극장의사업소득과 학생들의장학금 보험에서나오는급여 하급의군인및보안대원의급여에대하야는 이것을부과하지않는다

2, 농업현물세

농민들의농업수확물에대하야는 그25%를북조선인민위원회의농업현물세에관한제28호결정서에의하야 부과한다

3, 등록세

북조선에있는인민 또는법인들의재산에관한권리의무의취득상실 또는변경등의이동을포착하야 행정기관공부에등록할때에별표(제3호)세률에의하야 부과한다

4, 상속세

재산의상속 또는유증이있을시에상속 또는유증을받을자로부터 상속등의사실이발생할때마다이를징수한다 상속세법안을속한시일내로 인민위원회에제출할것을 재정국장리봉수동지에게 위임한다

1947년1월1일이후 발생한상속등에대한상속세는 새세법이결정될때까

지 징수를유예한다

5, 거래세

거래세는 이를물품거래세 국영상업및 소비조합거래세 철도운수거래세및 극장거래세의4종으로분류한다

가, 물품거래세

국영산업및 민간산업의주류및청량음료이외의 생산품거래액에대하야평균10%를부과하되 매월1회혹은2회씩 이를징수한다주류및청량음료에대하야는 생산원가의100%이상으로하고 매월2회씩이를징수한다

나, 국영상업및소비조합거래세

국영상업및 소비조합의상품거래에대하야그거래액의5%를부과하되 매월1회혹은2회씩이를징수한다

다, 철도운수거래세

철도운임의3%를부과하되 매월1회씩 이를징수한다

라, 극장거래세

극장입장료의30%(시에소재한극장)와15%(시이외에소재한극장)로 부과하되 매일이를징수한다

6, 관세

불요불급한 상품의침입을방어하며 중요물자의유출을제거하야 국내산업의발전을도모할목적으로 외국에대한수입수출물자에대하야 일정한비률에의하야부과한다

새로히관세법을제정할때까지는 현행세률과규정에의하야 부과한다

7, 리익공제수입

각국영기업소는 각각그리익금중으로부터 좌의비률에의하야 산출한금액을공제하야 국고에납부할것이다

가, 국영기업소는 그리익금의평균30%이상을 매월국고에납부할것이다 기업소별비률은 재정국장이이를결정한다

나, 중앙은행은 그리익금의50%를 농민은행은25%를 매년2회결산때마
다 국고에납부할 것이다

二, 도세(특별시세를포함함)

1, 가옥세

국가소유(도시면소유를포함함)를제외한일체주택, 점포, 창고, 공장등
건물에대하야과세하되 과세표준1단위(1개)당 년8원으로하고매년2회
로분하야 징수한다

2, 차량세

도내에거주하는인민및기관들이 소유하는차량에대하야 별표제5호세
률에의하야 과세하되 매월혹은년1회또는2회에분하야 징수한다차량
세는 북조선인민위원회이하 각급인민위원회및 그소속행정기관, 사법
기관, 철도기관, 체신기관이 소유하는차량에대하야는이를과세하지않
는다

3, 부동산취득세

부동산의소유권을 취득하였을때에그취득가격의백분지2를 부과징수
한다

4, 음식세

음식영업집에서 1인당150원이상의음식의 회식이있었을때에는 그음
식대금의백분지30에해당한세금을 회식자로부터징수한다
영업주는 음식대금을계산할시에 음식세를같이계산징수하야 매월재
정기관에납부할의무를갖인다

5, 마권세

경마경견에있어서 판매하는마권 견권 경견복권에대하야 그대금의 백
분지30의률로써과세하되 경마 경견관리자에게위탁하야징수한다그관

리자가징수한마권세는 매익일마다 재정기관에납부하여야한다

6, 인민학교세

북조선에거주하는 전체인민들은 각자가현주하는도의 인민학교를유지하기위하야 별표제5호에의하야 세대단위로 그경비를부담한다

이부담액은그도전체총세대에대하여 1세대1개월당최고40원 평균18원으로과할수었는것을원칙으로한다

三, 시면세

1, 대지세

농지와농민의주택지 및 림야를제외한토지로써 건물기타공작물의부지로사용되고있는토지(현재지목여하를불문)에대하야 부과하되세률은별표제6호임대가격에대하야년백분지12로하고 매년6월에이를징수한다단국가소유토지에대하야는 이를부과하지않는다

2, 시장세

시면에서특설한시장(매5일또는격일개시하는시장을포함함)에서영업하는상공업자로서영업등록이없는자에게 그실제판매금액에대하야 그100분의3을부과하야 시장관리자로하여금 매일징수케한다

그시장의상황으로 이상에의거하기 어려울경우에는 매일입시와동시에 그영업자의형편을참작하야 1일5원이상의세금을징수할수있다

3, 도축세

도축이있을시에 별표제7호에의하야 부과한다

4, 시면유지세

시면에거주하는 전체인민들은별표제8호에의하야 세대단위로시면경비부족을부담한다 이부담액은그도전체총액세대에대하야 1세대1개월당최고20원평균7원을초과할수없는것을 원칙으로하되 도인민위원회는 그한도내에서관내각시면인민의경제형편을참작하야 시면별로그률을결정하여야한다

제2조 재정국장리봉수동지가제출한 다음의세법을승인한다

1, 소득세법
2, 거래세법
3, 등록세법
4, 수입인지법
이상국세법
5, 가옥세법
6, 차량세법
7, 부동산취득세법
8, 음식세법
9, 마권세법
10, 인민학교세법
이상도(특별시세법)
11, 대지세법
12, 시장세법
13, 도축세법
14, 시면유지세법
이상시면세

제3조 제1조에규정한각종목의 국세, 도세시면세의종목과 세률은 북조선인민회의의결정이아니면 이를변경할수없다

제4조 납세의무자로서탈세하거나 또는 체납한자는 각법령의규정에의거하여 인민재판으로써 처벌할것이다

제5조 세금을 제기간에납부하지않이할때는 기간경과후매일당1%의연체료를 미납세금에첨가하여 징수한다

제6조 각급재정기관에서 인민들로부터 세금부과조정에대한리의또는 세금의과오납에관한신립을 접수한때는 5일이내에 이를해결하여야한다

제7조 북조선검찰소장은 본법령및본법령에의거한세에관한법령시행되는 형편을 항상검열할것이다

제8조 본결정서의실시와동시에 임이발행한세에관한법령중본결정서와저촉되는일체법령은 이를폐지한다

1947년 2월27일

북조선인민위원회 위원장 김 일 성

사무장 한 병 옥

(별표 제1호~제8호 원문내용 생략)

「북조선세금제도개혁에 관한 결정서」
- 세목별 주요 내용

1947년 2월 27일「북조선세금제도개혁에 관한 결정서」제1조와 별표 제1호~제8호의 내용을 기초로 각 세목별 주요 내용을 간략히 요약하면 다음과 같다.

Ⅰ. 국세

세목	주요 내용 (세제개혁결정서 제1조 및 별표 요약)
1. 소득세	- 납세의무자: 개인과 사업단체(법인 포함) - 과세대상: 근로소득(급료소득), 사업소득(농업소득 제외), 기타소득 - 근로소득 과세표준(월소득금액, 半월소득금액) 5단계에 대하여 6~20% 누진세율(세제개혁결정서 별표 제1호) - 사업소득 및 기타소득 과세표준(연소득금액) 19단계에 대하여 12~63% 누진세율(세제개혁결정서 별표 제2호) - 비과세소득: 국영(도영 시영 면영 포함)기업소, 북조선중앙은행, 북조선농민은행, 각급소비조합 및 극장의 사업소득, 학생들의 장학금 보험급여, 하급 군인 및 보안대원의 급여
2. 농업현물세	- 납세의무자: 농민 - 과세대상: 농업수확물 - 세율: 25% - 북조선인민위원회의「농업현물세에 관한 제28호 결정서」(1946.6.27)에 의거하여 부과
3. 등록세	- 북조선 인민 또는 법인들의 재산에 관한 권리의무의 취득 상실 또는 변경 등의 이동을 포함하여 행정기관공부에 등록할 때 - i) 부동산 등기, ii) 선박등기, iii) 선적 등록, iv) 상사회사 기타 영리법인 등기, v) 회사 이외의 상업등기 선박관리등기, vi) 어업권 등록, vii) 상공영업 기타사업 등록 등에 대한 세율표(세제개혁결정서 별표 제3호)

수입인지법		(제1조에는 명시되어 있지 않으나, 별도 제정 세법을 열거한 제2조에는 포함되어 있음)
4. 상속세		- 납세의무자: 상속 또는 유증을 받을 자 - 과세대상: 재산의 상속 또는 유증 - 상속 등의 사실이 발생할 때 마다 징수 - 상속세법안 추후 제출, 1947.1.1.이후 발생 상속 등에 대한 상속세는 새 세법이 결정될 때까지 징수유예
5.거래세	가. 물품거래세	- 과세대상: 국영산업 및 민간산업의 주류 및 청량음료 이외의 생산품 거래 - 세율: 평균 10%, 매월 1회 또는 2회 징수 - 주류 및 청량음료에 대하여는 생산원가의 100% 이상, 매월 2회 징수
	나. 국영상업 및 소비조합거래세	- 과세대상: 국영상업 및 소비조합의 상품거래 - 세율: 거래액의 5%, 매월 1회 또는 2회 징수
	다. 철도운수 거래세	- 세율: 철도 운임의 3%, 매월 1회 징수
	라. 극장거래세	- 극장입장료의 30%(시소재 극장), 15%(시 이외 소재 극장), 매일 징수
6. 관세		- 과세대상: 외국에 대한 수입수출 물자 - (새로운 관세법 제정할 때 까지 현행세율과 규정에 의하여 부과)
7. 리익공제수입[3]	가. 국영기업소	- 세율: 리익금의 평균 30% 이상(기업소별 비율은 재정국장이 결정) - 매월 납부
	나. 중앙은행	- 세율: 리익금의 50% - 매년 2회 결산때 납부
	다. 농민은행	- 세율: 리익금의 25% - 매년 2회 결산때 납부

자료:「북조선세금제도개혁에 관한 결정서」 내용을 토대로 저자 작성.

3) 북조선인민위원회위원장 김일성 비준(제15호) 재정국 명령 제2호「리익금공제금징수규칙」 적용.

Ⅱ. 도세(특별시세 포함)

세목	주요 내용 (세제개혁결정서 제1조 및 별표 요약)
1. 가옥세	- 과세대상: 국가소유(도시면 소유 포함)를 제외한 일체(一切) 주택, 점포, 창고, 공장 등 건물 - 세율: 과세표준 1단위(1개)당 년 8원 - 매년 2회로 나누어 징수
2. 차량세	- 과세대상: 도내 거주하는 인민 및 기관들이 소유하는 차량 - 세율: 전차 가동차 월 1대, 이외 년 1대에 대하여 정해진 금액 (세제개혁결정서 별표 제4호) - 매월 혹은 년 1회 또는 2회로 나누어 징수 - 과세제외: 북조선인민위원회 이하 각급인민위원회 및 그 소속행정기관, 사업기관, 철도기관, 체신기관이 소유하는 차량
3. 부동산 취득세	- 과세대상: 부동산의 소유권 취득 - 세율: 취득가격의 2%
4. 음식세	- 납세의무자: 회식자 - 과세대상: 음식영업집에서 1인당 150원 이상의 음식의 회식 있었을 때 - 세율: 음식대금의 30% - 영업주는 음식대금 계산시 음식세를 같이 계산징수 매월 재정기관에 납부의무
5. 마권세	- 과세대상: 경마경견에 있어서 판매하는 마권, 견권, 경견복권 - 세율: 판매대금의 30% - 경마 경견 관리자에게 위탁하여 징수 - 관리자는 징수한 마권세를 매 익일마다 재정기관에 납부
6. 인민학교세	- 납세의무자: 북조선 거주 전체인민(現住하는 도의 인민학교 유지목적 경비부담) - 세율: 등급별(1~4등급)로 1세대당 정해진 금액 (세제개혁결정서 별지 제5호) - 도전체 총세대에 대하여 1세대 1개월당 최고 40원 평균 18원을 초과할 수 없음.

자료: 「북조선세금제도개혁에 관한 결정서」 내용을 토대로 저자 작성.

Ⅲ. 시면세

세목	주요 내용 (세제개혁결정서 제1조 및 별표 요약)
1. 대지세	- 과세대상: 건물 기타 공작물의 부지로 사용되고 있는 토지(농지, 농민의 주택 및 림야 제외; 현재 지목여하 불문) - 세율: 임대가격(세제개혁결정서 별표 제6호)의 12% - 매년 6월 징수 - 과세제외: 국가소유 토지
2. 시장세	- 납세의무자: 시면에서 특설한 시장(매 5일 또는 격일 開市하는 시장 포함)에서 영업하는 상공업자로서 영업등록이 없는 자 - 세율: 실제 판매금액의 3% - 시장관리자가 매일 징수 - 그 시장 상황이 이상에 의거하기 어려울 경우 매일 入市와 동시에 그 영업자의 형편을 참작하여 1일 5원 이상의 세금을 징수할 수 있음.
3. 도축세	- 과세대상: 도축이 있을 시 - 세율: 도우, 도마 려라(驢騾)[4], 도돈, 도양 등 1두 당 정해진 금액 (세제개혁결정서 별표 제7호)
4. 시면유지세	- 납세의무자: 시면에 거주하는 전체인민 (시면경비 부족 부담) - 세율: 등급별(1~4등급)로 1세대당 정해진 금액(세제개혁결정서 별지 제8호) - 도전체 총세대에 대하여 1세대 1개월당 최고 20원 평균 7원을 초과할 수 없음. - 도인민위원회는 그 한도 내에서 관내 각 시면 인민의 경제형편을 참작하여 시면별로 세율을 결정.

자료: 「북조선세금제도개혁에 관한 결정서」 내용을 토대로 저자 작성.

4) 당나귀와 노새.

〈부록 2〉

1974년

「세금제도를 완전히 없앨데 대하여」

세금제도를 완전히 없앨데 대하여[5)]

조선민주주의인민공화국 최고인민회의 법령

최고인민회의 제5기 제3차회의에서 채택

1974년 3월 21일

인민들을 온갖 착취와 압박에서 영원히 해방하며 그들에게 행복한 물질문화생활을 마련하는것은 공산주의자들의 숭고한 혁명임무이며 로동계급의 당과 국가가 혁명과 건설에서 확고히 견지하여야 할 근본원칙이다.

혁명투쟁과 건설사업은 사람들이 온갖 예속에서 벗어나 자연과 사회의 주인으로서의 자주적이며 창조적인 생활을 누리게 하기 위한 투쟁이다.

위대한 주체사상을 유일한 지도적지침으로 삼는 우리 당은 해방 후 반제반봉건민주주의혁명과 사회주의혁명을 승리에로 이끌어 우리 인민을 온갖 착취와 압박에서 영원히 해방하였다.

우리 당과 공화국정부의 올바른 정책과 현명한 령도에 의하여 오늘 우리나라에서는 근로자들을 자연과 사회의 온갖 구속에서 종국적으로 해방하기 위한 사상, 기술, 문화의 3대 혁명이 더욱 심화발전되고 있으며 낡은 사회의 잔재와 유물을 없애는 력사적과업이 성과있게 실현되고 있다.

세금제도를 완전히 없애는것은 근로자들을 낡은 사회의 유물에서 벗어나게 하는 하나의 혁명이며 인민들의 세기적 숙망을 실현하는 위대한 변혁이다.

국가의 발생과 함께 생겨난 조세제도는 계급사회와 더불어 수천년동안 내려오면서 지배계급의 통치기구를 유지하며 근로인민들을 략탈하는 수단

5) 김일성, 「세금제도를 완전히 없앨데 대하여」, 『김일성저작집 29』(평양: 조선로동당출판사, 1985), 156~162쪽.

으로 리용되여 왔다.

지난날 조세제도는 우리 인민의 피땀을 짜내는 략탈도구였다. 특히 일제의 식민지조세제도는 조세력사상 그 류례를 찾아볼 수 없는 가장 악랄하고 살인적인것이였으며 우리 인민의 저주와 원한의 대상이였다.

우리 인민은 착취사회의 장구한 력사적과정을 거쳐 가혹한 조세수탈을 반대하여 투쟁하였으며 특히 일제실민지통치의 략탈적인 조세제도를 반대하여 끊임없는 투쟁을 벌리였다. 그러나 우리 인민의 이 투쟁은 주권을 전취하기 위한 정치투쟁과 결합되지 못함으로써 결국 승리를 이룩할수 없었다.

우리 혁명이 주체사상에 의하여 지도된 때부터 비로소 이 투쟁은 제국주의와 착취제도를 반대하는 혁명투쟁의 일환으로 되였으며 세금문제의 근본적인 해결의 길에 들어서게 되었다.

영광스러운 항일혁명투쟁시기에 조선공산주의자들은 조국광복회10대강령에서 밝혀진 혁명적이며 인민적인 조세강령을 받들고 투쟁하였으며 항일유격근거지, 해방지구들에서 그 실현의 빛나는 모범을 보여주었다.

우리 당과 인민정권은 항일혁명투쟁시기에 마련되였고 해방후 20개조정강에서 더욱 구체화된 주체적인 조세강령을 구현하여 일제의 략탈적인 조세제도를 철페하고 인민적이며 민주주의적인 세금제도를 확립하였다.

새로운 인민적세금제도는 파괴된 경제를 복구발전시켜 자립적민족경제의 토대를 닦으며 도시와 농촌에서 생산관계의 사회주의적개조를 촉진하며 인민들의 복리를 증진시키는데서 큰 역할을 하였다.

공화국정부는 국가의 세금수입을 나라의 경제문화건설을 위한 보충적인 자금원천으로 효과있게 쓰는 한편 자립적 민족경제의 토대가 닦아지는데 따라 주민들의 세금부담을 체계적으로 덜어주었다.

우리 나라에서 생산관계의 사회주의적개조가 완성되고 사회주의공업화의 기초가 튼튼히 닦아짐으로써 세금제도를 완전히 없애는 문제가 일정에 오르게 되였다.

공화국정부는 세금제도를 없애기 위한 조건과 가능성이 성숙되는데 따라 먼저 농민들이 바치는 농업현물세를 1964년부터 1966년사이에 완전히 없애는 조치를 취하였다.

농업현물세제의 페지는 ≪우리 나라 사회주의농촌문제에 관한 테제≫에 따라 우리 농민들을 세금부담에서 완전히 해방하는 력사적조치였으며 로농동맹을 강화하고 협동농장들의 경제토대를 튼튼히 하며 농민들의 실질소득을 빨리 높일 수 있게 하는 획기적인 조치였다.

농업현물세제의 페지로 우리 나라에는 소득세와 지방자치세만 남게 되였으며 그것은 국가예산수입에서 보잘것없는 자리를 차지하게 되였다.

오늘 우리 나라의 사회주의제도가 더욱 공고발전되고 자립적민족경제의 위력이 비할바없이 강화된 조건에서 세금을 완전히 없애는것은 충분히 성숙된 문제로 되였다.

조선로동당 중앙위원회 제5기 제8차전원회의에서는 사회경제발전의 성숙된 요구를 반영하여 낡은 사회의 유물인 세금제도를 완전히 없앨데 대하여 토의결정하였다.

그리하여 세금없는 세상에서 살아보려던 인민들의 꿈은 드디여 현실로 되였으며 우리 나라는 세계에서 처음으로 세금없는 나라로 되였다.

사회주의하에서 낡은 사회의 유물인 세금제도를 완전히 없애는것은 합법칙적인것이다.

사회주의제도하에서는 사회주의적 국영경리와 협동경리가 국가의 경제적기초로 되고 있으며 근로인민들의 단결과 협조가 사회관계의 기본을 이루고 있다. 사회주의사회의 사회경제적관계는 주민들의 세금부담을 체계적으로 덜며 그것을 종국적으로 없앨수 있는 기초로 된다.

사회주의하에서 세금제도는 다만 일정한 기간 국가적 및 사회적 수요를 보장하기 위한 보충적인 자금원천으로서, 인민들의 생활수준상차이를 조절하기 위한 보충적인 수단으로서 리용된다.

우리 나라에서의 세금페지는 우리 나라 사회주의제도의 우월성에 기초한것이며 그 발전의 합법칙적요구에 완전히 맞는것이다.

위대한 주체사상을 전면적으로 구현하고있는 우리 나라 사회주의제도의 중요한 우월성은 국가가 로동자, 농민을 비롯한 근로인민들의 물질문화생활을 전적으로 책임지고 보장하여주는데 있다.

우리 나라 사회주의제도하에서 모든 근로자들은 로동의 량과 질에 따라 분배를 받을뿐아니라 막대한 국가적혜택에 의하여 먹고 입고 쓰고사는것으로부터 자녀교육과 병치료, 로동조건과 휴식조건에 이르기까지 기본적인 생활조건을 국가적으로 확고히 보장받고있다.

근로자들에게 돌려지는 국가적혜택은 우리 나라에서 날로 더욱 확대발전하고있는 공산주의적분배의 싹으로서 근로자들의 생활을 고르롭게 높이며 모든 사람들이 아무런 근심걱정없이 행복하게 살수 있도록 하는 담보로 된다.

혁명과 건설에 요구되는 자금을 사회주의경리로부터의 수입으로 보장할수 있을뿐 아니라 방대한 국가자금을 돌려 인민들의 생활을 책임적으로 돌보아주는 우리 나라 사회주의제도하에서는 국가적 및 사회적 자금수요를 충당하는 보충적수단으로서 주민세금을 받을 필요가 없게 되였다.

착취계급이 이미 오래전에 없어지고 근로자들의 생활수준상차이도 크게 없으며 모든 사람들이 다같이 고르롭게 잘살고있는 우리 나라 사회주의제도하에서는 주민들의 수입을 더 고르롭게 하기 위한 수단으로서의 세금제도를 더는 남겨둘 필요가 없게 되였다.

위대한 주체사상으로 무장되고 우리 나라 사회주의제도하에서 혁명과 건설의 주인으로 자라난 우리의 사회주의근로자들은 국가사업을 자기자신의 일로 여기며 모든 국가사업에 주인답게 자각적으로 참가하고 있다.

국가와 사회의 주인으로서 높은 혁명적각오와 자각적열성으로 사회주의조국앞에 지닌 성스러운 의무를 다하고있는 우리 근로자들에게 낡은 사회의 유물인 세금을 국가에 대한 공민의 의무로 남겨둘 필요는 없게 되였다.

우리 나라에 마련된 위력한 사회주의 자립적민족경제는 세금제도를 완전히 없앨수 있는 튼튼한 물질적담보로 된다.

우리 인민은 당의 현명한 령도밑에 자력갱생의 혁명적기치를 높이 들고 자립적민족경제건설로선을 빛나게 관철함으로써 력사적으로 짧은 기간에 강유력한 사회주의 자립적민족경제를 건설하였다.

오늘 우리의 주체공업은 다방면적으로 발전되고 최신기술로 장비된 그리고 자체의 튼튼한 원료기지를 가진 자립적인 현대적공업으로 되였으며 우리 나라 농촌경리는 수리화와 전기화를 실현하고 기계와 화학의 힘으로 농사를 짓는 발전된 사회주의농업으로 되였다.

우리의 자립적민족경제는 세계적인 경제파동과 경제위기의 그 어떤 영향도 받지 않고 제발로 끊임없이 높은 속도로 발전하고있으며 그에 기초한 우리의 사회주의적국가재정은 더욱더 공고한것으로 되고 있다.

우리 나라에 위력한 자립적민족경제와 튼튼한 재정토대가 마련되여있음으로 하여 사회주의대건설의 거창한 투쟁을 벌리며 사회문화시책에 계속 큰 힘을 돌리고 나라의 방위력을 한층 더 철벽으로 다지면서도 인민들의 복리를 위하여 공업상품의 값을 대폭 낮추고 세금까지 완전히 없애는 위대한 시책을 실시하게 되였다.

우리 나라에서의 세금제도의 완전한 페지는 위대한 주체사상의 빛나는 승리이며 주체사상의 요구를 구현한 우리 나라 사회주의제도의 비할바없는 우월성과 우리의 사회주의 자립적민족경제의 위력을 과시하는것이다.

영생불멸의 주체사상과 그 빛나는 승리로 하여 우리 인민은 착취와 압박이 없고 세금도 없는 사회주의지상락원에서 더 넉넉하고 보다 자주적이며 창조적인 생활을 누리게 되였다.

세금을 완전히 없애는 우리 당과 공화국정부의 획기적인 인민적시책은 우리의 로동계급과 전체 근로자들을 6개년계획의 웅대한 강령을 앞당겨 수행하고 사회주의의 더 높은 봉우리를 점령하기 위한 사회주의대건설의 장엄한 투쟁에 더욱 힘있게 불러일으킬것이며 그들을 영웅적위훈에로 고무추동할것이다.

세금제도의 완전한 페지는 류례없는 파쑈적폭압에도 굴하지 않고 민주주의적자유와 생존의 권리와 조국의 자주적평화통일을 위하여 억세게 싸우고 있는 남조선인민들에게 더욱 큰 희망과 신심을 줄것이다.

조선민주주의인민공화국 최고인민회의는 조선민주주의인민공화국 사회주의헌법 제33조에 따라 다음과 같이 결정한다.

1. 낡은 사회의 유물인 세금제도를 완전히 없앤다.
2. 조선민주주의인민공화국 정무원은 이 법령을 집행하기 위한 대책을 세울것이다.
3. 이 법령은 1974년 4월 1일부터 실시한다.

〈부록 3〉

현행 「국가예산수입법」

조선민주주의인민공화국 국가예산수입법[6)]

주체94(2005)년 7월 6일 최고인민회의 상임위원회 정령 제1183호로 채택
주체96(2007)년 10월 16일 최고인민회의 상임위원회 정령 제2402호로 수정보충
주체97(2008)년 2월 26일 최고인민회의 상임위원회 정령 제2601호로 수정보충
주체100(2011)년 11월 8일 최고인민회의 상임위원회 정령 제1945호로 수정보충

제1장 국가예산수입법의 기본

제1조 (국가예산수입법의 사명)

조선민주주의인민공화국 국가예산수입법은 국가예산납부자료의 등록, 국가예산의 납부, 국가예산납부문건의 관리에서 제도와 질서를 엄격히 세워 국가관리와 사회주의건설에 필요한 자금을 원만히 마련하는데 이바지한다.

제2조 (국가예산수입의 정의)

국가예산수입은 국가의 수중에 집중되는 화폐자금이다.
국가예산수입은 거래수입금, 국가기업리익금, 협동단체리익금, 봉사료수입금, 감가상각금, 부동산사용료, 사회보험료, 재산판매 및 가격편차수입금, 기타수입금으로 이루어진다.

6) 국가정보원 엮음, 『북한법령집 하』(서울: 국가정보원, 2020); 장명봉 편, 『최신 북한법령집』(서울: 북한법연구회, 2015).

제3조 (국가예산수입의 구성)

국가예산수입은 중앙예산수입과 지방예산수입으로 나눈다.

중앙예산수입은 중앙예산소속 기관, 기업소, 단체의 납부금, 지방예산수입은 지방예산소속 기관, 기업소, 단체의 납부금으로 한다.

제4조 (국가예산납부자료의 등록원칙)

국가예산납부자료의 등록은 국가예산수입사업의 첫 공정이다.

국가는 국가예산납부자료의 등록절차를 바로 정하고 그것을 철저히 지키도록 한다.

제5조 (국가예산수입을 늘이는 원칙)

증산하고 절약하는 것은 국가예산수입을 늘이기 위한 기본방도이다.

국가는 생산을 늘이고 절약사업을 힘있게 벌려 국가예산수입을 부단히 늘이도록 한다.

제6조 (합법적권리와 리익보장의 원칙)

국가는 국가예산수입에서 기관, 기업소, 단체와 공민의 합법적권리와 리익을 보장하도록 한다.

기관, 기업소, 단체와 공민에게 국가예산납부밖의 부담을 줄수 없다.

제7조 (국가예산납부문건관리의 원칙)

국가예산납부문건의 관리를 바로하는 것은 국가예산수입의 정확성, 합법성을 검토확인하는데서 나서는 중요요구이다.

국가는 기관, 기업소, 단체에서 국가예산납부와 관련한 문건관리를 책임적으로 하도록 한다.

제8조 (국가예산납부의무의 원칙)

국가예산납부에 자각적으로 참가하는 것은 기관, 기업소, 단체의 신성한 의무이다.
국가는 기관, 기업소, 단체에서 국가예산납부의무를 성실히 리행하도록 한다.

제9조 (국가예산수입사업에 대한 지도통제의 원칙)

국가는 국가예산수입사업에 대한 지도체계를 바로세우고 그에 대한 통제를 강화하도록 한다.
조선민주주의인민공화국에서 국가예산수입사업은 제정기관이 한다.

제10조 (국가예산수입부문 일군의 자격)

국가는 국가예산수입부문의 일군대렬을 튼튼히 꾸리고 그들의 책임성과 역할을 높이도록 한다.
국가예산수입부문의 일군으로는 해당한 자격을 가진자만이 될수 있다.

제2장 국가예산납부자료의 등록

제11조 (국가예산납부자료등록의 기본요구)

국가예산납부자료의 등록을 바로하는 것은 국가예산납부에서 나서는 필수적요구이다.

생산, 경영활동을 하는 기관, 기업소, 단체는 판매수입계획, 원가계획, 순소득 또는 소득 계획, 리윤계획, 국가예산납부계획, 은행돈자리번호 같은 국가예산납부자료를 해당 재정기관에 제때에 정확히 등록하여야 한다.

제12조 (국가예산납부자료의 등록신청문건제출)

해당 기관, 기업소, 단체는 국가예산납부자료의 등록신청문건을 작성하여 소재지의 재정기관에 내야 한다.

해당 기관, 기업소, 단체에 소속되여 다른 지역에서 생산, 경영활동을 할 경우에는 그 지역을 관할하는 은행기관에 돈자리를 개설하고 등록신청문건을 따로 내야 한다.

제13조 (국가예산납부자료의 등록신청문건심의)

재정기관은 국가예산납부자료의 등록신청문건을 접수한 날부터 10일안으로 심의하여야 한다.

이 경우 등록신청을 한 기관, 기업소, 단체에 해당 심의에 필요한 자료를 요구할수 있다.

기관, 기업소, 단체는 해당 재정기관이 요구하는 자료를 제때에 보장하여야 한다.

제14조 (국가예산납부자료등록신청문건의 심의결정)

해당 제정기관은 국가예산납부자료의 등록신청문건을 심의하고 등록 또는 부결하는 결정을 하여야 한다.

등록 또는 부결에 의한 결정을 20일안으로 해당 기관, 기업소, 단체에 서면으로 알려주어야 한다.

제15조 (국가예산납부등록증의 발급)

해당 재정기관은 등록이 결정된 국가예산납부자료를 등록하여야 한다. 이 경우 승인을 받아 업종밖의 생산, 봉사활동을 하는 기관, 기업소, 단체에는 국가예산납부등록증을 발급한다.

제16조 (변경된 국가예산납부자료의 재등록)

기관, 기업소, 단체는 등록된 국가예산납부자료가 변경되을 경우 5일안으로 재등록신청 문건을 작성하여 해당 재정기관에 내야 한다.
해당 재정기관은 정한 기일안으로 재등록신청문건을 심의하고 변경된 국가예산납부자료를 재등록하여야 한다.

제17조 (전표의 경유)

기관, 기업소, 단체는 국가납부전표 카드, 관람료금표, 벌금증서 같은 것을 해당재정기관의 경유를 받아야 한다.
해당 재정기관의 경유를 받지 않은 국가납부전표, 카드, 관람료금표, 벌금증서 같은 것은 사용할수 없다.

제18조 (판매수입금과 국가예산납부조성액의 신고)

기관, 기업소, 단체는 판매수입금과 국가예산납부조성액을 재정기관과 해당 기관에 정확히 신고하여야 한다.
판매수입금과 국가예산납부조성액에 대한 신고를 허위로 할수 없다.

제19조 (국가예산납부등록증의 위조와 팔고사기금지)

기관, 기업소, 단체는 국가예산납부등록증을 위조하거나 팔고사지 말아야 한다.
국가예산납부등록증을 오손시켰거나 분실하였을 경우에는 제때에 재발급받아야 한다.

제3장 국가예산의 납부

제1절 거래수입금과 봉사료수입금

제20조 (거래수입금과 봉사료수입금의 정의, 납부대상)

거래수입금은 소비품의 가격에 들어있는 사회순소득의 일부를, 봉사료수입금은 봉사료에 들어있는 순수입의 일부를 국가예산에 동원하는 자금이다.
기관, 기업소, 단체는 조성된 거래수입금과 봉사료수입금을 국가예산에 제때에 납부하여야 한다.

제21조 (거래수입금과 봉사료수입금의 계산방법)

거래수입금과 봉사료수입금의 계산은 소비품판매수입금과 봉사를 제공하고 받은 료금에 정한 비률을 적용하여 한다.
비률이 정해지지 않은 경우에는 중앙재정지도기관이 따로 정한 방법에 따라 계산한다.

제22조 (판매수입금과 봉사료금의 계산방법)

기관, 기업소, 단체는 소비품판매수입금과 봉사료금을 정확히 계산하여야 한다.
소비품판매수입금과 봉사료금은 정한데 따라 판매한 가격 또는 봉사를 제공하고 받은 료금으로 계산한다.

제23조 (적용하는 납부비률)

거래수입금과 봉사료수입금에는 중앙재정지도기관이 정한 납부비률을 적용한다.
대상에 따라 중앙재정지도기관의 승인을 받아 재정기관도 거래수입금과 봉사료수입금의 납부비률을 정할수 있다.

제24조 (거래수입금과 봉사료수입금의 납부)

거래수입금과 봉사료수입금의 경상납부는 소비품판매수입금과 봉사료금이 조성될 때마다 한다.
확정납부는 달마다 다음달 10일까지 하며 미납액은 5일안으로 추가납부하고 과납액은 재정 기관에서 반환받거나 다음달 바칠 몫에서 공제납부한다.

제2절 국가기업리익금과 협동단체리익금

제25조 (국가기업리익금과 협동단체리익금의 정의, 납부대상)

국가기업리익금과 협동단체리익금은 기관, 기업소, 단체에 조성된 리윤 또는 소득의 일부를 국가예산에 동원하는 자금이다.
기관, 기업소, 단체는 리윤 또는 소득의 일부를 소유형태에 따라 국가기업리익금 또는 협동단체리익금으로 국가예산에 납부하여야 한다.

제26조 (리익금의 계산방법)

국가기업리익금과 협동단체리익금의 계산은 조성된 리윤 또는 소득에서 한다.
대상에 따라 판매수입금 또는 봉사료금에서 계산할수 있다.

제27조 (리윤 또는 소득의 계산방법)

리윤은 판매수입금 또는 봉사료금에서 원가, 거래수입금 또는 봉사료수입금 같은 것을 덜고 확정한다.
거래수입금과 봉사료수입금이 적용되지 않는 지표에 대한 리윤은 판매수입금 또는 봉사료금 에서 원가 같은 것을 덜고 확정한다.
소득은 판매수입금에서 생활비를 공제한 원가를 덜고 확정한다.

제28조 (수입금의 계산방법)

기관, 기업소, 단체는 생산물판매수입, 건설조립작업액, 대보수작업액, 부가금, 봉사료 같은 수입금을 정확히 계산하여야 한다.
생산물판매수입금은 판매한 가격으로, 건설조립작업액과 대보수작업액은 설계예산가격으로, 부가금은 구입가격과 판매가격간의 차액으로, 봉사료는 봉사를 제공하고 받은 료금으로 계산한다.

제29조 (리익금의 경상납부)

국가기업리익금과 협동단체리익금의 경상납부는 재정계획에 반된 국가기업리익금 또는 협동 단체리익금이 판매수입계획에서 차지하는 비률에 따라 판매수입금이 조성될 때마다 한다.

대상에 따라 중앙재정지도기관이 따로 정한 납부비률을 적용할수 있다.

제30조 (리익금의 확정납부)

국가기업리익금과 협동단체리익금의 확정납부는 달마다 리윤 또는 소득에 따라 다음달 10일 까지 하며 미납액은 5일안으로 추가납부하고 과납액은 재정기관에서 반환받거나 다음달 바칠 몫에서 공제납부한다.

제31조 (지방유지금의 납부)

시(구역), 군예산에 소속되지 않은 기관, 기업소, 단체는 지방유지금을 정한 기일안으로 소재지의 재정기관에 납부하여야 한다.

해당 재정기관은 지방유지금을 국가기업리익금항목에 포함시켜야 한다.

제32조 (국가예산납부에서 특혜보장)

국가의 투자를 받지 않고 생산, 경영활동을 하거나 국가적으로 돌봐주어야 할 기관, 기업소, 단체에는 국가예산납부금을 줄여주거나 면제하여줄수 있다.

제33조 (통합, 분리될 때의 국가예산납부금처리)

기관, 기업소, 단체는 통합, 분리될 경우 그 시기까지 회계결산을 하고 통합, 분리선포일부터 15일안으로 소재지의 재정기관에 국가예산납부금을 바쳐야 한다.

재정기관은 기관, 기업소, 단체의 회계결산의 정확성을 확인하고 예산소속에 따르는 국가 예산납부금을 받아야 한다.

제3절 감가상각금

제34조 (감가상각금의 정의, 납부대상)

감가상각금은 고정재산의 가치를 마멸된 정도에 따라 생산물원가에 포함시켜 회수하는 자금이다.

감가상각금의 납부는 국가투자에 의하여 마련된 생산적고정재산에 대하여 한다.

제35조 (감가상각금납부의 제외대상)

감가상각금을 납부하지 않는 고정재산은 다음과 같다.

1. 비생산적고정재산
2. 자체자금으로 마련한 생산적고정재산
3. 이밖에 감가상각금을 바치지 않기로 한 고정재산

제36조 (감가상각금의 계산방법)

감가상각금의 계산은 형태별고정재산의 시초가격에 정한 비률을 적용하여 한다.

필요에 따라 정액에 의한 계산방법을 적용할수 있다.

제37조 (감가상각금의 구성, 적립규모)

감가상각금은 고정재산의 시초가격보상몫과 대보수비보상몫으로 나눈다.
감가상각금의 적립규모는 고정재산의 시초가격을 내용년한기간 한해에 회수할 자금에 따라 정한다.

제38조 (감가상각금의 납부)

해당 기관, 기업소, 단체는 감가상각금을 정한 기일안으로 납부하여야 한다.
시초가격을 보상한 고정재산에 대하여서는 대보수비만을 납부한다.

제4절 부동산사용료

제39조 (부동산사용료의 정의, 납부대상)

부동산사용료는 국가의 부동산을 리용하는 대가로 국가예산에 납부하는 자금이다.
부동산사용료의 납부는 토지, 건물, 자원 같은것에 대하여 한다.

제40조 (부동산사용료의 납부항목)

부동산사용료의 납부항목에는 농업토지사용료, 부지사용료, 생산건물사용료, 어장사용료, 수산자원증식장사용료, 자동차도로시설사용료, 자원비 같은 것이 속한다.

제41조 (부동산사용료를 납부하지 않은 대상)

부동산사용료를 납부하지 않은 대상은 다음과 같다.

1. 농업과학연구기관을 비롯한 해당 과학연구기관과 농업부문의 대학, 전문학교에서 육종에 리용하는 농업토지
2. 새로 개간한 때부터 3년이 지나지 않은 농업토지
3. 자연재해로 류실 또는 매몰된 농업토지
4. 국가 및 협동적소유의 살림집기준부지
5. 철도운영시설부지
6. 협동단체와 기업소의 자체자금으로 건설한 생산용건물
7. 이밖에 부동산사용료를 납부하지 않기로 승인받은 부동산

제42조 (부동산사용료의 계산방법)

부동산사용료의 계산은 리용하는 부동산가격 또는 면적에 따르는 부동산사용료기준을 적용하여 한다.

제43조 (부동산사용료의 납부)

기관, 기업소, 단체는 부동산사용료를 정한 기일안으로 해당 재정기관에 납부하여야 한다.

부동산사용료를 비법적으로 처리하는 행위를 하지 말아야 한다.

제5절 사회보험료

제44조 (사회보험료의 정의, 납부대상)

사회보험료는 근로자들의 건강을 보호하고 로동능력상실자와 년로보장자를 물질적으로 방조하기 위하여 국가예산에 동원하는 자금이다.

사회보험료의 납부는 기업소, 협동단체의 공동자금과 종업원의 로동보수자금으로 한다.

제45조 (사회보험료를 납부하지 않는 자금)

사회보험료를 납부하지 않는 자금은 다음과 같다.

1. 국가사회보험자와 사회보장자가 받는 년금 및 보조금
2. 비재적근로자에게 주는 로동보수자금
3. 이밖에 사회보험료를 납부하지 않기로 승인받은 수입금

제46조 (사회보험료의 계산방법)

종업원의 사회보험료계산은 월로동보수액에 정한 비률을 적용하여 한다.

협동단체의 공동자금에서 바칠 사회보험료계산은 월로동보수액에 정한 비률을 적용하여 한다.

제47조 (사회보험료의 납부비률)

종업원의 사회보험료납부비률은 월로동보수액의 1%로 한다.

기업소와 협동단체의 사회보험료납부비률은 월판매수입금에 따라 계산

된 생활비의 7%로 한다.

외국투자기업의 사회보험료납부는 따로 정한 기준에 따라 한다.

제48조 (사회보험료의 납부)

기관, 기업소, 단체는 사회보험료를 은행기관에서 로동보수자금을 받는 날 또는 결산분배를 받는 달에 해당 재정기관에 납부하여야 한다.

협동농장은 사회보험료를 납부하지 않고 자체사회보험기금으로 적립한다.

제6절 재산판매 및 가격편차수입금

제49조 (재산판매 및 가격편차수입금의 정의, 납부대상)

재산판매 및 가격편차수입금은 국가소유의 재산을 판매하여 조성된 수입금과 자체의 생산, 경영활동과 관련없이 조성된 가격편차수입금, 대외경제관계에서 조성된 수입금을 국가예산에 동원하는 자금이다.

재산판매 및 가격편차수입금에는 국가재산판매수입금, 가격편차수입금, 무역편차리익금, 차관 및 연불수입금 같은 것이 속한다.

제50조 (국가재산판매수입금의 납부)

기관, 기업소, 단체는 포장용기, 설비, 비품 같은 국가소유의 재산을 판매하여 조성된 수입금을 7일안으로 국가예산에 납부하여야 한다.

자체의 자금으로 마련한 재산을 판매하여 조성한 수입금은 자체자금으로 적립할 수 있다.

제51조 (가격편차수입금의 납부)

기관, 기업소, 단체는 국가적 또는 지역적인 가격변동조치로 가격편차수입금이 생겼을 경우 그것을 제때에 국가예산에 납부하여야 한다.
완제품 또는 상품의 가격편차수입금은 판매수입금이 조성되는 차제로 납부하며 류동재산의 가격편차수입금은 가격이 변동된 날부터 30일안으로 납부하여야 한다.
가격변동조치로 생긴 손실은 국가예산에서 보상하여줄수 있다.

제52조 (무역편차리익금의 납부)

해당 기관, 기업소, 단체는 무역활동과정에 조성된 무역편차리익금을 국가예산에 납부하여야 한다.
무역편차리익금의 계산은 수출입상품호상간 편차손익을 상쇄하여 한다.

제53조 (차관, 연불수입금의 납부)

해당 기관, 기업소, 단체는 차관 또는 연불로 들여온 물자를 가격제정기관이 정한 가격으로 판매하고 부가금을 던 판매수입금을 30일안으로 국가예산에 납부하여야 한다.
차관으로 외화를 받았을 경우에는 국가외화관리기관이 정한 대외결제은행의 돈자리에 넣고 환자시세에 따르는 조선원을 받아 7일안으로 국가예산에 납부하여야 한다.

제54조 (리익배당금의 납부)

합영, 합작기업의 공화국 당사자는 리익배당금의 일부를 국가예산에 납부하여야 한다.

외화로 받는 리익배당금은 환자시세에 따르는 조선원의 25%를, 물자로 받은 리익배당금은 상품판매수입금의 25%를 납부하여야 한다.

제7절 기타수입금

제55조 (기타수입금의 정의, 납부대상)

기타수입금은 생산, 경영활동과 관련없이 조성된 수입금과 통제적기능을 수행하는 과정에 조성된 수입금 그밖의 수입금을 국가예산에 동원하는 자금이다.

기타수입금에는 무상로력동원수입, 국가수수료, 관세, 벌금 및 몰수품수입, 시효기간이 지난 채무수입, 재산보험료, 외국투자기업 및 외국인세금 같은 것이 속한다.

제56조 (무상로력동원수입금의 납부)

기관, 기업소, 단체는 국가예산에서 생활비를 지불받는 로력을 지원받았을 경우 그들이 번 로동보수몫을 정한 기일안으로 국가예산에 납부하여야 한다.

제57조 (국가수수료, 관세의 납부)

해당 기관은 업무를 수행하는 과정에 받은 국가수수료를, 세관은 관세경계선을 통과하는 물자에 부과하여 받은 관세를 10일안으로 국가예산에 납부하여야 한다.

제58조 (벌금 및 몰수품수입금의 납부)

해당 감독통제기관은 위법행위에 부과한 벌금과 법에 따라 몰수품을 처리하고 조성한 수입금을 10일안으로 국가예산에 납부하여야 한다.

제59조 (시효기간이 지난 채무수입금의 납부)

기관, 기업소, 단체는 채권자의 지불청구가 없는 채무액을 시효기간이 지난 날부터 5일안으로 국가예산에 납부하여야 한다.

제60조 (재산보험료의 납부)

보험기관은 기관, 기업소, 단체에서 받은 년간재산보험료에서 피해보상금을 지출하고 남은 자금을 다음해 1월안으로 국가예산에 납부하여야 한다.

제61조 (외국투자기업 및 외국인세금의 납부)

공화국령역에서 경제거래를 하거나 소득을 얻는 외국투자기업과 외국인의 세금납부는 조선민주주의인민공화국 외국투자기업 및 외국인세금법에 따른다.

제62조 (개인수입금의 납부)

공민은 시장 같은데서 합법적인 경리활동을 하여 조성한 수입금의 일부를 해당 기관, 기업소, 단체에 내야 한다.
이 경우 기관, 기업소, 단체는 정한데 따라 수입금을 해당 재정기관에 납부 하여야 한다.

제4장 국가예산납부문건의 관리

제63조 (국가예산납부문건관리의 기본요구)

국가예산납부문건의 관리는 국가예산납부와 관련한 자료를 기록, 계산하고 보관하는 중요한 사업이다.

재정기관과 기관, 기업소, 단체는 국가예산납부사업에 리용하는 문건을 책임적으로 관리하여야 한다.

제64조 (장부의 비치, 기록)

재정기관과 기관, 기업소, 단체는 정해진 장부를 의무적으로 갖추고 자금리용정형과 판매수입금을 정확히 기록하여야 한다.

자금리용정형과 판매수입금의 기록은 아랫단위의 회계보고문건 또는 기초서류 같은것에 준하여 한다.

제65조 (국가예산납부에 대한 결산)

국가예산의 결산은 년초부터 루계적으로 한다.

결산은 분기별, 년간으로 한다.

제66조 (국가예산수입결산서 제출)

기관, 기업소, 단체는 국가예산납부확정계산서를 달마다 작성하고 정한 기일안으로 해당 재정기관에 제출하여야 한다.

해당 재정기관은 국가예산수입결산서를 분기마다 작성하고 정한 기일안으로 중앙재정지도기관에 제출하여야 한다.

第67조 (국가예산납부문건의 보관기간)

재정기관은 국가예산수입장부와 은행기관에서 발급한 국가납부전표 같은 것을 5년간 보관하여야 한다.
기관, 기업소, 단체는 국가예산납부와 관련한 분기표, 년간회계결산서 같은 것을 10년간 보관하여야 한다.

제5장 국가예산수입사업에 대한 지도통제

第68조 (국가예산수입사업에 대한 지도통제의 기본요구)

국가예산수입사업에 대한 지도통제를 강화하는 것은 국가예산수입을 늘이기 위한 기본방도이다.
국가는 현실발전의 요구에 맞게 국가예산수입사업에 대한 지도와 통제를 강화하도록 한다.

第69조 (국가예산수입사업에 대한 지도기관)

국가예산수입사업에 대한 지도는 내각의 통일적인 지도밑에 중앙재정지도기관이 한다.
중앙재정지도기관은 국가예산수입사업에 대한 지도체계를 바로세우고 지도방법을 끊임없이 개선하여야 한다.

第70조 (재정기관의 국가예산납부사업제도)

재정기관은 관할지역 기관, 기업소, 단체의 국가예산납부사업을 합리적으로 조직하고 장악지도하여야 한다.
기관, 기업소, 단체는 국가예산납부사업에서 제기되는 문제를 해당 재정기관과 합의하고 처리하여야 한다.

제71조 (국가예산수입사업조건의 보장)

해당 재정기관은 국가예산수입사업에 필요한 조건의 보장을 기관, 기업소, 단체에 요구할수 있다.
기관, 기업소, 단체는 국가예산수입사업과 관련한 재정기관의 요구를 제때에 보장하여야 한다.

제72조 (국가예산수입사업에 대한 감독통제)

국가예산수입사업에 대한 감독통제는 재정기관과 해당 감독통제기관이 한다.
재정기관과 해당 감독통제기관은 국가예산수입사업을 엄격히 감독통제하여야 한다.

제73조 (계량수단에 의한 통제)

재정기관은 현대적인 계량수단 같은 것을 리용하여 국가예산납부정형을 통과하여야 한다.
계량수단은 재정기관이 정한 장소에 설치하여야 한다.

제74조 (연체료적용)

국가예산납부금을 정한 기일안으로 납부하지 않았을 경우에는 미납액에 체납일당 1%를 적용하여 가산한 연체료를 물린다.
이 경우 국가예산강제납부통지서를 해당 은행기관에 보낸다.

은행기관은 해당 기관, 기업소, 단체의 자금지출을 중지하고 수입금이 조성되는 차제로 국가 예산납부결제를 하여야 한다.

제75조 (판매수입금의 회수와 영업중지)

판매수입금과 국가예산납부조성액을 신고하지 않았거나 국가예산납부등록증을 발급받지 않았거나 연장받지 않고 생산, 경영활동을 하였을 경우에는 판매수입금을 회수하거나 그 행위를 중지시킨다.

제76조 (벌금적용)

벌금을 물리는 경우는 다음과 같다.

1. 국가예산납부금을 적게 바쳤을 경우
2. 국가예산수입에 대한 감독통제사업에 지장을 주었을 경우
3. 중앙예산수입금을 지방예산수입금으로 옮겨놓았을 경우
4. 정한 서류를 갖추지 않았거나 제출하지 않았을 경우
5. 은행돈자리번호를 해당 재정기관에 등록하지 않았을 경우
6. 국가예산납부자료를 정한 기일안으로 등록하지 않았을 경우
7. 판매수입금과 국가예산납부조성액을 허위신고하였을 경우
8. 서류를 위조하거나 납부금을 적게 또는 더 받았거나 집금한 돈을 정한 기일안으로 납부하지 않았을 경우
9. 경유를 받지 않은 국가납부전표, 카드, 관람료금표, 벌금증서 같은 것을 사용하였을 경우
10. 승인없이 경리활동을 하여 소득을 얻었을 경우

제77조 (행정적 또는 형사적책임)

이 법을 어겨 국가예산수입사업에 엄중한 결과를 일으킨 기관, 기업소, 단체의 책임있는 일군과 개별적공민에게는 정상에 따라 행정적 또는 형사적책임을 지운다.

찾아보기

ㄱ

ㅇ

ㅈ

ㅊ

ㅌ

ㅎ

최 정 욱

서울대학교 사회학과를 졸업하고, 인사 · 조직 전공으로 경영학 석사학위를 받았다. 미국 텍사스대학교(오스틴 캠퍼스)에서 회계학 석사, 경원대학교 대학원에서 이전가격분석 실증연구로 경영학 박사, 그리고 북한대학원대학교에서 북한 세금 관련 법제 연구로 북한학 박사학위(법 · 행정 전공)를 받았다. 공인회계사로서 김&장법률사무소, 삼정회계법인 및 삼일회계법인에서 30년간 조세 업무를 했고, 현재는 법무법인(유) 지평 조세회계센터 센터장을 맡고 있다.

〈북한학 관련 주요 논문〉

- 「북한의 세금제도 폐지와 재도입 가능성에 관한 연구」, 『조세연구』, 제19권 제3집, 2019.
- 「북한 투자와 조세구제제도 - 신소제도와 상호합의절차를 중심으로」, 『조세학술논집』, 제35집 제3호, 2019.
- 「북한 국가예산수입제도의 시기별 변화와 전망 – 국영 생산기업소의 거래수입금과 국가기업리익금을 중심으로」, 『통일문제연구』, 제31권 2호, 2019.
- 「북한 세금관련 법제의 시기별 변화에 관한 연구」, 북한대학원대학교 박사학위논문, 2020.
- 「북한 예산수입법제의 변화」, 『북한법연구』, 제24호, 2020.
- 「북한 대외세법의 현황과 개선방안」, 『통일과 법률』, 통권 제46호, 2021.

nicejwchoi@naver.com